AI는 자신의 무지를
알 수 있을까

시는 자신의 무지를 알 수 있을까
부분과 전체의 틀에서 시스템과 환경의 틀로

2025년 11월 15일 초판 1쇄

지은이 | 김진석
펴낸이 | 장의덕
펴낸곳 | 도서출판 개마고원
등 록 | 1989년 9월 4일 제2-877호
주 소 | 서울 마포구 토정로 222 한국출판콘텐츠센터 422-6호
전 화 | 02- 6349-1012
팩 스 | 0303-3445-1044
이메일 | webmaster@kaema.co.kr

ISBN 978-89-5769-506-7 93100

• 책값은 뒤표지에 표기되어 있습니다.
• 파본은 구입하신 서점에서 교환해 드립니다.

※ 이 책은 인하대학교의 연구비 지원을 받았습니다.

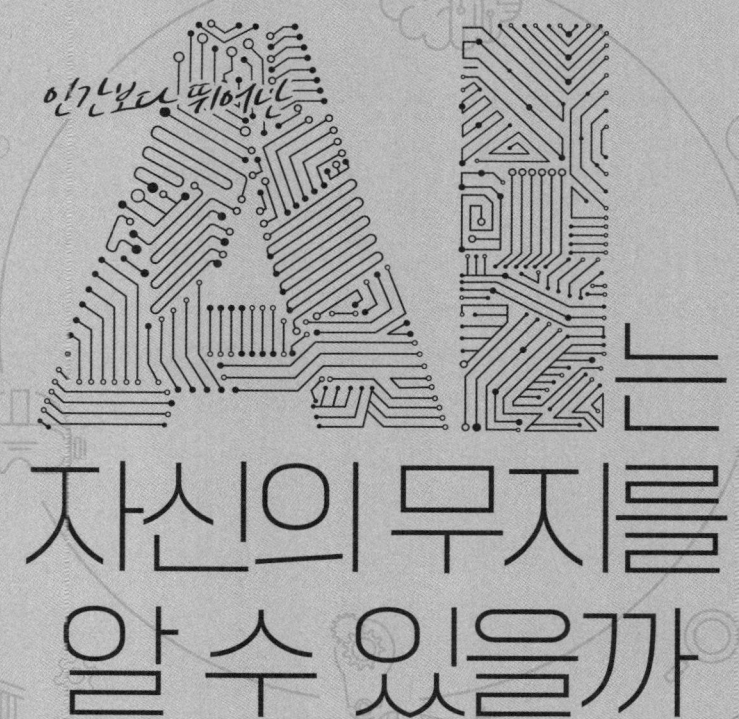

인간보다 뛰어난 **AI**는
자신의 무지를
알 수 있을까

김진석 지음

개마고원

　이 책은 AI에 관한 필자의 두 번째 책으로, 복합적인 목표를 가지고 있다. AI를 똑똑한 도구로 여기든 아니면 인간 능력을 압도하는 무서운 초지능으로 여기든, AI의 발전 과정과 분리될 수 없는 것이 정보의 발전이다. 그런데 흔히 정보는 공학적인 관점에서든 문명적인 관점에서든 확실성을 증가시키거나 실용성을 증대시키는 것으로 이해되고 있지만, 그 흔한 이해방식을 넘어가고자 하는 것이 이 책의 첫째 목표이다.

　물론 정보의 발전은 공학적 발전 과정에서 당연히 기술적 실용성과 확실성에 기여했다. 그러나 벨연구소 클로드 섀넌Claude Shannon의 예에서 보게 되겠지만, 잘 알려져 있지 않거나 제대로 부각되지 않는 다른 점이 있다. 정보는 그것의 발전 과정에서 확실성과 쓸모 있음을 증가시키는 기술적 목표를 따르기는 했지만, 동시에 근본적으로 불확실성을 다루는 기술이라는 것이다. 아이러니를 담아 표현하자면, 불확실성을 새롭게 발견하면서 동시에 정보도 발견되었다고 말할 수 있다. 정보는 무엇보다 불확실성을 측정하는 동시에, 불확실성의 지표 역할을 한다. 어떤 사건이 있을 법하지 않거나 불확실성이 클수록, 그래서 그 사건에 대한 정보에 도달하기 위해 선택이 많이 필요할수록, 정보의 양은 커진다. 다르게 말하면,

정보는 단순히 권력이나 지식을 위한 재료나 밑거름에 그치지도 않지만, 단순히 질서를 구축하는 역할만을 하지도 않는다. 불확실성 또는 복잡성을 대상으로 그것의 양을 계산하는 일은 정보 연구에서 언제나 중요한 과제였다.

그런데 불확실성은 이미 20세기 중반부터 다양한 관점에서 경험되고 관찰된 주제가 아닌가? 지금 AI와 관련해서 이 주제를 강조하는 것이 어떤 의미가 있는가? 무엇보다 중요한 점은 이것이다. 정보 통신 기술뿐 아니라 AI를 포함한 많은 과학기술에서 기술적 진보가 일어났는데, 단순히 기술적 쓸모 있음이나 공학적 확실성을 증가시키는 것만이 성과는 아니었다. 정보 개념은 그 탄생과 팽창 과정에서 끊임없이 불확실성을 상대하면서 그것을 확률적으로 처리해야 했다. 따라서 불확실성은 그저 없애거나 줄여야 할 부정성은 아니었다. 오히려 언제든지 발견하고 잘 관리해야 할 대상이고 친구였다. 데이터 과학에서 노이즈의 역할도 그와 비슷하다. 정보에 내재하는 이 불확실성의 역할을 이 책은 강조할 것이다.

이 점이 왜 중요한가. 흔히 불확실성은 지식이나 과학기술의 발전에 방해가 되는 요인이라는 오해가 널리 퍼져 있기 때문이다. 그래서 정보의 연구나 심지어 AI 연구에서도 불확실성 개념은 알게 모르게 억눌리거나 배제되곤 한다. 확실성을 담보하는 긍정적 표현들이 흔히 사용되곤 한다. 그러나 정보에 불확실성이 내재하거나 정보가 끊임없이 불확실성을 상대해야 한다는 점은 그 자체로 정보와 AI의 발전 과정에 전혀 방해가 되지 않는다. 오히려 불확실성에 비례하여 정보의 양을 측정하는 정보 개념은 정보가 기본적으로 확률적인 성격을 가졌음을 알려주었으며, 따라서 정보 이론뿐 아니라 AI 연구를 한 차원 높은 수준으로 끌어올렸다. 정보에 내재하는 불확실성은 단순히 모르는 것이 아니라 확률성의 다른 이름이며, 확률적 관점은 수많은 이질적인 데이터를 처리하는 데, 그리고 더 나아가 AI가 자율적으로 학습하는 데 필수적이기 때문이다.

그럼 이 불확실성과 복잡성에 어떻게 대응해야 하는가? 흔히 환경에 적응해야 한다고 말하지만, 그 말은 너무 모호하다. 환경에 정확하게 대응하거나 적응하는 일은 엄격하게 말하면 애초에 가능하지 않다. 어떤 시스템도 환경의 복잡성에 대응하기 위한 '필수적인 다양성'을 가지고 있지 않기 때문이다. 그런데 전통적 인식론은 세계나 환경을 정확하게 인식하고, 그에 따라 계획을 세우고 통제하려고 했다. 이 책은 시스템 이론의 핵심적인 개념쌍인 시스템과 환경의 구별을 통해 불확실성의 문제를 분석할 것이다. 우선, 일반적인 시스템 이론도 불확실성을 단순히 줄이거나 없애려고 하는 대신, 그것이 쉽게 줄이거나 없앨 수 없는 요인이라는 점을 인정하는 데서 출발한다.

시스템 이론의 기본적인 관점들은 다음과 같다. 시스템에게는, 불확실한 환경에 정확히 대응하는 것보다, 유연하게 반응하고 스스로를 조정할 수 있는 능력이 중요하다. 고정된 통제나 계획보다는, 학습과 피드백 루프 등을 통해 환경과의 동적 상호작용을 관리하려는 시도를 해야 한다. 이 과정에서 회복력resilience과 동적 거버넌스 같은 개념이 필요하다. 이런 시스템은 고정된 규칙보다 불확실한 입력을 기반으로 계속 학습하고 적응하는 구조, 즉 자기조직화의 방식으로 작동한다는 등등. 루만의 시스템 이론은 기본적으로는 이 일반적 관점을 공유하지만, 시스템의 작동에 대해 더 심층적인 분석을 한다. 시스템과 환경의 구별은 무엇보다 전통적인 부분-전체의 패러다임과는 다른 관점에서 세상을 보기 위해서 필요하다는 점을 강조하는 것이 이 책의 두 번째 과제이다. 여기서 중요한 개념이 복잡성complexity인데, 시스템이든 그것이 상대하는 환경이든 나름대로 내부에 복잡성을 가지고 있다. 그리고 환경은 시스템보다 더 복잡하므로, 시스템은 결코 그 환경을 완벽하게 이해하기 힘들다.

그렇지만 시스템은 자신의 닫힌 경계에 대해 인지적으로 관찰할 수 있는 능력을 가진다. 동물이 자신의 시스템의 경계에 대해 반성적으로 관찰하는 지능을 가지지 못하는 것과 달리, 인간과 AI에게는 그 가능성이 열려 있다. 역설적으로 표현하자면, 정보에 내재하는 이 불확실성과 시스템에 내재하는 복잡성에도 불구하고, 아니 어떤 점에서는 바로 그 때문에, AI는 발전했다. AI는 정보의 불확실성과 데이터의 복잡성을 다루는 데 기여했을 뿐 아니라, 바로 그 작업에서 인간보다 뛰어난 능력을 보인 것이다. 흔한 예상을 또 한 번 벗어나는 이 주제를 추적하는 것이 이 책의 또 다른 주제다.

AI의 자율학습 방식은 전통적인 인간(주의)적 학습 방식을 넘어서고, 심지어 인간이 사회를 조직하던 방식도 대체할 수 있는 잠재력이 있다. 근대적 인간의 의무이자 권리였던 전쟁 수행 역할도 AI의 여러 형태에 의해 대체될 리스크가 매우 크다. 아직도 많은 사람들이 AI를 단순한 도구로 생각하고 있지만, 실제로 인간은 사회적 문제를 스스로 해결하지 못하는 상태에서 알게 모르게 자신의 역할을 AI에게 위임하고 있으며, AI는 이미 사회 및 기술 시스템을 운영하는 대행자 또는 '거의 주체'로 등장하고 있다.

여기서 물음들이 튀어오른다. 인간은 뛰어난 지능에도 불구하고 현재 세상의 복잡성 문제를 제대로 해결하지 못한 채 AI에게 그 문제를 해결할 권한이나 역할을 위임하고 있는데, AI의 뛰어난 지능은 어디까지 가는 것일까? AI의 초지능은 정말 세상의 문제를 해결할 수 있는 능력일까? AI의 지능이 앞으로 여러 점에서 인간의 지능보다 뛰어난 수준에 도달한다고 하더라도, 정말 그는 세상을 다 알거나 사회적이고 기술적인 복잡성을 다 해결할 수 있을까? 이 엄청난 물음이 포함하는 쟁점들을 이 책이 충분히 다루지는 못하겠지만, 최소한 한 가지 관점에서는 그 물음을 진지하게 다루려고 한다. 그것이 이 책의 다음 주제이다. 인간의 지능보다 여러 점에서 뛰어날 수는 있지만, 그럼에도 불구하고 AI의 학습 능력은 시스템과 환경의 구별이 부과하는 한계를 넘어가지는 못할 듯하다. 그리고 그 한계는 다름 아니라 정보처리 과정에 내재하는 불확실성에서 온다. AI는 인간보다 빠르게 뛰어서 나는 놈이 되었지만, 그 나는 놈 위에 다시 기는 놈이 온다.

이 책의 주제는 그럼 순전히 AI일까? 그렇지 않다. 실제로 이 책을 관통하는 다른 주제는 인간이다. 언뜻 보면, 그 둘은 많이 다른 것 같다. 그러나 AI를 이해하고 공부하는 과정에서 우리는 인간도 비로소 알게 된다고 필자는 생각한다. 흔히 인간이 도구로 사용하기 위해 인공지능을 개발했다고 여겨지지만, 실제로 AI의 연구 과정을 이끈 동기 하나는 인간을 넘어서는 지능에 대한 탐구였다. 그러나 도대체 인간을 넘어선다는 것이 무엇을 말하는가? 인간에 대한 기대와 실망이 거칠게 교차하는 시대이다. AI가 인간과 앞으로 어떤 복잡한 관계를 맺을지 예측하기는 어렵지만, 어쨌든 인간은 아직 자신에 대해서도 많이 모른다. 필자의 개념 작업인 '포월匍越'은 다름 아니라 이 물음을 던지고 대답하고자 했다.

이 책 1부는 우선 우리 인간의 사고 시스템에 대한 연구 결과와 정보 개념에 대해 알아볼 것이다. 즉각적이며 자동적으로 빠르게 생각하는 시스템은 과거 진화 과정에서 도움이 되었고 지금도 일상에서는 도움이 되지만 많은 실수를 저지른다는 것, 그래서 복잡한 변수들을 다루기 위해서는 느린 사고가 필요하다는 것에 주목할 필요가 있다. 그리고 사람들은 강한 믿음과 편향된 신념 때문에 다양한 정보가 주어져도 균형 잡힌 의견을 가지기 어렵다는 사실도 매우 중요하다. 어떤 정책에 대해 이성적으로 또는 민주적으로 판단하거나 논의한다는 것이 왜 그렇게 어려운지 알려주기 때문이다. 다음으로, 정보 개념에 대해 분석이 이루어질 것이다. 정보는 흔히 생각되듯이 단순히 인간에게 유익한 어떤 것은 아니다. 오히려 불확실성이 정보의 양을 측정하는 중요한 기준이라는 점이 밝혀질 것이다. 불확실성이 정보를 관찰하는 중요한 기준이 된다는 관점은 물론 기술의 발전을 저해하지는 않지만, 정보의 진화에 관해 성찰하는 데 매우 필요하다. 그리고 그 정보는 단순히 저 바깥에 있는 물리적 자료나 재료가 아니라, 정보를 처리하는 과정인 시스템의 경계 내부에서 발생한다. 이 점은 일반적으로 정보를 이해하는 방식과 다른 것이기에, 주의를 기울여야 할 문제다.

그 점을 더 자세하게 살피기 위해, 2부에서는 시스템과 환경의 구별이 주제가 된다. '시스템'이라는 용어는 흔히 사용되지만, 그 개념이 무엇을 의미하는지 제대로 논의되지 않고 있다. 복잡성을 가진 시스템에 관해서는 일반적인 이론이 있지만, 필자가 이 책에서 사용하는 시스템 개념은 독일의 사회학자 루만에게서 빌려온 것이다. 그에 따르면 시스템은 자신을 환경과 구별함으로써 비로소 시스템으로 작동하며, 그렇게 하기 위해서는 시스템은 일단 닫혀 있어야 한다. 여기서 아이러니가 생기는데, 그 닫혀 있음을 통해 비로소 시스템의 자율성이 생기며, 시스템은 환경에도 열릴 수 있다는 것이다. 그리고 시스템과 환경의 구별을 제대로 파악하기 위해서는, 부분과 전체라는 전통적인 패러다임에서 벗어나야 한다는 점도 중요한 주제이다. 사람들은 언제나 사회와 세계 전체에 대해 이야기하고 열을 낸다. 그러나 실제로는 어떤 개체적 관점도 사회와 세계 전체를 조망하거나 알지 못한다. 이것은 매우 단순하면서도, 동시에 여러 결과를 내포한 복잡한 사실이다. 우리는 기껏해야 시스템을 둘러싼 환경의 복잡성을 줄이고자 애를 쓰고 있을 뿐이며, 그 과정에서 각자는 시스템과 환경의 복잡성을 이루는 수많은 요소들 가운데 몇 개에만 관심을 쏟기 십상이다. 또 정보는 정확하게 말하면 단순히 바깥에 있는 물리적 재료나 데이터라기보다는, 시스템이 자신의 경계 안에서 생산하고 재생산하는 어떤 것이라고 볼 수 있다.

3부는 인공지능, 즉 AI의 발전은 이제 눈을 비벼야 할 정도로 두드러진 모습을 보이고 있다는 데에서 출발한다. AI는 이제 단순히 특수한 기능 영역에서만 뛰어난 능력을 보이는 데 그치지 않고 깊이 있는 추론을 하며, 또 현실에서도 행위자가 되고, 심지어 조직을 운영하는 쪽으로 발전할 가능성도 크다. AI는 군사적으로도 더 사용될 것으로 예측된다. 기술적인 우월함 때문이기도 하지만, 인간 자신의 문제 때문이기도 하다. 인간 사회에서 전쟁은 그치지 않지만, 인간은 직접 전장에 나가 싸우는 위험을 피하려고 한다. 이렇듯 AI는 단순히 기술 발전의 결과가 아니라, 인간의 대리자라는 것이다. 인간이 사회에서 만든 여러 갈등을 인간은 스스로 해결하지 못하고 있다. 인간을 대신해서 그것들을 다루는 대리자가 필요한데, AI가 그 일을 맡고 있다. 일자리의 문제나 군사적 사용에서 기인하는 위험도 바로 그 넓은 사회적 맥락에서 관찰되어야 한다.

그리고 마지막 4부에서는 "기는 놈 위에 뛰는 놈이 있고 뛰는 놈 위에 나는 놈이 있는데, 그 나는 놈 위에 다시 기는 놈이 있다"는 속담을 빌려, 인간과 AI의 관계를 살펴볼 것이다. 그리고 그 속담은 그저 단순한 우화가 아니라, 실제로 많은 영역에서 사실임을 증명할 수 있는 이야기이다. 이 주제는 필자가 오래 전에 제안한 '포월'의 프로젝트를 마무리하는 역할도 할 것이다.

이 책에서 이야기되는 여러 주제들은 어떤 점에서는 오지랖 넓은 철학 이야기로 들릴 수 있다. 필자도 그 점을 부정하지 않으며, 부정하기는커녕 나이가 들면서 점점 필자도 그런 점을 좋게 여기지 않게 되었다. 사회에는 현실적인 문제들이 쌓이고 쌓였는데, 이론적인 이야기는 한가하게 들릴 때가 있다. 그렇지만, 그런 문제들은 엄연히 있으며, 그것들도 제대로 논의되어야 한다. 그럼에도 사람들은 그런 문제들을 다룰 여유나 힘을 점점 잃어가고 있다.

필자는 그동안 『기우뚱한 균형』『니체는 왜 민주주의에 반대했는가』『우충좌돌 ─중도의 재발견』 등의 책을 통해 정치(철)학적 관점에서 갈등을 다룰 수 있는 길을 찾고자 했다. 그 길은 진영논리를 벗어나 힘들게나마 균형 잡힌 정책이나 관점을 찾으려는 시도였다. 필자는 또 『진보는 차별을 없앨 수 있을까』에서 차별의 문제도 정치적 이념의 옳고 그름을 따지기만 해서는 충분히 논의되지 않는다는 점을 다뤘다. 그러나 그동안에도 진영논리는 더 강화됐고, 중도적 태도는 확장되지 못했다. 한국만 그런 것은 아니고 세계적인 현상이었다. 이 문제는 정치(학)적 관점만으로는 충분히 다루기 어려워졌다. 그 이유는 사회와 세계의 복잡성은 더 커졌고, 인간도 더 복잡한 존재가 되었기 때문이다. 이 책은 시스템과 환경의 구별을 통해 그 복잡성을 다루고자 한다. 그 복잡성에 대한 이해가 없는 상태에서는 우리는 갈등을 제대로 다루기 어렵다. 부분과 전체의 틀은 그 갈등을 다루는 데 여러 점에서 적합하지 않다. 윤석열과 트럼프의 퇴행적 정치에서 볼 수 있듯이, 민주적 합의에 대한 희망은 지금 한계에 도달했다고 할 정도로 복잡성의 문제는 심각하다.

민주주의뿐 아니라 경제 시스템도 뒷걸음질 치면서, 사람들 마음은 무거워진다. 씁쓸한 현상이지만, 이런 때일수록 냉정하게 사회 시스템의 작동 방식을 성찰해야 할 필요가 있다. 생물학적 시스템과 AI 시스템을 포함하여 시스템은 일차적으로 닫혀 있음을 통해 자신과 환경을 구별할 수 있다는 사실에 주의를 기울여야 한다. 시스템은 환경의 복잡성을 있는 그대로 파악하기 어렵다. 그냥 열려 있는 태도를 가져야 한다는 '좋은' 말로는 부족한 이유다. 자신이 열려 있거나 착하다고 생각하는 사람일수록, 역설적이지만, 닫혀 있다.

그렇지만 시스템과 환경의 이 구별은 사람들에게 잘 받아들여지지 않고 환영을 받기도 어렵다. 가만히 보면 실제 생활세계에서도 그런 현상들을 얼마든지 관찰할 수 있는데도 말이다. 거기에는 여러 이유가 있을 것이다. 시스템과 환경의 복잡성은 희망이 넘치는 이념인 자유와 평등, 복지국가의 미래, 심지어 인간의 미래에 대해 쉽게 약속을 해주지 않기 때문이다. 또 복잡성을 진지하게 다루는 것을 사람들은 기본적으로 좋아하지 않거나, 잘 하지 못하기 때문이다. 이해할 순 있다. 그런데 그 복잡성을 다루는 일을 사람들이 점점 포기하면, 누가 그 일을 할까? 이게 문제다. 다시 AI가 나서게 된다. AI는 복잡성을 다루는 능력이 있을 뿐 아니라 점점 키워가는데, 많은 사람들은 그렇게 하지 못하고 심지어 거꾸로 간다. 책을 읽든, 사람들과 커뮤니케이션을 하든, 또 AI와 대화를 하든 사람들은 복잡성을 다루는 능력을 점점 잃어가고 있다. 과거에 지식인들은 책을 통해 나름대로 그 일을 했고 전문가들도 그들 방식대로 전문성을 발휘했지만, 복잡성이 점점 증가한 시스템에서 다중과 관객이 되어버린 사람들은 자주 당황하거나 짜증을 낸다.

불확실성과 복잡성은 위에서 언급했듯이 이미 20세기 중반부터 사람들 입에 오르내렸다. 그렇다면 그 개념이나 주제들은 이제까지 충분히 다뤄졌을까? 위에서 불확실성이 클수록 정보의 양도 증가한다고 말했지만, 실제로 사람들은 불확실성이나 복잡성의 문제에 충분히 주의를 기울이지 않았다. 오히려 기술의 발달과 함께 불확실성과 복잡성이 정복되었다는 낙관적이며 섣부른 이해가 퍼졌을 뿐이다. 정보 기술의 눈부신 발전은 불확실성과 복잡성을 단순히 이긴 것도 아니고 극복한 것도 아니다. 그것들을 정보의 양으로 바꿔서 다룸으로써 기술은 발전했으며, 또 그것들을 관리하는 기술도 그에 비례하여 빠르게 발전한 것은 사실이다. 그렇지만, 불확실성과 복잡성은 결코 줄어들지 않았다. 첨단기술의 문제들은 다시 더 복잡한 기술에 의해서만 다뤄질 수 있다는 데에서 그 문제의 심각성이 드러난다.

불확실성이라는 주제는 이미 잘 알려져 있는 것처럼 보인다. 그런데 어쩌면 바로 그것이 그 주제를 둘러싼 불길한 착시 현상을 일으킨다. 지금 이 시대는 그저 불확실성의 시대가 아니다. 초super-불확실성 또는 하이퍼hyper-불확실성의 시대이다. 20세기와는 너무도 다른 무서운 상황이 일어나고 있다. 20세기 중반에 일상적 기술이 그래도 대부분 편리한 도구였다면, 지금 AI를 포함한 정보 기술은 인간에게 필수적이면서도 인간이 통제하기 어려운, 인간이 권한을 위임한 인간의 대행자가 되었다. 또 사회적-정치적으로 2차대전 이후 국제관계를 규정했던 자유민주주의의 이념도 무시되고, 심지어 쓰레기 취급을 당하고 있다. 무엇보다 진보와 보수의 진영논리가 서로 사이에 적대적 혐오감을 키우면서 점점 정치적 폭력으로 치닫고 있다. 이런 상황에서는 무제한적으로 늘어난 정보의 양도 단순히 자유를 반영하는 데 그치지 않고 파괴적 불확실성을 동반하기 쉽다. 또 경제적으로 개인뿐 아니라 조직들의 부채는 늘어나는데 성장은 어려워진 상황에서, 그에 대응하는 효과적인 시스템도 보이지 않는다. 이 모든 것들이 이미 공포를 유발하고 있는데, 거기에 더해 기후위기에 대응하는 인간의 모습은 무기력하다. 거센 돌풍과 몰아치는 비조차 이전과는 다른 감각으로 공포를 야기하고 있다. 이 불확실성과 복잡성의 문제에 진지하게 주의를 기울여야 한다고 필자는 생각한다.

그런데 여기에 다시 문제가 끼어든다. 이렇게 불확실성과 복잡성이 기형적으로 증가하는 상황에서 사람들은 마땅히 그것에 주의를 기울여야 하건만, 실제로는 오히려 반대쪽으로 움직인다. 사람들은 복잡성을 진지하게 생각하기를 꺼리고 피한다. 인지적으로나 감정적으로 복잡성을 마주하는 일은 견디기 어렵기 때문이다. 그래서 실제로 복잡성이 증가하는 상황 속에 있으면서도, 사람의 행동은 인지적으로나 감정적으로 그 복잡성을 단순화하는 쪽으로 쏠리게 된다. 단순한 대립들이 힘을 얻고, 거기서 혐오감이 증폭된다. 사회적 갈등의 복잡성을 다루는 시도는 점점 줄어든다.

복잡성을 다루는 일은 어렵다. AI는 어쨌든 계산을 통해 그것을 나름대로 해결하지만, 인간은 그렇게 하기도 어렵다. AI의 지능은 뛰어나기는 하지만, 그것은 기본적으로 복잡성을 계산적으로 해결하는 방식에 머물 것이다. 사람은 이 복잡성 앞에서 어떻게 행동할까? 앞으로 계속 남아 있을 과제다.

2025년 10월

김진석 씀

차례

들어가며 ·· 004

1부

정보가 증가하면 불확실성도 증가한다

1장 인간의 마음은 정보를 균형 있게 받아들이기 힘들다 ··········· 021
2장 '정보는 불확실성의 표현'이라는 아이러니 ······················· 040
3장 AI 학습의 자율성은 정보처리 시스템의 닫혀 있음과 관련된다··· 066

2부

부분과 전체의 패러다임에서
시스템과 환경의 패러다임으로

4장 정보는 시스템의 한계 안에서 생산된다 ························· 097
5장 세계는 이제 상이한 방식으로만 관찰될 수 있다 ················ 122
6장 인간과 사회의 관계, 부분/전체의 틀에서 벗어나
     시스템/환경의 구별로 ··· 147
7장 사회적 갈등을 그 복잡성에 걸맞게 다룰 수 있을까 ············· 177

3부

자신들 문제를 직접 해결 못하는
인간과 그 대행자 AI

8장   AI는 인간을 더 복잡하고도 구속되지 않은 방식으로
      파악하게 만든다 ……………………………………… 211
9장   인공일반지능에 대한 모호한 기대와 착각 …………… 236
10장 AI 무기, 인간의 희생을 없앤다는 또 다른 위험………… 263
11장 인간 대신에 왜 AI가 조직을 이루는가 ……………… 291

4부

포월, 그리고 월포

12장 포월의 과제는 어떻게 시작되었나 …………………… 317
13장 기는 놈 위에 뛰는 놈, 뛰는 놈 위에 나는 놈,
      나는 놈 위에 다시 기는 놈 …………………………… 341
14장 포월이라 하였는데 월포 ……………………………… 360

나가며 ……………………………………………………… 378

참고문헌 …………………………………………………… 390

주석……………………………………………………………… 392

찾아보기 …………………………………………………… 397

1부

정보가 증가하면
불확실성도 증가한다

1장

인간의 마음은 정보를 균형 있게 받아들이기 힘들다

1. 빠른 생각의 문제 앞에서, 느린 생각으로 충분한가

우리는 우선 현대 심리학의 관점에서 인간의 마음이 어떻게 정보를 처리하는지 살펴볼 것이다. 이 대목에서 우리는 잘 알려진 인간심리 연구가이자 노벨상 수상자인 대니얼 카너먼Daniel Kahneman의 관점을 따라갈 것이다. 인간의 사고방식은 크게 두 가지 시스템을 통해 작동하는데, '시스템 1'과 '시스템 2'라고 부르자. 전자는 많은 경우 빠르고 효율적으로 움직인다. 대표적인 패러다임이 다름 아닌 대표성 편향이라고 할 수 있다. 습관적으로 또는 편의적으로 어떤 것에 대해 대표성 또는 전형성을 전제하는 것이다. 이 과정에서 익숙한 결론으로 곧장 점핑하는 이야기가 많이 동원된다. 그러면서 사람들은 다시 기존의 확증을 강화하게 된다. 이른바 확증편향이다. 이런 빠른 사고방식은 진화 과정에서 재빨리 반응하고 대응하는 데 도움이 되면서 인간이라는 동물의 가장 기본적인 행동 및 사고방식으로 자리 잡았다. 그만큼 효율성이 컸다고 할 수 있다. "여러 은유를 자유롭게 섞어 말하면, 우리는 머릿속에 놀라운 성능의 컴퓨터를 가지고 있는데, 일반적인 하드웨어 기준으로 보면 빠르지 않지만, 다양한 생각이 얽힌 거대한 망에 나타나는 여러 형태의 연상적 연결고리로 이 세상을 표현하는 능력을 가진 컴퓨터다. 연상 작용은 저절로 활성화되어 퍼져 나간다."[1]

그러나 연상을 통해 연결시키는 사고의 효율성 못지않게, 그 사고방식은 비합리적이며 심지어 잘못된 결정에 이르게도 만든다. 흔히 사람들은 일상뿐 아니라 지적인 작업에서도 인과적 설명에 익숙하며 거기에 의존한다. "시스템 1은 사소한 증거만 있어도 쉽게 넘겨짚도록 설계되었지만, 넘겨짚는 정도를 스스로 파악할 수 있도록 설계되지는 못했다. 보이는 것이 전부다 보니 눈앞의 증거만 중요할 뿐이다." "이때 증거의 양과 질은 크게 중요하지 않다." 왜냐하면, 역설적이게도, "빈약한 증거로도 아주 좋은 이야기를 만들 수 있기 때문이다."[2] 빠른 사고는 좋은 기분으로 이어지고 직관적이지만, 그만큼 속기 쉽다. 사람의 생각은 기분에 크게 영향을 받는다. "기분은 시스템 1에 분명한 영향을 미쳐서, 마음이 불편하고 언짢을 때는 직관도 작동하지 않는다. 이런 결과는 좋은 기분, 직관, 창조성, 잘 속는 성향, 시스템 1에 대한 높은 의존성이 모두 한통속(!)이라는 점점 더 분명해지는 사실을 뒷받침한다."[3]

연상적 연결은 대표성을 강화하며 또 그 과정에서 알게 모르게 확증된 사고방식으로 기울어지기 쉽고 따라서 다양한 오류를 초래할 수 있지만, 빠르기 때문에 효과적이며 따라서 편의적으로 사용되는 사고방식이다. 이런 사고방식을 휴리스틱heuristics이라고 부른다. 그런데 이 사고방식이 그저 진화적으로 도움이 되었고, 또 빨라서 효과적이라고 이해한다면, 중요한 점을 놓칠 수 있다. 그럴듯한 이야기를 좋아하는 사고방식은 인지적 차원에서도 나름대로 효과를 가지는데, 여기서 인지적 조화 또는 직관적 적절성은 그냥 그럴듯함에 머물지 않고 논리적 형태를 띠게 된다. 그것이 정합성 또는 일관성이다. 일상에서나 지적인 작업에서나 일관성은 나름대로 중요하다. 그렇지만 많은 경우, 그것은 이야기의 그럴듯함 및 직관적 편리함과 뒤섞여 있고 구별하기 어렵다. 또 일상에서든 지적인 작업에서든 사람들은 그럼직한 이야기 속에서 원인을 쉽고 단순하게 귀속시키는 성향을 가지고 있다. 사물들 사이의 복잡한 상관관계를 평가하기보다는 원인을 단순하고 간단하게 귀속시키는 방식이 편한 것이다. 원인을 쉽게 귀속시키는 편향성이다.

시스템 1과 달리, 시스템 2는 그런 연상적 연결과 직관적 이야기에 의존하지 않는, 곧 주의를 기울이는 느린 사고방식이라고 말할 수 있다. 주의를 기울이는 사고방식은 '인지적인 편리함이라는 기쁨'에 저항해야 한다. 그런데 그 일을 잘 할 수 있을까? 우리 마음은 그렇게 인지적 편리함과 익숙함에 저항할 수 있을까? 쉽지 않다. 직관적으로 마음에 들고, 나름대로 일관적으로 보이는 이야기나 결론을 거부한다는 건 쉽지 않기 때문이다.

시스템 1은 정보를 다룰 때 인지적 편안함에 의지하지만, 그것이 믿을 만하지 않다고 해서 경고 신호를 보내지는 않는다. 직관적 답은 능숙한 기술에서 나온 것이든 어림짐작에서 나온 것이든, 빠르게 그리고 자신 있게 머릿속에 떠오른다. 시스템 2가 능숙한 기술에서 나온 답과 어림짐작에서 나온 답을 구별할 방법은 없다. 시스템 2가 의지할 방법이라고는 천천히 스스로 답을 내보려고 시도하는 것뿐인데, 워낙 게을러 그 일이 선뜻 내키지 않는다.[4]

빠르고 직관적이며 일관되게 보이는 사고 패턴에 저항하는 유일한 길은 빠르게 결론으로 점프하는 대신 느리게 가는 것인데, 이게 쉽지 않다. 그냥 느리게만 가면 되는 길이 아니기 때문이다. 느리게 가는 능력임에도, 게으르기 때문에 느리게 가기 힘들다. 자신만의 대답을 구성하는 사고방식은 기존의 편리하고 직관적이며 더욱이 논리적으로 일관되게 보이는 패턴에서 벗어나야 하기 때문에 느리게 가야 하는데, 이 느림은 그냥 속도를 늦추기만 하면 되는 일이 아니다. 게으름을 이겨내야 하는 느림인 것이다.

2. 빠른 놈 위에 다시 느린 놈이 있는 까닭은

이미 우리는 뒤에서 다룰 주제인 '나는 놈 위에 다시 기는 놈이 있다'는 주제가 나타나는 것을 알 수 있다. 여기서 카너먼이 시스템 2라고 부른 사고방식도 비슷한 아이러니, 곧 날아가기와 기어가기 사이의 아이러니를 경험한다. 빠르고 연상적인 사고의 패턴을 벗어나려면 느리게 가야 하지만, 그 느림은 게으름을 뛰어넘는 어떤 성격을 가져야 한다. 그렇다고 시스템 2의 게으른 성격이 그저 나쁜 성격이라는 말은 아니다. 빠르게 움직이는 방식과 비교하면 게으름으로 보이지만, 무조건 빨리 가는 움직임에서 멀어진다는 점에서 그리고 다소 엉뚱한 방식으로 사물에 주의를 기울인다는 점에서, 그 게으름은 하는 일 없이 느긋하게 느리게 가는 태도와는 적잖이 다르다. 느리게 가는 사고방식은 빠름을 제어해야 하는데, 거기에 게으름으로 보이는 어떤 태도는 극복해야 할 '나쁜' 방해물이기도 하지만, 다른 한편으로는 그저 나쁘기만 한 것이 아니고 주의 깊은 심리 시스템의 고유한 특징이다. 심리적으로 피곤한 것을 피하려는 성향이야 어쨌든 심리적으로 정상적인 것이다. 중요한 점은, 나는 놈 위에 다시 나타나는 느린 놈은 그저 편하게 속도를 줄이기만 하면 되는 것이 아니듯이, 빠른 사고방식을 제어하는 느린 사고도 느리기만 하면 되는 것은 아니라는 데 있다.

그러므로, 실망스럽게 보이지만, 심리 시스템 2도 결국에는 시스템 1보다 그리 나은 상황에 있지 못하다. 물론 시스템 2는 어리석은 생각과 적절하지 않은 충동이 노골적으로 드러나는 것을 막아주기는 한다. 그 점에서 성찰적 역할을 하기는 한다. "하지만 시스템 2는 합리성의 본보기는 아니다."[5] 카너먼의 연구는 사고 시스템 2조차도 합리성의 모범은 아니며, 그것은 일상적이든 전문적인 영역에서든 얼마든지 드러나는 사실임을 밝힌다.

인간심리에 대한 이 성찰적 비판은 과학기술 분야에서의 진보를 무시하지는 않는다. 그것의 빠른 발전은 인정할 만하고, 인문사회적 인지 능력과 비교하면 과학적이고 공학적인 지능은 상대적으로 덜 게으르다고 할 수 있을 것이다. 그렇지만 자신에 대한 인식과 타자에 대한 인식, 그리고 사회적이고 정치적인 사건들에 대한 판단에서 인간심리는 명백한 한계를 가진다. 그리고 과학자나 공학자도 자기 자신과 타인에 대해 어떤 방식으로든 끊임없이 판단을 내릴 수밖에 없다는 점에서는, 그들도 이 인간심리에 내재하는 한계에서 자유롭지 못하다.

여기서 성찰적인 인간심리에도 내재하는 '게으름'이 단순히 소극적인 게으름에서 그치지 않고, 적극적인 형태로 나타나는 모습을 몇 가지 관찰해보자. 성찰적인 심리 시스템이 지닌 게으름의 특성은 단순히 일을 하지 않으면서 느리게 움직인다는 데 있지 않다. 그랬다면 아예 성찰적인 심리 시스템이라고 부를 수 없을 것이다. 여기서 다시 빠른 연상과 결론으로 점프하는 심리 시스템 1이 생긴 맥락과 배경을 되짚어봐야 한다. 진화 과정에서 빠르게 대응해야 할 필요성이 그 배경 가운데 하나이기는 하다. 그렇지만 그것만은 아니다. 그것 못지않게 중요한 배경은 애초에 필요한 정보가 많지 않았다는 것이다. "흔한 일이지만, 정보가 아주 적을 때는 시스템 1이 결론으로 점프하는 기계로 작동한다."[6] 물론 여기서 필요한 '정보가 부족하다'는 점은 단순히 절대적인 의미를 가지지는 않는다. 부족한 정보에 주관적으로 만족하는 상황도 있을 수 있다. 단순히 바깥에서 주어지는 정보가 부족할 수도 있지만, 빠르게 결론에 도달하기 위해 여러 형태의 선험적 목적을 설정하고 전제하는 경향이 있다는 점에서, 애초에 기본적으로 많은 정보를 고려하지 않는다는 것을 의미할 수 있다. 그리고 이 경향은 심리 시스템 2에 다시 적용되면서 영향을 미친다. 심리 시스템 2는 시스템 1과 다른 역할을 하기는 하지만, 그렇다고 이것과 완전히 독립되고 그것으로부터 전혀 영향을 받지 않는다는 말은 아니기 때문이다. 그래서 아무리 성찰적인 성향을 가진다고 하더라도, 시스템 2는 많은 정보를 생산하거나 고려하려고 하지 않는 성향을 가지며, 이것이 게으름의 중요한 경향이며 특징이다.

인간의 사고방식에 내재하는 숨은 경향과 성향을 관찰한 카너먼의 연구가 다소 단순화된 관점을 사용하고 있는 것은 사실일 것이다. 빠른 사고 시스템과 느린 사고 시스템을 크게 구별한 패러다임에 그런 단순한 면이 있기 때문이다. 느린 놈이 느리게 가거나 혹은 거꾸로 느린 놈이 빠른 놈 위에 있을 수 있는 복합성이 제대로 드러나지 않은 채, 단순히 빠름과 느림이라는 구별로 일반화되었다. 나는 놈 위에 기는 놈이 있지만, 그 기는 놈은 게으르게 보일 수 있다. 물론, 애초에 나는 놈이 너무 빨리, 너무 쉬운 원인을 찾아다녀서 그렇게 보인다는 것도 맞다. 그렇다고 그 빠른 효과를 가지는 휴리스틱이 무조건 틀렸다는 말은 아니다. 처음에는 정보가 많지 않아서 그렇기도 했지만, 정보가 점점 많아지는 상황이 온다고 해도 인지 시스템은 어느 정도는 사고와 추론 과정을 단순화하는 편리함을 추구하기도 하고 거기서 실제로 도움을 얻는다. 일상에서뿐 아니라 지적인 작업에서도 비슷하다.

다르게 말하면, 빠른 사고와 느린 사고라는 카너먼의 관점에서는 느린 움직임도 다양하면서 중층적으로 작동하고 있다는 점이 제대로 부각되지 못했다. 그냥 부정적으로 느린 동작이 있는가 하면, 빠르면서도 느린 움직임, 빠른 놈보다 더 빠르면서도 느리게 가는 움직임이 있을 수 있다는 점은 충분히 부각되지 못했다. 때로는 느리게 오래 생각해야 할 때가 있다. 예를 들어, 복잡성이 큰 대상을 생각하고 거기에 대응해야 할 때는 느리게 생각해야 할 것이다. 그렇지만 상황이 급박하면, 아무리 복잡한 상황에서도 빨리 생각해야 할 수 있다. 말하자면, 빠른 사고를 그냥 느리게 만들기만 하면 되는 것은 아니다.

여기서 필자는 아주 오래된 속담 또는 우화를 빌려 논의를 확장하고자 한다. 이 속담은 4부에서 본격적으로 다루어질 주제이지만, 지금부터 슬슬 그 미묘한 맥락을 들여다볼 필요가 있다. 4부까지 가는 와중에서도 이 속담은 때때로 출몰해서 할 일을 할 것이다. 기는 놈 위에 뛰는 놈이 있고, 뛰는 놈 위에 나는 놈이 있으며, 나는 놈 위에 다시 기는 놈이 있다는 속담이 그것이다. 이 우화의 변곡점은 나는 놈 위에 다시 기는 놈이 끼어드는 그 굴곡에 있는데, 나는 놈 위에 어떻게 느린 놈이 끼어들 수 있는지 앞으로 이런저런 각도에서 다양하게 살펴볼 생각이다. 나는 놈 위에 기는 놈이 끼어들면서, 기존의 빠름과 느림의 단순한 구별은 조정되고 흔들릴 것이다. 카너먼의 연구는 시스템 1의 빠른 생각이나 추론이 진화 과정에서 유익하고 필요했지만 동시에 너무 쉽게 결론으로 내닫기 때문에 많은 오류가 생긴다는 것을 알려준다. 그래서 시스템 2는 느리게 생각하면서 시스템 1의 부족함이나 단순함을 보충한다. 여기서도 일단 뛰는 놈이나 나는 놈 위에 기는 놈이 끼어드는 모습을 볼 수 있다. 처음어 진화 과정에서 빠른 속도로 환경에 대응하기 위해서는 기는 놈 위에 뛰는 놈이 유리하고 뛰는 놈 위에 나는 놈이 더 유리할 수 있었다. 그런데 다시 그 나는 놈 위에 기는 놈, 곧 느리지만 복잡하게 생각하는 놈이 필요해졌다. 여기서도 이미 제일 빠른 것이 무조건 느린 것보다 우위에 있는 것은 아니라는 점이 드러나기는 한다.

거북이와 토끼의 우화도 기는 놈 위에 뛰는 놈이 있지만, 뛰는 놈 위에 다시 기는 놈이 있는 모습을 보여준다. 여기서 뛰는 놈이 자만에 빠지기 때문에, 기는 놈이 뛰는 놈 위에 있게 된다. 이 우화의 풍경은 특이한 예들에서만 나타나지 않고 상당히 일반적인 양상을 띤다. 순환적인 관계나 질서라고 부를 수 있는 풍경이 그것이다. 운전을 배우든 스키를 배우든 처음엔 조금만 속도가 붙어도 빠른 느낌을 가지며 무섭다. 그러나 속도에 익숙해지면, 빠른 속도에서도 오히려 느림을 느끼게 된다. 또 공간 속에서 탈 것이 아무리 빨리 움직여도, 그 속도에는 분명한 한계가 있다. 아무리 빠른 차량이라도 가만히 있는 사람의 통신 속도에 미치지 못한다. 다르게 말하면, 일반적으로 공간 속에서의 거리 이동 속도는 아무리 빠르더라도, 느림으로 이어진다. 다시 보겠지만, 우주공간에서는 광속의 빠름도 겨우 기어가는 속도에 지나지 않는다. 또 동물들 가운데에서도 일반적으로 빠른 놈이 강자로 여겨지지만, 그 빠른 놈이 항상 빠르게 움직이는 것도 아니다. 늘어질 때는 한없이 늘어진다. 또 아무리 빠른 포식자라도 작은 미생물에 의해 분해되고 말 운명이다.

중요한 점은, 나는 놈 위에 다시 끼어드는 기는 놈이 그냥 단순히 느리게 기어가는 놈은 아니라는 것이다. 물론 느린 놈도 있다. 그러나 공간 속에서의 거리 이동이 아무리 빨라도 가만히 있으면서 통신하는 속도를 따라잡지 못하듯이, 움직이지 않는 상태의 몸은 거리 이동을 하는 차량보다 더 빠르거나 더 많은 정보를 처리할 수 있다. 카너먼이 시스템 2라고 부른 사고 시스템도 빠르지는 않고 느리지만, 더 많은 정보를 처리하며 복잡성에 대응하는 데 적절하다.

3. 균형 있는 객관적 정보는 없다

카너먼의 연구는 정보가 부족할 때 시스템 1이 빠른 결론으로 점프하는 특징을 가진다는 것, 그리고 시스템 2도 그것에 영향을 받는다는 것을 보여주었다. 이제 조금 다른 관점에서, 정보가 늘어난 인터넷 시대에 인간의 사고가 오히려 정체되는 모습을 살펴보자. 가장 두드러진 모습은 우리가 인간의 '이성적 사고'라고 부르는 것에 대한 기대나 이상이 크게 흔들리고 심지어 부서지는 모습이다. 인간의 사고가 이성적이라면, 갈등을 일으키는 어떤 주제에 대해 서로 다른 관점들이 제시되면, 그 관점들을 중립적으로 비교하면서 장단점을 생각할 수 있어야 한다. 그것이 이성적 사고에 대한 핵심적인 기대이자 요구이다. 예를 들어 사형제의 효과를 둘러싼 이견 또는 갈등을 보자. 사형제는 흉악범죄를 억제하는 데 효과가 있을까라는 쟁점은 커다란 논란거리다. 사람들이 실제로 어떻게 판단하는지 살펴보기 위해, 캐스 선스타인Cass Sunstein은 연구를 했다. 한

쪽에는 사형제가 범죄를 억제하는 데 커다란 효과가 있다는 주장을 지지하는 여러 연구 결과가 있고, 다른 쪽에는 그렇지 않다는 연구 결과가 또 여럿 있다. 사람들에게 이 연구 결과와 관련 자료를 함께 보여주고 읽게 했다. 연구 결과뿐 아니라 그와 관련된 데이터와 논평 및 그에 대한 반박 자료들도 보여주었다. 이렇게 서로 다를 뿐 아니라 상반되는 자료와 연구 결과를 보고, 사람들은 어떻게 반응하고 어떻게 학습할까? 그들은 어떤 결론을 내리게 될까?

이성적인 사고를 한다는 전제에서 출발한다면, 사형제에 대한 찬반 주장과 관련 자료 및 증거를 모두 읽어 보았기 때문에 사형제 찬성론자와 반대론자 모두 기존의 자기 의견이나 주장을 버리고 중간 쪽으로 다가갈 것이라고 예상할 수 있다. 사형제를 찬성하는 사람들은 사형제가 범죄 예방 효과가 있다는 주장을 믿지 않는 합리적인 의견들이 있다는 사실을 보게 될 것이고, 사형제 반대론자들은 거꾸로 사형제가 범죄 억제 효과가 있다는 주장에 동의하는 여러 흘리적인 의견이 있다는 사실을 목격하게 될 터이니 말이다. "그래서 여러분은 양쪽 집단 모두 상대방을 보면서 배우는 게 있을 것이고, 그래서 보다 온건한 입장을 취하게 될 것이라는 기대를 할지도 모르겠다. 만약 그런 기대를 했다면 여러분의 예상은 틀렸다." 놀라운 일이다. 사람들은 균형이 잡힌 의견과 자료를 보고 자신들의 주장이나 믿음을 수정하기보다는, 오히려 자신의 믿음과 주장을 유지하기 위해 균형 잡힌 자료나 증거를 무시하는 경향을 보인다.

핵심적인 사실은 사형제 찬성론자와 반대론자 모두 자신의 생각에 위배되는 연구 결과는 제쳐놓고 자기 생각을 뒷받침하는 연구 결과에 의해 더 큰 확신을 갖게 되었다는 점이다. 양측 모두 반대 입장을 읽고 난 다음에 읽기 전부터 갖고 있던 생각이 더 확고해졌다고 대답했다. 간단히 말해 사람들은 균형 잡힌 정보를 접하게 되면 이전에 가졌던 믿음이 더 확고해졌다.[7]

여기서 '균형 잡힌 정보'라는 표현은 물론 오해를 불러올 수 있다. 의견들이 그 자체로 균형이 잡힌 것은 아니다. 균형이 잡히지는 않았지만 그래도 균형을 잡을 수 있게 도울 수 있는 정보를 접하게 되면, 사람들은 오히려 이전에 가졌던 믿음을 더 확고히 했다는 것이다. "이 같은 현상은 '편향 동화 biased assimilation'라는 별로 달갑지 않은 이름으로 불린다. 사람들이 자신이 이미 갖고 있는 편향된 입장에 맞춰 정보를 처리한다는 것을 의미하는데 여러 분야에서 볼 수 있는 현상이다."[8]

여기서 드러나는 놀랄 만한 현상은 첫째, 균형을 잡게 만들 가능성이 있는 정보는 사람들이 기존에 가지고 있는 편향된 주장과 믿음을 바로잡도록 이끌지 못한다는 것이다. 이 현상을 관찰하기만 해도 흔히 '이성적 사고'라 불리는 것이 얼마나 게으른지 알 수 있다. 그러나 그것보다 더 중요한 현상이 있다. "더 중요한 것은 편향 동화가 작용하는 경우에는 균형 잡힌 정보가 사람들로 하여금 루머에 대해 더 강한 믿음을 갖도록 유도한다는 것이다."[9]

이렇게 사람들이 '명백한' 사실을 보더라도 기존의 믿음과 주장을 바꾸기는커녕 오히려 그것을 강화하는 이유는 무엇일까? 물론 사람들이 감정 및 감정적인 편견에 영향을 받는다는 것도 맞다. 그러나 꼭 그리고 단순히 감정적인 영향이나 편견이 방해물로 작용하기 때문은 아니다. 그 경우라면, 이성적인 사고가 단순히 그리고 아쉽게도 감정적인 영향과 편견에 의해 방해를 받고 제 역할을 하지 못하는 것일 터이다. 그리고 그 경우라면, 성찰적 심리 시스템에 내재하는 게으름은 거의 전적으로 감정에서 비롯된다고 말할 수 있을 것이다. 그러나 성찰적 사고의 게으름은 단순히 감정 탓으로 돌릴 수 없다. 성찰적 사고 자체에 내재하는 어떤 경향 또는 결함이 게으름으로 작용한다. 그것은 합리적인 집단이든 비합리적인 집단이든 차이가 없다. 이들이 감정적인 편견에 휘둘리지 않고, 기존에 자신들이 가진 의견과 지식에 기반을 두고 새로운 정보를 처리한다고 가정해보자.

합리적인 집단과 비합리적인 집단 모두 자신들이 생각하는 사실에 대해 감정적으로 몰두하지 않고 기존 지식의 바탕 위에서 새로운 정보를 단순히 읽기만 한다고 가정해 보자. 그렇게 하더라도 이들은 편견을 갖고 정보를 처리한다.
이 간단한 설명을 통해 우리는 편향 동화가 언제 어떤 식으로 일어나는지 알 수 있다. 여기에는 기존의 강력한 신념과 편향된 믿음이라는 두 가지 전제조건이 작용하고 있다.[10]

감정적인 영향이나 편견에 휘둘리지 않는다고 하더라도, 기존에 가지고 있던 강력한 신념과 이미 편향된 믿음이 알게 모르게 사고 과정에 작용한다. 다르게 말하면, 사람이 아무리 '성찰적으로' 혹은 '이성적으로' 생각하더라도 그 생각은 그것의 다른 산물인 강력한 신념과 기울어진 믿음에 의해 얼마든지 굴절되거나 채색된다. 조금 아이러닉하게 표현하면, 감정에 호소하지 않고 이성에 호소한다고 해서, 아니 이성에 강하게 호소할수록 생각은 얼마든지 '이성적인' 모습에서 멀어질 수 있다.

이미 강력한 신념과 편향된 믿음을 가지고 있으며 거기에 매달린다면, 아무리 느리게 성찰하더라도 균형 잡힌 의견에 도달하기 힘들 것이다. 강력한 신념과 편향된 믿음은 그 자체가 빠른 연결을 추구하고 실행하기 때문이다. 다르게 말하면, 강력한 신념과 편향된 믿음은 그 자체로 정보의 교환이나 수정을 제한하는 시스템이자 그 시스템을 구성하는 핵심적인 동인이자 동력이다.

그리고 이미 그 자체로 정보의 교환과 수정을 제한하는 강력한 신념과 편향된 믿음은, 비록 처음에는 정보의 양이 적었던 상황과 시대에서 출발했기 때문에 그렇게 작용했더라도, 정보의 양이 많아져도 크게 달라지지 않을 것이다. 아무리 균형을 잡게 만드는 데 도움이 될 수 있는 정보와 자료가 제시되더라도, 사람들은 기존에 자신이 가졌던 신념과 믿음에 어긋나는 정보와 자료들은 밀어내고 제쳐둘 것이다. 현재 소셜 네트워킹 플랫폼에 일어나는 중요한 현상 가운데 하나가 다름 아니라 이것과 연관이 있다. 다양한 의견이 넘쳐나지만, 정작 사람들은 자신의 기존 신념과 믿음을 수정하거나 거기에 균형을 가져올 의견이나 정보를 받아들이기보다는 그것을 강화하는 데 기여하는 의견이나 정보에 접속하는 경향이 크다. 최근에는 이런 경향이 공식적인 무대에서도 그대로 드러나고 있어서, 문제가 심각하다. 가장 두드러진 예는 미국 트럼프 대통령이 말하는 방식에서 살펴볼 수 있다. 그는 오로지 자신에게 유리한 이야기만 반복하며 상대편은 무조건 틀렸으며 어리석다고 주장한다. 미국 대통령이 공식적인 자리에서 그런 방식의 이야기를 계속하고 있으니, 엄청난 심리적이고 사회적인 피해를 야기하는 것이다.

이 점을 위의 논의 과정에 다시 적용해보자. 선스타인은 아무리 균형 잡힌 정보가 제시되더라도, 사람들이 강력한 신념과 편향된 믿음을 가지고 있는 한, 기존의 주장이 바뀌기는커녕 오히려 더 강화된다는 점을 강조했다. 이 점은 기본적으로 맞으며, 매우 중요하다. 다만 여기서 '균형 잡힌 정보'라는 표현은 충분하지 않다. 위에서 필자는 이미 자료나 정보 자체가 균형 잡힌 것은 아니라고 조금 수정했다. 서로 다르며 차이가 있는 의견과 자료들이 있을 뿐이며, 그 차이가 나는 의견과 자료들이 균형을 잡게 만들어주는 데 기여하는지 아닌지는 받아들이는 사람의 태도에 달려 있다. 균형 잡힌 정보는 그 자체로는 없다. 균형을 잡는 데 기여하게 될지 아닐지는 메시지를 받아들이는 사람과 그 사람의 사고 시스템이나 정보처리 시스템에 달려 있기에, 정보는 그 자체로 균형을 잡거나 잡혀 있을 수는 없다.

정보 개념에 대한 이런 관찰은 너무 이론적인 것으로 보일 수 있다. 그럴 수도 있다. 일상적으로나 일상적이지 않은 차원에서나, 정보는 데이터처럼 물리적인 세계에 존재하는 어떤 것으로 여겨지며 그렇게 사용된다. 그러나 이렇게 사용되면, 정보 개념은 데이터 개념으로부터 전혀 구별이 되지 않는다. 그런 사용법은 게으를 수밖에 없다. 실제로 선스타인이 설명한 사고실험 과정을 다시 보자. 정보가 균형을 잡는 데 도움이 되려면 그 자료와 증거의 수용자가 그것을 제대로, 곧 자신의 신념 및 믿음과 연관하여 비평적으로 적용하면서 선택해야 한다. 이 관점에서 보면, 그 자체로 균형이 잡힌 정보는 없다. 균형을 잡는 데 사용되는 정보가 균형 잡힌 정보가 되며, 그렇지 않으면 아무리 옳은 정보라고 해도 균형 잡힌 정보로 작용하지 못한다. 그런데 "균형을 잡는 데 사용되는 정보가 균형 잡힌 정보"라는 서술은 동어반복적인 정의로 보인다. 그런 동어반복적 서술을 피하려면, '정보'를 다른 관점에서 서술해야 한다. 말하자면, 정보는 바깥에 있는 그냥 물리적이거나 물질적인 자료라기보다는, 정보를 처리하는 시스템의 관점에서 선택되는 어떤 대상이다. (이와 관련해서는 2장에서 자세히 설명할 것이다.)

균형을 잡게 해줄 정보가 바로 앞에 있다고 하더라도, 실제로 인간이 균형을 잡는 일은 어렵다. 이 점은 특히 갈등이 심한 문제인 보수와 진보 사이에서 균형을 잡는 일을 통해서 다시 한 번 살펴볼 수 있다. 필자도 과거에 이 문제에 작지 않은 주의를 기울이며 '기우뚱한 균형'이라는 프로젝트를 수행한 적이 있다. 그 이름의 제목을 단 책에서 필자는 쟁점이 되는 구체적 주제들을 꼼꼼히 분석하면서 어디에 문제가 있는지 서술했다. 논의 방식으로만 평가하면, 상당히 '이성적인' 접근이라고 볼 수 있다. 그런 이성적인 접근은 정말 효과를 볼 수 있을까? 당시에도 필자는 그런 분석을 통해서 서로 다른 주장과 신념을 가진 사람들을 설득할 수 있거나 합의에 이를 수 있다고 쉽게 생각하지는 않았다. 말하자면 균형은 합리주의가 주장하는 방식에 따라 합리적으로 얻어지기는 힘든 것이다. 균형은 기껏해야 그리고 끊임없이 '기우뚱한' 방식으로만 실행된다. 자신을 주체라고 생각하는 사람이 자신이 착하다고 생각하거나 선한 의도를 가지고 있다고 강하게 믿는다면, 어떤 이성적 접근이든 가까이 가기 힘들다. 또 이미 자신이 균형을 잡고 있다고 강하게 믿는 사람도 생각을 바꾸기 힘들 것이다. 조금이라도 설득할 여지가 있고 설득당할 여지가 있으려면, 균형도 기우뚱한 상태에 있어야 할 것이다. 말하자면 균형을 잡자고, 더 나아가, 지혜롭게 균형을 잡자고 말해도, 안 되는 경계가 언제나 있다. 균형은 그냥 중립적 지점을 찾는다고 해서 얻어지는 것이 아니다. 이른바 내로남불은 단순히 실수가 아니라 행위자에게 내재하는 굳은 신념과 완강한 태도 자체에서 기인하는 경우가 많기 때문이다. 그리고 그 신념과 태도는 누가 봐도 나쁜 것도 아니다. 오히려 근사하고 착한 경우가 많다는 것이 문제다. '자신이 착한 사람이다'라고 믿는 사람일수록, 자신의 의견을 바꾸지 않는다.

그런데, '기우뚱한 균형'도 화두의 형태로는 작지 않은 의미가 있지만, 그것 자체는 그냥 말일 뿐이다. 그 말이 좋은 표현이라고 해도, 그것만 주장하는 것으로는 충분하지 않다. '기우뚱한 균형'이 좋다고 해서 그것이 안정된 태도의 형태로 지속하는 것은 아니기 때문이다. 보수와 진보의 갈등을 해결하는 방법이 그저 보편적인 정책의 형태로 존재한다고 보기도 어렵다. 또 보수와 진보의 갈등을 피한다는 기본 전제에 동의하는 사람들이라고 해도, 구체적인 문제 앞에서는 얼마든지 기울어진 땅에 서 있을 수 있다. 균형은, 역설의 방식으로 말하자면, 균형 속에 있지 않다. '기우뚱하다'는 표현은 바로 그 역설의 모습일 것이다. 정말, 비로소, 기우뚱함을 체감하기 위해서는, 단순히 지혜로움을 추구하는 데서 더 나아가, 보수와도 부딪치고 진보와도 부딪치는 일이 필요할 것이다. '우충좌돌'이라고 부를 수 있는 프로젝트는 바로 그 끊임없는 기울어짐에서 비롯되는 일이며 동시에 그 기울어진 땅과 부딪치는 일이라고 할 수 있다.

어쨌든 우리 인간이 매우 빠르게 정보를 습득하고 처리하지만, 이미 가지고 있는 강한 신념과 편향된 믿음은 균형 잡힌 의견으로 나아가는 데 별로 도움이 되지 않는다. 강한 신념과 편향된 믿음은 사람을 계속 그 자리에서 빙빙 돌게 만드는 것이다. 말하자면, 제자리에서 기어가게 만든다. 인터넷과 소셜 네트워킹을 통해 어느 시대보다 빠른 정보를 얻지만, 사람들은 자신이 사로잡힌 강한 신념과 편향된 믿음의 루프에 갇혀 기는 놈이 된다. 다시 나는 놈 위에 기는 놈이 끼어든다.

정보가 이렇게 수용자가 이미 가지고 있는 신념이나 믿음에 의해 걸러지고 또 선택되어진다는 것은 전적으로 인간의 심리와 사고 과정에 고유한 결함이나 그로 인한 왜곡 때문인 것처럼 보일 수 있지만, 그런 것은 아니다. 물론 위에서 우리가 살펴본 인간심리에 고유한 한계에 대한 카너먼의 심리학적 실험 및 연구는 그런 인상을 불러올 수 있다. 그렇지만 카너먼의 연구도 단순히 심리 시스템의 결함이나 오류 가능성을 밝히는 것을 목표로 삼았다기보다는, 그 시스템에 고유한 특성과 구조를 드러내는 것이 목표다. 또 인터넷 시대에 확산되는 루머에서 사람들의 사고가 왜곡되는 모습을 분석한 선스타인의 연구도 언뜻 보면 마치 '루머'라는 이미 그 자체로 부정적으로 굴절된 내용 때문에 그런 일이 생긴다는 인상을 줄 수 있지만, 그렇지 않다. 아마도 책의 제목이 '루머'여서 다소 그런 인상이 야기될 수도 있을 것이다. 그러나 사실은 그렇지 않다. 정보는 수용자가 가진 믿음이나 신념과 연동되어 나타날 뿐 아니라, 애초에 확실성 못지않게 불확실성을 생산하며, 더 나아가 불확실성의 지표일 수 있다. 그리고 그것은 사회적인 영역에서뿐 아니라 기술적-공학적인 영역에서도 확인된다.

이제 다음 장에서 상세하게 그 점에 대해 알아보자.

2장

'정보는 불확실성의 표현'이라는 아이러니

1. 정보는 단순히 쓸모 있거나 확실한 것이 아니다

1장은 기본적으로 정보의 양이 제한된 상황에서 출발해서, 인터넷이 등장해 정보가 폭증한 상황을 배경으로 그 풍경을 다뤘다. 이제 정보의 양이 매우 많아진 상황을 제대로 논의해보자.

선스타인이 소개한 앞의 예에서 드러나듯이, 정보는 그것을 받아들이는 수용자의 기존 신념이나 믿음에 의존했다. 정보는 그냥 독립적으로 존재하는 물리적 자료가 아니라, 수용자의 태도·지식과 상관관계에 있는 어떤 것이다. 그리고 이때 그 태도와 지식은 단순히 감정적인 성격을 가지는 것도 아니었다. 따라서 그것은, 처음에는 조금 이상하게 보일 수 있지만, 그 자체로 어떤 물리적인 자료나 물리적인 사물의 속성과는 다른 어떤 것이다. 또 정보라는 것이 독립적으로 존재하는 어떤 것이 아니라고 해서, 단순히 수용자의 심리 상태에 의존하거나 거기에 영향을 받는다는 말도 아니다. 하나의 정보는 이미 앞에 있던 메시지와 뒤따라올 메시지에 의해서도 매개되며 영향을 받는 어떤 것이다.

여기서 흔히 사용되는 정보information 개념에 수정을 가할 필요가 있다. '정보'라는 말은 너무 잘 알려진 말이다. 모르는 사람이 없다. 매우 일상적인 곳에서도 사용되는가 하면, 일상적이지 않은 곳, 곧 통신 이론과 컴퓨터 공학을 비롯하여 생물정보학에서도 사용된다. 거기서 미묘하고 독특한 상황이 발생한다. 그 말 자체는 일상에서 흔히 사용될 정도로 잘 알려진 말이며, 그 잘 알려진 의미 그대로 얼마든지 사용되어도 큰 문제는 없는 것처럼 보인다. 구체적인 상황에서는 그런 사용법이 크게 문제가 되지 않을 것이다. 이미 특정한 맥락이 작동하고 있기 때문이다. 기차역이나 공항에서 필요한 정보를 얻으려는 사람은 'Information'이라고 적힌 창구를 찾으며, 거기서 정보는 나름대로 역할을 한다. 그렇게 정보 개념이 일상에서 무리 없이 사용될 수 있는 까닭은 애초에 정보가 구체적인 맥락 안에서 작동하는데, 일상에서는 그 맥락이 대부분 주어져 있기 때문이다. 그렇지만 정보가 맥락에 따라서 작동하는 어떤 것이라는 말은 무엇을 의미하는가? 그런 이해방식도 일종의 상대적 관점으로 일상에서 많은 사람들이 이미 받아들이고 있지 않은가? 정보는 관찰자에 따라 상대적으로 받아들여진다는 정의는 틀린 것은 아니지만, 거기에는 아직 모호성이 있어서 충분하지 않다.

일차적으로 정보 개념을 데이터 개념과 비교하고 구별해보자. 데이터가 관찰자와 독립적으로 존재하는 물리적 자료라면, 정보는 그와 달리 주어진 맥락과 더 나아가 관찰자의 관점에 따라서 그때그때 변하는 어떤 것이라고 할 수 있다. 이 관점은 아직 일반적으로 받아들여진 것은 아니지만, 그렇다고 전혀 낯선 것도 아니다. 일상에서는 이미 사람들이 구체적인 맥락에 맞춰 움직이거나 행위하고 있기 때문이다. 그리고 정보에 관한 공학적 이론에서도 이미 많건 적건 받아들여진 내용이라고 할 수 있다.

정보 개념을 공학적 차원에서 현대적으로 처음 연구하고 제안한 사람은 1930년대 미국 벨연구소의 클로드 섀넌이다. 그는 메시지를 전송하거나 암호를 해독하는 등의 정보통신 영역에서 새로운 정보 개념을 발견했다. 동기는 명확했다. 현대적 전기통신 기술을 이용해서 일정한 채널을 통해 많은 양의 메시지를 전송하려면, 그 메시지들은 적절한 정보의 형태로 변형 전송되어야 했다. 그러므로 정보의 양은 단순한 물리적 사물처럼 존재하는 것은 아니었다. 메시지를 전송할 때 그것은 신호로 바뀌는데, 이미 이전에 어떤 메시지들이 전송되었는지에 따라 정보의 양은 달라진다. 이미 여러 번 전송된 내용이 다시 반복될 때, 그것의 정보량은 적을 것이다. 기본값, 곧 디폴트값으로 처리되기 때문이다. 같은 말이 습관적으로 반복된다면(예를 들어 '사랑해'), 그 말은 일상적으로는 중요하겠지만 정보량은 적다. 그와 달리, 새로운 정보가 전송될 때, 정보의 양은 커진다고 할 수 있다. 새로운 정보들 가운데에서도 일어날 법하지 않은 메시지는 더 큰 정보의 양을 가진다고 할 수 있다. 일반적으로 말하면, 어떤 메시지가 생기거나 전달될 확률이 작을수록, 정보의 양은 커진다. 공학적으로는, 어떤 내용이든 상관없이, 정보의 양은 메시지가 만들어질 확률에 반비례하는 셈이다. '맥락 context'이라는 용어를 사용하자면, 맥락이 쉽게 드러나거나 읽힌다면, 정보의 양은 적을 것이다. 거꾸로, 메시지나 데이터가 사용되는 맥락이 흔하지 않다면, 정보의 양은 커질 것이다.

언어 메시지를 암호화하거나 암호문을 해독하는 데에도, 이런 정보 개념이 필수적이다. 어떤 메시지가 포함된 임의의 텍스트를 해석할 때, 개별 문자들은 아무 맥락 없이 사용되는 것이 아니라, 특정 맥락 안에서 사용되거나 특정 질서나 관행을 따른다. 또는 내용에는 필수적이지 않을 수 있는 부분에 의존한다. 그 경우, 문자의 사용 맥락은 잉여성 또는 중복성 redundancy을 가진다. 문자 'q' 다음에는 매우 큰 확률로 'u'를 예측할 수 있는데, 중복성이 큰 경우라고 할 수 있다. 일반적으로는 자음 다음에는 모음이 올 확률이 크다고 할 수 있다. 이렇게 중복성이 크다면, 그 메시지가 부분적으로 손실되더라도 복원하기가 쉬울 것이며, 따라서 그 점에서 정보의 양은 적다고 볼 수 있다. 문자보다 큰 낱말의 경우에도 서로 연결되는 연결성이나 빈도를 정보의 양으로 측정할 수 있다. 한 낱말 앞이나 다음에 어떤 낱말이 올지 예측하기가 쉽다면, 정보의 양은 적다고 할 수 있다. 자연언어는 대략 50%의 중복성을 가진다고 여겨진다. 메시지나 텍스트에 내재하는 중복성이 복원에 도움이 된다는 것은 다른 점에서도 중요하다. 많건 적건 손실된다는 것은 불확실성에 내맡겨진다는 말인데, 그 경우 복원 가능성이 크다는 것은 그 불확실성이나 노이즈에도 불구하고 정보는 유지되거나 전달될 가능성이 크다는 것이다. 메시지나 텍스트의 중복성은 필수적이지 않은 첨가물이나 관계로 보이고 또 쓸데없이 군더더기를 만들기도 하지만, 불확실성이나 잡음을 견디게 하는 지지대이기도 한 셈이다. DNA 정보에서도 중복성이 일정한 정도로 나타나는데, 그 덕택에 돌연변이를 비롯한 돌발사고가 나더라도 일정한 정보의 양이 유지된다. 거꾸로 어떤 텍스트나 메시지에 중복성이 제로에 가깝게 없다면, 각각의 기호들은 잉여성이 없을 것이고 각각의 신호가 모두 필수적인 정보값을 가지겠지만, 그 정보의 안정성을 지지하는 콘텍스트나 잉여관계가 없는 것이다. 따라서 손실되기도 쉽고, 손실될 경우 복원하기도 어렵다.

여기서 맥락이나 중복성 이외에, 정보의 양을 측정하는 또 다른 기준으로 등장하는 것이 선택 choice이다. 일반적으로 어떤 언어 텍스트를 해석하거나 예측하는 데 필요한 열쇠 코드가 간단할수록, 그 텍스트를 해석하는 데 필요한 선택의 숫자는 작을 것이다. 그리고 디지털 정보의 차원에서 선택은 이진법의 형태로 이루어지기에, 선택이 일어나는 횟수를 수량화할 수 있다.*

매우 기술적인 문제인 것처럼 보이지만, 그렇지 않다. 쉬운 예로 스무고개 놀이를 들 수 있다. 그 게임도 이진법의 틀 안에서 일어나는데, 한 번 묻고 대답할 때마다 이진법의 선택이 한 번 일어나는

---

* 이진법을 통해 선택이 이루어지므로, 2를 기본값으로 하는 로그함수의 값이 선택이 일어난 횟수이다.

셈이다. 이것인가 아닌가의 선택. 세 번 만에 답을 맞힐 수도 있고, 스무 번의 기회를 사용했는데도 답을 맞히지 못할 수도 있다. 답에 도달하는 데 걸린 선택의 횟수가 해당 정보의 양이라고 말할 수 있다. 그러므로 디지털 정보가 연산 과정에서 처리될 때마다, 정보의 양이 측정되고 처리되는 셈이다.

이 정보의 양이 어떤 사건이 일어날 확률에 반비례할 뿐 아니라 선택이 일어나는 횟수에 비례한다는 것은, 언뜻 보면, 매우 기술적인 관찰법으로 보인다. 그런데 이것을 다른 말로 표현하면, 그 중요성이 비로소 서서히 드러나기 시작한다. 정보의 양은 메시지에 포함된 불확실성에 비례한다는 것이다. 불확실성이 클수록, 메시지의 정보 값/양은 커진다니? 놀랍지 않은가? 왜냐하면 이 관찰법은 정보의 흔한 사용법과 다를 뿐 아니라 심지어 어긋나기 때문이다. 사람들은 흔히 '좋은 정보'나 '쓸 만한 정보'를 찾는데, 여기서 정보는 사람들의 필요에 맞추어져 있다. 그 필요에 맞추어진 정보가 의미가 있는 정보이다.

그와 달리, 섀넌의 정보 이론에서 정보는 일차적으로 좋음이나 의미 있음을 목표로 삼지도 않고 그런 시도의 결과물도 아니다. 정보의 양은 불확실성이 클 때 크다고 할 수 있으므로, 불확실성의 크기가 정보의 값/양이라고 말할 수 있다.[11] 더 간단하게 말하면, 정보는 불확실성과 거의 같다. 거의 당연하게 여겨지는 것은 정보의 양이 없는 셈이다. 그래서 섀넌은 정보에게 엔트로피entropy라는, 다소 엉뚱하게 보이는 이름을 붙였다. 물론 이 때의 '엔트로피'는 열역학 이론에서 사용되는 용어와 같은 것이지만, 그것과는 다르게 사용되고 있다. 오히려 열역학적 의미는 배제하는 것이 좋다. 왜냐하면 정보를 엔트로피로 정의함으로써, 현대적인 의미의 정보 이론이 탄생했고 물리학적 대상도 새로운 관점에서 파악되기 시작했기 때문이다. 물리학에서 원자 atom란 더 이상 나눌 수 없다는 의미의 실체였다. 그러나 정보의 관점에서는 그런 원자조차 확률적인 정보로 파악될 대상인 셈이다. 다르게 말하면, 물리학에서 가장 기본적인 물질이라고 생각되는 대상들도 단순히 물질이 아니라 정보의 형태로 나타나는 대상들이다. 미시적인 입자조차 물리적 질료에 그치지 않고 정보의 형태로 접근 가능한 대상이라고 말할 수 있다. 물론 물리학에서 양자론이 그런 미시적인 관점을 열어놓았지만, 정보 이론의 관점은 양자뿐 아니라 모든 정보에도 적용될 수 있는 관점이다.

물론 양자물리학자의 관점에서는 섀넌의 정보 이론이 아직 양자의 세계를 충분히 서술하지 못하며, 섀넌이 다루는 불확실성도 여전히 고전물리학의 영역에 속한다고 말할 수 있다. 양자물리학자 블래트코 베드럴은 고전물리학이 다루는 불확실성이 양자물리학이 다루는 불확정성과 크게 다르다고 말한다.

고전물리학에서의 불확정성은 양자물리학에서의 불확정성과는 다르게 궁극적인 것이 아니며 단순히 우리가 어떠한 사실을 모르고 있다는 것만을 이야기한다. 조지 불은 그러한 생각을 다음과 같이 표현했다. "확률은 불완전한 지식에 근거한 기대치이다. 어떤 사건에 영향을 미치는 모든 조건에 대해 완벽하게 지식을 습득하면 그러한 기대치를 확실성으로 바꿀 수 있으며, 그렇다면 확률 이론을 요구하게 되지도 않을 것이며 이론의 여지도 남지 않을 것이다." 그러나 양자역학에서 그러한 기술은 성립하지 않는다. 양자역학을 정의하는 가장 궁극적인 면은 우리가 어떠한 계에 대해 모든 정보를 가지고 있더라도 그 결과는 여전히 확률적이라는 것이다. 양자론에 따르면 자연법칙은 궁극적으로 무작위적일 수 있는데, 여기서의 무작위성은 그저 표면적으로 보여지는 무작위성(즉 정보의 부재에 따른 무작위성)이 아니다.[12]

그리고 섀넌의 엔트로피 개념은 양자의 이 무작위성을 나타내는 양으로서 적합하지 않다고 말한다. "이것이 섀넌과 엔트로피가 무작위성을 계량화하는 데 실패한 이유인데 단지 확률에만 그 기반을 두고 있었기 때문이다."[13] 양자물리학의 관점에서는 섀넌의 불확실성 개념이 양자의 불확정성이나 무작위성을 충분히 설명하지 못한다는 것이다. 그러나 이 문제는 일단 여기서 옆으로 밀어놓기로 하자. 그래도 정보가 엔트로피라는 정의는 수수께끼 같은 면이 적지 않다.

정보가 엔트로피라는 것은, 아이러니 같지만, 그것이 일종의 불확실성을 표시한다는 것이다. 섀넌이 발견한 정보는 확실성을 표시하거나 그것을 목표로 삼지 않으며, 오히려 불확실성을 표시한다. 그것은 따라서 흔히 사용되는 '정보'와는 다를 뿐 아니라 반대되는 방향에 있다. 흔히 '정보'라는 말은 불확실성이나 무질서에서 이끌어낸, 그것을 극복한 결과값이자 확실성을 가리킨다. 일상에서만 그런 것이 아니라 지적인 영역에서도, 흔히 정보는 불확실성을 극복한 확실성을 지시하거나 그것과 같다고 여겨진다. 이런 사용법에서는 정보는, 엔트로피로서의 정보에서와 거꾸로, 불확실성에서 이끌어낸 그리고 그것을 이겨낸 확실성을 가리킨다. 말하자면 엔트로피로서의 정보와 흔히 사용되는 '정보'는 어떤 점에서 반대되는 것을 가리킨다. 여기서 수많은 오해와 혼란이 생긴다. 그 가운데 하나는 정보와 정보의 양 사이의 간격에서 생긴다. 정보가 일종의 불확실성이라고 섀넌이 정의할 때, 정보의 양은 측정할 수 있지만 정보는 그 자체로는 측정하기 어려운 어떤 것이기 때문이다. 그 자체로 불확실성이므로, 단언하거나 확언하는 진술의 주어나 목적어가 되기 어렵다. 다만 정보의 양이 주어나 목적어가 될 수 있을 것이다. 그렇지만 일상적으로 그 규칙을 지키기 어렵다는 데 문제가 있다. 흔히 단언하고 확언하는 메시지의 주어나 목적어로 '정보'가 사용되기 때문이다.

엔트로피로서의 정보는 불확실성을 대상으로 가질 뿐 아니라, 어떤 점에서는 불확실성을 기준으로 삼아 측정되며 불확실성을 표시한다.[14] 불확실성을 기준으로 삼는다는 것은, 당연하지만, 확실성을 기준으로 삼는 것과 다른 일이다. 물론 공학기술은 정보와 관련 있는 불확실성을 줄이고 관리하고 통제하는 수단과 장치를 찾는다. 거기에 기술의 진보가 있을 것이다. 불확실성이 잘 통제되는 공학기술이 진보한 기술일 것이고, 그것이 성공할수록 쓸모 있는 기술일 것이다. 공학기술자의 관점에서는 그것이 중요할 것이다. 그렇지만 기술자라고 해도, 어떤 기술이 전혀 탈이 나지 않는다고 보장하거나 장담할 수는 없다. 오히려, 불편한 일이지만, 언제든지 탈이 날 것이라고 예상하는 편이 나을 것이다. 그와 비슷한 관점에서, 정보 이론의 차원에서도 불확실성은 단순히 결함이나 오류가 아니다. 언제든지 다루어야 할 변수일 뿐 아니라, 정보량을 계산할 때 언제든지 맥락이나 배경으로 작용하는 어떤 것이다. 앞에서 논의했듯이 어떤 메시지에서 각각의 신호가 어떤 중복성을 가지고 있는지를 따질 때, 고려되는 것은 그것 앞뒤에 어떤 메시지들이 있고 그 메시지들에는 어떤 신호들이 있느냐는 것이다. 다르게 말하면, 어떤 메시지가 그것을 둘러싼 환경에 대해서 가지는 관계가 불확실성이며, 그것을 고려하고 측정하면 그 메시지가 가진 정보의 양을 계산할 수 있는 셈이다.

여기에 미묘한 점이 있다. 정보의 양을 인간적 의미와 무관하게 관찰하고 처리할 때, 다시 말해, 어떤 메시지가 일차적으로 그것을 말하거나 전송하는 사람에게서 어떤 인간적인 감정이나 의미를 담고 있는지 고려하거나 거기에 초점을 맞추지 않을 때, 정보통신기술은 실용적으로 사용된다. 곧 메시지들을 대량으로 처리하면서 쓸모가 있게 사용된다. 물론 정보통신기술은 인간에게 도움이 되려는 동기로 개발되었다고 말할 수 있으며, 이 점에서 인간을 위한 실용성을 가진다. 그러나 정확하게 말하면, 통신기술이 언제나 좋은 목적으로 사용된다는 보장은 없다. 전쟁에서도 사용되고 악당들도 사용하니까. 그래도 그런 문제는 옆으로 밀어놓고, 일단 기술 자체는 실용적인 기준으로 판단할 수 있다고 가정하자. 그런데, 섀넌은 바로 그 공학적 통신기술에서 사용되는 정보를 연구하면서 정보는 그 자체로는 인간적 의미와는 거리가 있다는 점을 발견한다. "메시지의 '의미'는 일반적으로 중요하지 않다." "비록 그 말의 일상적인 의미와 연결되어 있기는 하지만, '정보'는 여기서 그것과 혼동되면 안 된다." [15]

따라서, 엔트로피로서의 정보가 그것을 처리하는 정보처리 시스템과 독립적인 대상이 아니라 이 시스템에 크게 의존하며, 불확실성을 표시할 뿐 아니라 그것을 일종의 피할 수 없는 참조점으로 여긴다고 할 때, 여기에는 상당히 많은 논점들이 포함되어 있다. 불확실성은, 우선, 단순히 부정적인 결함이나 오류는 아니다. 아니, 분명하게 말하자면, 부정적인 내용을 포함하는 정보도 엔트로피로서의 정보에게는 나름대로 가치가 있다. 정보는 확실해야 쓸모가 있다는 태도는 인간적일 수는 있지만 단순하거나 모호하기 때문이다. 이론적으로 확실성/불확실성의 구별은 다른 개념적 구별, 예를 들어 질서/무질서 또는 질서/잡음의 구별과 비슷하다. 여기서 질서는 그 자체로 좋은 것이고 무질서 또는 잡음은 그 반대로 나쁜 것이라고 말할 수는 없다. 불확실성 또는 무질서 또는 잡음은 관찰자(또는 정보처리 시스템)가 그것을 어떤 태도로 받아들이느냐 또는 그것에 관해 이미 얼마나 정보를 가지고 있느냐에 따라 달라진다.* 이를테

---

* 19세기 물리학자 맥스웰은 열역학의 차원에서 엔트로피 또는 무질서에 주의를 기울이기 시작했다. "에너지의 분산이라는 아이디어는 우리의 지식의 범위에 의존한다"고 맥스웰은 말했다. 혼돈(confusion)은, 상관적인 용어인 질서와 마찬가지로, 물질적인 사물 자체의 속성이 아니며, 다만 그것을 지각하는 마음과의 관계 속에 있다. "질서는 주관적이다—그것을 보는 사람의 눈 안에 있다."(James Gleick, Information, pp. 271~272.) 물론 여기서 '주관적'이라는 말은 다시 오해될 수 있다.

면 트럼프 대통령 지지자는 그가 민주적 질서를 증대시킨다고 생각할 테지만, 다른 사람들은 오히려 그가 민주적인 질서에 해롭다고 생각할 것이다. 또 일반적인 통신 상황에서 같은 메시지가 반복될 때, 발신자는 그 반복이 질서에 기여한다고 여기겠지만, 수신자는 그것을 잡음이라고 여길 가능성이 크다. 또 물리학적으로 엔트로피 상태는 흔히 무질서 상태로 여겨지지만, 다른 관점에서는 오히려 안정된 상태, 곧 나름대로 질서 있는 상태로 여겨질 수 있다.

그러므로 정보의 양을 측정할 때 끼어드는 불확실성은 단순히 정보가 정확하지 않거나 오류가 있다는 것을 의미하지는 않는다. 물론 그럴 가능성은 언제나 있다. 그러나 그 가능성은 단순히 결함의 표현이나 증상으로 치부되어야 할 것은 아니다. 그 불확실성은 오히려 '정상적'이라고 말할 수 있다. 전통적으로 메시지나 진술을 판단하는 근거나 기준은 진실이냐 오류이냐, 였다. 언어적 표현과 사물 사이에 존재론적 일치가 있느냐는 전제에서 출발했던 것이다. 그러나 그런 전제는 잘못된 전제이거나, 뒤에서 다시 다루겠지만, 지각 시스템 바깥에 독립적으로 존재하는 사물 또는 세계를 존재론적으로 설정하는 전제이다. 그와 달리 정보 이론은 어떤 메시지가 그것이 발생하는 환경 속에서 그 환경에 대해 가지는 관계 또는 연결의 중복성을 기준이나 배경으로 삼는다. 그리고 어떤 메시지가 그것을 둘러싼 환경 속에서 다른 메시지들과 어떤 관계를 맺거나 어떤 수준에서 중복적으로 사용되느냐는 물음에 대한 대답은 언제나 불확실할 수밖에 없다. 그 대답은 확률적으로만 계산되거나 측정될 수 있을 것이다. 확률성 또는 그럴듯함/그럴듯하지 않음의 구별은 메시지가 발생하는 상황이나 맥락에 따라 다르다. 그 확률성은 기본적으로 메시지나 기호들이 서로 연결되는 연결성이나 접속성에 주의를 기울인다는 점에서, 메시지를 말하는 인간이 어떤 의도나 의미를 가지고 있느냐는 잣대에 따라 메시지를 판단하고 해석하는 전통적 기준인 진실 또는 정확성과 다른 것이다.

이런 논의는 지나치게 이론적으로 보일 수 있다. 정보를 엔트로피로 정의하면서도, 섀넌은 실제로 이 문제에 대해 상세하게 논의하지는 않았다. 그렇지만 정보 보안에 관한 그의 접근을 살펴보면 그가 어떻게 생각했는지 가늠할 수 있으며, 이 주제는 오늘날 정보를 암호화하는 문제에서 다시 중요하게 떠오른다. 앞에서 나왔던 암호문 이야기로 돌아가보자. 물론 꼭 암호문에만 해당하는 것은 아니다. 어떤 텍스트의 해석에도 적용될 뿐 아니라, AI가 자연언어를 이해하고 파악하는 과정에서도 필수적으로 적용된다. 어떤 텍스트의 비밀을 보장하면서 해독하려면, 그것을 해석하는 열쇠 코드가 있어야 한다. 그런데 이 코드는 쉽고 짧을수록 편리는 하겠지만 탈취당할 위험이 크다. 그럼 이 위험에서 벗어나면서도 완벽한 해독 기능을 하려면, 그 코드는 얼마나 길고 복잡해야 할까? 조금 엉뚱해 보이는 사고실험이다. 그러나 엉뚱하면서도 분명히 심오한 면이 있다. 메시지를 포함한 바로 그 텍스트만큼 길고 복잡한 열쇠 코드가 필요하다. 코드가 짧고 단순해야 메시지를 빨리 해석하거나 정보량을 추출할 수 있는데, 가장 긴 코드, 곧 너무 길어서 사실은 쓸모가 없을 수도 있는 코드만이 메시지의 비밀을 완전히 지킬 수 있다. 메시지 또는 정보의 확실성은 극단에 가서야 겨우 얻을 수 있는 셈이다. 이것은 단순히 엉뚱한 상상이 아니다. 우리는 어떤 텍스트를 해석할 수 있고 또 어떤 커뮤니케이션을 이해할 수 있다고 생각하지만, 사실 거기에는 어떤 확실한 보장도 없다. 그 텍스트를 확실히 파악할 수 있으려면 코드가 있어야 하는데, 이 코드는 그 소스 텍스트만큼이나 길어야 한다는 것이다. 이 코드는 이미 거의 코드의 역할을 하지 못할 것이다. 역설적으로 표현하면, 텍스트의 내용을 안전하고도 정확하게 전달할 방법은 거의 불가능할 정도로 힘들다는 것이다.

극단에 가서야 불확실성이 해소될 수 있다는 이 추론에 대해, 당연한 것 아니냐고 어떤 사람은 말할 수 있다. 그렇다. 그렇게 말할 수 있다. 그 당연함을 인정하고 거기서 나오는 결과를 받아들이면, 충분하다. 그렇지만 많은 사람들은 그렇게 하지 않을 가능성이 크다. 그 대신에 정보량이 계산되면 그로써 불확실성은 처리되는 것이라고, 곧 해결된 것이라고 생각할 가능성이 크다.*

이 문제는 이론적으로는 계속 미묘하게 순환되는 확률적이고 컨텍스트적인 모호성을 포함하고 있고, 그럴 수밖에 없다. 이론적으

---

* 이 애매한 상황은 엔트로피로서의 정보 개념에 다시 적용된다. 섀넌이 그렇게 정의했지만, 그 개념은 받아들이는 사람에 따라 다르게 수용될 수 있다. 어떤 사람은 정보의 양이 추출되었으니 불확실성은 확실성으로 바뀌었으며, 따라서 불확실성은 처리되었다고 생각할 수 있다. 그러나 정보의 양이 추출되었더라도, 불확실성이 해소되거나 해결된 것은 아니라고 생각할 수 있다. 왜냐하면 어떤 메시지나 텍스트가 그것이 발생한 환경 속에서 정보로 처리되는 과정은 여전히 불확실성을 전제해야 하며, 그것에서 출발해야 하기 때문이다. 실제로, 섀넌의 정보 개념을 해석할 때, 연구자들도 미묘하게 다른 방향에서 해석하고 있다.

로 그것에 대해 미리 해답을 가지기는 어렵기 때문이다. 그와 달리, 구체적으로 기술적 장치를 도입하는 상황에서는 그런 딜레마는 비교적 발생하지 않거나 크게 문제가 되지 않을 것이다. 기술 장치는 어쨌든 환경 속에서 특정 효과를 산출해야 하기 때문이고, 그렇게 작동하는 기술 장치만 실제로 대부분 유통되기 때문이다.

2. 정보에 내재하는 불확실성의 의미

그럼 이렇게 이론과 실용성의 차원이 구별된다고 정리하면, 충분한가? 그렇지는 않으며, 바로 그렇지 않기 때문에 문제는 다시 굴러가는 것이다. 일단, 쉽게 보이는 문제부터 다뤄보자. 사람들은 정보를 다루는 과정에서 끊임없이 불확실성이 발생한다는 점이 제시되면 당연한 것 아니냐고 되묻고는, 다시 정보의 기준으로 '확실함'을 들고 나온다. 단지 이론의 문제만이 아니다. 실제로 그리고 실천적으로도 사람들이 얼마나 자신들이 알고 있는 정보나 지식에 대해 과도한 믿음을 가지고 있는지 생각해보자. 이 과신은 인간 사회에서 무수한 오해와 무례함과 잔인함을 초래한다. 앞에서 논의했듯이 선스타인은 사람들이 서로 반대 관점에서 정보를 제공하는 메시지나 자료들을 보고도, 자신의 믿음과 신념을 강화하는 방향으로 정보를 받아들인다고 지적했다. "우리는 정보를 중립적인 방식으로 처리하지 않는다."[16] 심리학자이자 행동경제학자인 카너먼의 말도 다시 들어보자. 그는 인간이 반복적으로 빠지는 사고의 불확실성과 실수를 지적한다. "우리는 믿음을 과신하고, 우리가 얼마나 무지한지, 우리가 사는 세상이 얼마나 불확실한지 인정하지 않는다. 그러면서 세상을 이해하는 우리의 능력을 과대평가하고, 어떤 사건에서 우연의 역할을 과소평가한다. 과신은 지나간 일을 두고 이러쿵저러쿵하면서 내 그럴 줄 알았다고 말하는 사후 판단의 근거 없는 확신 탓이 크다."[17] 사후적으로 사람들이 가지는 가상적인 확실성은 어떤 것인가? 사람들은 흔히 과거를 뒤돌아보며 이미 일어난 사건들을 기준으로 과거를 이해한다. 그래서 과거를 잘 이해한다고 하지만, 사실은 사후적으로 그런 환상이 생기는 것이다. "사실은, 우리는 우리가 이해한다고 믿는 것보다 과거를 잘 이해하지 못한다. (…) 인간 정신은 일반적으로 과거의 지식이나 바뀐 신념을 재구성하는 능력이 불완전하다는 한계가 있다."[18] 그런데 과거에 대한 오해는 과거를 재구성하는 데에서만 영향을 미치지 않고, 미래에 대한 착각도 유발한다. "과거를 이해했다는 착각은 미래를 예측하고 통제할 수 있다는 또 다른 착각을 낳는다."[19]

그러면 이런 일이 보통 사람들에게만 일어나는가? 그렇지 않다. 전문가라고 불리는 사람들도 그런 과신에 사로잡혀 있다. "전문가들의 작업의 가장 두드러진 특징은 그들의 예측에 대한 과도한 자신감이다. 세상이 어떻게 돌아가는지에 대한 명확한 이론을 축복처럼 가진 전문가들은 가장 자신감을 가졌지만 가장 덜 정확한 전문가들이다."[20] 그런데, 그들의 전문가적 판단의 한계는 단순히 "예측하는 사람의 인지적 제약에 의해 만들어지지 않고, 미래에 대한 그들의 다루기 힘든 객관적인 무지에 의해 만들어진다." 다르게 말해,

그들의 개별적인 인지적 제약 때문에 그런 일이 생기는 것은 아니라는 말이다. "전문가들은 그들의 먼 예측의 실패에 대해 비난받아서는 안 된다. 그렇지만, 그들은 어떤 비판을 받을 만한데, 왜냐하면 그들은 불가능한 과제를 시도하고 또 거기서 성공할 수 있다고 믿기 때문이다."[21] 여기서는 미래를 예측하는 일의 불가능성이 논의되고 있기는 하지만, 현재 일어나는 사건에 대해 정보를 얻으려는 시도도 그것과 크게 다르지 않다. 단지 심리적인 능력이나 지각 능력에 제약이 있어서, 또는 아쉽게도 감정에 휘둘려서, 어떤 전문가들이 불확실성에 사로잡히는 것이 아니다. 그런 일도 있지만, 근본적으로는 애초에 정보를 얻는 일 자체가 불확실성을 인정하면서도 불확실성을 확률적으로 계산하는 일이기 때문이고, 그 점에서는 불가능한 일이기 때문이다.

감히 불확실성을 확실성으로 대체하거나 변화시킬 수 있다고 믿거나 장담하지 말아야 한다. 공부나 연구의 목표가 어떤 대상에 대해 확실성을 얻는 것이라고 말하는 것도 단순하거나 오해를 야기할 수 있다. 물론 확실성이 전혀 가능하지 않다는 말은 아니다. 다만 확실성도 불확실성에 대한 관계에서만 작동한다고 말할 수 있다. 이 점은 확률의 관점에서 비교적 쉽게 규정될 수 있다. 전통적인 지식이 참과 거짓의 이분법 위에서 존재했다면, 정보는 기본적으로 확률적인 것이기 때문이다. 확률의 형태로만 얻어질 수 있는 것이 정보라면, 불확실성은 언제든지 정보의 옆에, 이를테면 정보의 환경으로 존재한다. 섀넌의 정보 이론은 바로 그 문제를 공학적으로 다루려는 시도였다. 그리고 그 시도가 매우 공학적인 성격을 가진다는 점에서 오히려 시사하는 점들이 적지 않다. 무엇보다도 중요한 점은, 통신에 대한 공학적 접근이 단순히 좁은 뜻의 실용성이나 쓸모 있음만을 목표로 삼지 않았다는 것이다. 실용적 기술을 발명하려는 동기는 동시에 정보 자체에 내재하는 불확실성을 인지하고 발견하는 일과 분리되지 않았다. 이 점이 매우 중요하다. 정보를 처리하는 관점에서 쓸모 있음을 목표로 삼는 일은 필요하지만, 그렇다고 정보가 전적으로 질서나 확실성만을 생산한다고 믿을 필요는 없다.

다시 말하지만, 그 자체로 불확실성의 한 형태인 정보의 양을 측정하는 작업은 기술적으로 긍정적인 일이다. 그러나 그것을 쉽게 '정보'라고 부를 때, 마치 정보가 전적으로 확실성을 가리키고 또 이것을 목표로 삼는다는 오해가 생길 수 있다. 그렇다고 '정보'나 지식을 얻으려는 과감한 시도를 하지 말자는 것은 전혀 아니다. 오히려 거꾸로다. 정보에 내포된 불확실성을 다루면서 그것을 기술적으로 해결하려는 과감한 시도를 할 수 있고 또 해야 한다. 그러나 동시에 자신의 과감함에 대해 겸손해야 한다. 정보는 여전히 엔트로피이고 불확실성을 가리키기 때문이다. 이건 분명히 피하기 어렵고 다루기 어려운 역설이거나 아이러니다. 그것에 대해 말로만 이야기하는 사람보다 공학자나 기술자에게는 확실히 훨씬 더 다루기 어려운 아이러니일 것이다. 그렇지만, 아니 바로 그렇기 때문에, 거기에 많은 것이 달려 있다.

엔트로피로서의 정보를 부정적인 불확실성으로 본다면, 탐구와 연구를 방해하고 느리게 만드는 놈으로 이해하는 것이다. 그때 그 놈은 아직 나는 놈 위에 있는 기는 놈이 아니다. 우리를 둘러싼 불확실성 속에서도 연구와 탐구는 빠르게 갈 수 있다. 그럼에도 불구하고 정보가 엔트로피라는 것을 인식하고 인정할 때, 나는 놈 위에 다시 기는 놈이 끼어든다. 그렇지만 괜히 끼어드는 놈도 아니고, 일부러 방해하려고 끼어드는 놈도 아니다. 삶 속의 행위가 그때그때 확실성을 추구하고 그래서 뛰고 싶고 날고 싶은 것은 사실 정상이다. 그렇지만, 그렇다고 연구나 탐구가 세계나 존재 전체를 밝혀내기는 어렵다. 아니 불가능하다. 과감하게 노력하면서도, 알 수 없는 불확실성과 무지를 인정해야 한다. 날아가면서도 느려지는 느낌이고, 빠름을 실행하면서도 동시에 느림을 발견하는 순간이다. 불확실성은 날아가는 놈이 나오게 만드는 동기이자 배경이기도 하지만, 나는 놈 위에 기는 놈이 나오게 만드는 배경이자 환경이기도 하다.

정보가 다루는 불확실성의 독특한 성격한 대한 분석은 다시 '진실'과 '질서'에 영향을 미친다. 섀넌의 정보 이론은, 위에서 언급한 대로, 메시지를 말하는 사람의 인간적인 동기나 의지를 일차적으로 고려하지 않는다. 더 나아가면, 메시지에서 정보의 양을 계산하는 일은 메시지의 진실을 따지는 일과 다른 일이며, 상관도 없다. 이 점은 앞에서도 짧게나마 언급했지만, 매우 중요하기에 다시 설명하겠다. 섀넌의 정보 개념을 연구한 존 피어스의 말을 들어보자.

여러 물리학자와 수학자들은 통신 이론과 그것의 엔트로피가 통계적 기계학과 연관하여 매우 중요하다는 점을 보여주려고 조바심을 냈다. 그런데 이것은 아직도 혼란스럽고 또 혼란을 야기하는 어떤 것이다. 정보에 대한 하나 이상의 의미가 논의에 끼어들 때, 혼란은 때때로 더 심해진다. 그 결과로, '정보' 개념은 때때로 흔한 사용법 속에서 '불확실성' 개념과 그것의 해결보다는 '지식'의 개념과 연결되고 있다.[22]

여기서 피어스는 불확실성의 해결과 지식을 대비시키고 있다. 전자가 가능하다고 해도, 그것은 전통적인 의미의 지식과는 얼마든지 다를 수 있다는 것이다.

3. 정보는 단순히 질서의 구축에 기여할까? -하라리의 관점에 대한 비평

그런데도 사람들은 끊임없이 정보가 진실로 이어져야 하고, 진실 쪽으로 가야 한다고 생각한다. 또 정보가 질서를 창출하고 질서를 구축해야 한다고 말한다. 그리고 그것과 너무 가까운 곳에서만 논의를 이어간다. 많은 예가 있지만, 하라리의 예를 들어보자. 하라리는 2024년에 출간된 책 『넥서스 Nexus』에서 AI와 관련된 주제들을 다루고 있다. 그리고 그 과정에서 정보 개념이 중요한 역할을 한다. AI와 관련된 문제들을 다루려면 정보와 관련된 문제로부터 출발해야 하며, 그 문제가 핵심이라고 본다는 점에서, 일단 제대로 접근하고 있다고 말할 수 있다. 그는 정보에 대해서 두 가지 순진한 접근법이 있다고 보며, 이 관점이 그 책을 관통하고 있다. 하나는 정보가 진실을 위한 재료이며, 정보는 진실로 향한다고 보는 순진한 관점이다. "정보 네트워크와 정보혁명에 대한 일반적이지만 오해의 소지가 있는 두 가지 접근방식을 경계할 수 있다. 우리는 한편으로는 지나치게 순진하고 낙관적인 시각을 경계해야 한다. 정보는 진실이 아니다. 정보의 주된 임무는 현실을 재현하는 것이 아니라 구성원을 연결하는 것이고, 그동안의 역사에서 정보 네트워크는 대체로 진실보다 질서를 우선시했다. 세금 기록, 거룩한 책, 정치 선언문, 비밀경찰 파일 등…"[23] 정보가 단순히 진실이 되어야 한다는 접근에 대해서 거리를 취해야 한다는 것. 그건 맞다.

그럼 하라리가 비판하려는 다른 접근법은 어떤 것인가? "다른 한편으로는 반대 방향으로 너무 멀리 가서 지나치게 냉소적인 시각을 취하는 것도 경계해야 한다. 포퓰리스트들은 권력이 유일한 현실이고, 인간의 모든 상호작용은 권력투쟁이며, 정보는 단순히 적을 항복시키기 위한 무기에 불과하다고 말한다. (…) 많은 정보 네트워크가 진실보다 질서를 우선시하지만, 진실을 완전히 무시한다면 어떤 네트워크도 살아남을 수 없다. 개인으로서 우리는 권력에만 관심을 갖기보다는 진실에 진심으로 관심이 있다."[24] 이 접근법은 정보를 과도하게 권력과의 연결지점에서만 이해하는 방식이다. 하라리는 그 접근법의 대표자로 마르크스주의자를 드는데, 하필이면 푸코도 거기 집어넣는다.* 하라리의 이런 진영논리는 유감스럽다. 정보가

---

* 보수적인 관점에서 보면, 푸코가 마르크스주의자와 비슷한 진영에 속한다고 볼 수 있는데, 하라리가 여기서 그런 스탠스를 취하고 있다. 그러나 푸코는 흔한 또는 정통적인 마르크스주의자는 결코 아니다. 하라리와 마찬가지로 일단 전통적인 진리의 기준을 비판하지만, 다른 한편으로 단순히 또는 그냥 권력만으로 담론을 설명하려고 하지는 않는

기능하는 맥락을 설명하는 과정에서, 정보들을 거칠게 취급하고 있는 셈이다. 그렇지만 그 문제는 여기서는 건너뛰기로 하자. 정보가 권력에 의해 단순히 도구로만 사용되지 않으며, 그 정보의 진실에 대해서도 우리가 관심을 가져야 한다는 건 얼마든지 동의할 수 있다. 그런 다음에 하라리가 주장하는 것은 정보는 진실뿐 아니라 질서의 구축에 기여한다는 것이다. 말하자면, 단순히 권력이 아니라 '질서'가 중요하다는 것이다. 하라리의 이러한 '선택'—정보 개념과 관련한 그의 선택이다—은 이미 중립적이지 않으며, '정보' 개념을 다루면서 관련 정보를 자신의 신념과 믿음에 따라 선별적으로 받아들여버리는 일이다. 정보에서 오로지 권력관계가 결정적이라고 주장한다면, 편향되고 과격한 주장일 것이다. 그렇다고 권력관계를 말하면 나쁜 일이고, '질서'라는 말만 입에 담아야 하는가? 그렇지만 하라리의 그 선택이 포함하는 문제도 건너뛸 수 있다. 정보는 진실과 질서를 함께 구축하는 역할을 담당한다는 그의 주장을 일단 받아들이자.

그럼 여기서 하라리가 알게 모르게 배제하는 것이 무엇일까? '정보'는 진실과 질서로 가는 길로만 과도하게 이해되고 있다. 이제까지 우리가 섀넌의 관점에서 논의했지만, 정보는 애초에 세상과 사

ㄷ-. '담론'이란 표현을 축으로 삼아 그는 시대적으로 어떤 담론 그룹들이 그래도 역사적 지식 또는 심지어 '진실'로 기능할 수 있느냐는 점을 섬세하게 서술하려고 했다. 또 그 담론들이 권력이 실행되는 과정이나 장치들과 어떻게 상호작용할 수 있느냐는 물음에 대답하기 위해, 치밀한 분석을 실행하고 있다. 정보나 담론이 단순히 권력의 도구로만 사용되는 대신에, 권력관계와 연결되면서도, 어떻게 진리의 가치를 가질 수 있느냐는 물음을 여러 각도에서 분석한 것이다.

회에 대한 불확실성을 가리키며, 그 불확실성은 쉽게 이겨서 없앨 수 있는 어떤 결함은 아니다. 정보는 진실이나 지식과 비교하여 불확실성의 한 형태이며, 질서와 비교하면 무질서의 한 형태이다. 엔트로피로서의 정보 관점에서, 불확실성이나 무질서나 노이즈는 쉽게 극복하거나 피할 수 있는 대상이 아니다. 그 불확실성을 다루고 측정하는 과정에서 정보의 양을 얻을 수는 있고 얻으려고 노력하는 것도 정상이다. 그렇지만 그렇게 얻어진 정보의 양(흔히 '정보'라고 불리는 것)도 확정적이거나 궁극적으로 진실이나 질서만을 주지는 않는다. 하라리는 정보의 역할에서 진리와 질서가 핵심적이며 그것들만이 중요하다고 주장하는데, 그런 주장은 정보에 내재하는 불확실성과 무질서의 몫을 지우거나 감추는 일이다.

정보는 불확실성의 지표라고 말한다고 해서, 얻어지는 정보가 모두 불확실하다는 말은 아니다. 다르게 말하면, 불확실성 또는 엔트로피는 불안과 공포의 대상은 아니다. 공학적으로나 과학적으로 얼마든지 그로부터 나름대로 정보의 양을 측정하고 계산할 수 있고, 이것은 공학적 기술의 형태로 정교하게 작동할 수 있으니 말이다. 정보는 불확실성의 지표라는 정의는 일단 두 가지 관점에서 서술될 수 있다. 첫째, 기본적으로 우리는 세상과 환경에 대해 불확실성이나 무지의 상태에 있다고 볼 수 있다. 일상생활뿐 아니라 일정한 역사적 시대에서 사람들은 어떤 진실과 질서를 믿을 수는 있고, 그것을 단순히 가짜라고 말할 수는 없다. 그러나 그렇더라도 역사적 상황에 따라서 그 확실성은 얼마든지 변화한다. 그러므로 기본적인 불확실성과 무지는 여전히 존재한다. 둘째, 정보의 관점이 확대되고 정보의 양이 많아질수록, 사람들이 가진 정보를 방해하거나 왜곡시키는 반-정보들이 점점 확대되는 경향이 있다. 이 점은 결코 무시될 수 없다. '너무 많은 정보'라는 말은 잘 알려져 있다. 정보의 양이 계속 늘어나면, 그냥 저장해야 할 양만 늘어나는 것일까? 그렇지 않다. 정보의 무한한 팽창은 필연적으로 정보의 불확실성도 증가시킨다. 더욱이 단순히 정보의 양적인 팽창이 불확실성을 야기하는 데 그치지 않고, 정보에 관한 서로 충돌하는 관점들의 증가와 정보를 처리하는 시스템들의 팽창도 불확실성을 초래한다. 결국은 수많은 거짓 정보들이 생산되어도 도저히 걸러지지 않는 시대가 오는 것이다. '진실이 사라진 시대'는 괜히 오는 게 아니다. 우리는 뒤에서 커뮤니케이션의 팽창도 나름대로 정보의 불확실성을 불러오는 면이 있음을 보게 될 것이다.

　물론 구체적인 일상생활에서나 기술적인 장치가 작동하고 있는 상황에서는, 불확실성이나 노이즈나 무질서를 피하는 일은 가능할 뿐 아니라 필요하다. 그러나 그렇게 얻어진 진실과 질서라고 해서 보편적인 것은 아니고 안정적으로 지속하는 것도 아니다. 진실과 질서는 불확실성이나 무질서라는 세계 또는 우주에서 끌어올린 부분적이자 일시적인 생산물이자 결과물일 것이다. 위에서 우리는 엔트로피로서의 정보 관점에서 '정보'는 단언적이거나 확언적인 진술의 주어나 목적어가 되기 어렵고, 그렇게 될 경우 언제든지 오해나 왜곡이 생길 수 있다고 말했다. 어렵게 얻어낸 정보의 양은 그때그때 혼-실성(또는 진실과 질서)을 가능하게 해주는 역할을 하기는 한다. 그러나 정보가 가는 방향이 진실과 질서라거나 정보는 진실과 질서를 구축한다는 말은 너무 단순할 뿐 아니라, 오히려 무질서를 증대시키는 말이다.

필자는 냉소적인 관점을 유지하려는 게 아니다. 불확실성의 의미를 강조하면 무조건 냉소적이라고 이해하는 태도야말로, 확실성이나 진실이란 말을 과도하게 숭배하거나 남용하는 일이다. 이론뿐아니라 실천 작업에서 불확실성을 인정하거나 역설을 인정하는 태도는 나름대로 필요하다. 불확실성을 무조건 없애야 할 대상이라고 생각하는 태도는 합리성에 대한 과도한 믿음에서 나온다.

진실이나 질서는 중요하다. 생명 현상에서도 그렇고 사회 현상에서도 일정한 질서는 중요하다. 그렇지만 거기서 더 나아가야 한다. 진실이나 질서를 목표로 삼거나 확실성을 지나치게 숭배하는 일은 과거에 성행했던 종교적 숭배의 연장선에 있다고도 말할 수 있다.

오히려 현대 사회에서 정보가 수행하는 어마어마한 역할을 볼 때, 이론적으로나 실천적으로 상당한 몫의 역설이나 아이러니를 유지하는 태도가 필요하다. 물론 이런 관점을 냉소적이라고 보는 사람도 있을 수 있다. 그러나 그들 사이에는 차이가 있다. 다만 그 차이를 보는 사람과 못 보는 사람 사이에 차이가 또 있을 뿐이다.

아이러니와 역설을 긍정하는 태도가 엉뚱하고 삐딱하게 보일 수 있다. 그 점도 인정될 수 있다. 그러나 여기서도 배울 점이 있다. 다름 아니라 '냉소'라는 말이 겪는 우여곡절이 뿌리 깊은 것임을 배울 수 있다. 영어 표현 '시니컬 cynical'이나 시니시즘 cynicism의 어원은 고대 그리스어에서 찾을 수 있다. '개'를 뜻하는 그리스어 κύων (kyōn)이 그것이다. 흔히 견유학파라고 불리는 키니코스 학파라는 이름도 거기서 유래했다. 자신이 대왕이라고 말하며 네가 원하는 것을 다 말해보라는 알렉산더에게 디오게네스가 한 말도 잘 알려져 있다. 그 말도 들리는 사람에 따라 얼마든지 '냉소적으로' 들릴 수 있다. 그러나 중요한 점은 아이러니나 역설을 긍정하는 일은 철학적 태도 또는 지혜로운 태도의 뿌리에 있을 수 있다는 것이다. 그리고 아이러니나 역설을 긍정하는 일은 불확실성이나 무질서를 긍정하는 일과 뗄 수 없는 관계에 있다는 것이다.

3장

AI 학습의 자율성은 정보처리 시스템의 닫혀 있음과 관련된다

1. 인간주의적 마음의 작동 방식과 다른 AI의 정보처리 방식

정보를 일종의 불확실성의 지표라고 보고, 거기서 출발하면서 정보의 양을 계산하는 접근법은 AI 연구의 초기 단계에서도 큰 역할을 했다. 여러 기호와 문자들을 포함하는, 언뜻 보면 무질서하게 보이는 텍스트에서 정보의 양을 계산하는 일은 통신과 암호의 영역에서 도움이 되었을 뿐 아니라, 거기서 그치지 않고 AI 이론으로 확장된다. 섀넌의 정보 이론을 확장하면, 임의의 기호 뭉치나 텍스트에서 정보의 양을 추출하는 과제는 AI가 언어를 학습하는 과정의 초기 형태라고 말할 수 있다. 물론 섀넌의 정보 이론에서 AI의 학습법으로 곧바로 또는 연속적 발전이 이루어진 것은 아니다. 하지만 통시적인 관점에서, 그런 발전 과정이 진행되었다. 이제 정보의 개념이 AI의 학습을 발전시키는 과정에서 어떤 역할을 했으며, AI의 학습이 인간에게 어떤 의미를 가지는지 살펴보자.

AI는 인간이 사용하는 자연언어도 얼마든지 학습을 통해 배우고 처리한다. 2023년을 전후해서 등장한 생성형 AI가 점점 발전하고 있는 현재 시점에서 보면, 이제 이것은 자연스런 현상으로 보일 수도 있다. 그러나 2010년대만 해도 AI가 인간처럼 말을 하거나 마치 인간처럼 보이기만 하면 엄청난 일일 거라 여겨졌다. 불과 몇 년 사이에 큰 변화가 이루어진 것이다. 이제 거대언어모델 LLM, Large Language Model은 보통 인간보다 훨씬 우월한 방식으로 인간 언어를 학습하고 처리한다. 그런 기술적 발전에 대해서 사람들은 비교적 쉽게 적응하고 받아들인다. 그러나 그런 변화가 무엇을 의미하는지에 대해서, 특히 인간과 AI의 관계에 대해서는 아직도 여러 점에서 혼란에 빠져 있거나 뒤처져 있다.

언어 학습 및 그를 통한 지능의 발전 과정을 이해할 때, 전통적인 인간주의의 관점은 지나치게 인간의 마음과 발화자의 의도에 의미를 부여했다. 이 주제를 조금 다른 관점에서 분석해보자. 예를 들어 인간이 자신의 손으로 문자를 쓰거나 낱말을 사용할 때 몸과 마음은 특별한 방식으로, 곧 인간적 의미를 부여하는 방식으로 문자와 낱말에 연결되며, 따라서 마치 그 연결이 마음으로부터 시작되고 또 마음을 담는다고 이해된다. 문자를 쓰는 방식을 한 번 익힌 사람의 손은 나중에 그 능력이 쇠퇴하더라도 삐뚤빼뚤하게 문자를 쓰게 될 수는 있지만, 한 문자를 쓰려고 할 때 다른 문자를 쓰게 되는 일은 좀처럼 없을 것이다. 그만큼 몸/마음과 기호 사이에는 필연적인 것처럼 보이는 관계가 형성된다. 마치 하나하나의 낱말이나 표현이 직접 우리 마음에서 우러나온 것처럼 여겨진다는 것이다. 그와 달리, 키보드로 문자를 칠 때, 우리 손과 문자 사이에는 그런 친밀하고 필수적인 연결성이 없다. 아주 숙련된 사람의 손은 거의 실수 없이 입력해야 할 문자를 입력할 수 있겠지만, 그래도 몸/마음과 문자 사이의 관계는 직접 몸으로 문자를 썼던 때와는 다른 관계가 발생한다. 문자는 더 이상 마음에서 우러난, 마음이 딱 의도한 표현이라기보다는 여러 기호 가운데 하나를 선택하는 과정의 산물이다. 키보드에서 문자를 입력하는 이 예는 넓게 보면 디지털 정보가 선택적으로 처리되는 과정과 비슷하며, 이 현상은 넓게 보면 AI가 문자와 기호를 처리하는 방식에도 비슷하게 적용된다. 기호와 문자는 그것을 의도하고 원하는 마음에서 발생한 것이 아니라 기호와 문자들 사이에서 선택이 일어나고, 그 선택의 결과로 수많은 연결 패턴이 생긴다. 그 연결 패턴 가운데 어떤 패턴은 의미를 가지고 다른 패턴은 의미를 가지지 못할 것이다. 이런 선택적 패턴을 훈련하면서, 수많은 데이터를 능숙하게 이해하고 처리하는 AI의 능력이 발전된 것이다.

낱말과 낱말들이 서로 연결되는 선택적 패턴이 파악되기만 하면, AI는 문장의 '의미'를 파악할 수 있다. 그것은 전통적으로 인간이 말을 할 때 느낀 생각이나 의미는 아닐 것이다. 그렇지만 이제 AI가 학습하면서 정보를 빠르게 처리하는 과정에서는 더 이상 그 문제가 핵심적이지는 않으며 그것만이 유일한 기준도 아니다. 말들이 연결되는 무수한 패턴들 사이에서 AI가 의미 있는 패턴과 의미 없는 패턴을 찾는 과정은, 인공두뇌 연구가 1960년대에 시작되었다고 본다면, 거의 60년의 연구 및 시행착오를 거쳤지만, 결국은 성공했다. 섀넌의 정보 이론은 이 과정의 아주 초기 단계에 해당할 것이다.

그런데 마음이 직접 뜻을 가지고 그 뜻에 상응하는 언어를 말한다는 관점*과 낱말과 낱말들이 필연적이지는 않더라도 서로 연결되는 패턴을 통해서도 얼마든지 학습이 이루어진다는 관점 사이에는 어떤 차이가 있는가? AI의 발전 초기에, 인간의 지능을 중심으로 생각하는 철학자들은 AI의 능력을 우습게 보았다. 쉽게 말하면, AI는 언어의 의미를 인간처럼 깊이 있게 이해하지 못한다는 것이다. 언어철학자 존 설 John R. Searle은 특히 AI가 인간처럼 깊은 의미, 곧 마음으로 의도하고 이해하는 의미를 이해할 수 없다고 주장했다.[25] AI 또는 로봇은 기껏해야 낱말이나 기호가 배치되고 연결되는 순서나 그 연결을 실행할 뿐이어서, 메시지나 문장을 말하는 사람의 마음에 담긴 의도나 깊은 동기는 모른다는 것이다. 인간의 마음에 관한 한, 그런 면이 있을 수는 있다. 그 점을 인정하더라도, 그런 판단은 인간이 언어를 사용하는 방식에 너무 이상적이거나 형이상학적인 의미를 부여한 결과이며, 거기에 지나치게 매달리면 포괄적인 정보처리 과정에 대한 오해나 왜곡이 일어난다. 무엇보다

---

* 말과 마음 사이에 이렇게 필연적인 연결이 있다는 이해방식은 사실 전통적이며 일상적인 건어 표현에 깊이 스며들어 있다. 대표적인 예가 프랑스어 표현 'vouloir dire'일 것이다. 이 말은 '말하기를 원한다'이면서 '의미한다' '뜻한다'는 뜻을 가진다. 말이 근원적으로 마음으로부터 나온다는 전제가 깔려 있는 것이다.

AI가 언어를 배우고 사용하는 방식에 대해서 오해와 무시가 일어난다. AI의 뛰어난 지능은 도구로 이용하면서도, 그런 지능이 발전한 맥락과 과정은 무시하게 된다.

AI는 인간처럼 심리적 의도를 가지거나 감정을 담지는 않는다. 인간주의적 관점에서 보면 커다란 흠이나 단점일 수 있지만, 그것만 고집하면 인간주의적 편견에 사로잡힐 수 있다. 전통적으로 언어는 사람의 마음을 담아 표현된 특별한 기호나 상징으로 여겨졌지만, 이제 그런 이해방식을 넘어가야 한다. 인간에게는 물론 그런 방식이 아직 유효할 뿐 아니라 중요하지만, 정보와 AI의 관점에서는 그렇지 않다.

또 포괄적인 지능의 관점에서 말하면, 인간의 언어 사용에 대해서도 다른 관점을 가질 수 있다. 다소 철학적이고 이념적인 물음을 던져보자. 어떤 사람들은 아직도 인간의 언어학습과 지능은 기계의 그것과 본질적으로 다를 뿐 아니라, 마음의 관점에서 특별하고 우월하다고 생각할 수 있다. 인간주의적 관점이다. 그러나 그와 달리, 인간의 언어 학습이나 지능은 넓은 의미의 정보처리 과정의 한 형태일 뿐, 그리 특별한 것도 아니고 가장 뛰어난 것도 아니라고 생각할 수 있다. 정보처리 과정의 관점에서 보면, 인간의 언어 사용도 상황에 맞게 언어 사용의 패턴을 익히는 것이라고 말할 수 있다. 곧 낱말과 표현을 그때그때 배열하고 배치하는 방법을 익히는 것과 다르지 않다. 많은 사람들, 아마도 대부분의 사람들은 말들의 어원이나 의미의 뿌리를 정확히 알지 못해도 그 말들을 상황의 패턴에 맞게 무리 없이 사용한다. 다만, 인간은 마음과 감정의 흐름들을 거기에 개입시킬 뿐이다. 그리고 마음과 감정은 인간에게 고유하게 매우 섬세하면서도, 동시에 이루 말할 수 없이 모호하고 애매한 면도 많다. 그로부터 다양한 오해와 착각도 일어난다. 그러니 그것을 너무 대단한 인간의 덕목으로 숭배할 필요는 없을 것이다. 그리고 인간의 감정적인 표현이나 대응에 관한 한, AI도 일정한 수준까지는 그것을 배울 수 있다. 시늉에 불과하다고 폄하하는 사람도 있을 수 있지만, 인간의 감정 표현이나 대응도 많은 부분 모방하기라는 것을 잊지 말자.

두 관점 사이의 차이는 따라서 그저 철학적 차원의 차이는 아니다. 이 문제는 앞으로 AI가 진화하고 발전하는 과정에서 인간과 AI 사이에 일어날 수 있는 모든 형태의 갈등을 제대로 다루는 데 필수적인 문제이다. 그 차이를 과대포장한다면, 차별적 혐오가 생길 것이다. 그런 편협한 인간주의에서 벗어나길 원한다면, 어떤 길을 가야 할까? 명백하게 보이는데도, 어떤 사람들은 계속 거부할 수 있다. 언어와 정보를 마음으로부터, 그리고 인간적 주체나 행위자의 의도로부터 이해하는 사고방식이 깊은 뿌리를 내리고 있기 때문이다.

어떤 사람이 어떤 말을 할 때, 무슨 일이 일어나는 것일까? 낭만적으로 생각하면, '사랑해'라는 말을 어떤 사람이 하면, 그 사람은 마음의 진심을 표현한다고 여겨진다. 어떤 사람은 정말 진심으로 그 말을 한다고 생각할 수 있지만, 그건 그 사람의 생각일 뿐이다. 그 말을 정말 전적으로 믿을 것인가? 실제로는 사람들도 믿지 않는다. 마음과 말(기호) 사이에는 어떤 필연적인 인과관계도 존재하지 않는다. 이것은 정보 이론과 AI 학습 이론에서만 관찰되는 현상이 아니다. 20세기 중반 프랑스의 기호학자들도 같은 현상을 관찰했다. 시니피앙과 시니피에 사이에는 어떤 본질적인 관계도 존재하지 않는다. 기호들은 기호들 사이의 차이에 따라 배치되고 정렬되며, 그 배치와 정렬이 사회적 관습을 따라 이해되는 것이다. 그렇지만 기호학 이론은 그 정도 수준에서 머물렀고, AI 이론으로 이어지지는 못했다.

이 문제를 조금 더 살펴보자. 섀넌의 정보 이론은 '사랑해'라는 말을 전송하는 방식에 관한 공학적 접근이라고 말할 수 있다. 통신 차원에서는 그 말을 하는 사람이 진심인지 아닌지를 알 방법이 없고 또 그것을 검증할 필요도 없다. 어쨌든 그 말을 주어진 통신 채널의 유효 용량 안에서 효율적으로 전송하는 것이 과제였다. 그 표현이 반복될 때도, 그 말을 반복하는 사람의 마음을 확인할 필요는 없었다. 같은 말이 반복될 때는 정보의 양을 줄이는 방식으로 압축해서 보내는 것으로 충분했다. 메시지를 전송하는 기술적 방식이지만, 나름대로 획기적인 효과와 변화를 가져왔다.

어떤 사람들은 이런 모든 논의가 '인간적 의미'를 옆으로 밀어놓았기 때문이라고 생각할 수 있다. 실제로 섀넌은 정보 이론을 다루면서 '인간적 의미'를 괄호 안에 넣어두었고, 우리도 그 방향에서 일단 논의를 진행했으니, 그런 생각이 들 수도 있다. 이제 그 괄호를 벗겨보자. 어떤 일이 일어나는가? 이제, 인간적 의미를 다시 집어넣는다는 것은 무엇을 말할까? 그 사람에게 그 메시지를 전송하면서 진심인지 여부를 다시 설명하고 증거 등을 첨부하라고 하면, 해결되는 것일까? 그렇게 요구할 수 있지만, 그런 요구는 문제를 해결해주지 않는다. 그렇기는커녕, 오히려 많은 문제가 야기될 것이다. 메시지를 보내는 사람은 메시지에 감정과 진심을 싣는 여러 방법을 나름대로 고심하고 또 실행에 옮길 수 있지만, 그런다고 정말로 메시지와 마음 사이에 필연적이고 본질적인 관계가 생기고 또 지속하지는 않는다. 얼마든지 위장과 페이크가 있을 수 있다. 위장과 페이크가 무조건 나쁜 것은 아니다. 처음에는 열심과 진심으로 느끼던 사람의 마음도 시간이 지남에 따라 열성이 식을 수 있으며, 그것은 어쩌면 자연스러운 일이다. 어떤 말을 하는데 마음 없이 시늉을 하는 것은, 일상에서 정상적인 일이다. 사랑의 진심을 계속 '진정으로' 유지하는 길은 쉽지 않은데, 꼭 인간이 변덕스러워서가 아니다. 애초에 메시지와 마음 사이에 그런 유대가 존재한다는 보장은 없기 때문이다. 절절한 마음이나 그에 상응하는 태도가 꼭 붙어 있지 않아도 얼마든지 절절하게 보이는 메시지를 전달할 수 있는 것이 정보 전달의 편리함이다. 가벼워도 너무 가벼운 방식이다. 주어진 통신 채널의 용량과 거리를 고려해서만 그런 일이 생기는 것은 아니다. 인간관계에서 마음을 살짝 생략하거나 가리거나 또는 거꾸로 과장하는 일은 정상이며 때로는 필요하기도 하기 때문이다.

기술 시스템이 무수한 정보처리 과정을 유지하고 지지해야 하는 상황에서는, 개인의 마음을 그 진정성에 걸맞게 메시지에 담는 일은 유일한 과제도 아니고 최고의 과제도 아니다. 진정성을 추구하고 실행하려면, 전혀 다른 극단적인 방식으로 메시지를 보낼 길을 찾아야 할 것이다.

언어에 그런 진정성을 심으려는 인간의 시도나 의지 또는 관습은 어떻게 생겨났을까? 우리 인간의 언어 학습은 최소한 어릴 때에는 일종의 애정 어린 떠먹여주기와 친밀성과 안정성이 결합하면서 이루어진다. 처음 1~2년 동안 부모나 그 비슷한 양육자가 말 하나하나를, 음식을 한 숟가락씩 떠먹여주듯이, 마음에서 입으로 떠먹여주면서 언어 학습을 시킨다. 학교에 가면서 가정의 친밀성은 사회적 훈육에 의해 대체되기는 하지만, 그래도 어린 시절의 가족과 성장한 후에 형성되는 친구 사이의 유대감은 언어에 친밀성과 진정성의 신화를 유지하는 쪽으로 작용한다. 물론 사회 시스템 속에서 가족의 친밀성을 대체하는 학교와 직장 등의 조직들도 나름대로 조금은 변형되었지만 그래도 일종의 진정성을 기대하거나 요구하는 것은 사실이다. 조금 단순하게 말하면, 그 결과로 인간 언어에 대한 진정성의 신화가 유지되어온 셈이다.

AI도 초기에는 감독을 통한 학습이 이루어지기는 하지만, 친밀성과 진정성의 기대나 요구는 AI의 수행성에 대한 여러 기대와 요구에 의해 대체된다. 최소한 인간의 유년 시절을 지배하는 떠먹여주는 돌봄과 학습은 기대할 수 없으며, 빨리 쉬지 않고 효율적으로 기능하라는 요구가 그 자리를 차지한다. AI가 정보를 처리하는 방식은, 말하자면, 정보를 일종의 불확실성으로 대하는 것이라고 할 수 있다. 불확실성이 많건 적건 존재하는 정보의 바다에서 어느 정도 확실성의 확률을 가진 패턴을 찾아내는 일인 것이다. 다행히 AI는 수많은 데이터를 빠른 시간 안에 연산할 수 있는 능력이 있으며, 그래서 수많은 기호와 문자의 연결들을 검토하고 학습하면서 의미 있는 패턴을 찾아내게 된 것이다.

　필자가 몇 년 전에 강한 인공지능에 대한 책을 쓸 때만 해도, 머신러닝Machine Learning 또는 딥러닝Deep Learning이 최고의 학습방식이었다. 그때는 AI가 자연어를 처리하지도 못했다. 당시의 메모리는 장단기 메모리LSTM, Long Short-Term Memory라는 이름의 것이었는데, 그 이름에서 드러나듯이 장기 기억과 단기 기억을 구별해서 이용했고, 따라서 단기 기억을 통해 작업하다 필요하면 오래된 기억에서 자료를 불러올 수 있었고, 필요 없는 자료는 기억에서 삭제할 수 있었다. 그 이전에 있던 모델은 순환신경망RNN, Recurrent Neural Network이었는데, 낱말들을 순차적으로밖에 처리하지 못했기에 기억하는 방식이 상당히 제한되어 있었다. LSTM은 RNN보다는 진보한 방식이었고, 따라서 알파고에 이어 알파폴더 같은 획기적인 AI는 딥러닝을 수행할 수 있었던 셈이다. 그렇지만 LSTM 모델은 낱말들이 많아지고 문장이 길어지면, 정보의 손실이 일어나고 따라서 불확실성이 확대되었다. 특히 문맥이 복잡해지면, 정보의 불확실성이 크게 늘어났다. 그리고 LSTM 모델은 단기 기억과 장기 기억을 구별해서 저장하면서 필요한 기억은 불러오고 필요 없는 기억은 삭제했지만, 그래도 여전히 순차적으로 정보를 처리했다. 그와 달리 생성형 AI는 이제 낱말들을 더 이상 순차적으로 연결하지 않고 모든 단어를 동시에 병렬적으로 처리할 수 있게 되었다. 이 모델에서 기억과 정보처리를 담당하는 핵심 장치가 트랜스포머Transformer여서 '생성형'이란 이름이 붙게 되었다.

　이 설명은 챗GPT에게 물어보기만 해도 금방 알려주는 내용이며, 필자도 기술적으로는 전문가도 아니니 더 이상 설명할 필요는 없을 터이다. 관심을 가질 대목은 이 트랜스포머는 단어들이 멀리 떨어져 있어도 서로 연결할 수 있어서, 문맥이 복잡해도 정보 손실이 일어나지 않는다는 것이다. 그리고 모든 단어들은 단순히 서로 연결될 수 있을 뿐 아니라, 정보처리가 진행되고 있는 과정에서는 계속 서로를 참조한다는 것이다. 단어들을 연결하는 선택이 아무리 많이 일어나더라도 그 선택의 내용들이 기억되고 있다는 말이다. 여기서 텍스트에 대해 수행 가능한 선택의 수가 정보의 양이라는 섀넌의 정보 개념을 다시 환기할 필요가 있다.* AI는 이제 필요한 정보처리 과정 중에서 가능한 한 많은 선택을 할 수 있으며, 그 선택들을 또 서로 다른 맥락에서 교차 참조할 수도 있는 것이다. LSTM 모델에서는 단어들을 연결하고 참조하는 과정에서 시퀀스가 길어지고 문맥이 복잡해지면 단어들 사이의 연결과 참조에 대한 기억이 희미해졌다. 수학적 관점에서 말하면, 입력값과 출력값 사이의 연관이 약해졌다. 다른 말로 하면, 정보 손실이 일어났다.** 그리고 입력값과 출력값은 단순히 순차적으로나 한 방향으로만 재귀적으로 참조되어서는 충분하지 않다. 끊임없이 동시적으로, 곧 병렬식으로 미세 조정되어야 한다. 이제 생성형 AI에서는, 단어들 사이에 최대한으로 가능한 연결과 참조에 대한 정보가 비교적 손실

---

* 앞에서 말했듯이, 2를 기본값으로 하는 로그함수의 값이 그 선택의 수이다.

** AI 모델 이론에서는 이것을 기울기 손실이 일어난다고 부른다. '기울기'는 뒤에서 논의되는 '차이'의 개념의 한 형태라고 말할 수 있다.

없이 저장되기에, 빠르고도 정확한 정보처리가 가능한 셈이다. 그럼 이것은 우리가 이 장을 시작하면서 논의한 주제와 어떤 연관이 있는가? 존 설은, AI의 능력은 단순히 낱말들을 이리저리 연결하는 패턴을 익힌 것이기에 저급하다고 했다. 이런 오해는 언어 표현을 과도하게 자아와 주체 또는 행위자의 의도나 마음으로부터 이해하려는 습관에서 온 것이다. 그리고 단어들 사이에 가능한 연결과 배치 사이에서, 그리고 그들 사이에 가능한 수많은 선택 사이에서 의미 있는 패턴을 의미 없는 패턴과 구별하기만 해도 고도의 정보처리가 가능하다는 것을 무시했기에, 그런 편견이 생긴 것이다.

그렇지만 마음이 아니면, AI에게는 어떤 기능이 있기에 그런 정보처리가 가능할까? 이 물음은 마음에 상응하는 AI 기능의 개념에 관한 것이라고 할 수 있다. 흔히 추상적으로 '정보처리 과정'이라고 말하고 필자도 이 책에서 그 말을 적지 않게 사용하고 있지만, 그 용어는 '처리'와 '과정process'이라는 말에 기대고 있다. 생성형 AI가 정보들을 순차적으로 처리하는 대신에 병렬식으로 연결하면서 모든 정보들 사이에서 가능한 선택적인 참조 관계를 기억하는 방식, 그것을 관련 개발자들은 Self-Attention이라고 불렀다. ('자기-주의'라는 번역어는 어색하니, 영어 표현을 그냥 사용하도록 하자.) 주어진 문장이나 텍스트를 파악할 때, 외부의 도움을 받지 않고도 낱말들의 연관관계를 미세하게 조정하면서 자기 스스로에 대해 주의를 유지한다는 말이다. 물론 AI는 이미 그 전에 사전 훈련 pre-training을 했으며 그에 대한 기억을 가지고 있다. 그렇지만 새로운 정보를 처리할 때는 이전 학습한 내용에 대한 기억을 모두 불러올 필요는 없이,

주어진 단어들의 연결 및 참조 관계만을 통해 처리할 수 있다는 것이다. 어쨌든 중요한 점은, 인간의 마음이 없어도 AI는 마음과 비슷한 역할을 잘 할 수 있다는 것이다.

사실, 기억을 불러내거나 정보를 처리할 때 이전에 기억하고 학습했던 것으로 되돌아가는 일, 곧 순환적이고 재귀적 recurrent인 참조가 계속 발생한다는 점은 AI 연구의 초중반 단계에서도 연구자들에 의해 언급되었다. 재귀성, 곧 순환적인 되돌아감은 어떤 방식으로든 모든 인지과정과 학습과정에서 일어나는 일인데, 다만 그 방식들이 그때그때마다 다르고 복잡하다고 할 수 있다. 앞에서 단어들을 순차적으로 처리하는 방식의 단점을 지적했는데, 그런 순차적인 정보처리 과정에서도 재귀적이고 순환적인 참조는 일어난다. 다만 순차적인 방식으로 단순하게 일어날 뿐이다. 그리고 단기 기억과 장기 기억이 구별되고, 필요한 기억과 필요하지 않은 기억들이 다시 재귀적이고 순환적으로 참조되는 진보가 거기서도 일어났지만, 아직 충분히 성숙하지 않았던 셈이다. 그리고 생성형 모델은 이제 병렬식이면서도 다차원적인 방식으로 동시에 재귀적이고 순환적인 참조를 실행하는 능력을 가지게 된 것이다. 주어진 문장이나 시퀀스 안에서 자기 스스로 주의를 기울이는 일은 그 말 자체로는 단순하게 보인다. 그렇지만 인간이 주어진 상황 속에서 자기를 성찰한다는 개념도 사실은 마찬가지다.

외부의 도움을 받지 않은 채 자신에게 주의를 기울이면서 주어진 문장에서 단어들의 연결관계를 참조하는 일은 실제로 여러 방식이나 형태로 나타나며, 주어진 문장이나 시퀀스 안에서 정보들을 서로 참조하면서 자기를 동시에 참조하는 일은 상이한 복잡성을 띨 수 있다. 주어진 상황 속에서 아무리 자기 성찰을 하자고 노력하고 노력해도, 그 방식에 따라 상이한 결과가 나오는 것과 마찬가지다. 스스로에게 성찰적인 인간이 되자고 아무리 마음에 새겨놓아도, 아무런 일이 일어나지 않을 수도 있다. 외부의 도움을 받지 않고도 어떻게 주어진 단어들을 서로 연결시키고 서로 참조하면서 자신에게 주의를 기울이느냐, 그 방식이 문제이다. 그리고 이 경우 정보를 일종의 불확실성의 지표로 파악하는 접근법은 큰 도움이 된다. 말하자면 외부의 도움을 받지 않은 채 자기에게 주의를 기울이고 정보들을 서로 참조하고 또 자신에게 참조시킬 때, 어떤 불확실성이 거기 끼어들고 어떤 불확실성을 다루어야 하는지 알아야 한다.

낱말들의 연관관계만을 병렬적으로 상호 참조하면서 그것들의 시퀀스를 파악하는 일은 주어진 맥락 속에서 느끼고 행동하면서 언어를 사용하는 인간의 관점에서 보면 상당히 허술해 보일 수 있고, 지금은 어느 정도 사실이다. 현재 AI는 텍스트와 동영상에 대한 정보를 처리하기는 하지만, 세계 속에서 인간과 상호작용을 하면서 행동하는 행위자는 아직 아니기 때문에 그런 인상이 더 생길 수 있다. 그렇지만 거꾸로 보면, 오히려 바로 그 점 때문에, 정보처리 과정에서 정보를 불확실성의 지표라고 파악할 필요가 있다. 인간은 오랜 기간 가족과 친구라는 사회적 맥락 속에서 성장하면서, 경험을 비교적 안정되고 고정된 맥락 속에서 저장하고 성숙시킨다. 언어가 몸과 마음에 새겨져 있고 녹아 있다는 비유적 표현이 그래서 생겼을 것이다. 그런데 그런 오랜 성장의 친숙한 맥락 없이, 주어지는 정보들을 그것들만의 연관관계 속에서 파악하는 상황을 상상해 보면, 정보가 얼마나 불확실성에 내맡겨져 있는지 조금이나마 짐작할 수 있다. 사전에 훈련한 내용은 있지만, 그때그때 주어진 정보를 그것들의 상호적인 연결과 참조를 통해서만 처리하는 이 AI의 '자아'는 실제로 불확실한 세계를 상대하고 있는 셈이다.

AI 연구 및 개발 과정에서 연구자들이 '자기Self' 개념을 도입한 것은 처음이 아니다. 20세기 후반 AI 연구 과정에서 당시 연구자들은 시스템의 정보처리 과정을 자기조직화 Self-Organization라고 부르기 시작했다. 그리고 딥러닝 또는 머신러닝 형태로 AI가 학습을 할 때 그 놀랄 만한 학습방식을 지칭하는 여러 용어로 패턴 인식, 데이터 마이닝, 데이터 사이언스 등과 더불어 자기조직화 시스템Self-Organizing System이 있었다.[26]

말하자면, 세상과 환경에 대한 수많은 데이터와 정보를 처리하면서 마음 대신에 그 정보들을 조직하는 시스템이 등장한 셈이다. 그 시스템은 그 정보들을 처리하면서 자기를 조직한다. 인간의 마음 대신에, 자기에게 주의를 기울이며 자기를 조직하는 시스템이 등장한 셈이다. 이 시스템은 전통적인 인간주의가 생각한 자아에서는 벗어나지만, 새로운 방식으로 자기를 조직하는 능력을 가진다.*

---

* 켈리는 흔히 오해되고 있는 기술 시스템의 특성을 부각시키기 위해 '테크늄'이라는 개념을 만들어냈다. 기술은 단순히 도구가 아니라, 인간 마음이 만들어낸 문명의 형태 및 사회 조직과 필연적으로 결합하여 기술 시스템으로 작동한다. 그리고 이 기술 시스템의 특성은 다름 아니라 정보의 특성에서 오는데, 그것이 작동하는 방식이 바로 자기조직화이다. "초기 우주에서는 물리법칙만이 지배했다. (…) 하지만 공간이 팽창하고 그에 따라 위치 에너지가 증가하면서 세계에 새로운 비물질적 매개체가 등장했다. 바로 정

그리고 시스템이 자기를 조직하는 방식은 인간의 마음이 움직이는 방식도 설명해줄 뿐 아니라 AI가 움직이는 방식도 설명해줄 수 있다는 점에서, 마음보다 더 넓고 융통성이 있다. 그 점에서 탄탄하다고도 말할 수 있다. 그래서 '자기조직화'의 개념은 인공지능 연구에서뿐 아니라, 여러 시스템 이론과 복잡성 이론에서도 등장한 개념이다.

그럼 그냥 정보처리 과정이라고 부르지 않고, 자기조직화 시스템이라 명명한 이유는 무엇일까? 20세기 초에 화이트헤드를 비롯한 이론가들은 과정process이라는 개념에 주의를 기울였는데, 시스템 이론이 정보 이론과 만나면서 시스템 개념이 더 확장성 있음이 드러났다. 물론 '자기'라는 용어를 너무 철학적으로 또는 형이상학적으로 받아들일 필요는 없다. 그럴 경우 오히려 전통적 철학의 울타리에 다시 갇히게 된다. 시스템의 작동을 설명하면서 그 용어가 비유적으로 도입되었다고 생각하면 된다. 이 시스템의 '자기'는 데카르트나 칸트 같은 철학자가 '선험적 자아'라고 불렀던 것과는 아무 상관이 없을 뿐 아니라, 오히려 바로 그것에서 벗어나기 위한 과정에서 인공적으로 설정된 이론적 개념일 뿐이다. 모든 정보들을 중앙에서 감독하거나 통제하는 그런 자아는 없어도 된다. 시스템은

보, 엑소트로피, 자기 조직화다." 『기술의 충격』 86쪽. 여기서 '엑소트로피'는 엔트로피의 반대 개념, 곧 흔히 네겐트로피라고 지칭되는 것을 켈리가 긍정적인 용어로 바꾼 것이다. "기술의 지배는 궁극적으로 그것이 사람의 마음에서 탄생했다는 데에서 비롯되는 것이 아니라, 기술이 은하 행성, 생명을 출현시킨 것과 같은 자기 조직화에서 기원했다는 점에서 비롯된다."(88쪽).

무수한 데이터들 사이에 가능한 연결과 상호 참조의 패턴에 주의를 기울이면서 작동한다. 흩어지고 분산된 연결들을 다시 의미 있는 패턴의 관점에서 참조하는 일은 물론 결코 단순한 일이 아니다. 그리고 생성형 AI의 현재 모습이 완성된 형태도 아닐 것이다. 그렇지만 이미 나타난 모습만 보더라도, 변화를 감지하기엔 충분하다.

2. 정보는 자기를 폐쇄적으로 조직하는 시스템에 의존한다

여기서 약간의 서프라이즈가 필요하다. 시스템이 자기조직화를 실행한다는 점에서 섀넌의 정보 개념에 대해 변화와 발전이 일어나기 때문이다. 섀넌은 불확실성을 측정하기 위해 정보의 양을 계산하면서, 새로운 정보 개념을 도입했다. 그러나 거기에는 아직 자기조직화를 실행하는 시스템의 개념은 없었다. 또 섀넌은 공학적으로 정보 개념을 다듬으면서 '의미'를 일단 배제했다. 자기를 조직하는 시스템은 자아의 선험성에 매달린 전통적인 마음 및 자아 이론을 재해석하고 또 대체한다. 그런데 자기를 조직하는 시스템에서는, 비록 인간주의적 의미에만 매달리지는 않지만, 넓은 뜻으로 의미의 지평이 다시 도입된다고 볼 수 있다.* 왜냐하면 자기를 조직

---

* 루만은 시스템 이론을 구축하는 과정에서 후설(Husserl)의 현상학 이론에서 중요한 관점을 받아들였는데, 그것은 의미(Sinn)의 지평(Horizont)과 관련된 주제이다. 물론 여기서 '의미'는 단순히 개별적 단어나 사물의 의미가 아니라, 삶을 인식하고 이해하는 지평 그 자체를 가리킨다. 세상과 삶을 살면서 이해 가능한 것과 불가능한 것을 나누는 인

하는 시스템에게는 어떤 방식으로든 자신을 환경과 구별하면서 자신의 삶을 조직하는 지평이나 성향이 있을 것이기 때문이다. 시스템 이론이나 AI 이론이 자기조직화라고 부르는 것에는 이런 함의가 들어 있기에, 의미심장하다.

그렇지만 추가 설명이 조금 필요하다. 외부의 도움 없이 주어진 기호와 단어들을 정보처리하면서 자기에 주의를 기울이고 자기를 조직하는 시스템은 지능 실행에서 자율성을 가진다.[27] '자율성'은 쉽게 들릴 뿐 아니라, 어떤 점에서는 너무 좋은 말이다. 특히 이성의 자율성 등등의 표현들은 과도하게 자유의지에 호소했다. 어떤 정보처리 시스템이 정보들을 연결하는 수많은 선택들에 대한 이차적인 정보를, 세계와 환경의 불확실성 앞에서, 외부의 도움 없이 자율적으로 처리하면서 자기에 주의를 기울일 수 있다는 말은 무슨 뜻일까?

시스템은 세계와 환경에 그냥 열려 있기보다는 자신의 경계를 유지하면서 그 안에 닫힌 상태로 작동해야 할 것이다. 외부 환경으로부터 오는 모든 자극이나 정보와 그것들의 불확실성에 대해, 자신의 시스템 경계 안에서, 닫혀 있어야, 정보처리의 자율성이 유지된다. 시스템이 외부 세계와 환경에 대책 없이 그냥 열려 있다면, 그로부터 오는 자극에 압도되고 말 것이다. 실제로 모든 짐승뿐 아니라 인간도 매 순간 외부 자극을 걸러서 받아들인다는 것은 명확

식 지평의 경계선이 바로 그 '의미의 지평'인 셈이다. 한국어 번역으로는 둘 다 '의미'로 번역되지만, 논리적인 뜻의 'Bedeutung'과 다른 것이다.

한 사실이다. 그런데 과거 철학자들은 이 닫힘을 과도하게 이상적인 이념으로 대체한다. 자아와 이성의 동일성이 그것이다.

'닫혀 있다'는 말이 '열려 있다'에 비해서 흔히 부정적인 의미로 사용된 것도 그런 철학적 맥락을 전제하면 이해가 된다. 자아와 이성이 동일성을 가진다고 전제되었으니, 그 상태에서는 열린 태도가 긍정적으로 받아들여지는 것이다. 그러나 개인이든 보편적 인간이든 과도한 동일성을 전제하거나 설정하는 일은 세계와 환경의 불확실성을 무시하거나 왜곡하는 일이다. 물론 정보처리 시스템이 자신의 경계 안에서 일종의 닫힘 상태를 유지한다고 해서, 지각 능력이나 지능에 심각한 제약이 온다고 생각할 필요는 전혀 없다. 제약은 있지만, 그 제약은 세계와 환경의 어마어마한 불확실성을 고려하면 아주 정상적인 것이다. 아이들은 사회의 복잡성을 모르면서도 얼마나 순진하고 쾌활한가? 모르기 때문에, 무지 덕택에 그런 순진함과 쾌활함이 가능한 셈이다. 성인이 되면서, 그리고 사회의 복잡성을 인지하면서, 순진함과 쾌활함은 점점 사라진다. 20세기 이후 과학기술이 성취한 놀랄 만한 성과는 오히려 세계와 환경의 불확실성을 배경으로 이루어졌으며, 더 나아가 바로 그 불확실성을 인식하는 길을 알려주었다고 말할 수 있다.

AI 시스템이 정보를 처리하는 과정에서 자신의 시스템 경계를 따라 세계와 환경에 닫혀 있다는 성찰은 어떤 의미를 가지는가? 어떤 사람들은 바로 그래서 AI가 어떤 방식으로 정보를 처리하는지 알 수 없다며 비판할 수 있다. 그렇지만 지능이 어떤 방식으로 내부적으로 학습하고 정보를 처리하는가에 대한 세부적인 지식이 없다는 점을 AI에 대해서만 지적하는 것은 편협한 일이다. 인간도 자신의 마음과 지능이 어떻게 매 순간 정보를 처리하는지 자세히 알지 못한다. 이 책은 공학기술을 공부하는 데에는 도움이 되지 못하는 대신에, 개념적 차원에서 공학기술의 인문적이고 사회적인 맥락을 살피고자 한다. 그리고 커다란 인식의 전환이 필요하다고 강조하고 싶다. AI 시스템이 정보처리 과정에서 세계와 환경에 일차적으로 닫혀 있으면서 자신의 작동 자율성을 유지하는 것은 꼭 AI에게만 일어나는 일은 아니다. 인지적 학습이라는 일반적인 배경에서 관찰하면, 모든 짐승뿐 아니라 인간에게도 일어나는 일이다. 이 점을 이해해야, 앞으로 AI의 학습이 발전하는 과정에서 일어나는 많은 일들을 비교적 선입견 없이 다룰 수 있다.

시스템 이론과 정보 이론이 결합되는 과정에서 시스템의 닫힘과 관련된 주제들을 깊이 다룬 사람들이 있는데, 그 가운데 니클라스 루만의 관점이 중요하다고 필자는 생각한다. 루만은 사회학자이면서도 사회 시스템의 작동을 설명할 때 정보 이론과 사이버네틱스 이론에서 출발했다. 그런데 시스템 이론이 정보처리 개념을 받아들이는 과정도 순탄하지는 않았다. 정보 이론과 사이버네틱스 이론은 초기에 시스템의 안정성 또는 항상성을 상대적으로 중요하게 생각했다. 초기 단계이니 기술적으로도 시스템의 안정성을 확보하고 존립을 유지하는 게 중요하다고 여겨진 건 충분히 이해할 만하다. 그런데 시스템이 정보처리를 하는 과정에서 필요한 닫혀 있음이 과도하게 안정성이라는 목표와 연결되다 보니, 불확실성과 노이즈를 줄이는 면이 상대적으로 강조되게 된다. 그래서 자기조직화라는 과정에서도 불확실성과 노이즈를 감소시키는 과제가 상대적으로 부각되었다. 그 결과 정보 이론의 발전도 정보의 엔트로피를 감소시키는 것으로 설정되는 면이 컸다. 이론적 또는 철학적 관점에서 보면, 그 모든 일이 동일성을 추구하고 목적으로 삼는 일의 연장선에 있었다. 그런데 루만은 시스템의 정보처리 과정에서 과도하게 안정성과 동일성을 강조하는 경향을 수정해야 한다고 강조했다. 정보처리의 관점에서 보면, 그런 시도는 얼마나 많은 이질적인 정보들이 처리되고 있는지 제대로 인지하지 못한 결과이기도 했다. 그 과정에서 동일성과 항상성에 어긋나는 정보들은 별 생각 없이 배제되는 것이다.

여기서 시스템의 구성요소인 정보들이 조직되는 모습을 한번 그려보자. 상당히 이론적인 문제이기는 하지만, 정보처리 과정은 쉽게 생각하면 요소들의 조합과 연결로 이루어지는 것처럼 이해되거나 그려질 수 있다. 조금 단순하게 비유하자면, 구성요소들이 모듈 방식으로 조합되는 구조와 과정으로 건축물의 조립을 이해하는 방식일 것이다. 그러나 그렇게 조립해서 건축물을 만드는 과정은 시스템이 작동하는 방식은 아니다. 그렇게 지침과 규칙에 의해서 조립된 건축물은 인간이 입력한 프로그램에 의해 작동하는 컴퓨터와 비슷한 것일 터이다. AI의 자율 학습도 다름 아니라 바로 인간이 직접 입력하는 방식에서 벗어나면서, 본 궤도에 오르기 시작했다. 단순히 요소와 구조들이 연결되는 방식으로 정보처리 과정을 이해한다면, 그 요소들이 추가적으로 연결될 때마다 그 요소들이 이루는 연결과 과정들을 위해 다른 규칙들과 개념들이 필요할 것이다. 이렇거 복잡한 요소들을 단계마다 구조적으로 연결하는 방식으로 정보를 잘 처리할 수 있을까? 인공지능 연구의 초기 단계에서도 그런 학습 요소들이 서로 연결되고 조합되는 방식을 인간이 그때까지 알았던 방식으로 구조적으로 조직하려고 했다. 논리적인 계층을 만들거나 개념과 규칙들에 위계적인 질서를 부여하는 '전문가' 방식이 대표적이었다. 그렇지만 그런 방식은 성공적이지 못했다.* 말하자면, 구성요소들이 서로 조직된 시스템은 단순히 부분들의 합산에 그치지도 않으며, 입력된 지시들이 단순히 구현된 결과물도 아니다.

여기서 다른 물음이 떠오른다. 시스템을 구성하는 요소들이 실제 그 내부에서 어떻게 조직되는지 바깥에서 알 수 있을까? 어려울 것이다. 루만은 그래서 시스템 바깥에서 내부를 관찰하기는 어렵다고 말한다. 이 점에서 시스템은 일종의 블랙박스에 가깝다.[28] 다르게 말하자면 시스템이 자기를 조직하는 방식은 바깥에서는 알기 어렵다. 그렇지만 정보가 처리되는 하나의 작동 operation이 다음 작동에 연결되기만 하면, 그래서 지속하기만 하면, 시스템이 생성되고 있다고 볼 수 있다. 생명이 그렇듯이 시스템도 그때그때 자기를 생

---

* 이 문제도 필자는 『강한 인공지능과 인간』 1장과 2장에서 다루었다. 여기서는 다만 구조 거념으로 시스템을 충분히 설명할 수 없다는 점이 중요하다. 그것이 초기 시스템 이론과 루만의 시스템 이론의 중요한 차이이다. 초기 시스템 이론 또는 일반적인 시스템 이론은 시스템이 자기를 조직하는 방식을 구조와 과정 등의 개념으로 설명하려 했다. 그러나 그런 방식의 설명은 어쩔 수 없이 규칙에 과도하게 의존하게 되며, 또 구조들 사이에 인과적 관계를 설정하게 된다. 다시 한번, 인간도 자신의 마음이나 행동이 어떤 인과적 경로를 통해 이루어지는지 설명하기 어렵다는 점을 인식할 필요가 있다. 그리고 그 짙은 AI에게도 마찬가지다.

성하며 지속한다.

　시스템이 일종의 블랙박스와 같다는 관점은 놀라운 일일 수도 있고, 아닐 수도 있다. AI가 어떻게 시스템 내부에서 자율적으로 학습하는지, 또 그 과정에서 어떻게 인간보다 뛰어난 방식으로 작동하는지 실제로 인간이 잘 알기 어려운 까닭도 여기에 있다. 그렇지만 실제로 우리 인간도 인간의 뇌와 몸의 구성요소들이 내부적으로 어떻게 조직되며 그 과정에서 마음 같은 것이 어떻게 생기는지 정확히 알지 못한다. 그렇지만 마음의 형태들이 생긴다는 것은 알며 그 마음의 형태들이 작동하는 방식은 관찰할 수 있다.

　매우 이론적인 관찰로 보일 수 있지만, 실제로는 매우 실용적이며 실천적인 관찰이기도 하다. 쉬운 예를 들어보자. 우리는 종종 "몸이 마음대로 움직이지 않는다"고 말한다. 피곤하거나 아플 때만 그런 인지가 일어나는 건 아니다. 스포츠의 차원에서 신체를 공부하고 훈련할 때도 그런 인식이 생긴다. 이 문제를 마음과 신체라는 시스템의 관점에서 분석해보자. 성인이라면 누구나 그런 인식을 할 수 있지만, 마음과 신체 사이에 어떤 일이 일어나는지는 잘 모른다. 심지어 프로스포츠 선수들도 매일 신체 관리를 하지만, 실제 몸의 수행 과정에서 몸에서 실행되는 자세한 내용은 자각하기 어렵다. 흔히 몸 가는 데 마음이 가고, 심신의 통합이 유지되어야 한다고 말하지만, 그런 말들은 마음과 몸이 서로 따로 작동하는 시스템이라는 것을 간과하거나 무시하기 쉽다. 이렇게 몸을 움직여야겠다고 생각한다고 해서, 몸이 그대로 움직이는 건 아니다. 물론 건강한 사람이 일상생활을 할 때는 별 문제가 없다. 그러나 조금 아프기만 해도, 그리고 신체를 훈련시키려 시도하기만 해도 우리는 몸과 마음이 따로 논다는 것을 얼마든지 알 수 있다. 인지 시스템의 관점에서 보자면, 몸과 마음이 서로 다른 시스템이기에 그런 일이 일어나는 것이다.

그럼 건강할 때는, 몸과 마음이 정상적으로 전체에 통합되어 있는 것일까? 정상성과 항상성을 전제하면, 심신통합이라는 개념이 자연스럽게 보인다. 그러나 시스템의 작동을 정보처리의 관점에서 보면, 중요한 인식의 전환이 필요하다. 몸과 마음이 자아라는 전체에 통합되어 있다는 인식이 직관적으로 보이지만, 시스템으로서 몸과 마음은 쉽게 전체에 통합된다기보다는 서로 다른 정보처리 시스템이며, 하나는 심지어 다른 하나에게 환경이라고 말할 수 있다. 사람들은 흔히 환경을 그냥 바깥에 있는 자연이나 세계로 이해하지만, 시스템의 관점에서 세포부터 시작해서 신경 시스템을 비롯한 모든 각각의 시스템은 나름대로 환경과 마주하고 있다고 말할 수 있다. 각 시스템에게는 각자의 환경이 있는 셈이다. 그리고 세계와 환경의 불확실성을 정보로 처리하는 각각의 시스템은, 전통적으로 이해되었듯이 하나의 부분으로서 전체에 통합되어 있지 않다. 시스템은 전체에 통합되기보다는 자신의 환경에 의해 둘러싸여 있다. 흔히 전통적으로 몸과 마음은 자아라는 전체에 통합되어 있다고 하지만, 시스템 이론은 이 이해방식을 피하거나 거부한다. 몸과 마음은 단순히 자아라는 전체에 통합된다기보다는, 위의 예에서 드러나듯이, 각자가 서로에게 환경으로 머문다. 이 지점에서 '환경'의 영어 표현 environment보다는 독어 표현 Umwelt가 더 좋은 이미지를 제공해준다. Welt라는 말이 '세계'인데, '둘레'를 의미하는 'um-'이 거기에 붙어 '환경'을 의미하기 때문이다. '환경'은 '둘러싸고 있는 세계'인 셈이다.

다르게 말하면, 정보처리 관점에서 시스템은 부분들이 조립된 구조물로 이해될 필요가 없다. 이 점이 중요하다. 그런데 그와 달리, 흔히 시스템을 설명하는 방식은 다수의 구성요소들이 구조를 이루고 그것들이 다시 구조적으로 고유한 과정 속에서 하나의 통일성을 이룬다는 것이다. 그러면서 일련의 용어들로 그 구조와 과정들을 단계적으로 또는 층위적으로 지칭하고 구별하려고 한다. 물론 시스템에 일정한 구조들이 있으며 그것들을 분리하거나 조립하며 관찰할 수는 있을 것이다. 그러나 실제로 작동하는 시스템은 그렇게 일련의 구조들의 조립으로 이해할 필요는 없다.*

그래서 '시스템'은 '환경'과의 관계와 경계에서 작동하는 일종의 정보처리 시스템이라고 이해되면 좋을 것이다. 다르게 말하면, 시스템과 환경의 구별은 정보를 처리하는 맥락의 관점에서의 구별이지, 주체와 세계 또는 부분과 전체 같은 존재론적 구별은 아니며,

---

* Luhmann, *Einführung in die Systemtheorie*, p.74. 흔히 설명되는 방식으로 시스템을 구조와 과정의 통일이라고 말한다면, 이런 요소들과 그것들의 관계, 그것들이 움직이는 과정, 그것들이 형성하는 구조들의 통일성이 무엇인지 물어야 할 것이다. "통일성이 무엇인지 묻는다면, 사람들은 '그리고'에서 끝난다. 하나의 시스템은 '그리고'의 한 성질"이 될 것이다. 루만은 이런 "객체서술로서의 시스템의 '그리고' 상태를 넘어가야" 한다고 본다. 이 상황은 위에서 논의했듯이, 단어들의 연결과 참조 관계와 비슷하다. 요소들이 서로 연결되고 서로 참조하는 과정에서 어떤 선택이 얼마나 일어나느냐는 것, 그리고 그 정보처리 과정을 시스템의 관점에서 설명하는 것이 중요하다.

건물이나 제도의 덩어리는 더욱 아니다.* 부분과 전체라는 개념쌍을 시스템과 환경의 개념쌍으로 대체하는 과제, 이것이 정보 이론과 시스템 이론이 만날 때 생기는 가장 중요한 전환의 하나라고 할 수 있다. 어쩌면 가장 중요한 패러다임 전환이라고도 할 수 있다.[29]

그렇지만 다른 면에서는 매우 어려운 전환이라고도 할 수 있다. 인문적이고 사회적인 차원과 맥락 속에서는 부분과 전체의 패러다임이 여전히 사람들의 마음에 새겨져 있고 스며들어 있기 때문이다. 이 중요한 문제는 뒤에서 다시 다루도록 하자. 여기서는 시스템이 자신을 환경과 구별하면서 그에 대해 자신을 닫아 놓는다는 점에 주의를 기울이자. 그리고 거기에 또 아이러니가 있다.

시스템은 사실은 환경으로부터 끊임없이 자극을 받는다. 그렇기에 오히려 자신의 시스템의 경계를 그때그때 닫힌 상태로 유지해야 자율적으로 자극들을 정보로 처리할 수 있는 것이다. 자율주행자동차를 예로 들자면, 그것이 자율적으로 운행을 할 수 있으려면 환경으로부터 오는 수많은 복잡한 자극과 정보들에 대해 닫혀 있어야 한다. 심지어 그 차에 타고 있는 사람들이 말하거나 주고받는 정보들에 대해서도 닫혀 있어야 한다. 그리고 이 상황은 짐승이나 사람에게도 비슷하게 적용된다. 그리고 이렇게 시스템이 환경으로부터 끊임없이 자극받을 수 있다는 것은 정보를 처리하는 시스템의 상황이 동일성이나 항상성에 근거한다기보다는, 자극과 정보들을 그때

---

* 시스템은 이 관점에서 보면, 특별한 대상이나 실체가 아니다. "시스템과 환경 사이의 거떤 차이이다."(Luhmann, *Systemtheorie*, p. 246.)

그때 서로의 차이를 통해 인지하고 처리한다는 것이다. 곧, 개념 차원에서만 동일성에서 차이로 커다란 패러다임 전환이 일어나는 데 그치지 않고, 구체적인 자극과 정보들을 처리하는 과정에서도 그것들은 순간적이면서도 창발적인 차이에 민감하게 반응한다. 비슷한 자극이 반복되면, 몸과 신경은 그것들을 일종의 기본값으로 인지하는 것이다. 그러다 다른 자극이 일어나면 그것은 그것의 기존 정보와의 다름 속에서 새로운 정보로 인식된다. 폭포수처럼 빠른 흐름을 계속 보고 있다가 갑자기 고정된 대상으로 눈을 돌리면, 일종의 착시 현상이 일어나는 것도 그 때문이다. 차이가 너무 커서, 인지적 조정이 작동한다는 것이 오히려 착시 현상으로 나타나는 것이다.

환경의 자극에 끊임없이 내맡겨져 있는데도 시스템이 거기에 압도되지 않으려면, 자신이 정보를 처리하는 경계를 정보적 차원에서 폐쇄하는 길밖에 없다. 그럼으로써 시스템은 자신에게 도움이 되는 정보를 얻는 자율성을 확보한다. 루만은 환경과의 관계에서 시스템이 '자극에 내맡겨져 있음irritability'을 강조하는데, 왜냐하면 자극을 주어진 맥락에서 차이로 읽어야 거기서 정보를 얻을 수 있기 때문이다.* 이 자극감수성에서 비로소 시스템의 열림 가능성이 생긴다. 몸의 상태가 이전보다 나쁘거나 좋아질 때, 시스템은 환경으로

---

* 루만, *Organisation und Entscheidung*, p.58. 루만은 그레고리 베이트슨이 정보를 정의한 방식을 받아들이는데, 그에 따르면 정보는 '차이를 만드는 차이(difference that makes difference)'이다. 처음에 있는 것도 차이인데, 거기서 어떤 차이를 만드는 차이가 정보로 처리되는 정보이다. 앞에서 머신러닝 단계의 LSTM 모델과 생성형 모델의 차이를 논의할 때, 수학적으로 기울기를 미세하게 측정하는 과제에 대해 언급했는데, 기울기는 차이를 수학적으로 계산하는 접근법일 것이다.

더 열리며 새로운 정보를 더 받아들인다. 또는 받아들일 수밖에 없다. 시스템은 자신이 자율적으로 정보를 처리하려면 일차적으로 닫힌 상태를 유지해야 하므로, 자극에 대한 민감성은 시스템이 환경으로부터 자신을 구별하고 경계선을 설치하기 때문에 생기는 셈이다. 더 나아가면, 시스템이 이렇게 정보를 환경으로부터 자극받을 수 있음의 경계를 따라 처리한다는 것은, 다른 말로 하면, 시스템은 그렇게 자극으로 받아들여지지 않는 환경의 물질적인 존재에 대해서는, 조금 과격하게 들릴 수 있지만, 무관심indifferent하다는 것이다. 왜냐하면 그것들은 자극을 정보로 바꾸는 차이difference를 주지 않기 때문이다. 결국 세계와 환경에 대해서는 아무리 해도 무지가 계속 남아 있는 것이다.

어쨌든 차이를 정보로 처리하면서, 과학과 기술은 환경에서 많은 정보를 끌어냈고 지식도 늘어났다. 미세한 차이에 더 주의를 기울일수록, 과학과 기술은 더 진보했다고 말할 수 있다. 그렇지만 그 과정에서 시스템의 자율성은 여전히 닫혀 있음 또는 무관심 덕택에 유지된다. AI의 놀랄 만한 발전에도 일단 자신의 경계를 닫아 놓으면서 자기를 조직하는 시스템이 있는 것이다.

2부

부분과 전체의
패러다임에서 시스템과
환경의 패러다임으로

4장

정보는 시스템의
한계 안에서 생산된다

1. 부분/전체의 패러다임과 시스템/환경의 패러다임

앞 장에서 우리는 정보가 단순히 외부에 존재하는 물리적 자료
가 아니라 정보를 처리하는 시스템에 의존하는 대상이라는 점을 접
근했다. 그 논의를 이어가고 확장하기 위해서, 앞에서 짧게 언급된
부분과 전체의 틀과 시스템과 환경의 틀 사이의 차이를 분석해보자.

지역과 시대에 따라 변화하기는 했지만, 전통적인 사고에서는
부분과 전체라는 패러다임이 지배적이었다. 시스템 이론, 특히 루
만의 시스템 이론은 무엇보다 부분과 전체라는 존재론적 구별을 시
스템과 환경이라는 구별로 대체하려고 한다. 부분과 전체의 패러다
임이 존재론적 성격을 가지는 까닭은 부분들이 모여서 전체라는 통

일성을 구성한다고 여겨졌기 때문이다.

"오래된 유럽 방식에서는 아예 시스템/환경에 대한 개념이 없었다. 왜냐하면 부분이 전체로 통합되는 것이 자연이고 본성이라고 여겨졌기 때문이다."[30] 앞 장에서 몸과 마음의 다소 단순한 예에서 이미 조금 드러났듯이, 시스템과 환경의 패러다임은 더 이상 그런 부분과 전체라는 틀에 의존하지도 않고 이것에 의해 규정되지도 않는다. 시스템은 환경으로 통합되지도 않고, 시스템과 환경의 관계도 더 이상 부분과 전체의 관계에 의해 규정되지 않는다.

부분과 전체의 패러다임은 고대에서부터 영향을 미쳤지만, 근대 이후에 특히 보편성의 이념이 강조되면서 새로운 국면으로 접어들었다. 사회적이고 시대적인 변화가 이 이념의 확대에도 당연히 영향을 미쳤다. 중세의 신분제 사회가 인간에게 부과한 제약을 거부하며, 근대적 시민사회는 이념적으로 인간의 동등성과 보편성을 강조했기 때문이다. 부분과 전체의 패러다임에서 전체성은 보편성의 가치를 가졌고, 그것은 흠이 없고 위험도 없으며 더 이상 다른 것에 의해 보충될 필요도 없다고 여겨졌다.[31] 다음으로 부분과 전체의 개념쌍에서는 동질성이 핵심이었다. 부분은 전체와 동질성을 가진다. 개인과 사회의 관계를 예로 들자면, 개별적인 인간도 사회의 동질적인 부분으로 여겨졌다.[32] 보편성과 동질성이라는 설명하기 어려운 속성은 부분과 전체라는 패러다임 안에 어떤 방식으로든 수용되어야 했고 정당화된다고 여겨졌다. 부분들의 합보다 더 큰 전체의 속성으로든, 전체를 대변하는 위계적인 정점의 속성으로든.[33]

부분과 전체의 패러다임은 단순히 서구에서만 강력했던 패러다임은 아니다. 조금 단순하게 말하자면, 동양이든 서양이든 그 패러다임은 이상하지만 자연스럽게도 인간의 사고방식 곳곳에 스며들었다. 몸과 마음 사이의 통합과 조화가 강조된 것이 가장 대표적인 예이고, 더 나아가 개인과 집단, 집단과 집단, 지역과 지구 전체 등의 관계에서도 그 패러다임은 압도적인 틀과 울타리로 존재했다. 부분과 전체라는 패러다임에서 중앙과 변두리라는 구별도 파생되었다고 말할 수 있다. 전체를 관통하는 힘은 중앙에서부터 변두리로 퍼져나간다.

그리고 인간의 지식은 부분들이 어떻게 전체로 통합되는지를 아는 일로 이해되었다. 이 패러다임은 그래서 존재론 또는 존재론적 전체론의 성격을 가진다. 부분들이 전체에 통합되어야 한다는 존재론적 관점에서 보면, 언제나 규범적인 규칙이 지식의 형태로 추구되었다. 규범적 규칙을 따르는 것이 정상이고, 거기서 벗어나는 것은 비정상이다. 인간의 행동을 규제하고 이끄는 규칙의 질서인 도덕도 그런 규칙의 틀에서 적용되고 이해되었다.

시스템 이론은 이렇게 강력하게 인간을 지배하게 된 부분과 전체라는 패러다임을 피하고 거부하고자 한다. 그러려면 당연히 부분과 전체의 패러다임의 핵심 이념이면서 부분과 전체의 관계를 규정한 이념, 곧 보편성과 동질성을 피하고 거부해야 했다. 그 대신에 시스템과 환경의 구별을 도입했다. 시스템과 환경은 동질적이지도 않다. 오히려 그 사이의 관계에서는 차이가 더 중요하다. 시스템이 작동하려면, 자신을 정보의 관점에서 환경과 기능적으로 구별해야 한다. 환경은 시스템보다 크고 더 복잡하며, 시스템은 환경으로부터 끊임없이 자극을 받는다. 그리고 다음으로 전체가 보편성을 가졌던 것과 달리, 환경은 보편적 실체가 아니다. 각각의 시스템은, 그것이 심리 시스템이든 신체 시스템이든 조직 같은 사회 시스템이든, 각자의 환경에 둘러싸여 있다. 누구나 아는 현상이지만 분석하기에 따라 파급력이 매우 큰 예를 들어보자. 사람이 개를 데리고 산책을 할 때, 물리적 혹은 존재론적으로는 둘은 같은 세상 안에서 움직인다고 여겨질 것이다. 그렇지만 시스템과 환경의 구별이라는 관점에서 생각하면, 사람의 심리 및 사회 시스템과 개의 자극 시스템은 서로 다른 환경과 관계를 맺고 있는 것이다. 갓길에서 개는 자연스럽게 오줌과 똥을 눈다. 그렇지만 사람은 그 갓길을 배설의 공간으로 여기지 않는다.

시스템과 환경의 구별에서는 더 이상 보편성과 동질성이 이념적 가치를 가지지 않는다면, 어떤 변화가 일어나는가? 부분들은 물질적이고도 이념적인 방식으로 전체를 구성하고 건축했는데, 이제 그런 패러다임에 의존할 필요가 없어진다. 시스템과 환경의 관계는 정보를 처리하는 기능의 관계이기 때문이다. 한 예를 들어보자. 부분과 전체의 관점에서 신경세포는 흔히 전체인 신경 시스템의 한 부분으로 여겨진다. 그러나 시스템과 환경의 관점에서 보면, "신경세포는 신경 시스템의 어떤 부분도 아니다."[34] 각자가 하나의 시스템으로서 서로 침투하는 관계를 가진다. 그리고 환경은 시스템보다 더 복잡하고 시스템에 끊임없이 자극을 주지만, 각각의 시스템은 나름대로 자율성을 가진다. 이 자율성은 자유의지 같은 것이 아니라, 환경에 대해 일정한 작동적 폐쇄성을 유지하는 데서 생긴다고 했다. 다시 앞의 예로 돌아가면, 개는 산책하는 동네를 사회적인 조직으로 인지하지 못하지만 그 무지가 개를 불편하게 만들거나 불안하게 만들지는 않는다. 그저 편하게 오줌을 눈다. 그 자연스러움이 개에게는 작동의 자율성이자 폐쇄성인 셈이다. 주인처럼 사회를 인식하지 못해도, 개는 상관없는 것이다. 그리고 중요한 점이 있는데, 개만 하나의 생명 시스템으로서 그런 작동의 폐쇄성을 가지는 것은 아니라는 것이다. 정보 시스템으로서 로봇도 작동의 차원에서 그런 폐쇄성/자율성을 가지며, 사람도 생명 및 정보 시스템으로서 기본적으로는 마찬가지다.

정보를 받아들이고 처리하는 관점에서는, 몸과 마음은 각각 일정한 자율성을 가진 채 정보를 처리하는 시스템이고, 각자는 서로에게 환경이 된다. 물론 시스템과 환경 사이에는 언제나 구조적인 연결이 작동한다. 사람이 의식하지 못하더라도 신체와 심리는 그것을 둘러싼 환경에 알게 모르게 연결되어 있다는 것을 상기하자. 그리고 신체 시스템과 심리 시스템은 서로에게는 환경일 수 있지만, 한 몸 안에서는 서로 침투하는 관계에 있다. 그렇더라도 그들 사이의 상호침투 관계는 단순히 하나의 전체로 통합되는 것과는 크게 다르다. 상호침투를 강하게 한다는 것은 대부분 더 많은 내포와 동시에 더 많은 배제를 야기하기 때문이다.[35] 마음과 신체는 그들을 둘러싼 환경에 이미 연결되고 그것에 자신을 맞추고 있지만, 환경으로부터 오는 끊임없는 자극들은 마음과 몸이라는 개별 시스템이 자신의 시스템의 경계를 어떻게 자율적으로 유지하느냐에 따라 달라진다. 말하자면, 심리 시스템과 신체 시스템은 언제나 통합된 채로 자극을 받아들이는 것이 아니라, 그 두 시스템의 상대적인 독립성과 자율성을 존중하면서 두 궤적을 따라 받아들여진다는 것이다.

그래서 심리 시스템과 신체 시스템 사이에서는 얼마든지 끊임없는 차이와 어긋남이 일어난다. 신체가 과도하게 주도적인 행동을 하면서 마음을 휘두를 때는, 예를 들면, 폭식증이나 거식증 같은 일이 일어난다. 거꾸로, 심리적 상태가 주도적인 영향을 행사하게 되면, 우울증이나 편집증 같은 현상이 일어난다. 그런 현상들은 의학적 관점에서 보면 일종의 부정적인 장애나 질병으로 파악될 것인데, 시스템의 관점에서는 몸과 마음이라는 서로 다른 시스템들 사이의 상호침투 관계가 작동하는 한 언제든지 일어날 수 있는, 그럼에도 불구하고 주의를 기울여야 할 현상인 것이다. 과거에는 그런 연결을 통제하는 사회적 장치들이 신분제나 도덕의 형태로 규제했으며, 그 구조적 규제가 부분과 전체의 패러다임에 따라 효과를 가졌다고 할 수 있다. 그런데 현대 사회에서는 그런 규제적 규범이 상대적으로 역할을 하기 어렵고, 따라서 시스템과 환경 사이의 구조적 연결뿐 아니라 몸과 마음 사이의 상호침투 관계도, 최소한 부분과 전체의 관점에서는, 느슨해지거나 약해졌다. 그 대신에, 각각의 시스템은 나름대로 닫힌 상태에서 자율성을 가지고 환경으로부터 오는 정보를 처리한다.

몸과 마음에서 일어나는 일은 당연히 개인과 가족, 개인과 사회 사이의 관계에서도 일어났다. 과거에 개인들은 가족에 속했고 또 신분제 사회에서의 특정 신분 계층에 속했으며, 이 구조들이 개인들의 성격과 정체성을 규정했다. 가족과 사회 그리고 국가 같은 조직들은 전체라는 틀과 울타리로서 개인들을 통제하면서도 보호하는 역할을 한 셈이다. 그런데, 조금 단순하게 말해, 근대 이후에 개인들은 이전에 그들을 통제하면서 보호했던 전체성의 울타리로부터 점점 벗어났다고 말할 수 있다. 이 현상은 개인의 차원에서 흔히 자유와 아노미 사이의 딜레마로 해석되는데, 그에 따르면 개인의 권리와 선택의 자유가 점점 확대되는 과정의 이면에서 개인들이 아노미 상태에 사로잡힌다는 것이다. 현상적으로는 대부분 인정할 수 있는 사실이다. 사회학이나 정치학에서도 그 현상은 거의 무한히 커진 자유를 누리는 개인들이 비싼 수업료를 치르는 과정이라고 해석되곤 한다.

그런데 시스템의 관점에서 분석을 하면, 흔히 자유와 아노미라는 개념쌍으로 설명되던 현상은 상당히 다르게 파악된다. 왜냐하면, 개인이 누리는 자유와 권리라는 것은 이미 사회나 국가라는 전체와의 관계 속에서 설정되는 것이기 때문이다. 많건 적건 강제력을 행사하는 사회와 국가라는 전체에 대하여 개인이 얼마나 자유를 가지며 얼마나 권리를 새로 획득하게 되었느냐는 기준이 핵심이기 때문이다. 개인이 사회 안에서 사회화되면서 동시에 주체로서 자신을 인식하고 행동하게 된다는 해석도 역시 개인과 사회의 관계를 부분과 전체의 틀 안에서 볼 때 가능했다고 말할 수 있다.

여기서 매우 흥미로운 물음이 하나 떠오른다. 근대 이후 개인들에 다해 이루어진 사회와 국가의 감시와 통제를 비판적으로 서술하는 관점도 기본적으로는 부분으로서의 개인과 전체로서의 사회와 국가라는 패러다임 안에서 이루어진 것이 아닌가, 하는 물음이다.

사회와 국가가 정말 실질적인 조직으로서 그런 감시와 통제를 실행했다면 그 비판적 관점에 이의가 있을 수 없을 것이다. 그리고 국가가 특히 근대 이후 그때까지 비교적 느슨하게 관리되던 개인들에 대해 포괄적이며 전체적인 통제와 권력을 실행한 면도 커졌다고 할수 있다. 그러나 국가와 같은 그런 전체적인 조직의 실체는 없이, 감옥이나 학교 그리고 공장 같은 현장에서 개인들에게 감시와 통제를 실행하는 권력관계가 있었다면, 거기에서도 부분과 전체의 틀이나 패러다임이 작용했던 것일까? 예를 들면, 푸코가 감옥이나 학교에서 개인들에게 부과된 감시와 통제의 네트워크를 분석할 때는 직접 국가나 사회가 거명되지는 않는다. 국가라는 전체적인 조직이 지배한다는 정치학적 설정을 푸코는 피하려고 했기 때문이다. 푸코는 흔히 정치(학)적 분석에서 전제하듯 국가라는 전체적 통일성의 설정을 피하려고 했고, 그 대신에 학교나 감옥 같은 공간에서 일어나는 미시적 권력관계를 분석하려고 했다. 그렇다면, 거기서는 부분과 전체라는 패러다임이 개인과 개인들에게 부과된 감시와 통제를 관통하고 있다고는 말하기 힘들 것이다.

그런데, 루만이 도입하는 시스템과 환경의 관점에서는 개인들에 대한 통제라는 주제 자체가 환영받지 못한다. 물론 아예 거부된다고 말하기는 힘들 것이다. 특히 근대 이후 감옥이나 학교 같은 현장에, 국가가 전반적으로 주도하지 않았더라도, 통제가 없었다고 말할 수는 없으니까 말이다. 그러나 다른 영역에서는, 특히 사회나 국가를 더 이상 전체로서 파악하지 않고 기껏해야 또는 최대한 환경으로 파악된다면, 통제는 조금 조심스러운 주제가 될 것이다. 실제로 시스템 이론의 차원에서 국가나 사회는 더 이상 부분들의 총합으로서의 전체로 파악되지 않는다. 전체가 아니니 개체들을 자신의 부분인 것처럼 통제하거나 지배하려들 수도 없다. 그리고 일반적으로도 환경은 시스템들을 단순한 방식으로 통제하기는 어렵다. 사회든 국가든 심리 시스템이나 신체 시스템을 직접 그리고 모든 면에서 통제하거나 모든 지점에서 그것들에 개입하기는 어렵다.

그런데, 그렇게 해석하면, 정치적 관점은 너무 줄어들거나 사라지는 것이 아닌가? 그렇게 보일 수도 있다. 그러나 단순히 그런 것은 아니다. 시스템 이론의 관점에서도 정치 영역이 자원을 배분한다는 점에서는 다른 영역에 대해서 중요한 역할을 하지만, 그렇다고 언제나 압도적으로 사회를 통제하거나 지배적인 힘으로 개입하지는 못하기 때문이다. 정치는 다른 기능 시스템들(경제, 교육, 학문, 종교, 예술, 연예 등)처럼 사회 안에서 기능하는 하나의 기능 시스템일 뿐이다.

둘론 초기에 시스템 개념을 발전시킨 사이버네틱스 이론가들이 기계를 통한 조종 steering에 관심을 많이 가졌던 것은 사실이다. '사이버네틱스'란 용어 자체가 그 기원에서부터 배의 항해술을 의미할 정도로 초기의 시스템 이론은 환경 속에서 기계장치를 조종하는 것에 관심을 가졌었다. 특히 초기에 그들 가운데 몇몇은 2차 세계대전 중에 자동으로 비행기를 격추시키는 대공발사장치를 개발하는 데 참여하기도 했다. 그뿐 아니라 초기 시스템 이론이, 앞에서 이미 언급했듯이, 시스템에 안정성과 항상성을 부여하려고 노력했던 것도 사실이다. 자동 온도조절장치를 생각해보자. 그런 단순한 기술

장치는 항상 안정성과 항상성을 유지하는 시스템으로 여겨졌다. 그러나 그것은 시스템이 매우 단순할 때의 이야기일 뿐이다. 또 시스템을 둘러싼 환경이 비교적 정상적이고 안정적인 상태로 흘러갈 때의 이야기이다. 환경에 상당한 복잡성이 내재할수록, 그와 연결된 시스템이 안정성과 항상성을 유지하는 일은 점점 힘들어진다. 그래서 루만은 초기의 "사이버네틱스 이념에서는 조종, 사회적 지도, 조종 장치의 개념이 남았고, 조종의 환상이 남았다"고 적었다.[36] 그는 시스템과 환경의 관계를 조종이나 통제의 개념으로부터, 그것이 부분과 전체라는 패러다임에서 기인하든 아니면 초기 사이버네틱스의 조종 공학에서 기인하든, 떼어놓고자 했다.

부분과 전체의 관계를 조금 더 분석해보자. 그 관계가 정말 필연적인 것이라면, 부분이 변화하거나 이동하거나 망가지면 전체도 해체되거나 망가질 것이다. 그러나 현대 사회에서 많은 개인들은 전체성을 가졌다는 집단과 사회에 대해 과거처럼 그런 필연성 또는 유대감을 느끼지 못하게 되었다. 자신들이 망가지거나 사라져도, '전체'라는 조직은 아무 손실이나 상처를 느끼지 못한 채 그냥 굴러간다고 느끼고 인식하게 되었다. 이 현상이나 상황을 계속 부분과 전체의 패러다임에서만 보면, 개인 쪽에서는 부정적인 상처와 불만이 부각될 것이고, 사회 쪽에서는 무관심과 무능력이 부각될 것이다. 그런 상태에서 개인과 사회는 서로를 비난하거나 서로의 탓을 하게 되기 쉽다. 그와 달리 시스템과 환경의 관계라는 관점에서 관찰하자면, 개인의 심리 시스템은 더 이상 쉽게 또는 강제로 가부장적 가족이나 사회라는 전체에 귀속되지 않는다. 가족이나 사회나 국가는 개인에게 '그냥' 사회적 환경, 곧 애초에 전체라는 구속성이 나 포괄성을 가지지 않은 환경일 뿐이다. 그 환경은 물론 전체로서 의 사회나 국가처럼 강제성을 띠지도 않지만 크게 보호막을 제공하 지도 않을 것이다.

몸과 마음의 관계, 개인과 사회의 관계가 부분과 전체의 패러다 임에 의해 더 이상 충분히 설명되지도 않으며 통합되기도 어렵다 면, 그래도 생명이라는 전체성이 그 관계들을 통합해줄 수 있지 않 을까 하고 기대하거나 희망을 가질 수도 있다. 그러나 거꾸로 보면, 생명이라는 전체성도 개별적 부분과 생명이라는 전체의 패러다임 의 산물임을 알 수 있다. 몸과 마음이 정말 생명이라는 전체에 의해 통합되고 구원될 수 있을까? 실제로 신경 시스템과 마음의 시스템 이 움직이는 모습을 보면, 그런 기대가 충족되기 어렵다는 것을 알 수 있다. 생명이 몸과 마음의 전체라면, 아무리 신체의 고통이나 마 음의 혼란이 극심하더라도, 생명이라는 목적을 향해 움직여야 할 것이다. 그러나 실제로는 신체 시스템에 부과된 고통이 극심하면, 생명체는 그 고통을 피하기 위해 자신을 놓는 경향이 매우 크다. 절 벽에서 나뭇가지에 매달린 상황을 상상해보라. 적절한 위기는 살려 는 의지를 고취시킬 수 있지만, 커다란 고통은 생명에의 의지조차 무시하거나 포기하게 만들곤 한다. 물론 신경에 부과된 고통은 생 명체를 기절하게 만듦으로써, 고통의 극심한 자극을 피하게 할 수 있다. 그렇다고 기절이 모든 위험을 피해 생명을 구원하는 것은 아 니다. 기절하거나 의식을 잃을 경우, 위험한 상황이나 환경에서는 생명이 파괴될 수 있기 때문이다. 더 나아가면, 신경이나 신체 시스템조차도 하나의 전체성에 의해 지지되거나 보호받고 있다고 말하기는 어렵다. 병균에 의해 신체가 괴사되는 상황을 생각해보라. 괴사의 확대를 막으려면, 신체의 부분을 절단하는 수밖에 없다.

하지만 신체 시스템을 구성하는 하위 시스템들, 곧 개별적인 장기들의 하나라도 망가지면 생명체가 위험해진다는 점을 생각하면, 신체의 하위 시스템들은 그래도 생명이라는 전체성에 봉사하는 것이 아닐까? 또 그 경우 부분과 전체 사이에 필연적인 관계가 존재하는 것이 아닐까? 심장이나 간이나 폐가 망가지면 신체의 유기성이 깨지고 생명 자체가 망가진다는 점을 생각하면, 핵심적인 장기들은 생명체의 존속에 중요한 역할을 한다고 여겨진다. 그렇지만 그렇다고 해서 신체의 부분인 장기들이 생명체의 생명과 부분과 전체의 관계를 가진다고 볼 필요는 없다. 오히려 하나의 신체 시스템의 하위 시스템이라고 보는 것이 적절할 것이다. 또 핵심적인 장기라고 해도 인공장기에 의해 교체될 수 있다면, 신체의 부분들이 꼭 자연적이고 필연적인 유기성을 구성한다고 말할 필요는 없을 것이다. 그러므로 신체의 부분들이 신체의 전체성이나 생명이라는 전체성에 항상 봉사한다고 말하기도 어렵다. 오히려 핵심적인 장기 가운데 다른 것들은 괜찮은데 어떤 하나가 망가지면 생명체의 생명을 위협할 수 있다는 점도 신체를 시스템의 관점에서 해석할 수 있게 만든다. 신체 시스템를 구성하는 하위 시스템들도, 비록 정상적인 상태일 때는 유기적인 연결성을 유지하더라도, 다른 하위 시스템을 환경으로 인식한다고 말할 수 있다. 신장 기능 부전이나 간 기능 부전을 생각해보자. 이 경우, 개별 장기들의 기능은 신체 시스템에 부정적인 영향을 미치며, 수술을 통한 의학적 개입이 없으면 치명적인 결과로 이어질 것이다.

시스템과 환경의 관계에서 시스템은 작동의 자율성을 가지지만, 거꾸로 환경은 시스템에 파괴적으로 작용할 수 있다.* 매우 중요하면서도, 상당히 역설적으로 보이는 관계이다. 왜냐하면 환경에 의해 시스템은 얼마든지 파괴적인 영향을 받을 수는 있지만, 그래도 그 순간까지 시스템은 닫혀 있는 시스템의 울타리를 통해 자율적으로 움직이고 있기 때문이다. 루만은 여기서 시스템이 환경에 열려 있다고 그냥 좋게 말하지 않는다. 물론 열려 있다고 말할 수는 있다. 그렇지만 시스템은 일차적으로 스스로 닫혀 있음을 유지해야 하며, 오히려 이 닫혀 있음의 덕택에 이차적으로 열림이 가능하다고 분석된다. 또 열려 있음이라는 것도 그냥 좋은 의도로 그런 일이 생겼다기보다는, 환경에 대한 자극감수성irritability이 시스템과 환

---

* 여기서 루만이 그렇게 강조하는 시스템의 '자기생성(Autopoiesis)' 개념이 나온다. 그 개념은 처음에 마투라나가 사용한 것이다. 환경이 인과적인 관계에서 시스템에 미치는 영향은 구조적인 연결의 차원에서 일어나는 것이고, 시스템의 자율성은 말하자면 자기생성의 차원에서 일어난다.(Luhmann, *Einführung in die Systemtheorie*, p.116) "환경에 의한 시스템의 파괴는 있다. 그러나 시스템의 유지에 환경이 기여하지는 않는다. 일반적으로 시스템과 환경 사이에 일어나는 인과적 변화들은 구조적인 연결의 영역에서 일어나고 관찰될 수 있다." 여기서 루만의 관점을 조금 더 정확하게 서술하자면, 루만은 일반적으로 많이 사용되는 '자기조직화'라는 개념보다 '자기생성' 개념을 선호한다. 루만이 보기에 자기조직화는 상대적으로 구조에 많이 의존한다. 루만이 강조하는 시스템도 물론 그 구조와 완전히 분리된 것은 아니지만, 구조처럼 인과적으로 파악되기 힘든 어떤 것이다. 시스템이 블랙박스라는 말은 다름 아니라 그 현상을 가리킨다. 인과적 설명을 통해 파악되는 구조를 넘어서는 것이 자기생성인 셈이다. 시스템의 자율성이 일정하게 폐쇄성을 가질 수밖에 없는 이유이기도 하다.

경 관계에서 더 기본적이고 중요하며, 작동의 자율성은 그 결과로 비로소 생기는 일이라고 본다.

그와 달리, 부분과 전체의 패러다임에서는 부분은 원칙적으로 전체에 의해 파괴되지 않으며 파괴될 수 없다. 전체가 왜 자신의 부분을 파괴하겠는가? 물론 부분이 전체에 해가 된다고 전체가 판단한다면, 그 원칙에 얼마든지 예외가 생길 것이다. 그리고 실제로 그 원칙에는 너무도 자주 그리고 이해할 수 없는 방식으로 예외가 생겼다. 부분과 전체의 관계에서는, 피해자가 되는 부분들이 전체에 대해 끊임없이 이의를 제기했지만, 전체성을 담지하는 주체(신이든 왕이든 귀족이든)는 그 이의에 적절하게 대답하지 못했다. 그래서 신학적 전통에서는 개체들이 그래도 자유의지를 실행하는 여지를 주기 위해 그런 일이 생긴다는 궁여지책을 내놓았지만, 그것은 피해자의 관점에서 보면 궁색한 논리에 지나지 않는다.

시스템이 나름대로 닫힌 자율성을 가지고 있지만 환경에 의해 파괴될 수 있다면, 시스템과 환경의 구별은 호의적이라고 보기는 어려운 것이 사실이다. 어떻게 보면, 냉정하다. 그 점을 부인할 수 없고 부인할 필요도 없다. 현대 사회에서 사람들은 다른 어떤 시대에도 경험하지 못했던 환경에 의한 파괴적인 영향을 경험하고 있다. 애초에 부분과 전체의 패러다임에서는 인류 문명이 지구 환경을 파괴하거나 거꾸로 지구가 인간 문명을 위협하는 일이 말이 안 될 것이고 모순일 것이다.

부분과 전체의 패러다임보다 시스템과 환경의 패러다임이 '더 좋다'고 말할 필요는 없다. 그 두 패러다임의 차이는 다만 환경과 세계를 보는 태도의 차이일 것인데, 다만 후자가 현재 세계와 사회의 복잡성을 서술하고 관찰하는 데 더 적합할 뿐이다. 후자가 시스템들이 점점 분화되는 사회와 세계의 모습을 더 잘 반영하며, 정보를 처리하는 서로 다른 시스템들이 서로에게 환경으로 여겨질 수도 있는 세상의 모습을 설명하는 데 더 적절하기 때문이다. 전체성을 설정하게 되면 어떤 방식으로든 그것에 대한 기대와 요구가 생기고, 그것에 부응하라고 도덕적 규범이 커지며, 그런데 그것이 어긋나면, 불만과 좌절이 확산된다. 또 정치적인 해법에 호소하면서, 왕이 아니면 그를 대체한 정치지도자가 전체성을 회복하거나 유지하기를 바란다. 부분과 전체의 관계에서는 전체가 세계를 정당화할 근거를 보유하는 것과 달리, 시스템 이론의 관점은 근본적으로 환경의 불확실성과 정보의 불확실성을 인정하고 거기서 출발한다. 그렇지만 시스템과 환경의 패러다임에서는 결정적으로 정보의 중요성이 인정되며, 시스템은 환경 속에서 그 환경의 정보를 처리하는 시스템 역할을 한다. 어쨌든 시스템과 환경의 개념은, 정보와 기술의 팽창 속에서도, 바로 그 정보와 기술의 불확실성을 인식하고 관찰하는 데 필요하다.

2. 두 패러다임 사이에 완전한 대체가 일어나지는 않을 것이다

그러나 부분과 전체라는 패러다임과 시스템과 환경이라는 패러다임의 차이가 강조되면서, 오해가 있을 수 있다. 마치 전자가 후자에 의해 실제로 시대 속에서 대체된다고 여겨질 수 있다. 일단 개념적 위상의 차원에서 그 둘은 차이가 있다. 부분과 전체의 패러다임은 물리적 실체이자 제도적 단위로서 존재했다. 그와 달리 시스템과 환경의 구별은, 시스템 이론을 엄격하게 적용하자면, 정보를 처리하는 기능성의 차원에서 적용되고 착안되었다는 점을 생각하자. 시스템은 물리적이며 제도적인 실체라기보다는 환경 속에서 환경으로부터 오는 정보를 처리하는 시스템이다. 시스템과 구별된 환경도 생태학에서 말하는 자연적인 실체라기보다는 정보를 처리하는 시스템을 둘러싼 바깥 환경이다. 따라서 시스템과 환경의 구별은 부분과 전체라는 패러다임과 비슷하게 물질적이며 제도적인 영역에 대응하지는 않는다.

부분과 전체의 구별은 시스템 이론의 관점에서 시스템의 분화 Systemdifferenzierung로 다시 서술될 수 있을 것이다.[37] 시대적으로나 역사적으로 시스템들은 분화하고 세분화되는 경향이 있는데, 그 과정이 물질적이고도 제도적인 변화에 상응하고 그 변화를 반영하기 때문이다. 그런데 시스템이 분화되려면 시스템과 환경 사이의 차이가 시스템 안에서 설정되어야 한다. 따라서 시스템의 분화는 다시 시스템과 환경의 구별과 뗄 수 없는 셈이다.[38] 그리고 시스템과 환경의 구별이 부분과 전체의 구별에 대응하는 면이 크기에, 시스템 분화 대신에 시스템과 환경의 개념쌍에 초점을 맞추려는 것이다.

물론 시대적으로 그 두 패러다임 사이에 일종의 대체 현상이 일어나는 차원이나 영역이 없지는 않다. 위에서 언급했듯이, 개인과 관련된 사생활의 여러 영역들이 그 대표적인 예일 것이다. 또 그 영역 이외에도, 더 이상 부분과 전체의 패러다임으로 해석할 필요가 없는 영역들이 있으며, 그 자리에 시스템과 환경의 패러다임이 대신 자리 잡을 수도 있다. 국가의 예를 보더라도, 나라마다 다소 차이는 있지만 최소한 자유민주주의 시스템에서는 국가가 더 이상 개인들에게 개인들의 실존을 남김없이 구속하는 전체성으로 부과되기는 어렵다. 그리고 무엇보다도 현대 사회에서 매우 중요해진 현상인 기술 시스템을 이해하고 그에 대응하기 위해서는 부분과 전체라는 패러다임이 아니라 시스템과 환경이라는 패러다임을 받아들일 필요가 있다. 그러나 그렇더라도 그 두 패러다임 사이에서 시대적으로 일반적인 대체가 일어난다고 말하기는 어렵거나 심지어 불가능할 것이다. 다시 국가의 예를 들자면, 현대 사회에서 모든 영역에서 갈등이 확산됨에 따라 그 반작용으로 다시 국가에게 규제와 배분에 관한 기대와 권한이 되돌아가고 있는 면도 크다. 부분과 전체의 패러다임이 비록 지나간 시대에 더 의미를 가졌고 그 점에서 전통적인 틀이라고 말할 수는 있지만, 현재 사회나 다가올 사회에서도 쉽게 사라지지는 않을 것이다. 그런데 그 때문에 다시 다루기 힘든 갈등들이 생기고 있다.

이 점은 몇 가지 관점에서 다시 설명할 필요가 있다. 도덕은 특히 부분과 전체라는 패러다임 또는 가치 기준으로 사람들을 규제하는 역할을 한다. 전체를 설정하고 그것을 목표로 삼는 사람들은 감시와 통제라는 장치뿐 아니라 도덕을 통해 개인들을 길들이거나 관리하려고 하며, 사회적으로도 도덕적 규제나 규범은 필요하다. 물론 과거보다는 도덕적 규범이 부과하는 부담이나 강제력이 줄었다고 볼 수 있는 면도 있다. 그럼에도 불구하고 현재 사회에서도 혼란이 확산되는 면이 커질수록 다시 도덕적 규범에 호소하는 경향이 커지고 있다고 말할 수 있다. 동성혼인과 이민 등 갈등을 유발하는 주제가 많지만, 자세한 논의는 생략하자. 어쨌든 부분과 전체라는 패러다임에서 출발하고 그것을 전제하는 한, 전체성을 지지하거나 정당화하는 도덕의 가치는 커진다. 그리고 사회적 갈등이나 위험이 커질 때마다, 사람들이 도덕성에 호소하는 일이 일어날 것이다. 더욱이 근대 이후 20세기 중반까지 인권의 개념과 이념이 계속 확장 발전해왔고, 그것이 진보의 성과임은 말할 나위도 없을 것이다. 이 인권의 이념은 앞으로도 유지될 가능성이 크다. 실질적으로는 점점 모호해지고 흔들리고 있지만, 최소한 공식적으로 또는 이념적으로는 그렇다. 그리고 이것이 무너지면, 사회는 감당하기 어려운 혼란에 빠질 터이기 때문이다. 도덕뿐 아니라 인권의 이념은 인간 사회에서 부분과 전체라는 패러다임을 강고하게 유지하는 역할을 하며, 그것이 간단히 사라지거나 대체되기는 어려울 것이다.

그러나 실제로는 사회적 현실에서 바로 그 근본적인 가치나 이념들이 지켜지지 않는 경우가 점점 많이 일어나고 있다. 시대적으로 아이러니한 일이 일어났는데, 인권이 거의 보편적으로 확립된 후인 20세기 후반부터 바로 그 보편적 가치를 권리와 복지 차원에서 지키기 어렵다는 점이 점점 드러났다는 것이다. 도덕성·인권과 관련하여 가장 큰 진보적 성과를 여러 점에서 기대한 만큼 유지하거나 지키기 어렵게 된 것이다. 그러면서 많은 사회와 국가는 개인들의 자유를 강조하면서 개인들에게 자신의 삶을 영위하고 지킬 자유와 책임을, 때로는 이념적인 정당화를 통해 공개적으로, 때로는 몰래, 떠넘기기 시작했다. 다시 말하자면, 개인의 권리와 인권이 가장 중요한 가치가 된 과정은 여러 배경에서 설명할 수 있지만 무엇보다 이념적으로는 부분과 전체라는 패러다임의 배경과 근거 위에서 이루어졌는데, 이 패러다임은 자신이 끝까지 지키기 힘든 약속을 했다고 말할 수 있다. 그 패러다임과 그것이 한 약속은 개인들에게도 부담으로 작용하지만, 동시에 사회와 국가에게도 부담으로 작용하고 있다. 쉽게 폐기하거나 대체할 수도 없는 틀이지만, 동시에 무조건 지키기도 힘든 울타리가 되었다.

인권 차원에서는 개인들은 인류라는 전체성에 귀속한다고 생각하고 거기에 동의할 수 있다. 그러나 다른 면에서는 개인들에게 전체라는 이념은 기껏해야 그냥 관념이거나 진정으로 책임질 수는 없는 부담이다. 다른 나라나 다른 대륙으로 이주하는 사람들이 그 과정에서 바다에 빠지는 등 사고를 겪어도, 우리는 자신의 반려견에 더 신경을 쓰며 산책을 한다. 심리 및 신체 시스템으로서의 개인의 관점에서 다른 사람들은 실제로는 그에게 환경으로 존재하기 때문이다. 그렇게 보아도 충분하거나, 때로는 솔직하기 위해서도 그렇게 보아야 한다. 가까이 있는 반려견이 멀리 있는 이주민보다 가깝게 느껴지며, 일차적으로 그에 따라 행동하는 것이 '노멀한' 태도이다. 타인들로부터 끊임없이 자극이 오는데, 그 자극들을 개인은 자신의 심리 시스템과 신체 시스템의 상호적 연결을 통해 적절히, 그 시스템들의 경계선을 따라, 처리해야 한다. 어쨌든 자신과 환경 사이에는 기울기가 있으며, 그 기울기는 끊임없이 기우뚱거린다. 멀리 해외 이주민까지 가지 않더라도, 국내에서도 자살하는 사람들이 많지만, 사람들은 그들을 이웃으로 대하지 못한 채 기껏 안타까운 정보로 삼켜야 한다.

이 주제를 AI와 로봇에 대해 적용해보자. 사람들은 모든 인간이 인류라는 전체에 통합되어 있다고 설정하면서 인간성을 도덕적 차원에서 전제한다. 인간은 최고의 도덕적 주체이며 최고의 권리를 가진다고 여겨진다. 그리고 아무리 AI 로봇이 진화하더라도, 그 도덕성의 절대적 지위는 변하지 않을 것이라는 것이다. 아이작 아시모프의 '로봇 3원칙'이라고 알려진 규범도 인간의 보편적 우월성을 전제한다.* 여기서 복잡성이 커진다. 사람들이 정말 인류라는 전체를 위해 행동한다면 더 바랄 나위가 없을 것이다. 그러나 그것은 이념 차원을 넘어가기 힘들다. 실제로는 개별적인 사회 시스템에 갇혀 사람들은 각자 자신들만의 도덕적 잣대에 의존하여 행동하는 경향이 크다. 물론 사람들은 이기적일 수밖에 없다고 냉소적인 태도를 보일 필요는 없다. 사회 시스템의 관점에서도 도덕은 나름대로 중요하다. 그렇지만 그것의 규범적 의미가 과대평가될 필요는 없을

---

* 제1원칙: 로봇은 인간에 해를 가하거나, 혹은 지시를 무시함으로써 인간에게 해가 가도록 해서는 안 된다. 제2원칙: 제1원칙에 어긋나지 않는 한 로봇은 인간의 제1원칙에 어긋나지 않는 지시에 복종해야 한다. 제3원칙: 로봇은 제1원칙 및 제2원칙에 어긋나지 않는 한 자신의 존재를 보호해야만 한다. 그러나 흔히 알려진 것처럼 아이작 아시모프 자신이 이 원칙을 신봉하지는 않았다. 초기 소설 속에서 AI 로봇이 발전하는 과정에서 제시된 이론적 원칙이었을 뿐이다. 필자는 이 문제도 이미 『강한 인공지능과 인간』에서 다루었기에, 더 이상의 논의는 생략한다.

것이다. 개인은 꼭 인류라는 전체성의 한 부분이라고만 이해될 필요는 없다. 개인들은 서로에게 사회적 환경일 수 있으며, 인류도 마찬가지다. 위기 상황에서 선택을 해야 한다면, 개인들은 인류보다 정말 사랑하는 한 사람이나 몇 사람을 선택할 가능성이 클 것이다. 영화를 비롯한 픽션에서 이 주제가 반복되는 것도 그냥 과장된 내러티브는 아닐 것이다. 또는 앞으로는 자신과 관계를 가진 로봇들과 함께 갈 것이다.

이처럼 부분과 전체라는 패러다임과 시스템과 환경이라는 패러다임에게 도덕이나 인권이 가지는 역할은 각각 다르다. 사회에서 도덕이나 인권이 사라질 수는 없는 노릇이기에, 부분과 전체의 패러다임도 사라지기는 어렵다. 거꾸로, 시스템과 환경의 관점에서 이론적으로나 실천적으로 도덕이나 인권의 가중치를 줄인다고 하더라도, 실제로는 사람의 마음이 그냥 편하기도 어렵다. 개인적으로나 가족관계에서나 우정의 관계에서나 인간적 미덕이 소중하지 않은 것은 아니기 때문이다. 그렇더라도, 시스템과 환경의 패러다임에서는 부분과 전체의 틀에 근거한 규범적 가치나 규칙의 역할이 줄어드는 일은 피할 수 없을 것이다. 이것이 시스템과 환경의 관점을 선택하는 사람이 감당해야 할, 가볍지 않은 부담이기도 하다. 어쨌든 시스템과 환경의 개념쌍은 전통적인 사고와 이념을 좌지우지한 브분과 전체라는 패러다임을 이론적으로뿐 아니라 실천적으로도 피하거나 거부하는 역할을 할 것이다.

3. 정보는 시스템의 한계를 따라 생산된다

그럼 이제 다시, 시스템이 정보를 처리하는 자율성의 주제로 되돌아가보자. 그리고 정보의 개념을 정보 시스템의 맥락에서 조금 뾰족하게 벼려보자. 흔히 정보를 바깥에 존재하는 데이터 같은 것으로 이해하지만, 정보는 불확실성의 지표이며 따라서 불확실성은 정보의 배경으로 남아 있다고 앞에서 말했다. 그리고 어떤 정보 시스템이든 환경으로부터 오는 자극을 자기 시스템의 자율성의 기준에 따라 받아들이고 처리하며, 그 자율성은 다른 말로 하면 시스템에 고유한 일종의 닫혀 있음이라고 했다. 다르게 말하면, 외부 환경으로부터 어떤 자극이 오더라도, 그 시스템이 기존의 정보량을 참조하면서 이 자극을 처리한다. 너무 큰 자극이어도 처리되지 못할 것이며, 차이가 없는 자극도 처리가 되지 못할 것이다. 자극들은 기존에 저장되거나 기억된 자극들과의 상호 참조 속에서 처리 여부가 조정되거나 결정될 것인데, 이것은 어쨌든 시스템의 자율적 닫혀 있음 또는 닫혀 있는 자율성의 경계선을 따라 일어나는 일이다.

결국, 정보는 바깥의 환경에서 오기는 하지만, 시스템의 경계 내부의 지평과 뗄 수 없는 어떤 것이다. 그래서 루만은 외부 환경으로부터 오는 자극 또는 잡음과 관련하여 말한다. "중요한 것은 어떤 균형 이론이 아니다. 중요한 것은 시스템의 용량/커패시티에 맞춰진 정보처리이다."[39] 균형 이론이 중요하지 않다는 것은, 앞에서도 한 번 논의했듯이, 환경과의 관계에서 항상성을 유지하는 것이 시스템의 과제는 아니라는 것이다. 그렇다고 해서, 환경에서 오는 자극이나 잡음이 그냥 우리에게 쏟아지거나 새겨지는 것도 아니다. 일차적으로 우리 심리 시스템이나 신체 시스템에게 그것을 받아들일 용량이나 여유가 있어야 한다. 거듭 말했듯이, 정보는 그냥 바깥에 있거나 바깥에서 오지 않는다. 과감하게 말하면, "정보는 언제나 어떤 시스템의 정보이다. 곧 자기 참조적인 시스템의 정보이다."[40] 후기로 갈수록, 정보는 점점 시스템의 지평 속으로 들어가거나 흡수된다. "정보는 시스템의 한계를 재생산하며, 그래서 시스템의 한계들을 넘어갈 수 없다."[41] 말하자면, "모든 정보는 이미 시스템의 정보처리"이다. 정보는 정보처리와 뗄 수 있는 어떤 바깥의 자료가 아니라, 시스템이 수행하는 정보처리와 같다.

이로써 시스템의 자율성을 가능하게 하는 그것의 닫혀 있음의 성격이 한결 더 뚜렷해진다. 정보는 저 바깥의 환경에 있다가, 그냥 시스템 안으로 흘러 들어오거나 시스템에 의해 받아들여지는 것은 아니다. 이미 시스템의 정보처리의 경계 안에서 시스템에 내재하는 성향이나 의미의 지평이 작동하고 있으며, 그 경계를 따라 생겨나는 것이 정보인 셈이다.

그러나 이 미묘한 관점이 시스템의 우월성을 나타내는 것은 결코 아니다. 시스템은 아무리 해도 환경의 복잡성을 포괄적으로 파악할 수는 없다. 시스템보다 환경의 복잡성이 당연히 더 크기 때문이다. 오히려 정보는 시스템의 한계 안에서 생산되고 재생산된다는 것이며, 그 시스템의 한계를 뛰어넘을 수는 없다는 것이다.

이 점은 개인의 심리 시스템이든 조직 같은 사회 시스템이든 마찬가지이며, AI 시스템에게도 마찬가지이다. 개인과 조직에 대해서는 따로 설명이 없어도 될 것이다. AI의 뛰어난 능력을 목격하고 있는 우리는 그 지능 시스템의 한계에 대해 이런저런 의문을 가진다. 가질 수밖에 없다. AI는 특수지능뿐 아니라 인공일반지능 AGI에서도 뛰어난 실력을 보일 수도 있다. 앞으로 시간은 조금은 걸릴 수도 있다. 어쨌든 이미 구조화된 정보와 지식에 대해서 AI는 대다수 인간의 지능을 뛰어넘는 능력을 가질 수 있다.

뒤에서 AI가 수행할 수 있는 조직화의 능력에 대해서 다시 한번 이야기하겠지만, AI는 사회 시스템으로서의 조직에 대해서도, 그것이 이미 구조화된 정보와 지식인 한, 인간 못지않은 수준으로 인간을 대신할 것으로 예상된다. AI는 점점 시스템의 작동과 포괄적인 운영을 책임질 뿐 아니라, 자신을 시스템과 동일하다고 여기게될 것이다. 단적으로 자신이 시스템이라고 생각할 것이다. 무인 시스템만 AI가 관리할 뿐 아니라, 조직 같은 사회 시스템도 AI가 포괄적으로 운영하고 감시할 가능성이 크다. 더 나아가, 우주를 탐사하고 여행하는 데 AI의 능력은 필수다. 초기에 달에 우주선을 보낼 때에는 지상관제센터가 거의 원격조종을 하듯이 우주선의 정보를 통제했다. 그렇지만 점점 AI가 우주선의 데이터 시스템을 총괄적으로 관리하고 감시할 것이다. 따지고 보면, 우주에 있는 별들과 행성에 대한 모든 정보와 지식도 이미 구조화되고 패턴이 정리된 것들이니, AI는 인간이 감히 계산하기 어려운 그것들의 데이터도 거뜬히 계산할 것이다. 인간이 뛸 때, AI는 말하자면 나는 놈처럼 보인다.

그렇지만 정보를 처리하는 시스템으로서 AI조차도 자신의 시스템의 한계 안에서만 정보를 재생산할 수 있을 듯하다. 뛰어난 AI가 재생산하는 정보도 그 시스템의 한계를 뛰어넘을 수는 없기 때문이고, AI에게도 더 복잡한 환경이 바깥에 있기 때문이다. 나는 놈 AI도 다시 자신의 시스템의 한계 안에서 기어간다.(이 주제는 마지막 4부에서 다시 다루어질 것이다.)

5장

세계는 이제 상이한 방식으로만 관찰될 수 있다

1. 마음의 진정성의 문제

부분과 전체의 패러다임에서는 보편성과 동질성의 이념만 핵심적인 것은 아니었다. 앞에서도 잠깐 언급했듯이, 그 전체가 아무리 보편성을 가진다고 하더라도 실제로는 그것을 대표하고 대변하는 중앙이나 정점이 존재했다. 그 연장선에서 "지배하는 부분들과 지배되는 부분들이 구별될 수 있을 때만, 전체의 형성에 이를 수 있었다."[42] 그런 이유로 부분과 전체의 패러다임에서는 전통적으로 영토나 사회적 제도의 물질적 실체 및 그것의 질서가 핵심이었다. 그 기반 위에서 사람들은 그 영토나 사회적 제도에 귀속한다고 여겨지며, 다시 거기서 그 영토 전체에 걸쳐 사람들을 정치적이고 경제적인 차원에서 관리하고 통제하는 과제가 나온다. 근대 이후의 핵심 주제인 민족주의/국가주의도 다름 아닌 영토의 울타리와 사회적 제도의 물질적 실체가 가지는 힘과 영향력에 의존한다. 이런 이유로 부분과 전체의 패러다임은 특히 정치 영역에서 중요하게 활용되고 있다.

부분과 전체의 구별이 정치적으로 어떻게 이용되고 남용되는지 살피면서, 이 장을 시작해보자. 사람들이 보수와 진보로 나뉘어 세력을 형성하고 대립하는 경향은 부분과 전체의 패러다임에 많이 의존한다. 이미 앞 장에서 우리는 근대 이후 사회적이며 정치적인 차원에서 새로 발견된 인권 개념이 얼마나 인간의 전체성에 의존하는지 살펴보았다. 그때는 부분과 전체라는 패러다임이 단순히 대체되거나 교체되기 어려운 점에 주의를 기울일 필요가 있었는데, 지금은 그와 조금 다른 관점에서, 그럼에도 불구하고, 그 패러다임에만 머달리는 것은 충분하지 않다는 점에 주의를 기울이자. 인권 개념은 전체의 관점에서는 역사적 근대성과 진보의 성과이지만, 그것에 대한 믿음만으로는 사회 시스템이 작동하는 모습을 설명할 수도 없으며 또 현실적인 실행을 보장하기도 어렵다. 단적으로, 복지의 실행은 경제 성장 및 그에 따른 정부의 재정 확보에 의존하는데, 이 과정에서 기업들의 역할이 결정적이다. 그리고 기업들은 현재 글로벌 경제의 복잡한 네트워크에서 자신들의 정보력에 의존해서 경쟁해야 한다. 그 결과로 얻은 기업들의 실적은 물론 한 국가가 복지 정책을 실행하는 데 재정적으로 도움이 되지만, 어쨌든 중요한 점은, 인권 개념이 보편성을 띠는 것과 달리, 실제적인 복지정책은 해당 국가가 가진 자원의 경쟁력 및 기업들의 경제적 실적에 결정적으로 의존한다. 실질적으로는 인권이라는 전체성보다 개별 국가들의 국가적 경쟁력과 기업들의 자본주의적 실력이 더 중요한 역할을 한다고 볼 수 있다. 국가의 경제력이 결국은 인권이라는 보편성에 기여하지 않느냐고 말한다면, 반만 맞을 것이다. 보편적 인권에 기여한다기보다, 개별 정부가 자신의 정치적 관점에 따라 복지정책을 실현하는 이해관계에 기여하거나 관련 기업들의 영향력과 자본 축적에 기여하는 면도 크기 때문이다. 이 점을 관찰하지 않고, 경제가 결국은 인권이라는 가치나 보편적 복지에 기여한다고 말한다면, 공허한 주장일 수 있다.

인권이라는 진보적 개념만 부분과 전체라는 패러다임에 의존하는 것은 아니다. 자유라는 보편적 개념도 모든 개인들에게 자유를 부여한다는 점에서 정치적으로 자유주의적 이념에 크게 봉사한다. 인권이 진보적 가치라면, 자유는 상대적으로 보수적 가치의 역할을 한다. 개인의 자유라는 소중한 개념은 단순히 추상적으로만 개인들에게 자유를 부여한 것이 아니라, 근대 이후 국가가 모든 개인들에게 노동과 교육 그리고 세금 관련하여 책임을 부여하는 역할을 했다. 근대는 여러 면에서 그런 전체적 이념을 필요로 했던 것이다. 그러나 자유주의적 이념은 골고루 개인들의 자유를 보장하기만 할까? 많은 자유주의적 정책들은 기업의 이익을 최대한 보장하는 기업 친화적 정책의 핵심인데, 그 과정에서 부의 배분을 적잖게 왜곡하는 면도 크다. 실제로 기업이 벌어들인 이익의 많은 몫이 기업에 과도하게 귀속되는 것과 달리, 사회에는 상대적으로 적게 돌아가고 있다.

이렇게 짧게만 관찰해도, 보수와 진보가 신봉하는 핵심 이념이 근대 초기에 기대되었던 역할을 하지 못하고 있다는 점이 드러난다. 그런데도, 정치 및 정치학에서는 여전히 그 두 이념을 중심으로 자신들의 지지 세력을 결집하고 있다. 그 결과로 보수와 진보로 단순화된 진영논리가 사람들의 판단도 단순화시키면서 갈등을 극단화시키고 있다. 따라서 이념과 가치를 개인들 모두에게 전체적으로 부여하는 것이 최대 과제였던 근대의 관행에서 벗어날 필요가 있다. 그 관행의 뿌리에 부분과 전체라는 패러다임이 자리를 잡고 있으며 거기에서는 전체의 보편성과 부분과 전체 사이의 동질성이 전제되고 있다.

그렇지만, 앞 장에서 이미 시스템/환경의 패러다임이 부분/전체의 패러다임을 전반적으로 대체하지는 않으며 또 대체하기도 어렵다는 것을 살펴보았다. 그 두 패러다임은 개념적이고 현실적인 위상에서 작지 않은 차이가 있다. 또 그 패러다임들 사이에서 어떤 대체 현상이 일어나더라도, 흔히 기대하는 포괄적인 현실의 변화와는 거리가 있을 것이다. 또 그 개념쌍들은 서술과 설명을 위한 것이지, 실제로 인간과 조직들의 생각이나 행동이 일어나는 현장에서 구체적으로 이것들을 직접 바꾸거나 뒤집는 힘을 가진 것은 아닐 것이다. 부분과 전체의 패러다임은 과거 전통적 사고와 행동에서 강력한 영향을 미친 매우 핵심적인 개념적 틀이고 관점이며 그래서 다른 어떤 개념 틀보다 이것과 상관관계를 가진다고 설명하거나 강조할 수는 있지만, 사람들의 구체적인 행동이나 사회 시스템을 직접 이끌거나 잡아당긴 원인이나 끈끈한 줄은 아닐 것이다. 사람들이 경제활동을 할 때나 사랑할 때, 그리고 심지어 전쟁을 할 때도 비교적 구체적인 요인들과 심리적 충동들이 있다. 그런 구체적인 요인들이나 목표들과 비교하면 부분과 전체라는 패러다임은 비교적 추상적이거나 간접적인 맥락이나 배경일 수 있다. 아울러 개념적이고 이론적인 차원에서는 인과성과 상관관계를 구별하는 것이 마땅하다. 사고의 틀이라는 관점에서 보면, 부분과 전체의 패러다임은 전통적으로 사람들의 사고와 행동에서 매우 강력하고 근본적인 이념적인 울타리 역할을 하며 실제로도 특정 행동의 한 요인일 수 있다. 그러나 그 패러다임이 인간들의 사고와 행동에서 직접적인 원인으로 작용했다고 설명하기는 곤란한 면이 있을 것이다. 그러니 부분과 전체라는 패러다임에 대해 비판적 지적을 하면서 시스템과 환경의 패러다임이 그것과 다른 역할을 할 수 있다는 접근법을 취하기만 하면, 대단한 변화가 일어날 것이라고 기대할 필요는 없을 것이다.

이 점을 생각하면, 이 책의 논의가 실질적이고 구체적인 변화를 가져오기는 어려울 것으로 보인다. 실제로 환경이라는 불확실성에 대해 시스템의 작동을 다룬 시스템 이론, 특히 루만의 이론도 사회를 개혁하려는 시도를 거의 하지 않았고, 휴머니즘이나 인간의 이성에 호소하지도 않았다. 시스템 이론이 하버마스를 비롯한 소위 진보적인 이론과 크게 다른 이유이며 배경이다. 필자도 과거엔 개혁적인 관점을 취한 적이 있지만, 최소한 이 책에서는 그런 시도를 하지 않는다. 진보와 보수의 진영논리를 앞세우는 집단 앞에서 기우뚱한 균형의 관점과 우충좌돌의 관점을 유지하려고 했고 그 관점은 많은 점에서 아직도 유효하지만, 이 책은 왜 그것조차 쉽지 않은 일인지 탐색하고자 한다. 기우뚱한 균형을 잡는 일은 갈등의 복잡성에서 출발하고 또 그것을 지나가는 일인데, 이 복잡성을 고려하고 참조하는 일은 당장의 효과를 기대하는 마음과는 거리가 좀 있기 때문이다. 실제로 경제성장뿐 아니라 사회적 갈등이 복잡하게 표출되는 현재 사회에서 사람들은 진보와 보수라는 단순하면서도 대립적인 진영논리에 더 끌리고 거기에 포획되고 있다. 대통령 선거에서 비록 중도층이 캐스팅보트 형태로 중요한 역할을 하기는 하지만, 정치적 결정은 단순하고 대립적인 정치논리에 의해 좌우되고 있는 것이 사실이다.

이런 성찰을 지금 하게 되는 것은 이 책이 어떤 작업을 하는지 필자 스스로 명확히 알고 있어야 하고, 독자들에게도 그 점을 설명할 필요가 있기 때문이다. 무엇보다 부분과 전체라는 패러다임을 피하고 또 거부할 필요가 있지만, 왜 그 회피나 거부가 실질적인 효과를 곧바로 가지지 못하는지 알 필요도 있다. 또 왜 그런 태도가 쉽게 개혁적이거나 휴머니즘적 효과를 가지기 어려운지 인지할 필요가 있다. 심지어 AI와 관련해서는 휴머니즘이나 인간주의가 전통적으로 해온 역할을 최소한 개념 차원에서 비판적으로 바라보고 거부해야 하는 면도 적지 않다. 'AI는 인간을 위한 도구로 남아야 한다'는 주장도 휴머니즘을 표방하는 대표적인 예이지만, 그 주장은 너무 단순하다. 인간이 AI를 만든 것은 사실이지만, 그렇다고 그것이 앞으로도 계속 인간을 위한 도구로만 존재하지는 않을 것이다. 이 점은 AI가 아니더라도 이미 상당한 복잡성을 띤 다른 기술(전기나 핸드폰 등)에도 마찬가지로 적용된다. 간단한 도구의 수준을 넘어 기술의 복잡성이 증가함에 따라, 기술은 인간의 마음 및 사회 시스템과 결합하여 새로운 시스템을 형성하고 있다. 이 시스템은 일정하게 자율성을 가지면서 자신을 조직하는 시스템으로 파악되어야 한다.* 좁은 뜻의 휴머니즘을 넘어, 시스템 개념이 중요한 까닭이다.

그렇지만, AI를 포함해서 기술의 복잡성을 제대로 이해하고 거기에 대등하는 일은 앞으로 사회에서 쉽지 않은 문제로 남을 것이고 여러 갈등을 야기할 수 있다.

다시, 부분과 전체의 개념틀을 얼마나 그리고 어떻게 바꿀 수 있는지의 주제로 돌아가보자. 지배하는 부분과 지배되는 부분들이 주어진 영토 안에서 동질적으로 통합되면서 보편성으로서의 전체를 형성하는 꿈은 지나간 것이 되었지만, 백일몽이나 악몽으로 자꾸 되돌아온다. 이 상황에서 정보를 처리하는 시스템은 기술 시스템이면서도 사회 시스템과 결합해서 또 다른 시스템이 된다. 말하자면,

---

* 켈리는 앞에서 언급했듯이 기술 시스템이 단순히 인간을 위한 개별적인 도구에 머물지 않고, 자기를 조직하는 시스템으로 작동한다고 파악한다. 인간이 그것의 부모라고 할 수 있지만, 그것은 더 이상 인간 부모의 통제에 따르지 않는다. "은하에서 불가사리, 그리고 인간 마음에 이르기까지 안정적으로 자기 조직화를 유지하는 모든 복잡적응계는 고유의 방향으로 창발적인 형태들을 드러낼 것이다. (…) 테크늄이라는 소용돌이는 자체 의제, 자체 명령, 자체 방향을 키워왔다. 그것은 더 이상 부모이자 창조자인 인간의 완전한 통제와 지배 하에 있지 않다. 모든 부모가 그렇듯이 우리는 테크늄의 힘과 독립성이 커질수록 더 걱정한다."(『기술의 충격』 226~7쪽.) 켈리는 인간이 이 기술 시스템의 "주인이자 노예이며, 이 불편한 이중 역할을 계속해야 하는 운명에 처해 있다"(228쪽)고 본다.

정보는 기본적으로 영토의 경계나 사회 제도의 경계선에 크게 의존하지 않는 형태로 작동한다. 정보통신 기술이 아마도 그 현대적인 작동방식의 초기 예일 것이다. 정보통신 기술을 비롯한 기술 시스템은, 비록 현실적으로는 개별 국가들 영토의 지역성에 적잖이 의존하면서 상용화되기는 하지만, 영토 전체에 걸쳐 정책을 실행하려는 지역적 구속력을 넘어간다. 영토의 경계와 정치적 제도의 지역적 울타리를 가로질러 얼마든지 흐를 수 있다. 기술을 포함한 시스템 자체는 그런 탈물질적이고 탈영토적인 성격을 가진다.

물론 기술이 탈영토성을 가진다고 해서, 모든 면에서 좋을 리는 없다. 그리고 기술은 후기 자본주의 시대에는 다시 글로벌 대기업들의 플랫폼을 따라 재영토화되는 면이 있는 것도 사실이다. 하지만 최소한 지역적 영토와 그 영토 안에 거주하는 국민 전체에 국가주의적 정책을 부과하는 근대적 경향과는 다른 면이 있다. 여기서 중요한 점은 이것이다. 영토에 집착하는 국가와 개인들에게 어떤 전체적 이념(자유나 인권 같은)을 부여하는 것이 옳은가를 둘러싼 보수와 진보의 진영논리에서 벗어날 필요가 있다. 그 대신에, 실제로 정보를 포함한 기술 및 사회 시스템이 현대 사회에서 가지는 영향력을 제대로 평가해야 하며, 또 그 기술 시스템이 사회 시스템을 어떻게 형성시키고 변화시키는지 제대로 그리고 복합적으로 관찰해야 한다.

당연한 말이지만, 정보라고 인간에게 그냥 호의적인 방식으로 또는 인간적인 방식으로 작용하지는 않는다. 정보는 우선 공학적으로 정보를 처리하는 채널의 용량 및 처리능력에 절대적으로 의존한다. 메시지를 발신하는 사람의 의도를 포함한 인간적 의미를 괄호 안에 넣고 생략한 채, 공학적으로 정보의 양은 불확실성과 그것을 처리하기 위해 필요한 선택의 수에 비례한다. 그런데 다름 아니라 바로 그런 공학적 접근을 통해 많은 정보를 효과적으로 전송하고 처리할 수 있는 길이 열렸고, 현대 사회의 다수에게 빠른 커뮤니케이션의 기회뿐 아니라 지역과 영토의 경계를 넘어 다른 사람들과 연결될 기회를 주었다. 곧 특정 영토나 지역의 경계 안에 머물러야 했던 제약을 넘어가는 기회가 생긴 것이다. 여기서 알 수 있듯이, 기술 시스템의 발전과 확산은 좁은 뜻의 인간적 의미를 강조하는 전통적 언어관에서 벗어나는 궤적과 맞물려 있다.

그러나, 그렇다고 단순히 기술 발전과 휴머니즘이 엇갈리거나 서로 반대방향으로 간다는 단순한 논리에 사로잡힐 필요는 없다. 오히려 정보통신 기술을 포함하는 기술 시스템이 사회 시스템의 복잡성과 맞물리는 궤적을 그린다는 점에 관심을 집중해야 한다. 무엇보다, 정보통신 기술에 대한 섀넌의 새로운 접근법이 공학적으로 인간적 의미를 괄호 안에 넣는 선택을 수행했다고 하더라도, 더 넓게 보면 그 접근법은 커뮤니케이션의 방식에 현대적 변화를 주는 방법이었다. 왜냐하면 그 전에는 근본적으로 말하는 사람의 의도를 나타낸 언어 표현을 그 의도에 맞게 전달하는 것이 목적이었던 것과 달리, 이제는 그 목표를 넘어 수많은 데이터 가운데서 특정 메시지가 어떻게 선택되고 또 어떻게 수신자에게 도달하며 또 어떤 방식으로 수신자에 의해 받아들여지느냐는 것들이 복합적으로 중요해졌기 때문이다. 다르게 말하면, 과거에는 말하는 사람의 사회적 지위와 진정성에 따라 표현의 가치와 의도에 가중치가 부여되었던 것과 달리 이제는 민주적인 방식으로, 말하는 사람의 지위에 상관없이 메시지가 수신자에게 잘 전달되느냐가 중요했다. 왜냐하면 민주적인 사회가 발전하고 확산함에 따라, 말하는 사람의 지위와 진정성을 미리 확인하거나 보장할 수 있는 사회적 제도나 신분은 흔들리거나 사라졌기 때문이다. 신분제 사회에서 민주적인 사회로의 전환은 이 점에서 공학 기술의 발전과 맞물렸다.

정보 이론의 초기 발전 과정에서 배제되는 듯한 인간적 의미는 이렇게 다시 등장한다. 정보 이론에서 그냥 인간적 의미를 배제하는 것이 아니라 다시 개입시키고 그것을 통해 정보 이론을 보완하는 일이 필요한데, 그러나 그것은 다시 말하는 사람의 의도와 진심을 주장하거나 담보로 삼는 일과는 다르다. '나'의 마음이나 주체의 의도보다는, 오히려 메시지를 받는 수용자의 의지와 선택이 고려되고 참조되는 방식으로 가는 게 많은 사람의 뜻에 맞는다. 말하자면, 민주적이다. 그렇다고 그저 좋은 의미의 민주화 과정만이 발전한다고 너무 기대할 필요는 없다. 이제 커뮤니케이션 과정의 복잡성이 비로소 그 복잡성에 걸맞게 드러나기 때문이다.

메시지에 담긴 마음의 진정성이 전달될 수 있을까? 거기에 매달리면, 실제로 어떤 일이 일어날까? '사랑해'라는 마음을 가졌다고 여겨지는 사람의 마음다움을 모두 인정해주어야 할 것인데, 이것은 현재 사회에서는 상당히 부담스럽고 위험한 일이다. 과거에는 그리 위험한 일이 아니었을 수 있다. 신분제를 비롯한 여러 제약으로 아무에게나 그런 마음을 표현하고 주장하기 어려웠기 때문이다. 또 과거에는 사랑을 표현하는 일이 지금처럼 중요하지 않았다고도 말할 수 있다. 그런데 지금은 어떤가?

메시지를 전하는 사람의 진심과 진정성을 매번 담보하거나 요구한다면, 편집증과 강박증이 생기고 또 확산될 것이다. 거꾸로 마음 없이 말을 하는 사람들도 얼마든지 위장된 말을 많이 하면서, 많은 관심을 얻으려고 할 것이다. 가상적인 또는 심지어 가식적인 표현으로 타인의 관심을 얻으려는 관심 사회의 등장과 확산이 우연히 생긴 것은 아니다. 애정 표현의 가상적 범람 속에서 정말 진심에 주의를 기울이는 사람은 역설적으로 말을 하기 힘들거나 더듬을 수 있다. 또 자신에게 사랑하는 진정한 마음이 있다고 너무 믿으면서 상대방에게 전달하면, 스토커가 될 위험이 크다. 자신에게 아무리 진심이 있더라도 상대방이 원하지 않으면, 메시지를 보내는 일을 삼가야 한다. 아무리 진정성이 담긴 언어라도 스스로 묵살하거나 포기해야 한다. 마음이 아프더라도, 마음의 마음다움은 쉽게 펼쳐지지 못한다. 마음의 마음다움이 없어지는 것은 아니겠지만, 최소한 상대에 의해 곧바로 정보로 처리되지는 못한다. 상대방이 자신의 아픈 마음을 어떤 식으로든 눈치 챌 수는 있겠지만, 그는 자신의 눈치를 정보로 처리하지 않을 가능성이 크다. 그 과정에서 마음의 마음다움은 알게 모르게 생략되거나 또는, 서로가 동의하는 친밀함이나 진정성을 표현하는 사회적 커뮤니케이션의 경계나 제약에 맞춰, 괄호 안에 가두어야 한다. 그것이 현재 사회에서 일어나는 커뮤니케이션의 방식에 비교적 맞다.

정보처리 과정에 인간적 의미를 다시 투입한다고 해서 발화자의 인간적 의도나 진심을 주장하는 일로 가는 것은 아니며, 오히려 수용자나 제3자의 선택에 많이 의존하게 되는 쪽으로 간다. 이로써 섀넌의 정보 이론은 상당한 수정과 변화를 겪게 되며, 공학적 관점의 정보 이론은 사회적 맥락의 커뮤니케이션 이론으로 이어지게 된다. 물론 커뮤니케이션을 설명하는 방식도 수없이 많다. 정보에 대한 냉정한 접근법에 걸맞게, 루만의 접근법을 따라가보자.

2. 커뮤니케이션은 단순히 소통이 아니다

루만은 사회적 커뮤니케이션을 설명하면서, 보수적이거나 자유주의적 관점뿐 아니라 진보적인 관점도 피한다. 보수적 관점에 대해서는 더 말할 필요가 없을 것이다. 자유주의적 관점은 개인들이 자유롭게 자신의 마음 속 동기나 이익을 표현한다는 쪽에 가깝고, 진보적 관점은 개인들이 대화를 통해 공공성이나 공공적 합의에 도달한다는 쪽으로 간다. 그리고 루만은 더 나아가 '사람들이 나누는 진솔한 대화'라는 순진한 관점도 피한다. 아마도 이들 관점 모두에 공통적인 개념이 '소통'일 것이다. 열린 마음으로 자신의 이야기를 하면서 서로 통한다는 개념 또는 신화 같은 이야기. 어떤 의미로든 서로 이야기를 하면서 합리성을 실현한다거나 선의를 가지고 서로에게 좋은 목표에 도달하거나 한다는 이야기들이 그 개념에 의해 대변되고 있다. 그런데 루만은 사회적 커뮤니케이션은 그런 것이 아니라고 말한다. 한마디로 '소통'이 내포하는 좋은 이상과는 거리가 있다.* 그런데 커뮤니케이션이 소통으로 번역되고, 일상에서도 많은 사람들이 그 뜻에 의존하지 않는가. 그러므로 여기서 커다란 단절이 일어날 수밖에 없다.

서로 이야기를 하면서 통한다는 '소통'은 아마도 꿈과 희망이 박제된 개념의 대표적인 예 가운데 하나일 것이다. 실제로 '소통'은 커뮤니케이션의 진화 과정 속에서도 쉬이 있을 법하지 않은 일이었다. 커뮤니케이션은 기본적으로 불확실성을 상대하는 일이기 때문이다. 문명화 과정 속에서 대화를 통해 서로 일정한 규칙을 따르는 통로가 생기기는 했고, 지금 사람들은 일상에서 나름대로 안정적인 규칙을 따르는 공간을 상정하기는 하지만, 그럼에도 불구하고, 이야기를 주고받는 일은 여전히 불확실성과 잡음을 상대하는 일이다. 수백 개 채널이 돌아가는 TV에서든, 또는 숫자를 셀 수도 없는 규모의 유튜브 채널에서든 각각의 커뮤니케이션은 나름대로 필요에 따라 생겨났을 것이지만, 많은 사람들에게 주고받는 이야기들의 많은 부분은 과잉 상태의 잡음과 자극이다.

이것은 단지 개인들의 취향과 선택의 차이에서 오는 문제는 아

---

* 루만이 하버마스류의 커뮤니케이션 이론과 매우 다른 관점을 제안한다는 점은 잘 알려져 있다. 여기서는 그와 관련된 논의를 하지는 않겠다. 루만은 커뮤니케이션 또는 그것의 성공이 그 자체로 매우 있을 법하지 않은 어떤 것이며 그 자체로 '좋은 것'이나 합의 또는 공통의 것을 만들어내지 않는다는 점을 강조한다.(Luhmann, *Soziale Systeme*, p. 550.) 오히려 많은 경우에 합의를 강조하는 커뮤니케이션은 합의가 없다는 점을 드러낸다. "특히 합의에 대한 커뮤니케이션(더 나아가면 요구)는 불일치를 명백하게 드러내는 입증된 수단이기 때문이다. 하버마스를 보라."(Luhmann, *Organisation und Entscheidung*, p. 99.)

니다. 오히려 문자와 대중매체를 포함한 매체의 문제가 큰 몫을 차지한다. 그 매체는 피할 수 없이 모호성을 대량 생산한다. 그나마 얼굴을 마주보고 커뮤니케이션이 이루어질 때는 비록 다른 생각을 가지고 있더라도 '예스' 또는 '알았습니다'라고 말하는 경우가 많다. 그런 동의의 시늉도 이미 커뮤니케이션이 모호성과 복잡성을 가지게 만든다. 그러나 문자 차원에서의 커뮤니케이션처럼 얼굴을 마주하지 않은 채로 커뮤니케이션을 할 때는 그 모호성과 복잡성이 더 커진다.

한 예로, 얼굴을 마주하지 않은 채 일어나는 커뮤니케이션은 사람들에게 여러 뉘앙스의 '노'라고 말할 수 있는 기회를 포함하여 여러 방식으로 이의를 제기할 수 있는 기회를 제공한다. 그래서 익명의 인터넷 공간은 표현의 자유를 증가시키지만, 다른 한편으로 모든 사람들이 '노'라고 말할 수 있는 기회를 줌으로써 잡음과 갈등도 증가시킨다. 물론 '노'라고 말할 수 있는 기회가 절대적으로 커진다고 해서, 사람들이 명시적으로 '노'를 한다는 말은 아니다. 모든 사람들이 '노'라고 말할 수 있는 기회가 커질 때, 비로소 서로의 생각이 통한다는 것이 얼마나 어려운지 드러난다. 커뮤니케이션의 기회가 확장함에 따라, 오히려 '소통'은 있을 법하지 않은 어떤 것임이 드러난다.

사실, 정보가 불확실성을 나타내는 어떤 것이며 정보를 기술적으로 처리하는 과정에서는 기본적으로 말하는 사람의 의도가 괄호 안에 넣어진다는 이제까지의 우리 논의는 이미 루만이 설명하는 커뮤니케이션의 많은 부분을 설명하고 있다고 할 수 있다. 루만은 커

뮤니케이션 과정에서 불확실성에 대해 최소한 세 겹의 선택적 처리가 이루어진다고 파악한다.[43]

섀넌이 파악했듯이, 모든 정보는 일련의 가능한 레퍼토리 또는 불확실성 안에서의 선택인데, 그 선택적 정보가 커뮤니케이션 과정에서 첫째 선택이다. 이것은 앞에서 섀넌이 말한 것, 곧 주어진 텍스트에 대해 몇 번의 선택을 거쳐서 어떤 의미를 해독할 때, 그 선택의 수가 정보의 양이라는 접근과 같은 것이다. 둘째 선택은 그 정보를 가지고 전달하는 사람의 선택이다. 그 사람도 그 메시지를 전달하면서 실제로 여러 태도를 선택할 수 있기 때문이다. 진심으로 하는 말이라는 태도나 의도를 표현할 수 있고, 그런 태도나 의도를 일부러 표현하려고 하지 않을 수도 있으며, 심지어 메시지가 표현하려는 의미와 아주 다른 태도를 선택할 수도 있다. 그리고 셋째 선택은 메시지를 수용하는 사람의 선택이다. 수용자는 전달된 메시지에 대해 '예스'와 '노' 사이에서 선택할 수 있다. 또는 침묵을 선택할 수도 있다. 커뮤니케이션은 이 세 겹의 선택 사이에서 언제나 기우뚱 흔들린다.

정보를 기술적으로 처리할 때, 곧 메시지를 통신 매체나 인터넷 매체에서 처리할 때, 심리적이고 인간적인 의미를 생략할 수 있다는 것은 다르게 말하면 첫째 단계의 선택적 처리가 기술을 통해 커뮤니케이션의 대상이 된다는 말이다. 그리고 매체를 통해 커뮤니케이션이 발생할 때, 첫째 단계의 선택적 처리와 둘째 단계의 선택적 처리 사이에 끊임없이 차이가 생기며 심지어 모순이 발생한다. 둘째 선택, 곧 전달에 관련된 선택은 메시지를 전달하는 사람의 심리적 의도뿐 아니라 그 메시지를 전달할 때의 태도, 그리고 심지어 그 메시지가 전달될 때의 상황까지 포함한다. 정보를 공학 기술을 이용해 처리한다는 것은 기본적으로 첫째 선택만을 정보로 처리한다는 것인데, 커뮤니케이션 과정은 둘째 단계의 선택을 포함하며, 이때 둘째 단계의 선택이 포함됨으로써 피할 수 없는 다의성이 발생한다. 서로 이해했다는/이해한 걸로 여긴다는 가상적 시뮬레이션은 수많은 다의성을 포함하게 되는 것이다.

이 가상적 시뮬레이션의 규모와 복잡성은 앞에서 말했듯이 매체가 문명화 과정에서 발전할수록 더 커진다. 인쇄된 텍스트를 통해 커뮤니케이션 하는 과정에서 첫째의 정보가 선택적으로 처리되지만, 전달의 의도나 태도 또는 전달의 '진정성'은 실제로는 모호하거나 생략된 채로 머문다. 많은 경우, 수신자는 발신자 또는 필자를 믿는다고 여겨진다. 그리고 발신자는 자신이 하는 말이 모두 맞다고 생각하며 그 생각이 맞는다고 다시 생각하는 사람이며, 수신자/독자는 자신을 믿으리라고 여겨지는 사람이거나 직접 말은 안 하더라도 자신의 그런 태도를 알아주리라고 여겨지는 사람이다. 그렇지만 모든 텍스트의 필자가 모두 맞는 말을 한다는 보장, 또는 자신이 하는 말을 어디서 들었으며 그 출처가 정확한지에 대한 정보에 대한 보장은 그 텍스트 자체에는 없다. 텍스트의 정보와 수신자 사이에서 그 보장은 빙빙 돌고 또 돌 뿐이다. 소셜 네트워킹에서 발신자는 이모티콘까지 보내면서 자신의 의도를 더블로 표현하려고 한다. 그 기호는 그 사람의 마음이 담겼다는 것을 의미한다고 여겨지지만, 꼭 그런 것은 아니라는 것도 발신자와 수신자 모두 안다/안다고 여겨진다. 또는 마음이나 의도는 정확히 확인할 수 없더라도, 어쨌든 최소한 이모티콘은 마음을 표현할 문명적 장치로 작동하며, 발신자나 수신자는 그 사실을 알아야 하고, 동시에 그렇다고 그것이 꼭 마음을 표현하는 것은 아닐 수 있음도 알아야 하며, 그렇게 알면서도 다시 굳이 정색을 하거나 내색을 할 필요는 없다는 것도 알아야 한다. 그리고 인터넷 공간에서 이런 미묘한 시뮬레이션이 연출된다고 해서, 그 시뮬레이션이 초래하는 다의성이 그저 나쁜 의미의 페이크는 아니다.

앞에서 이미 말했듯이, 인터넷 공간에서는 모든 사람이 '노'를 말할 수 있는 기회와 선택을 부여받는다. 꼭 익명이 아니더라도, 큰 상관은 없다. 여기서 커뮤니케이션 개념을 확장해야 할 필요가 있다. 커뮤니케이션 기술이 발달할수록, '노'라고 말할 수 있는 가능성과 기회는 확대된다.[44] '아니오'의 확장 가능성이 나쁜 의미의 무질서를 확대시키는 면도 있기는 하지만, 그렇다고 단순히 그리고 전적으로 그리로 흘러가지는 않는다. 그래도 어쨌든 어떤 의미로든 합의된 전체성을 부과하거나 요구하는 '소통'을 무력하게 만드는 효과가 확산되고 있는 것은 맞다. 부분들이 유기적으로나 합리적으로 전체를 구성하는 패러다임은 모든 면에서 완전히 깨지거나 사라지지는 않더라도, 정보와 커뮤니케이션의 맥락에서는 크게 힘을 잃는다.

원색의 색감을 살리면서 표현하자면, "공식적인 커뮤니케이션 아래로 흐르면서 그것을 무력하게 만드는 냉소적이거나 카니발 형태의 커뮤니케이션"[45]이 진행된다. 앞에서 우리는 흔히 '냉소주

cynicism'로 번역되는 태도가 단순히 냉소에 그치지 않음을 살짝 보았다. 디오게네스의 일갈이 알려주듯, 그 태도는 단순히 '개 같은' 태도에서 그치지 않고 심오한 면이 있는 태도이다. 시니시즘은 그래서 흔히 번역되듯이 견유犬儒주의에 그치지 않고 엉뚱하면서도 심오한 태도를 가리키며, '엉뚱심오함'이라고 번역될 수 있다. 더 미세하게 들어가면, 엉뚱하고 삐딱하면서 우습게 보이지만 심오한(줄여서 '엉삐우심') 태도라고 할 수 있다. 이 엉삐우심한 태도가 각자에게 자신을 표현할 기회를 줄 때, 그 태도는 카니발의 형식과 교차할 것이다.

엉뚱하고 삐딱하면서 우스꽝스럽게 보이기도 하지만 심오하며 카니발 형식으로 터져 나오는 커뮤니케이션은 그러므로 그냥 단순히 '어-니오'라고만 말하는 데서 그치지 않고, 엉뚱하고 삐딱하며 우습게 보이는 면도 있지만 나름대로 심오한 이야기들을 만든다. 그 이야기들에서 전체성과의 연결이나 통합은 별로 중요하지 않다. 우스워 보이지만, 그래도 나름대로 심오할 뿐 아니라 나름대로 모두 인간적인 모습을 가지고 있기 때문이다. 보편적 인간성이 어떻게 되었는지는 누구도 모르고, 또 인류 전체에게 정말 어떤 의미가 있고 어떤 목적이 있는지는 아무도 모르며, 또 인류의 문명이 제대로 가고 있는지 누구도 모르지만, 엉뚱하지만 나름대로 심오한 이야기들은 나름대로 인간적인 희로애락 한 자락씩을 꼭 담고 있기 때문이다. 그것만으로도 충분한 듯하다. 비록 그 엉뚱하게 심오한 이야기들이 인류에 의해 일관되게 지지되지 않더라도, 아니 어떤 점에서는 바로 그렇기 때문에 그 이야기들이 자유롭게 터져 나온다고 할 수 있다. 그걸로 충분하다.

　그와 달리 화려한 색채는 조금 누르거나 지우면서, 커뮤니케이션 현장을 서술할 수도 있다. 왜냐하면 불확실성이 커지는 현상은 그저 화려하기만 한 것은 아니기 때문이다. 커뮤니케이션이 발전하고 확대될수록, "그것은 수신자의 불확실성을 높이는 것을 목표로 삼는다."[46] 그리고 수신자들은 모두 발신자이므로, 수신자의 불확실성은 다시 발신자에도 되먹여진다.

　그렇지만 불확실성이 양쪽에서 커진다고 해도, 그때그때의 커뮤니케이션이나 생명 시스템이나 의식의 시스템이 갑자기 송두리째 영향을 받지는 않을 것이다. 왜냐하면 정보를 처리하는 시스템은, 비록 환경에 의해 크게 흔들리거나 심지어 파괴적인 영향을 받을 수는 있지만, 그때까지는, 자율적으로 닫혀 있는 경계를 유지하기 때문이다. 물론 불확실성이 커지면, 인간의 의식은 조금씩 더 불안과 공포에 내맡겨질 수는 있다. 그렇지만 그 와중에도, 각각의 심리 시스템이나 신체 시스템은 자신의 닫힌 자율성을 일단은 유지할 수 있다. 그런데 인류나 세계 전체 또는 생태계 전체와의 연결은 완전히 끊어질 리는 없지만, 그 연결이 시스템의 안정성을 크게 뒤흔든다면 시스템의 불확실성은 감당하기 어려운 수준으로 증가할 것이다. 그래서 신경 시스템이든 심리 시스템이든 시스템은 환경으로부터 끊임없이 짜증나게 하거나 위협을 주는 자극을 받으면서, 내부적으로 자신의 상대적 안정성이나 자유를 유지하는 쪽으로 작동한다.

3. 전체성이 사라진 시대에, 시스템은 개인들의 기대에 부응할 수 있을까?

커뮤니케이션이 이렇게 사람과 사람 사이, 그리고 사람과 사회 사이에서 '소통'을 이루지 못한다면 세계 '전체'나 생태계 '전체' 같은 것에는 어떤 일이 일어날까? "이 모든 것 이후에, 여전히 세계는 하나의 '전체'이며 '부분들'로 나누어져 있다는 이해에서 출발할 수는 없다. 그것은 오히려 어떤 파악할 수 없는 단위인데, 그것은 상이한 방식으로, 오직 상이한 방식으로만, 관찰될 수 있다."[47] 통일된 전체로서의 세계, 동질적인 부분들로 나뉘어 있으면서 언제든지 동질적이고 보편적인 방식으로 통일될 전체를 이제 더 이상 기대하거나 요구할 필요가 없다. 전체는 그 자체로는 파악될 수 없는 어떤 단위일 뿐이며, 이 점에서 매우 모호하고 추상적인 개념이다. 그럼에도 불구하고 인간은 그 전체를 동질성과 보편성을 가진 실체로 파악하려 했다. 양자역학에서 양자 현상이 관찰자의 관찰에 따라 다르게 파악되는 것과 비슷하게, '세계'라고 우리가 말하는 것도 오직 상이한 방식으로 관찰될 수 있을 뿐이다. 물론 그렇다고 미시적인 차원과 거시적인 차원이 동일한 기준이나 관점에서 파악된다는 말은 아니다. 어쨌거나 이제는 전체성에 대한 숭배도 내려놓는 것이 좋다. 그것에 대한 미련도 마찬가지다.

'전체'라는 단위는 그렇게 상이한 방식으로만 관찰될 수 있는 어떤 것이라고 파악한다면, 인간은 정보나 지식의 차원에서 커다란 손실을 입는 것일까? 전혀 아니다. 이미 논의했듯이, 정보에 내재하는 불확실성을 인정하는 일은 전혀 기술의 발전을 저해하거나 방해하지 않는다. 오히려 그 점을 인정하면서, 20세기 이후 엄청난 기술의 발전이 이루어졌다. 다만 전통적인 사고방식이 익숙했던 전체성에 대한 숭배와 기대를 내려놓는 일이기에, 한동안 또는 때때로 심리적인 실망이나 환멸에 사로잡힐 수는 있을 것이다. 사실, 정보를 처리하는 시스템의 관점에서 관찰하고 이해하는 일이 여러 형태의 실망과 환멸을 상대하는 일이기는 하다.

이 점에 제대로 주의를 기울일 필요가 있다. 왜냐하면 정보처리 시스템의 관점은 겉으로만 언뜻 보면 사회에 대해 엉뚱하게도 정보공학적인 태도를 가진 것처럼 보이고, 따라서 인간적 의미에 대해 많건 적건 냉정한 태도를 드러내는 것처럼 보이기 때문이다. 그런 인상은 표면적인 인상일 뿐이다. 실제로 인간이든 로봇이든 사회와 환경으로부터 오는 자극을 시스템의 관점에서 정보로 처리하는 것은 사실이기 때문이다. 인간의 지각 시스템은 이미 익숙하게 받아들여진 정보, 다르게 말하면 확실하게 보이는 정보에는 별로 주의를 기울이지 않는다. 그것이 기본적인 의미의 지평 안에서 유지되면서, 그것과 다른 정보들만 부각되는 것이다. 그래야 정보처리 과정에 부담이 가지 않으면서 많은 새로운 정보를 처리할 수 있기 때문이다.

그러므로 세계 전체라는 전통적인 신화는 내려놓고, 시스템과 환경의 차이에 대해 주의를 기울일 필요가 있다. 그런데 사회 시스템이 기능하는 방식은 그때그때 상황에서 개인들의 상이한 기대와 요구에 부응하거나 그것을 채워줄 수 있을까? 중요한 물음이다. 그리고 그에 대한 대답은 '아니오'다. 개개인들의 기대와 요구는 사실 너무도 제각각이다. 과거 사회는 가족과 신분계층 질서가 개인들의 기대와 요구를 미리 규정하고 구조화했기 때문에, 규범이 유지되는 한 큰 문제는 없었다. 그와 달리 현대 사회에서 모든 개인들은 제각각 자유로운 방식으로, 곧 누구도 이미 규정하고 통제할 수 없는 방식으로 기대하고 요구한다. 개인들의 무한하게 다른 기대와 요구는 그 자체로 엄청난 불확실성의 근원이며, 사회를 시스템의 방식으로 관찰하는 일은 바로 이 상황의 복잡성을 배경으로 하고 있다. 말하자면, 사회 안에서 개인들은 어쩔 수 없이 또는 피할 수 없이 실망을 느낀다. 이 상황에서 사회 시스템은 개인들 낱낱의 실망을 흡수하고, 각각의 실망에도 불구하고 시스템이 돌아가게 만들어야 한다. 사람들이 세계 전체를 대표하고 대변하는 어떤 힘이나 상징을 더 이상 믿지 않는다면, 그러면서 그들은 또 나름대로 실망을 느낀다면, 개인들의 무수한 실망을 흡수하면서도 사회적으로 작동하는 시스템이 필요하다. 그렇지만 사회 시스템이 서로 충돌하는 개인들의 기대 및 거기서 기인하는 실망을 흡수하면서 나름대로 잘 작동할 수 있을까? 결코 쉽진 않다. 하지만 바로 그것이 사회 시스템의 문제일 것이다.

　루만은 여기서 개인들의 실망이 사회에 크게 해를 입히거나 파괴하는 공격성으로 전환되지 않는 방식이 어떻게 가능할까에 관심을 쏟는다. 말하자면, 개인들의 지독한 실망과 환멸을 견뎌낼 면역력을 시스템은 가지고 있어야 한다. 전체(인간을 구원할 수 있는 도덕도 여기에 속한다)라는 신화에 더 이상 매달리지 않은 채, 시스템을 신뢰할 수 있을까? 신뢰의 전환이 필요하다. "시스템을 신뢰하는 방식으로의 전환은 신뢰를 분산시키고 그를 통해 개별적인 실망에 대해 저항력을 가지게 만든다. 뿐만 아니라, 거의 면역력을 가지게 만든다."[48] 그렇지만 전체를 대표하던 것에 대한 신뢰를 거두고 그것을 시스템에 선물처럼 준다고 해서, 눈에 띄게 개인들에게 도움이 되거나 어루만져주는 효과는 당장에 없다. 다시, 인간적 차원에서는 실망스러울 수 있다. 안전이 확실히 확보되지는 않는다. 그 대신에, 사회적으로는 그리고 사회에서 오는 자극을 정보로 처리하는 관점에서는, 신뢰는 분산된다. 산만하게 보일 때도 있고 우스울 때도 있다.

아무도 없는 교차로에서 신호등을 기다리는 마음들을 떠올려보자. 급한 마음에 뛰고 싶은 사람도 있고 바쁘지 않으면서도 그 신호를 무시하면서 건너가고 싶은 사람도 있다. 달리고 싶은 운전자들 가운데에는 장관도 있고 재벌도 있다. 그렇지만 신호등 시스템 자체는 개인들에게 무관심하다. 사람들이 그것을 신뢰하고 따라서 그것이 일종의 사회 시스템으로 작동한다면, 신뢰는 분산되면서도 작동하는 셈이다. 전통적인 인간적 신뢰의 관점에서 보면, 교차로의 신호 시스템에서 그 신뢰는 기술적으로 분산되고 정보처리에 위임된다. 시스템은 사실 여러 점에서 엉뚱하게 보이기는 하지만, 신호 시스템은 서로 다른 개인들이 가질 수 있는 실망을 딛고 사회 시스템으로 작동한다. 개별적인 관찰자들이 서로 다른 시각을 가지고 신호등을 상대하는 가운데, 신호 시스템은 분산된 신뢰를 바탕으로 사회적 역할을 한다.

신호등 시스템은 시스템 가운데에서 아주 단순한 형태에 속하지만, 전체를 상징적으로 대변한다고 여겨졌던 개별 인간에게 쏠리던 신뢰가 정보를 처리하는 시스템에게 돌아가는 전환의 틈을 보여주는 예로 볼 수 있다. 더 복잡한 신호 시스템도 비슷한 방식으로 전통적인 신뢰를 기술적으로 분산시키고, 사람들의 실망이 나쁜 방향으로 흐르지 않도록 처리한다.

그런데 현대적 커뮤니케이션은 모든 사람에게 '아니오'를 말할 수 있는 기회와 자유를 준다. 그러면 엉뚱하고 삐딱한 일을 할 수 있는 자유도 커지는 와중에서, 사람들의 실망과 환멸도 어쩔 수 없이 확산될 것이다. 커뮤니케이션의 기회와 자유는 동시에 불확실성과 노이즈도 낳는다. 사회적 커뮤니케이션이 확대되는 가운데 지역성을 벗어나 연결될 수 있는 연대의 기회가 커지지만, 동시에 사람들은 이미 자신이 가진 의견을 강화하는 쪽으로 편향을 강화시킨다. 커뮤니케이션이 서로 통할 수 있는 기회와 자유를 주지만, 실제로는 불통과 고립도 확산시킨다. 유일한 전체라는 것은 없으며 그대신 관찰자에 따라 상이하게 관찰되는 세계가 있다는 인식도 사람들에게 자유스러움과 동시에 불확실성과 복잡성을 줄 수 있다. 그리고 민주화가 진행되면서 민주주의가 꽃을 활짝 피우리라고 여겨졌는데, 민주주의는 갈등의 싹들을 엄청 자라게 한다.

커다란 아이러니가 일어나고 있다. 사회에서 커뮤니케이션을 하면서 사람들은 나름대로 정체성을 유지하고 또 자신이 스스로 선택하는 기회를 더 많이 가지기는 하지만, 그 와중에서 스스로 그리고 서로에게 불확실성을 생산하고 있다. 확실성에 도달하려고 하지만,

그럴수록 불확실성 쪽으로 떠밀려간다. 기술의 복잡성이 커질수록, 우리의 선택은 결코 단순하지도 않고 확실하지도 않다. 이 아이러니 또는 딜레마를 피할 수는 없을 것이다.

이 딜레마 앞에서, 확실성의 유지가 아니라 불확실성을 관리하는 일을 목표로 삼아야 한다. 그게 도대체 가능한 일인가? 쉽지 않다. 그 과정에서 어쩔 수 없이 복잡성의 문제가 개입하기 때문이다. 매우 중요한 이 문제는 다음 장에서, 부분과 전체의 패러다임을 조금 더 흔들면서, 다루도록 하자.

6장

인간과 사회의 관계,
부분/전체의 틀에서 벗어나
시스템/환경의 구별로

1. 인간은 사회의 한 부분이 아니다

이제 부분과 전체의 틀에 대한 논의를 정리하면서, 그 과정에서 생기는 복잡성의 문제를 다뤄보자. 정보를 처리하는 어떤 시스템이든, 이제 당연한 일이지만, 물질적으로나 건축적인 의미로 전체를 구성하지는 않으며, 이것의 동질적인 부분도 아니다. 전체로 여겨졌던 단위는 관찰자에 의해 상이한 방식으로만 관찰된다. 그렇다고 서로 다른 관찰들이 뿔뿔이 흩어지는 것은 아니다. 분석적으로 관찰하자면 마음의 작용과 기술과 사회 조직은 모두 각자 시스템으로 작동하지만, 그렇다고 각자 분리되어 존재하거나 작동할 수는 없다. 그 시스템들은 경우에 따라 서로에게 환경으로 작용하며,

서로 침투하기도 한다(그렇게 상호작용하며 침투하면서, 복잡성이 더 증가된 시스템을 이룬다. 그렇다, 시스템들이 상호작용하여 또 다른 시스템으로 작동할 때, 이 시스템에 내재하는 복잡성은 증가할 수밖에 없다). 그렇지만 사람의 심리 시스템은 전체로서의 사회나 세계의 어떤 부분으로 존재하지는 않는다. 시스템이 작동할 때, 그것은 그것을 둘러싼 환경만을 상대한다. 환경과 자신과의 차이를 유지하기에, 개인의 심리 시스템은 환경으로서의 사회 속에서 나름대로 닫혀 있는 자율성을 가질 것이다.

개인이 사회의 부분으로 존재하지 않고, 환경으로서 사회를 대면한다는 관점은 도발적이며 놀라울 수도 있다. 이 문제를 개인과 인류라는 관계에 적용시켜보자. 개인으로서 인간은 인류에 속한다. 진화 및 생물학의 차원에서 그리고 이념적으로, 개인들은 인류의 한 부분이라고 말할 수 있다. 부분과 전체의 구별이 적용된다고 할 수 있다. 그러나 현실적이고 사회적인 시스템 속에서 정보처리를 하면서, 그 관계는 어떤 방식으로 움직이고 흐르는가? 현대 사회에서 개인들은 커다란 집단이나 조직 같은 사회 시스템(국가가 대표적이다)이 하는 말을 그대로 따르거나 받아들이지는 않는다. 개인들은 거기에 한편으로는 속하지만, 그 전통적인 귀속성은 개인들을 철저하게 관통하거나 통제하지는 못한다. 거대 사회 시스템이라도 개인을 뻔뻔하게 희생시키거나 해를 끼친다고 여겨지면, 개인들은 언제든지 '아니'라고 말하거나 거기서 이탈을 시도할 수 있다. 또 기업과 국가를 비롯한 조직들도 서로 경쟁하는 과정에서는 인류라는 전체를 염두에 두기보다는 자신들의 이익을 염두에 둔다. 이 점에서 가 인에게 인류(를 대변한다는 사회)는 보편적인 전체가 아니라, 환경이다. 환경일 뿐이다.

이처럼 사회적 시스템 속에서 개인은 인류나 사회 전체에 곧바로 이어지거나 통합되기 힘들다. 곧바로 이어지는 선은 없다. 인류나 세계는 개인들에게 여러 겹의 자극을 주는 불확실한 환경이다. 개인들은 우선 조직이라는 사회 시스템 속에서 경제적 삶을 꾸려가며, 나아가 서로 다른 정치경제적 이익을 추구하는 개별 국가 안에서 살고 있다. 같은 인간이라고 언제나 정치적이고 경제적이며 사회적인 영역에서 동질성과 보편성을 공유하기도 힘들다. 멀리 있는 인간보다 가까이 있는 사람이 더 의미를 가질 수밖에 없으며, 심지어 멀리 있는 인간보다 자신에게 인접한 반려동물에게 더 신경을 쓰며 살아간다. 이렇게 생각하면, 인간이 단순히 인류라는 전체의 동질적인 부분이 아니라는 사실은 명확하다. 인간은 사회 시스템과 사회적 커뮤니케이션 속에서 서로에게 사회적 환경인 셈이다.

이런 인식의 전환은 매우 필요하지만 동시에 매우 어렵다. 사회적 환경이 어려울수록, 도덕성에 호소하는 일이 자주 일어나기 때문이다. 인류애가 강조되고, 인류 차원의 공동 대응이 거론된다. 그러나 그런 일은 다시 부분과 전체라는 전통적인 패러다임에 갇히는 일이다. 그리고 그것이 실제로 큰 도움이 되지도 않는다.

그럼 인간과 사회의 관계는 어떻게 되는 걸까? 그 관계를 다룬 대부분의 이론이나 주장들은 내용은 다르더라도 많은 경우 하나의 공통점을 가진다. 인간은 사회라는 전체를 구성하는 부분이라고 이해된다. 너무 흔한 이해방식이지만, 사실은 놀라운 일이다. 그 전제

위에서 각 부분들은 자신의 관점으로 전체를 구성하고 구축한다고 여겨진다. 그런데 시스템과 환경의 구별에서 보면, 인간과 사회의 관계는 전혀 다르게 관찰된다.

"인간은 사회의 어떤 부분도 아니다."[*] 다르게 말하면, 인간은 나름대로 인간적 시스템이고, 사회는 나름대로 사회 시스템이다. 그리고 그 두 시스템은 서로에게 일종의 환경 역할을 한다. 물론 인간의 심리 및 신경 시스템과 사회 시스템은 서로 침투하고 삼투하며, 이 삼투하고 침투하는 복잡성은 사회적으로 중요하다. 그리고 그것은 시스템과 환경의 경계에 따라 분석되어야 한다. 어쨌든 심리 및 신경 시스템과 가장 큰 사회 시스템으로서의 사회Gesellschaft는 작동하고 움직이는 방식에서, 곧 정보를 처리하는 방식에서 차이가 있다. 여기서 '사회'라는 말이 한국어로는 같은데, 독일어는 서로 다르게 사용되고 있다. '사회적 시스템'에서 '사회적'은 독일어로 sozial(영어로 social)이며, 사회 시스템에는 세 형태가 있다. 얼굴을 마주한 사람들의 함께 있음Anwesenheit, 조직Organisation, 그리고 가장 큰 범위의 사회 시스템인 '사회'Gesellschaft가 그것들이다. 가장 큰 범위의 사회 Gesellschaft는 그러므로 '세계'와 거의 같은 뜻을 가진다. 시스템의 관점에서 파악하면, 인간과 사회는 서로 다른 시스템이고, 인간에게 사회는 환경으로 작용한다.

---

* Luhmann, *Soziale Systeme*, p.311. 심리 시스템으로서 개인을 둘러싸고 있는 사회적 환경은 여러 형태의 조직(회사에서 국가까지)에서부터 포괄적인 의미의 사회 전체에 이르지만, 여기서 '사회'는 일단 포괄적인 의미의 사회, 곧 세계를 지칭한다고 이해하자.

이 접근법은 놀라움, 또는 심지어 충격을 줄 수도 있다. 어떤 방식으로든 인간은 사회의 한 부분으로 이해되어왔기 때문이다.* 그리고 가능한 한, 인간과 사회는 동질성을 가지며 또 그 둘 사이에는 보편성이 통한다고 이해되었기 때문이다. 하지만, 안타깝게도, 그렇지 않다고 생각해야 한다.

이 전환은 개념적 관점에서는 과격하고 극단적으로 보이지만, 실제로는 그리 극단적인 결과를 가져오지는 않는다. 이미 시스템과

---

* 정치학적으로 파악하면, 자유주의는 사회와 개인들의 관계를 사회주의와 다르게 이해한다. 사회주의에서는 사회가 먼저인 반면에, 자유주의에서는 개인이 먼저라고 조금 단순하게 구별할 수 있다. 그럼, 사회주의에서는 개인들이 부분으로 사회라는 전체를 구성하는 반면에, 자유주의에서는 그런 부분과 전체의 관계가 떨어져 나갔을까? 이 물음은 미묘한 접근을 요구한다. 자유주의 사상에서도 여러 관점이 있기에, 단순하게 판단하기는 어려울 것이다. 고전적 자유주의는 사회에 대하여 개인들에게 상당한 자유와 재량권을 인정하지만, 그럼에도 불구하고 개인과 사회의 관계는 아직도 부분과 전체의 패러다임을 따른다고 말할 수 있다. 다수에게 사회와 전체를 대표할 권한이 부여되는 것이 대표적인 지표이다. 또 실질적으로 당시의 시대적 분위기 속에서 국가가 강한 전체로서 작용한 것도 사실이다. 그렇지만 신자유주의에 이르면, 개인들의 자유에 무게가 크게 실리면서 사회라는 전체성의 틀이 떨어져 나가거나 심지어 사라진다고 말할 수도 있다. 그렇다면, 전체로서의 사회의 틀을 벗겨버리거나 최소한 헐겁게 만드는 신자유주의적 관점은 부분과 전체의 패러다임 대신에 시스템과 환경의 패러다임을 따르는 것일까? 꼭 그렇지는 않지만, 최소한 신자유주의가 사회라는 전체성을 약화시키거나 아여 껍데기로 만들려고 시도하면서, 부분과 전체의 패러다임을 뒤흔드는 역할을 한 것은 사실일 것이다. 신자유주의는 경제적 측면에서는 기업의 역할을 강조하고, 사회 관리 측면에서는 법의 역할을 강조했으며, 정치적-사회적 측면에서는 개인들의 역할을 부각시켰다. 무엇보다 그것은 하나의 정치적 이념이며 특정 정치색을 띤 정책을 추구했다. 신자유주의는 일종의 정치적 정책이며 특정한 정치공학이기에, 시스템 이론과 직접 연관시키거나 비교할 수는 없다. 시스템과 환경의 패러다임에서는, 환경 속에서 시스템이 어떻게 작용하고 작동하는지 설명하는 것이 가장 중요하며, 그에 따라 가능한 범위에서 실천적인 적용을 추구하는 것이 과제이다.

환경의 구별이란 관점에서 보면, 다르게 말해서 부분과 전체의 틀을 내려놓기만 하면, 사람들은 이미 거기에 많건 적건 익숙해져 있다. 세계 또는 인류 전체에 관한 어떤 결정에 대해서든 마찬가지다. 기후위기에 대해 말하면서, 사람들은 세계 또는 지구 전체를 의미한다고 생각하지만, 실제 행동에서는 전체를 구성하는 동질적이고 보편적인 부분은 아니다. 사람들은 부분으로서 전체를 떠맡는 것처럼 주장하거나 실망하지만, 실제로는 각자 하나 또는 여러 시스템에 참여하면서 서로 다른 환경에 대응하고 있을 뿐이다.

앞에서 다뤘던 커뮤니케이션의 문제도 여기서 다시 관찰할 필요가 있다. 커뮤니케이션 과정에서 인간적 의미가 알게 모르게 생략되거나 괄호 안에 자꾸 집어넣어지는 이유 또는 배경도 결국 인간과 사회가 서로 다른 시스템으로 작동하는 맥락과 뗄 수 없기 때문이다. 앞 장에서 논의했듯이 사람들은 흔히 커뮤니케이션이 '소통'의 과정이며 '소통'을 목표로 한다고 이해하는데, 그 경우 커뮤니케이션은 과도하게 인간의 마음과 진정성에 봉사하는 것처럼 이해된다. 하지만 그런 이해는 인간주의적 해석이다. 실제 커뮤니케이션 과정에서는, 그리고 커뮤니케이션이 문명화 과정에서 점점 발달할수록, 유감스럽게도 그리고 안타깝게도 인간의 진정성을 표현하고 보장할 확실성은 더 줄어들거나 거의 사라진다. 자기 마음의 진정성에 매달릴수록 사람은 실망하거나 좌절할 수밖에 없다. 사회에도 실망하지만, 자신에게도 마찬가지다. 자신의 마음과 타인의 마음의 진정성에 실망하지 않는 사람을 믿을 수 있을까? 사회적 커뮤니케이션은 인간의 마음에서 우러나왔다기보다는 사회 시스템이 작동하는 데 필요하면서도 충분한(정말 모두에게 충분하지는 않고, 따라서 개인들은 이런저런 실망에 빠지지만) 일종의 사회적 시스템인 셈이다. 인간의 영혼이 순정과 순진함을 유지하기는 어려운 사회 시스템이다. 그러니 그것을 통해 소통한다는 꿈을 계속 꾸면, 악몽에서 벗어나기 어렵다. "일단 사회 시스템에 끌려 들어가면, 인간은 다시는 순진한 영혼의 천국으로 돌아가지 못한다."[49]

순진한 영혼이 되기를 바라는가? 때로는, 가끔, 그런 꿈을 꾸기는 한다. 그러나 그것이 꿈길임을 또 안다. 알아야 한다. 텍스트를 이용하든 소셜 네트워크를 이용하든, 어떤 주장을 할 때마다 당신은 알아야 하고, 예스라고 말하든 노라고 말하든 당신은 알아야 한다. 언제나 진정성을 추구할 수는 없다는 것을. 커뮤니케이션을 하면서 사람은 가면을 쓸 수 있고 때로는 써야 하며, 동시에 타인의 가면에 실망하곤 한다. 그리고 사람은 다시 자신의 가면에도 실망할 수 있다. 자신의 가면에 실망하지 않는 사람은 괴물이 되기 쉽다.

물론 인간을 사회의 한 부분으로 생각하지 않고 그 둘 사이에 차이가 있다는 점을 부각시킨 다른 관점들도 있다. 그 관점들은 사회가 인간의 마음을 실현시키거나 완성시키지 않고, 자신의 궤적을 그린다고 비판된다. 심지어 인간은 도덕적인데 사회는 비도덕적이라는 비판도 생긴다. 사회가 비도덕적이라는 관점은 아주 틀린 것은 아니지만, 그렇다고 인간의 도덕성과 대립시키는 방식은 여전히 인간의 도덕성에 너무 집착하는 이해방식이다. 사회 시스템이나 사회 전체를 전적으로 도덕의 관점에서 파악할 수는 없지만, 마찬가지로 인간의 행동도 전적으로 도덕성이나 진정성의 기준으로 이해할 수는 없다. 실제로 사회에 여러 형태로 참여하고 여러 기능 시스템에 독립적으로 참여하면서, 인간의 도덕성만 강조하는 것은 별효과가 없을 것이다. 사회 시스템은 전통적인 사회와는 다른 방식으로 신뢰를 조직하고 분산시켜야 한다. 그렇게 작동하면서, 사회는 개인들을 더 구속되지 않은 형태로 조직하고 있는 점을 무시하면 안 된다.

도덕성을 포함한 전체성을 내려놓으면, 그리고 인간과 사회가 나름 독립적으로 작동하는 시스템이라는 데서 출발하면, 인간의 지위는 너무 추락하는 것일까? 전통적인 부분과 전체의 패러다임에 매달리면, 그렇게 보일 수 있다. 거기서는 인간이 언제나 세계를 관통하는 동질성과 보편성의 대변자였으니까. 그러나 그런 틀은 실제로는 왕을 비롯한 온갖 권력자와 두목들에게 유리하게 돌아갔다는 점을 상기하자. 실제로 시스템에게 신뢰를 보낸다는 것은 민주적인 성격을 많이 가지고 있다. 다만 정치적 이념에 따른 보수와 진보의 진영논리에서는 벗어나야 한다. 개별적인 인간의 행동과 태도들이 각자의 방식으로 실망을 느낄 수밖에 없는 현대의 복잡한 사회에서 그 실망들이 다시 파괴적인 영향을 미치지 않기를 바라는 마음이 시스템의 관점에 있다. 물론 시스템에 대한 신뢰가, 비록 분산된 방식이기는 하지만, 작동한다는 조건이 거기 있다.

표면적으로만 보면 인간적 의미를 직접 대변하지 않는 시스템의 관점은 인간의 존재론적 지위를 흔들거나 낮추는 것처럼 보인다. 그렇게 보일 수 있다. 그러나 그렇다고 "과거와 비교해서 인간이 덜 중요하다고 평가되는 것은 아니다."[50] 기술 시스템과 사회 시스템이 복잡성을 확대했기에, 그 한가운데서 그렇게 보일 뿐이다. 기술 및 사회 시스템이 복잡성을 증가시켰기에, 인간의 역할이 줄어들었다고 보이는 것이다. 실제로 사람들은 기술 시스템과 사회 시스템에다 선택에 관한 많은 것을 위임하지 않았는가. 그로부터 생기는 복잡성이 다시 아이러니와 딜레마를 유발하기는 하지만, 그렇다고 이 복잡성이 잘못된 것은 아니다.

중요한 과제는 그 복잡성에 걸맞게, 그리고 더 이상 단순히 인간을 사회의 한 부분으로만 파악하지 않으면서, 인간을 파악하는 것이다. 루만은 이 과제를 다음과 같이 표현한다.

> 시스템과 환경의 구별을 통해, 인간이 사회의 부분으로 파악되어야 했을 때 가능했던 것보다 더 복잡하고 동시에 더 구속되지 않은 방식으로, 인간을 사회적 환경의 부분으로 파악할 가능성이 얻어진다.[51]

인간을 '사회적 환경gesellschaftliche Umwelt'의 한 부분으로 파악하는 일은 인간을 사회의 한 부분으로 파악하는 것과 다르다. 환경으로서의 사회에 대해 '부분'으로 관계를 가지는 것과, 전체로서의 사회에 부분으로 관계를 가지는 것은 서로 다르기 때문이다. '부분'은 전체에 포함되는 부분일 수도 있고, 환경과 관계를 맺고 있는 부분일 수 있다. 기술 시스템과 사회 시스템이 더 복잡해지는 과정에서 인간은 점점 사회의 부분이 아니라 사회적 환경과 관계를 맺고 있다. 그러니 과거보다 더 복잡하고도 자유스럽게 파악하는 게 당연하다. 부분과 전체의 패러다임에 구속된 채로는 그 전환을 실행할 수 없다. 그 패러다임에 의존하는 한, 전체성을 대표한다는 어떤 특정 전체성과 특정 도덕성에 구속될 것이고 사람들은 자신이 전체를 대변한다고 주장하며 인정사정없이 서로 싸울 것이다.

전체로서 사회의 부분이 아니라 환경으로서 사회와 관계를 맺는 인간이 과거보다 더 복잡하면서도 더 구속되지 않은 방향으로 가려고 하면 할수록, 어쩔 수 없이 불확실성과 마주해야 한다. 이 배경에서, 정보와 지식의 관점에서 불확실성이 왜 강조되었는지, 그리고 그것을 파악하는 과정에서 정보가 왜 불확실성의 한 형태로 파악되는지, 다시 알 수 있다.

부분과 전체의 패러다임으로 인간을 파악할 때 가능한 것보다 더 복잡하면서 동시에 더 구속되지 않은 방식으로 인간을 파악하는 가능성은 그럼 어떤 방식으로 실현될 수 있을까? 우선, 그 과제가 기존의 정치학적 틀과 이념으로 인간을 파악하는 일과는 다르다는 점에 초점을 맞추어보자. '더 복잡하게' 파악하기와 관련하여 말하자면, 기존의 정치적 이념은, 거의 당연한 일이지만, 복잡성의 문제를 피했다. 보수든 진보든 마찬가지다. 두 진영 모두 기본적으로 부분과 전체의 패러다임 속에 있으니, 거의 피할 수 없는 일이다. 그 패러다임을 부분적으로 벗어나는 주제를 다룰 때도 있지만, 그들은 그 기본 틀에서 벗어나기 힘들다. 보수적 이념은 흔히 국가나 인간의 동질성과 보편성에서 출발하며 그것을 강조한다. 국가에 무게가 실릴 때, 국가들의 차이가 도대체 어떻게 인류라는 보편성으로 이어질지 전혀 명확하지 않고, 또 경제적 자유주의의 차원에서 보수 논리는 개인들의 경제적 자유를 강조하면서 국가와 개인의 자유 사이에 충돌이 일어나지만, 어쨌든 기본 틀은 유지된다. 좌파적 논리 또는 한국에서는 흔히 진보라고 불리는 진영의 논리도 방향은 다르지만 부분과 전체의 틀 안에서 움직인다. 앞에서도 다룬 바 있지만, 인권 개념도 진보와 갈등이라는 복잡성 속에서 다뤄지기보다는 주로 도덕적 이념으로 추구되는 경향이 크다. 복지정책도 비슷하다. 현실적으로는 보수 못지않은 이익집단으로 구성되면서도, 진보 진영은 이념적으로는 보편적 복지를 구호로 내세운다. 복지 문제가 경제성장과 재정 문제와 관료주의에 걸려 딜레마 또는 트라이레마에 사로잡히게 되는 복잡성을 제대로 파악하지 않는다. 정치학적 가치의 관점에서 보면, 중도는 이들 문제에서 복잡성을 인정하고 그 고난도의 문제들에 걸맞게 기우뚱한 균형을 잡는 일일 것이다. 우충좌돌하는 중도는 정치학적 이론의 차원에서도 어렵지만, 각자 정치적 이익을 추구하는 현실정치의 영역에서는 더 어려울 수밖에 없다. 전체라는 신화 또는 상징을 내려놓고 사회적 환경, 곧 사회라는 환경의 부분으로 인간을 파악하는 일은 기존 정치적이고 정치학적인 태도보다 더 복잡하게 인간을 파악하는데, 이런 시도는 정치적-정치학적으로는 힘을 얻기 어렵기 때문이다. 특히 한국처럼 정치적 진영논리가 강한 공간에서는 그렇다.

기존 보수와 진보의 이념은 인간을 사회라는 환경의 부분으로 '더 구속되지 않은' 관점에서 파악하는 과제를 위해서도 도움이 되지 못한다. 보수적 이념은 심리 시스템이나 조직 같은 사회 시스템을 국가라는 전체에 귀속시키면서 이 전체에 구속된 부분으로 이해한다. 개인과 조직들이 경제적 자유를 가진다고 설정할 때도, 마찬가지다. 진보적 이념도 개인의 심리 시스템이나 사회 시스템을 과도하게 인권이나 국민 같은 전체의 동질적 보편성에 귀속시키면서, 여기에 구속되게 만든다. 정치적 위기 국면에서 무능하거나 부패한 정치지도자에 대해 국민이라는 헌법적 이념에 호소할 수는 있다. 그러나 다른 경우에 국민이라는 전체가 헌법적 권력을 가진다는 헌법적 이념에 과도하게 호소할 경우, 다양한 심리 시스템과 사회 시스템을 다소 공허하게 전체성에 구속되게 만드는 꼴이 될 수도 있다.

정치적 기준이나 정치학적 이념이 인간을 시스템/환경의 구별을 통해 '더 복잡하고도 동시에 더 구속되지 않은 방식으로' 파악하는 데 도움이 되지 않는 이유는 더 있다. 시스템 분화의 관점에서 보면, 사회는 많은 기능 시스템(정치, 경제, 법, 학문, 문화, 스포츠, 연예, 종교 등)으로 분화되어왔다. 정치 시스템이 자원을 배분하는 결정을 한다는 점에서 다른 기능 시스템보다 중요한 역할을 할 때가 있기는 하지만, 그럼에도 정치 영역은 여러 기능 시스템 가운데 하나일 뿐이다. 그리고 이들 시스템들은 각각 서로에 대해 독립적으로 기능한다. 근대 이후에 인간은 다수의 기능 시스템에 원칙적으로 다 참여 가능하며, 어느 기능 시스템에 일차적으로 귀속되고 또 구속되어야 할 의무는 없다. 물론 현실적으로는 경제적으로 배제되면 다른 기능 시스템들에도 정상적으로 참여하기에 어렵기에, 경제 시스템의 영향력이 커졌다고 말할 수도 있다. 그렇더라도 현대 사회에서 어느 누구도 보통 상황에서는 특정 기능 시스템에 참여하는 것이 배제되거나 금지되지는 않는다. 개인이 어느 기능 시스템에 얼마나 참여하면서 자신을 실현할지에 대해서 사회와 국가는 규정하거나 결정하지는 않는다. 종교에 대해서도 최소한 민주적인 사회에서는 기본적으로는 어떤 구속도 없다. 최소한 형식적으로는 개인들은 그 정도의 기회와 자유를 누린다고 할 수 있다. 이 점에서 근대 이전의 신분제 사회와 비교하면 현대 사회에서 인간은 더 이상 부분으로서 사회라는 전체를 구성하지는 않는다. 따라서 이미 그 상태에서도 '더 복잡하고도 더 구속되지 않은' 방식으로 사회적 환경을 마주하고 있다고 말할 수 있다.

　물론 개별적인 사회적 환경에서 차별이 없는 것은 아니다. 한국 사회에서는 예를 들어 동성 사이의 결혼이 아직도 법적으로 허용되지 않고 있으며, 따라서 차별이 있는 셈이다. 트랜스젠더의 사회적 선택에 대해서도 법적인 차별이 있다. 또는 서울 중심의 수도권과 지역 사이에도, 비록 앞의 경우와 같은 법적인 성격과는 다르더라도, 여러 형태의 차별이 있다고 비판된다. 태국에서 동성 사이의 결혼이 합법화된 것과 비교하면, 경제적으로나 정치적으로 선진국임을 자처하는 한국 사회는 그 주제에 대해서는 차별적이며 '후진적'인 면이 있다. 그러나 이것은 개별적인 사회의 한계이다. 최소한 통시적인 차원에서는 과거보다는 현대 사회에서 개인들은 사회적 환경에 대하여 더 복잡하고도 더 구속되지 않은 관계를 맺고 있는 것은 사실이다. 그와 달리 공시적인 차원에서는 부분/전체의 패러다임과 시스템/환경의 구별이 서로 교차하거나 심지어 서로 방해하고 있는 국면들이 도처에 있다. 특히 보수와 진보 진영 모두, 방향은 조금 다르고 내용도 조금 다르지만, 아직도 기본적으로 부분과 전체의 패러다임을 따른다는 것은 놀라운 일이다.

2. 기후 위기의 문제를 시스템 이론은 어떻게 관찰할까

그런데, 이것은 정치에 국한된 문제는 아니다. 역설적이게도, 시스템과 환경의 구별에서 인간을 사회적 환경의 부분으로 파악하게 되면, 생태적 위기를 다룰 때도 생태 '환경'을 전체로 파악하지 않고 환경으로 파악하게 된다. 인간은 생태계 전체의 한 부분이라기보다는, 생태적 환경의 한 부분이다. 정보를 처리하는 인간은, 심리 시스템이든 조직이라는 사회 시스템으로 작용하든, 환경을 전체로 파악하기는 어렵고, 기껏해야 자신이 속한 생태 환경 안에서 그것으로부터 오는 자극을 처리할 뿐이다.

물론 생태 환경을 전체로 파악하는 대신에 시스템을 둘러싼 환경으로 파악하는 태도를 가진다고 해서, 기후 변화를 포함한 생태 위기가 부정되거나 거부된다는 말은 전혀 아니다. 현실적으로 인지되는 기후위기 현상들을 인정해야 하며, 또 위험으로 인정해야 한다. 또 그 생태 위기에 사회 시스템들이 제대로 대응하지 못하고 있는 상황도 비판적으로 관찰할 수 있다. 개인적으로는 가능한 한 성실하게 생태적 환경에 기여하는 방향으로 실천할 수 있다. 재활용 쓰레기를 분류해서 버린다든지, 가능하면 플라스틱 용기를 사용하지 않는다든지 나름대로 의식 있는 실천을 하는 것이 가능할 뿐 아니라 바람직할 수 있다.

다만 사회 전체나 문명 전체를 설정하고 그것이 환경 위기의 원인이며 따라서 책임을 져야 한다는 거대 논리나 주장은 흔히 생각하는 것처럼 생태 위기를 극복하는 데 크게 도움이 되지 않을 것이다. 산업혁명 이후에 점차 생태 환경에 해를 끼치거나 파괴하는 경향이 커졌다는 것은 맞지만, 그렇다고 산업화 과정이나 기술에 전적으로 책임을 돌리는 일은 결과론적이거나 사후적인 판단일 뿐이다. 18세기나 19세기에는 산업문명이 끼친 효과가 상대적으로 크지 않았으며 20세기 들어와서 나쁜 영향이 커졌는데, 그것을 산업문명 탓으로만 돌리기 어려운 면도 있다. 의학과 의료 제도의 발달로 인해 인구가 크게 늘어난 데에도 원인이 있다. 그리고 생태 위기 앞에서 자연을 지배하려는 인간은 각성해야 한다며 인간 전체의 도덕성에 호소하는 거대 논리나 주장도 마찬가지로 도덕적 거대담론일 수 있다.

산업문명의 나쁜 영향이나 자연에 대한 인간의 지배라는 주제와 관련해서도 정말 문제되는 것은 인간의 지식이 각 시대마다 그만큼 제한적이라는 사실이다. 인간의 무지가 얼마나 큰지 제대로 겸손하게 성찰하는 것이 더 필요한 일일 것이다. 그렇지만 기술의 발달 과정은 각 시대 각 사회마다 그런 겸손한 태도가 퍼지는 것을 가로막는 경향이 클 뿐 아니라, 사회적으로 경제적으로 거대한 효과를 가져왔다. 이제까지도 그랬지만 앞으로도 기술의 발달을 제어하기는 결코 쉽지 않을 것이다. 여기서 알 수 있듯이, 생태 위기라는 문제에서 정작 생각해보아야 할 주제는 인간의 무지와 기술 시스템의 엄청난 영향일 것이다. 그 두 주제가 사회 시스템에 의해 다뤄지고 제어되어야 하는데, 실제로는 그에 대한 구체적이고 효과적인 대응은 거의 이루어지기 힘들다는 것이 문제이다.

그런데도 생태 위기의 상황에서 많은 생태 이론들은 전체 사회 안에서 위기의 원인을 찾으려는 전체론적 관점을 사용하곤 하는데, 그런 주장은 거대담론이 되기 쉽다. 그리고 크게 도움이 되지도 못할 것이다. 실제로 생태 위기에 대응할 때도, 전체 사회보다는 개별적인 사회 시스템들이 적극 나서야 하기 때문이다. 물론 그런 거대 담론들이 생태 위기에 관심을 가지게 하는 데 효과를 주는 면도 있겠으나, 다른 한편으로 논의를 빗나가게 할 수도 있다.

그래서 루만은 생태계라는 전체의 위기에 대해서 논의하면서 사회 전체 또는 문명 전체가 거기에 책임이 있다는 차원의 언급은 피하며, 다만 생태 위기에 대한 커뮤니케이션이 어떤 방식으로 움직이는지 다소 냉정하게 살폈을 뿐이다. "환경에 대한 사회적 커뮤니케이션의 영향은 늘어난다." 그 점은 부정할 필요가 없다. "그러나 그에 대해 내부적으로 반응하는 가능성은 따라가지 못한다."[52] "물론 생태학적 지식을 우리는 점점 더 많이 모으기는 한다. 그러나 다름 아니라 그것은 사회와 그것의 생태학적 환경 사이의 관계에 대한 우리의 무지에 이르게 한다."[53] 생태학적 지식과 생태적 위기에 대한 이런저런 커뮤니케이션은 늘어나지만, 정작 인간 사회와 생태적 환경 사이의 관계에 대해서 인간은 여러 점에서 아직도 무지하거나 불확실성과 마주하고 있다.

이게 또 아이러니가 아닐 수 없다. 생태 위기라는 큰 문제에 대해 생각하고 지식을 수집하고 이야기를 할수록, 더욱이 전통적으로 도덕에 호소하는 경향이 있는 전체론적 관점 대신에 냉철하게 시스템/환경이라는 관점을 적용해도, 생태 위기에 대해 적극적이거나 실천적인 대응책이나 특효약은 기대할 수 없을 뿐 아니라, 오히려 생태적 환경과 사회의 관계에 대해 인간이 잘 모른다는 점이 부각된다. 그렇지만 이 아이러니를 직시하는 일은 사소한 일이 아니며, 중요한 일이다.

생태 위기의 문제는 복잡한 문제다. 다시 말하지만, 사실로서의 위험들을 부정할 필요는 전혀 없다. 실현 가능한 대책이나 정책들을 찾는 일에도 노력이 필요하다. 기술 시스템이 유발하는 위험도 엄청나다. 그러나 문명 전체를 비난하거나 기술에 대해 위기 경보만 울려대면서 인간의 도덕성에 호소하는 일은 그것과는 다른 일이다. 인간은 사회 전체의 부분이 아니며, 그것의 중심도 아니다. 그리고, 안타깝지만, 사회/세계라는 전체가 생태계라는 전체를 움직이거나 그것에 대해 진정한 책임을 질 수 있는지에 대해서도 물음이 제기된다. 물론 생태 위기에 대해 개별 국가들이 세계적으로 협력해야 한다는 것은 맞다. 그렇지만 실제로 그 협력이 기대하고 또 요구하는 만큼 잘 이루어지려면, 서로 다른 관점이나 이해관계를 가진 국가들의 차이가 그때마다 조정되어야 하는데, 이 과제는 결코 단순하지 않다. 사회 또는 세계라는 전체는 이념이나 이상으로만 남아 있다. 에너지를 가장 많이 소비하는 미국과 중국이 대응하는 방식만 보더라도, 개별 국가들의 대응방식이 짧은 시일 안에 전격적으로 바뀌기를 기대하기는 힘들다. 미국의 태도나 역할은 정부에 다라 매우 크게 바뀌고 있으며, 미국의 트럼프 대통령은 아예 기후협정에서 탈퇴하고 있다. 세계가 단일한 방식으로 대응하기를 바랄 수는 있지만, 실제로 세계는 단일하고 통일된 방식으로 환경에 대응하지는 못한다. 실제로는 각각의 개별 시스템은 각자의 방식으로 결정하고 대안을 찾아야 한다. 시스템의 관점에서 말하자면, 개별 시스템이 자발적으로 행동하면서 기여할 여지를 키워주는 것이 중요하다.

국가들만 그런 것이 아니라 개인들과 집단들은 또 얼마나 상이한 방식으로, 곧 그들만의 심리 시스템이나 사회 시스템의 경계를 따라 얼마나 상이한 방식으로 행위하고 대응하는가? 의식의 수준에서는 많은 사람들, 아니 거의 대부분의 사람들이 생태 문제가 심각하다고 생각하고, 설문에도 그렇게 대답할 수는 있다. 그러나 실제 생활에서 그들의 대응은 의식적 대답과는 다르게 흘러간다. 디젤차보다는 휘발유차가, 그리고 휘발유차보다는 전기차가 환경에 좋다는 것을 아는 개인이라고 해도, 그 지식에 맞춰 즉각적으로 차량을 교체하리라고 기대하기는 어려우며, 또 교체해야 한다고 요구하기도 어렵다. 그렇다고 전체적 도덕성의 관점에서 그들을 이기주의자라고 비판하거나 비난하기도 힘들다. 또 특정 시간과 공간에서 생태적 실천에 더 적극적인 개인이나 집단이라고 해서 덜 적극적으로 행동하는 것처럼 보이는 사람보다 전체적으로 윤리적이라고 평가하는 것도 단편적인 관점일 것이다. 그런 전체적 도덕성의 잣대를 들이대는 일은 실제로 생태 위기를 극복하는 데 별로 도움이 되지 못할 것이다.

이것은 다만 현실주의라는 태도나 이기주의적 태도의 문제에 그치지 않는다. 정보를 처리하는 각각의 심리 시스템이나 사회 시스템들의 작동방식이나 존재방식에 대한 냉정한 관찰이 필요하다. 다시 말하지만, 그 심리 시스템이나 사회 시스템은 생태 문제의 심각성을 의식적인 차원에서는 인지하고 있을 수 있다. 그러나 그 인식이 그 심리 시스템이나 사회 시스템에 내재하는 복잡성을 전적으로 규정하지는 못한다. 생태적 환경 못지않게 경제적이고 사회적인 문제들도 그가 마주하고 상대해야 할 환경이기 때문이다.

인간의 삶의 시스템을 가만히 보기만 해도, 생태 환경에 관심을 가지는 일이 단순하지 않다는 사실이 드러난다. 농사는 인간의 활동 가운데에서도 가장 환경에 관심을 가져야 하는 일일 것이다. 인공비료를 사용하지 않는 것을 포함한 자연친화적인 방식의 유기농이 그래서 생겼다. 그러나 작물을 키우는 농사는 그 시작에서부터 잡초와 상대해야 하며, 그 일이 만만치 않은 일이라는 것은 조금이라도 농사를 지어본 사람은 안다. 농사를 오래 지어온 많은 농부들도 잡초를 뽑지 않는 농법은 게으른 농법이라고 생각할 정도이다. '잡초'라는 말 자체에 이미 농사의 선택적 배제가 개입되어 있다. 루만도 땅을 상대하는 농업은 이미 그 공간에서 잡초를 배제하면서만 겨우 가능하다는 것을 알며, 그 점을 강조한다. 다르게 말하면, 인간의 삶의 시스템 자체가 다른 생명들을 배제하면서 이루어진다. 그러니 환경을 친절하게 또는 상생의 방식으로 대하는 일은 쉽지 않은 셈이다.

사람들은 의식의 차원에서는 얼마든지 '세계는 환경 위기에 적극 대응해야 한다'고 생각할 수 있다. 그런 의식은 생태적 커뮤니케이션과 논의에서는 당연히 필요하다. 그러나 그 과정에서 세계라는 전체를 너무 단순하게 설정하고 또 그에 맞춰 인간의 도덕성을 너무 과도하게 높이 평가한다면, 착시 혹은 착각이 일어날 수 있다. 개별적인 개인은 말할 나위도 없지만 개별적인 사회 시스템도 세계 전체를 마음대로 바꾸거나 훈계하거나 가르칠 수는 없다. 세계조차도 세계를 제 마음대로 바꿀 수 없다. 세계가 마치 생각하며 행동하는 하나의 행위자인 것처럼 생각할 때, 사람들은 그런 오해나 착각에 사로잡힌다.* 그러나 '세계'는 서로 다른 관찰자와 행위자에 의해 매우 상이하게만 관찰되고 파악되는 전체적인 환경이자 단위이다.[54]

냉정하게 보이는 이런 관찰은 개인이나 조직이 할 수 있는 실천적 역량을 깎아내리려는 의도와는 전혀 상관이 없다. 다만, 개인이든 조직이든 자신들이 할 수 있는 실천의 한도 안에서 적극 실천하기를 바라는 태도일 뿐이다. 생태 문제에 실천적으로 적극 대응하는 사람은 훌륭한 사람이다. 그러나 그렇다고 그가 자신은 매우 윤리적이며 다른 사람은 그렇지 않다고 판단하고 또 주장한다면, 그

---

* 생태문제를 논의하면서, 세계 전체의 모습을 바꾸기 위해 인간의 도덕성에 과도하게 호소할 때 마치 사람들은 세계 전체가 훈계하면 태도를 바꿀 수 있는 행위자인 것처럼 여기는 셈이다. 루만은 말한다. "다만 그렇게 문제를 설정하는 사람은 사회(Gesellschaft, 가장 범위가 넓은 사회 시스템으로서의 사회는 '세계'와 같다) 없이 계산을 하고 있다. 그는 사회/세계를 마치 가르침과 훈계가 필요한 행위자로 여기고 있는 것이다."(Luhmann, *Ökologische Kommunikation*, p.249.) "전체로서의 사회에는 규범적 의미부여를 할 수 없다."(Ibid. p.237.) "사회는 행동할 수 있는 주체가 아니다."(*Protest*, p.165.)

런 태도는 오히려 그의 윤리성을 훼손시키지 않겠는가? 타인의 악함을 잣대로 자신의 선함을 절대적으로 강조하는 태도는 이미 자신의 윤리성을 부정한다고 말할 수 있다. 윤리성은 실천적으로 매우 중요하지만, 그것은 타인과 비교해서 자신의 선함을 주장하는 태도와는 아무런 상관이 없다. 이 문제는 윤리성과 관련해서 가장 중요하다고 할 수 있다. 자신의 선함이나 공덕을 겉으로 드러내고 주장하는 태도는 전혀 겸손하지 못하며, 그 태도도 전혀 윤리적이지 않다. 이 점은 '책임'에 대해서도 마찬가지다. 자신의 허물을 알고 책임을 아는 일은 가장 중요한 실천적 덕목 가운데 하나다. 그러나 자신은 책임을 지고 있다고 말로 주장하는 일, 그리고 책임윤리를 말로 주장하는 일, 그리고 그로부터 세계를 바꿀 수 있다고 주장하는 일은 그것과는 전혀 다른 것이다.* 내로남불 현상이라고 불리는 치명적인 인간적 결함의 태반은 이 선함과 책임에 대한 오해에서 비롯된다.

생태 문제의 실제적인 심각성을 고려하면 더 정밀한 서술이 필요하겠지만, 자칫 현실적인 대응의 어려움만 부각시킨다는 인상을 줄 수 있기에, 이만 줄이도록 하자. 어쨌든 환경 문제의 심각성에도 불구하고, 세계 전체가 적극 효과적으로 대응하기 어려운 이유는

---

* 루만은 이 점에서 '책임윤리'가 환경 위기를 비롯한 사회적 위기 앞에서 실질적으로 크게 도움이 될 것이라고 생각하지 않는다. "책임윤리는 다만 타인을 위해 고안되었다. 사람은 형식적으로는 그것을 따를 수 있다. 그러나 그것을 자신에게 적용하는 일은 단흐한 행동능력의 부족 때문에 어차피 관심의 대상이 아니다."(Luhmann, *Beobachtung der Moderne*, pp.153~4.)

다름 아니라 바로 그 세계 전체는 여러 무수한 심리 시스템과 사회 시스템들의 복합체이기 때문이다. 개별적인 심리 시스템과 사회 시스템에게는 다른 심리 시스템과 사회 시스템들도 사회적이고 생태적인 환경이라고 말할 수 있다. 그러니 생태 환경이 단일한 전체이며 그것에 단일한 태도를 가질 수 있다고 생각한다면, 오해와 착각을 유발할 수 있다. 생태 시스템이 문제가 되면서 어쨌든 인간은 어렵게나마 배우게 된다. 인간 문명이 아무리 뛰고 날아도, 생태 환경 안에서 기어가는 놈이라는 것을.

3. 시스템 이론과 실존주의, 가까우면서도 먼 관계

이제 논의의 방향을 바꾸어보자. 이제까지 사회 '전체'나 세계 '전체' 등의 개념 대신에, 사회적 환경이나 생태적 환경에 주의를 기울여야 하는 이유와 그 맥락을 살펴보았다. 그 환경과 관계하는 개별적인 심리 시스템이나 사회 시스템은 자신의 시스템의 경계 안에서 환경에 대해 가진 닫힘을 유지한다. 그 닫힘이 자율성으로 작용하는 것이다. 다르게 말하면, 사회적 환경이나 생태적 환경에 의존하며 심지어 그것에 의해 파괴될 수 있으면서도, 그때까지는 사고와 행동의 자율성, 곧 정보처리의 자율성을 시스템의 닫힌 경계 안에서 유지한다. 시스템의 이 자율성 개념은 20세기의 어떤 철학적 관점과 상당히 닮은 면이 있지 않은가? 우리는 여기서 조금 철학적 산책을 하고자 한다.

세계 전체와의 관계에서 동질성과 보편성을 상실한 순간, 개인적 실존들은 자신을 둘러싼 환경이 주는 자극을 처리하면서도 나름대로 자신의 선택을 유지하려고 했었다. 그렇다, 루만이 강조하는 심리 시스템이나 사회 시스템 작동의 자율성 또는 폐쇄성은 거의 예상하지 못한 방식으로 20세기 초중반의 실존주의적 관점과 이어진다. 특히 하이데거의 관점과 이어진다. 그러나 그냥 이어지지는 않고, 그 실존주의에 고유한 아우라를 흩날리면서 이어진다. 하이데거는 니체가 준 사상적 자극을 받아들여, 지금으로부터 거의 100년 전에 인간을 '실존'의 관점에서 파악했다. 그 실존의 방식은 근대 철학이 거창하게 고안해낸 선험적이고 객관적인 세계 전체의 틀에서 벗어나고 튕겨나간 실존이었다. 실존이 사회적으로 존재하는 방식은 '세계-내-존재In-der-Welt-Sein'였다. 여기서 '세계'는 누구에게나 객관적으로 주어지는 전체로서의 세계가 아니다. 개별적인 실존에게 고유한 방식으로 주어진 세계이자, 그가 환경으로 받아들이는 바로 그 '둘레 세계Um-welt'이다. 실존이 그 안에서 사는 '세계'는 환경으로서의 둘레 세계이다. 실존은 자기 세계 안에서 언제나 '거기da' 있기는 하지만, 실존의 기원을 따져보면, 그 세계에 던져져 있었다. '세계' 안으로 던져진 존재Geworfensein는 여기서 어떤 의미에서 한 번 더 던져진다. '둘레 세계' 안으로. 왜냐하면 그 '세계'는 흔히 말하듯이 객관적인 전체로서 보편성을 가지진 못하기 때문이다. 개별적인 실존은 그에게 고유한 방식으로 그 안으로 던져져 있으며, 그렇게 환경으로 대면해야 하기 때문이다. 이미 그 안으로 던져져 있었기에, 실존에게 그 환경은 한편으로 이해의 지평으로서 익숙하다고 할 수 있다. 이 이해의 지평이 앞에서 우리가 시스템의 닫힘을 논의하면서 만났던 '의미의 지평'이기도 하다. 그렇지만 다른 한편으로 그 세계는 보편성을 더 이상 보장하지 못하기에 언제든지 낯선 환경으로 돌변할 수 있다.

그러나 필자가 지금 그 둘의 연관성을 서술하기는 하지만, 일반적으로는 시스템 이론은 하이데거를 비롯한 실존주의와는 별 관계가 없는 것으로 여겨진다. 그래서 필자가 그 두 사상의 만남을 일반적으로는 '거의 예상하지 못한' 만남이라고 표현한 것이다. 그리고 그렇게 된 이유도 실제로 있다. 루만은 시스템 개념을 강조하면서 그 개념에서 '실존'의 아우라를 버렸고, 실존 개념과는 상당히 다른 면들을 부각시켰으며, 어떤 점에서는 거의 반대되는 분위기까지 강조했다. 하이데거는 아니지만 사르트르 같은 사람이 실존주의에 휴머니즘의 아우라를 불어넣었던 것과 달리, 루만은 시스템 개념에서 의도적으로 휴머니즘의 분위기를 밀어내버렸다. 그러면서도 드물게나마 실존 개념과의 연관을 조심스럽게 암시하거나 언급했다. 심리 시스템을 비롯한 시스템이 정보처리를 하는 과정에서 자율적인 닫힘을 유지하는 특성을 그는 '작동적 닫혀 있음 operative Geschlossenheit'이라고 불렀다. 시스템은 비록 바깥 환경으로부터 자극을 받고 또 그 점에서 환경으로부터 인과적으로 영향을 받기는 한다. "다만 존재 또는 비존재에 관한 결정은 시스템의 내부적인 작동조건 안에 있다. 그 이상도 이하도 아니다. 작동적 닫혀 있음의 개념은, 이렇게 표현할 수 있을 것 같은데, 이론적 구조물 안에서는 이전에 사람들이 실존에 관해 진술했던 그 지점에서 작동한다."[55]

우리는 이미 앞에서 시스템의 자율성을 가능하게 만드는 이 닫혀 있음에 대해 비교적 많이 이야기했다. 이제 이 '내부적인 작동조건 안에 있다'는 말이 무엇을 뜻하는지, 그리고 그 말이 우리가 이장을 시작하면서 만났던 인간을 더 복잡하고도 더 구속되지 않게파악하는 과제와 어떤 연관이 있는지, 그리고 루만의 시스템 개념이 실존 개념과 심오한 방식으로 연결되면서도 또 다른 면에서는어떤 차이가 있는지 조금 더 살펴보자.

심리 시스템이 어떤 생각이나 행동을 하든, 환경에 대해 닫혀 있는 자율성을 가진다는 점은 실존에 대한 진술과 비슷하다. 그러나그 시스템이 내리는 선택이나 결정은 다른 한편으론 그리 대단한자율성은 아니다. 환경에 대해 닫혀 있기에 생기는 자율성이기 때문이고, 이것은 흔히 말하는 주체적 자율성과는 다르기 때문이다.어떤 선택이든 심리 시스템은 자신의 실존적 가능성의 조건을 되찾거나 따라잡을 수는 없다.[56] 인식론적으로 말하면, 어떤 결정을하든 행위자는 그 결정의 조건을 동시에 성찰할 수는 없다. 그 심리 시스템 내부의 복잡성은 그 자신에게는 마음대로 처리할 수 있는 대상이 아니기 때문이다. 이 점에서 실존은 자기를 끊임없이 참조하면서 선택하고 결정하지만, 그 과정에서 자기 참조의 루프 안에서 돌고 도는 면이 있다. 그런데 대중적인 실존주의, 특히 하이데거 이후에 프랑스에서 퍼뜨려진 사르트르의 실존주의는 이 복잡성을 충분히 살리지 못한 채, '실존'을 너무 실용적으로 편리하게 만들어버린 면이 있다. 특히 사르트르는 실존의 '결정'이나 '결단'을 부각시키면서 과도하게 주체성과 휴머니즘에 호소했고, 그 과정에서 실존주의는 알게 모르게 애매해졌다. 유행을 탄 것 자체는 큰 문제가 아닐지 모른다. 그러나 과도하게 주체성과 휴머니즘에 호소한 것은 사상의 차원에서 오해를 낳고 실존 개념을 진부하게 만들었다. 정보처리를 하는 시스템의 복잡성에 관한 한, 개인이 내리는 결단은 크게 멋이 있지도 않고 또 인류에 대해 책임을 지지도 못한다. 그런데 사르트르는 주체적 결단이 인류에 대한 책임을 진다는 말을 쉽게, 너무도 쉽게 했다.*

심리 시스템의 복잡성은 주체적 결단과는 너무 거리가 있고, 심지어 반대되는 면도 있다.** 그래서 루만의 시스템 개념은 어떤 면에서는 실존 개념과 이어지기는 하지만, 통속적인 실존주의와는 달라도 너무 다르다. 앞 장에서 현대 사회의 사회적 커뮤니케이션은

---

* 사르트르의 『실존주의는 휴머니즘이다』를 보면 다음과 같이 결단의 주체성을 표현하는 문장들이 수두룩하다. "인간은 우선 주체적으로 자신의 삶을 살아가는 하나의 기투(企投, projet)인 것입니다."(34쪽), "자신의 실존에 대해서 전적인 책임을 지도록 하는 것"(35쪽), "스스로를 선택함으로써 모든 인간을 선택한다는 것을 뜻한다"(35쪽), "우리가 선택하는 것은 언제나 우리에게 선한 것"(36쪽), "우리의 책임은 인류 전체에 앙가제하기 때문"(36쪽). "매 순간 나는 모범적인 행위를 하도록 강요받고 있다. (…) 모든 인류가 나의 행위를 본받도록 행동할 수 있는 권리를 가진 존재, 내가 바로 이런 존재가 아닌가..."(40쪽), "자기 자신을 실현하는 한에서만 실존한다"(58쪽), "인간은 자신의 행위 전체와 다른 것이 아니다"(58쪽), "실존주의 이론은 인간에게 존엄성을 부여하는 유일한 이론이며, 인간을 대상으로 만들지 않는 유일한 이론입니다"(64~65쪽).

** 시스템 이론은 주체 개념을 멀리하고 거부한다. "다만 주체 개념 안에 있는 과대평가, 곧 의식의 주체성의 테제는 수정된다. 사회 시스템들에는 주체가 아니라 환경이 기초로 깔려 있다."(Luhmann, *Soziale Systeme*, p.244.) "시스템 이론에 의한 주체 개념의 거부는, 세계는 하나의 점으로부터 서술될 수 있는 것이 전혀 아니라는 생각과 밀접하게 연결되어 있다. 이것을 하려고 한 마지막 시도는 주체 이론이었다."(Luhmann, *Archimedes und Wir*, p.120.)

모든 사람들에게, 특히 텍스트나 메시지의 수신자에게 '예스'나 '노'를 할 수 있는 기회와 자유를 준다고 했다. 그러나 이 선택은, 그 선택조차, 진심으로 주체적인 결정이나 결단의 성격을 가지지는 못한다. 어떤 주어진 상황 속에서 '예스'나 '노' 사이에서 선택할 수 있는 기회나 자유는, 조금 아이러니한 문제인데, 개인에게 주체적으로 귀속한다고 보기는 어렵다. 그 선택을 주체적이라고 본다면, 실존의 자율성이 주장되는 셈이다. 그렇지만 시스템 이론의 관점에서는, 그 선택은 정보를 처리하고 커뮤니케이션을 하는 심리 시스템이 직면하는 몇 겹의 선택의 복잡성에 달려 있을 것이다.

앞에서 우리는 정보처리 과정으로서 모든 커뮤니케이션이 세 겹의 선택을 지나간다는 것을 보았다. 선택이나 자유라는 것은 '예스'와 '노'의 둘 사이에서 단순히 하나를 택일하는 것처럼 보이지만, 심리 시스템 차원에서는 언제나 불확실성 안에서의 선택이다. 어떤 것을 선택할 때 다른 잠재적인 가능성들은 배제되지만, 그 배제된 것들은 언제나 가능성으로 다시 연결되거나 되돌아올 수 있다. 정보는 불확실성 앞에서의 선택이며 그 자체로 다시 불확실성의 한 고리임을 기억하자. 그러므로 정보의 관점에서 선택은 주체적이거나 자유의지의 결과라기보다는, 정보의 불확실성 속에서의 선택이다.

그 선택은 주체적으로 일어났다기보다는, 해당 시스템과 환경 사이의 구별을 따라 시스템의 폐쇄성을 뚫고 나온다. 어떤 선택이 일어나든 시스템은 자율성을 가지지만, 이미 그 시스템은 닫혀 있는 경계를 따라 불확실성을 확실성으로 처리하고 있다. 어떤 사람이 누구를 사랑하게 되었다고 할 때, 그 결정이 비록 개인의 심리 시스템 내부에서 일어나기는 하지만, 엄밀히 말하면 개인이 선택했다고 하기 어려운 까닭이 여기에 있다. 그것은 매우 주체적인 선택으로 보이지만, 역설적으로 전혀 주체적이지 않다. 자신도 모르게 사랑에 '빠진다'는 의미도 그와 관련이 있다. 그런 이유로, 사랑의 결정은 다시, 언제든 뒤집힐 수 있다. 이 점에서 어떤 깊은 결정 또는 결단에는 신비스러움 또는 블랙박스 내부의 어두움이 도사리고 있다. 물론 개인이 한 선택의 결과에 대해서는 개인은 사회적 맥락에서 책임을 져야 한다. 그것이 근대 이후, 그리고 특히 신자유주의 이후에 더 강력하게 법이 개인들에게 점점 부과한 책임이다.

어쨌든 실존적 결정이나 결단은 주체를 쉽게 구원하지 못하고 세계는 더 구원하기 어렵다. 일단 사회적 커뮤니케이션을 하게 되면 영혼의 순진성과 진정성을 다시 찾기 어렵듯이, 시스템 속에서의 결단도 주체의 진정성을 구하기는 어렵다. 어떤 결정이 내려질 때 햇빛은 너무 눈부시거나 빛이 모두 사라진 듯 어두울 수 있다. 그 순간 햇빛은 주체적 선택과는 직접 상관이 없으면서도 갑자기 선택의 배후나 맥락으로 등장한다.

나라의 모든 것을 다 사랑하지는 않지만 나라를 위해 목숨을 걸겠다고 결정할 수도 있고, 거꾸로 나라의 많은 것을 사랑하지만 '개죽음'을 당하긴 싫다고 결정할 수도 있다. 이 경우 각자의 선택은 나름대로, 곧 그 자신의 심리 시스템 안에서는 실존적 결정일 것이다. 그러나 관찰하는 사람에 따라 그 의미는 매우 다르게 해석될 것이다. 실존적 결정은 중요하기는 하지만, 낭만적으로 주장될 것도 아니고 휴머니즘으로 정당화할 것도 아니다. 그런데도 휴머니즘적 실존주의에서는 자유를 실행하는 실존이 그 자체로 주체가 된다. 또 모든 사람이 다 자신의 실존적 결단을 주장하면서 자신의 진정성에 호소한다면, 그 진정성이 도대체 무슨 의미를 가지는가? 더욱이 각 실존들이 자신의 심리와 신체뿐 아니라 자신의 사회적 자원을 위해 각자 필연성을 강조한다면, 실존적 요구나 기대는 지옥으로 가는 길을 펼쳐놓을 수 있다.

시스템은 실존과 닮은 점이 있으면서도, 실존의 낭만적 날개를 툭 부러뜨리거나 접게 만든다. 자신의 단단한 마음을 강조하며 날개를 펼쳐 훌훌 날아가려는 실존 앞에서 그렇게 보일 수 있다. 그러나 모두가 실존적 결정이라며 각자의 욕망대로 날아가려고 한다면, 날개들은 서로 부딪치고 말 것이다.

실존 개념은 대중화되면서 과도하게 단순화되었다. 주체성을 가진 개인들, 자신의 결단으로 휴머니즘에 봉사하는 실존들, 그리고 실존적 결정으로 인류에 봉사하기 등. 실존이 자신의 진정성에 호소하게 된 까닭은 세계라는 전체가 흔들렸기 때문이었다. 그런데 실존은 역설적으로 다시 그 전체성에 호소한 면이 크다. 이 문제는 실존적 진정성에 관한 철학적 물음이기도 하다. 시스템 이론도 때로는 남몰래 그 고민을 할 수도 있지만, 이론적으로는 그에 대한 기대나 희망은 과감하게 버렸다고 말할 수 있다. 그리고 이 점이 역사적 변화이기도 하다. 개인으로서는 실존적 낭만성이나 주체성을 꿈꾸고 더 나아가 운이 좋으면 개인적으로 실행할 수도 있겠지만, 그것은 이론적으로는 기대하기 어려운 것이 되어버렸고 사회적으로도 책임질 수 없는 것이 되어버렸다.*

그리고 그런 역사적 변화가 일어난 데에는 여러 이유와 원인이 있겠지만, 무엇보다도 사회 시스템과 기술 시스템의 확장이 복잡성을 확대시켰다는 점을 상기해야 할 것이다. 기술 시스템이든 사회 시스템이든 복잡성을 나름대로 해결하면서, 다른 한편으로 동시에 새로운 복잡성을 만들어낸다. 이것이 복잡성의 딜레마일 것이다. 사람들은 사회 속에서 이 복잡성을 따라잡아야 한다. 그리고 그 복잡성이 초래하는 갈등과 마주해야 한다.

---

* 지금 이렇게 실존에 대해 냉정하게 말을 하기는 하지만, 필자도 청년시절에는 실존에 대한 기대와 희망을 크게 가진 적이 있었음을 고백해야겠다. 그리고 그 기대와 희망이 가능할지 한동안 이론적 가능성을 탐색하기도 했었다는 것도. 어쩌면 바로 그랬기 때문에, 이런 정리가 필요했을 것이다.

7장

사회적 갈등을 그 복잡성에 걸맞게 다룰 수 있을까

1. 시스템 내부의 복잡성과 환경의 복잡성

"시스템과 환경의 구별을 통해, 인간이 사회의 부분으로 파악되어야 했을 때 가능했던 것보다 더 복잡하고 동시에 더 구속되지 않은 방식으로, 인간을 사회적 환경의 부분으로 파악할 가능성이 얻어진다."[57] 앞에서 우리는 이미 이 문장을 논의했는데, 이 과제는 다시 그리고 새롭게 계속된다.

조금만 생각하면 그 구절의 뜻은 그리 어렵지 않다. 사회적 환경이 놀랍도록 복잡하게 변한 것은 사실이니까. 한두 세대 전만 해도 사람들은 일을 하고 월급으로 적금을 부으면서 집도 마련했다. 그런데 상황은 점점 또는 갑자기 가혹하게 변했다. 부동산값이 폭등하는 데다 차등적으로 지역에 따라 변동이 심했다. 월급을 절약하고 적금에만 넣어놓는 사람은 언젠가부터 크게 줄어들기 시작했고, 심지어 다른 사람들에게 한심하다고 여겨지기 시작했다. 재테크라는 단어가 소득의 안정성과 정상성을 뒤집어놓았기 때문이다. 사람들은 부동산과 주식으로 소득을 보충하기 시작했지만, 결과적으로 사회와 세상은 복잡해졌고, 사람들은 각자의 방식으로 불확실성과 싸워야 한다.

다른 예로, 의학과 기술의 발전으로 사람의 수명은 늘어나지만, 나이 들어가는 사람의 삶의 복잡성은 증가한다는 사실을 들 수 있다. 일반적으로 수명이 늘어나는 것은 환영할 만한 일이지만, 그렇다고 좋은 일만 일어나는 것은 아니다. 정부가 수명이 늘어나는 경향에 맞추어 일찌감치 그에 상응하는 복지정책을 마련해놓은 사회라면, 다행스러운 일일 것이다. 일반적으로는 건강 및 복지 정책이 충분한 사회에서 수명이 늘어나니, 어느 정도는 둘 사이에 상관관계가 있다고 할 수 있다. 그렇지 않은데, 수명만 늘어나는 것은 많은 개인들에게 새로운 복잡성을 초래한다. 복지정책이 제대로 되어 있지 않아 노인들이 계속 일을 해야 한다면, 세대 사이에 조정해야 할 복잡성이 증가할 것이다. 또 아무리 건강 및 복지 정책이 비교적 넉넉한 사회라고 해도, 수명이 늘어나는 것은 나이 들어가는 사람들에게뿐 아니라 사회에 상당한 복잡성을 증가시킨다. 더욱이 나이 든 세대의 비율이 젊은 세대보다 커지는 현상이 확대되고 있는데, 거기에는 또 여러 복잡성이 내재한다. 또 과거에는 나이 들어가다 때가 되면 죽는 현상을 자연스러운 삶의 과정이라고 이해했는데,

그와 달리 노화를 일종의 질병으로 이해한다면 복잡성이 부쩍 커질 수밖에 없다.

사람들이 더 구속되지 않은 방식으로 움직인다는 것도 분명하다. 신분제 사회가 근대적 능력주의 사회로 바뀌면서, 개인들은 과거보다 훨씬 자유로운 방식으로 사회활동을 했다. 그러나 그 이후 능력주의는 그저 모든 개인이 타인에게 해를 끼치지 않은 채 각자 자유롭게 행동을 하는 고전적 자유주의의 틀을 훌쩍 넘어버렸다. 대학교육의 확대는 개인들에게는 기회의 확대를 가져왔지만, 대부분이 대학졸업장을 가지는 순간 기회의 확대 못지않게 경쟁의 확대가 펼쳐졌다는 것이 드러났다. 동성애자와 트랜스젠더가 구속되지 않은 실존적 자유를 요구한 것은 이미 오래된 일이며, 페미니스트와 트랜스젠더 사이에도 갈등이 생겼다. 이제 거의 모든 개인들이 자신의 손 안에 자신만의 컴퓨터와 통신시스템을 가지고 커뮤니케이션을 하는 것도 당연한 일이 되었으며, 두 세대 전만 해도 가족 전체가 같이 TV방송을 시청했지만 이제 개인들은 자신이 선호하는 뉴스와 오락 프로그램을 선택한다. 그리고 과학기술은 거침없이 AI를 발전시키는 수준으로 나아갔다. AI가 어떤 점에서 좋은지 나쁜지에 대해서는 협의나 합의가 이루어지지 않았고 또 이루어지기도 힘들지만, 그리고 희망과 함께 불안도 커지고 있지만, 어쨌든 과학과 기술은 구속되지 않은 방향으로 나아갔다. 그 구속되지 않은 인간 지능의 성과 때문에 이제 보통 수준뿐 아니라 썩 좋은 수준의 교육을 받아도 직업의 안정성은 기대하기 어려워졌다. 그래도 기술적이고 사회적인 환경 속에서 사람들은 구속되지 않은 채 앞으로 나아간다.

사회적 환경이 더 복잡해지고 더 구속되지 않은 방향으로 바뀔수록, 사람들도 그에 발맞춰 대응하는 것은 자연스러운 일이다. 사실 되돌아보면, 섀넌의 정보 개념은 다름 아니라 통신기술의 차원에서 인간이 사회적이고 기술적인 환경에서 더 복잡하고도 구속되지 않은 방식으로 움직일 수 있게 만든 기술적이면서도 역사적인 계기였던 셈이다. 그렇다, 공학적인 계기와 그것의 사회적인 배경과 환경이 이제 함께 넓게 파악될 수 있다. 그럼 이것으로 해결이 된 것일까?

사회적이고 기술적인 환경의 변화에 발맞춰 사람들도 대응한다는 말은 맞는 말이면서도, 아직 뭔가 부족하다. 우리가 이제까지 논의한 대로, 시스템은 자신의 작동 시스템의 경계 안에서 상대적인 자율성을 가지고 정보를 처리하지 않는가. 그래서 자율성이 확보되면서도 닫혀 있음이라는 조건은 그대로 유지된다. 그 점에서 보면, 사람들이 사회적이고 기술적 환경에 발을 맞춰 대응한다는 말은 진부할 뿐 아니라 수정되어야 한다.[58]

우선, 더 구속되지 않은 방식으로 인간을 파악한다는 관점은 더 복잡한 방식으로 파악한다는 과제보다는 쉬워 보이기는 하지만, 꼭 그런 것은 아니다. 무엇보다 '더 구속되지 않음'은 그냥 더 많은 자유를 의미하지는 않는다. 사실 '자유'라는 말은 적잖은 모호성을 내포한다. 현대 사회가 전통적인 사회보다 일반적으로 더 자유롭다고 흔히 여겨지지만, 그것은 사실 모호하다. 신분제나 왕에 종속되는 데에서 벗어났다는 점에서는 자유가 커졌지만, 현대 사회에서는 따라야 할 규범과 규칙이 더 많아졌으므로 통제되는 면도 커졌다. 그러니 더 구속되지 않음이 단순히 자유의 많음을 의미하지는 않는다. 민주화 과정이든 정보화 과정이든 사람들의 이해관계와 요구를 더 구속되지 않은 방식으로 표출하게 만드는 것은 분명하다. 시스템들도 점점 자율성을 가지면서, 개인의 심리 시스템뿐 아니라 사회 시스템, 그리고 기술 시스템들도 더 구속되지 않은 방향으로 진화하는 경향은 커진다. 그러나 개인과 집단의 이해관계와 요구가 더 구속되지 않은 방식으로 표출하고, 시스템들도 점점 분화하면, 동시에 그들 사이의 복잡성도 확대될 수밖에 없다. 그러므로 더 구속되지 않은 방식으로 파악하기의 과제는 더 복잡하게 파악하기의 문제로 이어진다. 시스템이 자신의 경계를 따라 작동의 자율성을 가지는 이유나 맥락도 시스템의 더 구속되지 않음과 깊은 관계를 가진다. 양자물리학의 가장 핵심적인 주제 가운데 하나인 양자얽힘도 다름 아니라 양자들이 환경에 대하여 구속되지 않은 채 서로 사이에서 상호정보를 유지하는 현상이다. 그렇게 서로 얽힌 양자들의 숫자가 확대된 상태에서 중첩의 관계를 유지하는 컴퓨터가 양자컴퓨터이다.

필자는 이제까지 섀넌의 정보 이론에서 출발하여 루만의 시스템 이론을 따라가며, 심리 시스템과 사회 시스템의 주제들을 분석하고 서술했다. 그리고 그 과정에서 무엇보다 부분과 전체의 패러다임을 시스템과 환경의 구별로 대체할 필요에 대해 논의했다. 그리고 그 논의는 시스템과 환경의 구별이, 부분과 전체의 패러다임에 의존할 때와 비교하면, 대단한 변화 또는 전환을 가져올 수 있다는 데에 이르렀다. 그런데 그 변화 또는 전환의 결과는 단순히 해결이 아니다. 오히려 인간을 더 고난도의 복잡성 앞에 데려다놓은 듯하다. 더 복잡해진 사회적이고 생태적인 환경에 대해 인간도 더 복잡하고 더 구속되지 않은 방식으로 존재하고 행동해야 하는 문제. 그리고 그 두 과제는 서로 맞물리면서 순환되는 듯하다.

왜 이런 일이 생기는가? 세계가 전체적인 동질성과 보편성을 유지하지 않는다는 것은 사회적 환경을 살펴보면 분명하다. 그래서 그 과정에서 그리고 그 결과로 사회적 환경은 복잡해졌다. 그 복잡한 사회적 환경, 특히 거기에 더해 생태적이며 기술적인 환경에 대해 인간뿐 아니라 AI도 나름대로 상대적인 자율성을 가진 닫힘 속에서 시스템으로 작동해야 한다. 다르게 말하면, 시스템이라는 개념은 환경의 복잡성에 대한 궁극적 해법이나 실천적 해결에는 미치지 못할 수 있다. 부분적으론 사회적이고 생태적이며 기술적인 환경에 대한 대답을 줄 수 있는 해결책이겠지만, 아마도 크게 변화하는 사회적-생태적-기술적 환경의 복잡성 속에서 튀어나오거나 그것과 순환관계 속에서 그것을 반영하는 생성물일 것이다. 그리고 그 생성물인 시스템은 환경에 대해 일정하게 자신을 닫아놓은 채 작동의 자율성을 유지하는데, 자신의 내부에서 커다란 문제와 마주하게 된다. 그 문제는 다름 아닌 복잡성의 문제이다.

사실 이 복잡성이라는 주제 또는 문제가 갑자기 튀어나오는 것은 아니다. 환경에 대해 스스로를 닫아놓으면서만 자율성을 가진다는 시스템의 이중적인 특성에서 거의 필연적으로 그 주제 또는 문제가 생긴다고 말할 수 있다. 환경의 자극을 받아들이지만, 시스템은 있는 그대로 받아들이지는 못하며 나름대로 내부적 조정을 통해 그 복잡성을 제한해야 한다. 환경이 더 복잡하고 더 규모가 크다는 점에서, 이것은 조금만 생각하면 이해가 가는 문제이다. 그런데 환경의 더 크고 복잡한 자극을 어떻게 제한하면서 받아들여야 하는가? 이제까지 우리는 닫힌 자율성이란 개념에 의존했다. 그런데 자율성이란 개념도 자칫하면 오해될 수 있는 여지가 작지 않다. 어떤 자율성인가? 자유주의적으로 타인에게 해를 끼치지 않으면서 자신의 자유를 충분히 행사하면 된다는 의미의 자유주의적 관점은 아니다. 또 고뇌에 찬 표정으로 실존적 결정을 내릴 수 있는 자율성도 너무 단순하다. 그래서 우리는 앞 장에서 실존주의와의 닮은 점 못지않게 커다란 차이에 주의를 기울였다. 시스템은 자신의 경계 안에 어떤 형이상학적 또는 초월적 중심도 가지지 않기에, 실존적 결정이나 결단도 환경을 초월하는 의미를 가질 수는 없는 셈이다. 누구나 실존적 결정을 내린다면, 실존적인 개인에게 다른 모든 사람들은 복잡한 환경으로 바뀐다.

환경에서 오는 복잡한(실제로는 감당하기 어려울 정도의) 자극을 그대로 받아들이지 않고 자신의 시스템 내부의 필요에 따라서만 받아들여야 하는 이유는, 심리 시스템이든 사회 시스템이든 그 환경의 복잡성과 일 대 일의 균형 잡힌 관계를 가지지는 않기 때문이다 (1부에서 우리는 그 자체로 균형 잡힌 정보라는 것은 없다는 것을 관찰했다). 환경은 시스템보다 크고 복잡하기에, 시스템의 요소들이 환경의 요소들과 일 대 일의 균형 잡힌 상응관계를 가지거나 유지하는 것은 애초에 불가능하다. 이미 처음부터 기우뚱하고 기울어진 관계이지만, 그래도 시스템은 자극을 받아들이면서도 나름대로 자신의 경계 안에서 정보를 처리할 수 있어야 한다. 일 대 일의 수평적이고 균형 잡힌 관계도 아니지만, 너무 단순한 중심이나 규칙에도 의존하지 않으려면 시스템은 자신의 내부에 자신에게 고유한 복잡성을 유지해야 한다. 이 복잡성은 그 시스템을 구성하는 요소들이 서로 사이에 가지는 관계이며, 시스템은 자기조직화를 통해 그 요소들 사이의 관계에서 일종의 질서를 뽑아낸다. 다르게 말하면, 시스템 내부의 복잡성은 환경의 더 크고 알 수 없는 복잡성을 거르면서도 받아들일 자신의 필터이자, 환경의 자극들을 선택적으로 받아들일 선택의 수준이다. 결국 외부 환경의 복잡성을 시스템은 그것의 내부에 있는 복잡성을 통해 줄이면서 정보로 처리한다. 시스템 내부의 복잡성은 따라서 정보를 처리하고 커뮤니케이션하는 과정에서 어쩔 수 없이 일어나는 선택적 구별을 가능하게 하는 가능성의 조건이다. 그리고 어떤 점에서는 다시 그 결과로 만들어질 시스템의 질서를 가능하게 한다. 시스템 내부의 복잡성에는 따라서 일정한 순환성이 있을 수밖에 없다.

환경의 자극을 받아들이는 이 복잡성의 관점에서 말하자면, 과거에는 그 복잡성을 근본적으로 줄이거나 중심으로 환원시키려고 했다. 인간을 파악하면서 이성이나 도덕성 같은 단순하고 궁극적인 중심을 우선적으로 설정한 다음에, 그로부터 다른 규칙들이나 결정을 이끌어냈다. 그에 대해 감정의 역할을 강조하면서, 논리와 감성이라는 두 기준을 다시 세웠고, 따라서 이전보다는 복잡성이 증가했지만, 그것만으로 충분할 리는 없다. 시스템들은 진화 과정에서 어쩔 수 없이 분화하기에, 논리든 감성이든 다시 (세)분화하면서 복잡해질 것이다.

환경의 자극을 받아들이는 필터로서의 복잡성의 관점에서 보면, 짐승들은 자신의 정보처리 시스템 내부에 인간과 비교하면 어떤 점에서는 더 강력하면서도 단순한 복잡성의 질서를 가진다고 볼 수 있다. 개의 경우, 환경으로부터 오는 자극은 대부분 후각을 통해 처리되고 공포가 핵심적인 기준이며 그에 대한 대응 방식은 짖거나 도망가는 것이고, 무리 속에서 서열을 중요하게 여긴다. 고양이는 청각과 촉각 중심으로 자극을 처리하며, 공포에는 강하게 반응하면서도 개와 비교하면 상대적으로 공격적인 태도를 가지지만, 낯선 사람이나 소음에 대해서는 크게 스트레스를 받는다. 환경에 대해 자극을 처리하는 방식이 서로 다르지만, 이 차이 속에서도 각자의 시스템은 나름대로 복잡성을 유지하면서 작동하며, 다른 한편으로는 그 결과로 유지되는 시스템의 구조도 그 복잡성의 표현이라고 할 수 있다.

인간은 무엇과도 비교할 수 없을 정도로 복잡한 복잡성의 코드를 가진다. 사회 시스템은 과거에 비교적 단순한 사회 질서를 가졌던 전통적인 수준에 비해 현재는 그야말로 격변하는 환경을 마주한 사회 시스템으로 바뀌고 있다. 동물과 비교하면 무엇보다 학습하는 태도와 미래를 상상하는 태도가 인간의 사회 시스템에 내재하는 복잡성을 특징짓는다고 할 수 있다. 중요한 점은, 과거보다 사회적 환경에 대해 이미 충분히 복잡하고도 구속되지 않은 방식으로 살고 있다고 말할 수 있지만, 패러다임의 차원에서는 부분과 전체의 구별과 시스템과 환경의 구별이 뒤섞인 채 혼란스러운 모습도 적지 않다. 과거에 비해 사회적 환경이 이미 충분히 복잡하고 구속되지 않은 방식으로 사회생활을 하기에, 더 이상의 복잡성과 구속되지 않음은 필요하지 않다고도 여길 수 있다. 그런 면도 실제로 있다. 그러나 사회적 환경이 복잡해진 것과 시스템의 복잡성은 서로 관계를 가지면서도, 또 다른 것이다.

복잡한 환경을 마주하며 그로부터 오는 자극을 단순히 수동적으로 처리하는 데 그치지 않고 능동적으로 처리하는 인간의 심리 시스템은 현재 특이한 복잡성을 소화하느라 바쁘다. 파충류나 포유류의 생물학적 시스템보다 인간의 지능 시스템에 높은 수준의 복잡성이 내재한다는 사실을 생각하면, 복잡성 수준의 확대는 더 높은 진화의 수준과 깊이 연관되어 있다고 볼 수 있다. 일반적으로 정보를 처리하는 시스템의 복잡성이 낮으면 환경으로부터 오는 정보를 처리하는 데 제한이 생긴다. 거꾸로 복잡성이 너무 높으면, 곧 구성요소들이 서로 사이에 가지는 관계가 너무 복잡해지면, 내부의 불안정성이 증가할 수 있다. 시스템은 자기를 조직해야 하는데 그 자기조직화가 어려워진다. 현재 인간의 심리 시스템 안에는 서로 충돌하며 어긋나는 요소들이 혼재하기에, 그것들을 자기조직화하는 일이 너무 어려운 것이다.

그래도 인간 문명은 동물의 생존방식보다 매우 복잡성을 가진다는 점에서, 그럼 더 높은 수준의 복잡성은 완전성의 지표나 척도라고 이해될 수 있을까 하는 물음이 생긴다. 조금 이론적이거나 한가한 물음일 수도 있지만, 시스템의 구조적 특성을 파악하는 데에는 필요한 물음이다. 루만은 꼭 그렇게 볼 필요는 없다고 말한다. 시스템 내부의 복잡성은 다만 해당 시스템에 고유한 복잡성이기 때문이다. 다르게 말하면, 모든 시스템은 나름대로 모두 자신에게 고유한 복잡성을 가진다. 거꾸로 말하면, 시스템에 고유한 복잡성은 단순성과 대립되지 않는다. 모든 시스템은 나름대로 복잡성을 가지기 때문이다. 시스템에 내재하는 복잡성은 어떤 방식으로든 결코 단순화될 수 없는 것이며, 하나의 복잡성은 기껏해야 다른 복잡성으로 대체될 수 있다.[59] 그렇기 때문에 어떤 시스템이 다른 시스템보다 상대적으로 더 높은 수준의 복잡성을 가질 수는 있지만, 그렇다고 그것이 현실적 완전성의 지표일 필요도 없다.* 또 어떤 시스템의 구조적 복잡성은 그것이 환경 속에서 생존에 더 유리하다는 것을 의미하지도 않는다.[60] 이 점은 조금만 생각하면 이해가 된다. 생태적 위기 상황에서 개미나 바퀴벌레 같은 군집동물이 인간보다 생존에 더 유리할 수 있다고 관찰되기 때문이다.

이런 복잡성complexity은 시스템에 고유한 것이기에, '복잡함complicatedness' 또는 심지어 '문제를 더 일으키는 복잡함complication'과는 다른 것이다. 그렇지만 그 구별을 실제로 유지하기는 쉽지 않다. 그 복잡성의 개념은, 무엇보다 시스템을 구성하는 요소들을 전체나 중심(또는 원칙이나 선험적 질서)으로부터 파악하는 전통적 이론

---

* Luhmann, *Soziologische Aufklärung 2*, p.260. 그래서 루만은 각각의 시스템에 고유한 복잡성을 더 크거나 더 작다는 기준으로 비교할 수는 없다고 말한다. 복잡성의 개념은 더 복잡해지거나 더 현실적이 될 수는 있을 것인데, 그 개념은 일차원적이라기보다 다차원적이기 때문이다.(*Gesellschaft der Gesellschaft*, p.137.)

과 태도에서 벗어나기 위해 필요하다. 생물체로서 인간은 뉴클레오타이드들이 구성하는 DNA의 이중나선에 의해 구성되며, 따라서 핵심적 과제는 그 뉴클레오타이드들의 일정한 조합과 상호작용을 통해 조직되는 형태들을 파악하는 것이라고 말할 수 있다. 그 점에서 '생명'에 대한 어떤 신비한 비약은 필요하지 않을 것이다. 여기서 생물체의 복잡성은 어떤 것일까? 생물학적 시스템은, 기본적으로 나름대로 이중나선의 질서에서 출발하지만, 우연과 무질서와 돌연변이를 통해 자신을 조직한다는 것이다. 질서가 무질서 및 돌연변이와 공존하는 과정에서 '발현되는emergent' 것이 생명 시스템의 복잡성일 것이다.

섀넌의 정보 개념을 다시 상기해보자. 정보를 파악하는 과정은 무엇이든 가능한 상태의 불확실성에서 정보처리를 위해 선택을 하는 과정이었다. 커뮤니케이션 과정에서도 첫째 선택적 처리 과정은 가능한 많은 경우의 수에서 선택적 배제를 통해서 정보를 얻는 것이었다. 그 관점에서 보면, 이제 시스템에 고유한 복잡성은 각 시스템 안에서 일정하게 닫힌 자율성을 통해 선택적 배제가 일어나는 과정이라고 할 수 있다. 모든 가능성 안에서 하나가 선택되면 다른 것들은 배제되거나 잠재적인 가능성으로 밀려난다. 그런 의미에서, 역설적이지만, 시스템은 자유롭게 선택을 한다기보다는 선택을 강요당한다고 말할 수 있다. "시스템이 선택을 강요당한다는 것은 이미 시스템 자체의 복잡성으로부터 나온다."[61] "이런 의미의 복잡성은 선택할 수밖에 없음이고, 선택할 수밖에 없음은 우연성이며, 우연성은 리스크이다."[62] 시스템 내부에서 그 경계를 따라 일어난다는 의미에서 이 '선택'은 좁은 의미의 자유나 실존적 결정과는 상관이 없다. 오히려 거꾸로, 이렇게 저렇게 '선택할 수밖에 없음'으로 파악된다.* 시스템이 누리는 자율성은 불확실성 앞에서 선택할 수밖에 없는 일종의 구속 또는 압박의 다른 이름이다. 더 나아가면, 그런 모든 가능성 중에서 특정 가능성을 선택한다는 우발성은 리스크이다. 그리고 이 관점에서 보면 "복잡성이 증대할 때, 모든 가능성들이 더 강력하고도 특수한 기능에 더 맞게 요구되는 것이"[63] 당연할 것이며, 이 가능성들 사이의 상호작용은 우발성을 더 높일 것이다.

시스템에 고유한 이 복잡성의 성격을 이렇게 관찰하면, 앞에서 시스템에 고유한 자율성이라고 불렸던 것의 성격이 비로소 분명하게 드러난다. 시스템의 '자율성'으로 불렸던 것은 사실은 압박에 대한 대답이며 리스크를 감당하는 우발성인 셈이다. 시스템의 복잡성은 꼭 진화의 수준이나 완전함의 수준을 대변하지 않으면서도 시스템에 고유한 선택적 구속성 또는 압박이며 리스크인데, 시스템은 존재하기 위해 동시에 발생할 수 있는 여러 가지 중에서 선택적 배제를 수행하는 이 자율성 또는 압박을 수행한다. 이런 복잡성이 내재하는 시스템은 어떤 것이든 나름대로 복잡성을 가진다고 말할 수 있다.

시스템에 고유한 이 복잡성은 시스템과 환경의 개념과 뗄 수 없

---

* 어떤 방식으로 '선택할 수밖에 없음'은 독일어로 'Selektionszwang'이다. 'Zwang'은 구속 또는 압박을 뜻한다. 우연성이 피할 수 없이 개입하는 상황에서 선택이 이루어지기 때문에, 그렇게 파악되는 것이다.

는 안팎의 관계를 가질 것이다. 차이가 있다면 다만 시스템을 관찰하는 관점에 따른 개념적 차이이다. 시스템이 환경과 자신이 다르다고 생각하며 자신을 조직할 때 따르는 그것 고유의 선택적 자율성이 복잡성이며, 그렇게 하기 위해서 시스템은 자신을 외부 환경과 구별해야 한다.

이제 시스템과 환경의 구별을 통해, 과거 인간이 사회의 부분으로 파악되었던 것보다 더 복잡하고 더 구속되지 않은 방식으로 인간을 파악한다는 과제가 한층 더 이해된다. 인간은 자신을 환경과 다른 시스템으로 구별하면서, 동시에 시스템에 내재하는 복잡성 덕택에 자신을 구성하게 된다. 그렇게 파악될 때, 인간은 이제 당연하게 보이지만 이전보다 더 복잡하게 파악된다.

그런데 그 복잡성은 시스템을 불안정하게 만들지는 않을까? 그럴 필요는 없다. 오히려 그것은 복잡한 환경 앞에서 시스템을 구축하는 나름의 질서이다. 예로 든 개와 고양이의 경우에도 그들의 시스템은 나름대로 복잡성을 가지고 있다. 그 복잡성은 시스템을 불안정하게 만들기보다는 오히려 각각의 시스템이 작동하는 가능성의 조건일 것이다. 여기서 시스템의 복잡성과 시스템의 불안정성의 관계를 조금 더 구별하고 설명할 필요가 있다.

초기 시스템 이론은 시스템 자체의 안정성이나 항상성에 무게를 실었다. 과도할 정도로 무게를 실었다. 루만은 그런 가정이 필요하지 않으며, 오히려 오해를 야기할 수 있다고 지적한다. 생물학적 시스템이 일정한 안정성을 가지더라도, 그것은 그 시스템이 적응한 환경이 정상적으로 움직인다는 조건을 따른다. 환경이 급변하거나 변화의 폭이 크면, 그 안정성 혹은 항상성은 유지되지 않는다. 인간의 체온이 항상성을 유지한다고 하지만, 환경이 정상성을 유지해야 하며 또 인간의 심리 시스템이나 신체 시스템도 면역성을 유지해야 한다. 또는 최소한 외부 기온에 맞춰 옷을 적절하게 벗거나 입어야 한다. 초기 시스템 이론에서는 자동온도조절장치가 시스템의 항상성을 보여주는 모델로 여겨졌는데, 그 장치가 안정성을 가지려면 마찬가지로 여러 조건들이 정상적으로 충족되어야 한다.

초기 시스템 이론은 시스템이 정상적으로 작동하지 않을 때 안정성이 흔들리거나 깨진다고 여겼지만, 그런 가정은 너무 단순했다. 시스템과 환경의 구별을 중요하게 생각한다는 것은 그 사이에서 발생하는 차이를 단순히 부정적인 것으로 파악하지 않는다는 말이다. 안정성을 정상으로 여길 때만 불안정성이 부정적으로 여겨질 것이다. 이 점은 질서와 노이즈의 관계에서도 마찬가지다. 이미 우리는 앞에서 질서와 무질서의 관계가 객관적인 것은 아니라는 점을 관찰했다. 질서에 과도하게 규범적 가치를 부여하면 노이즈는 부정적인 것으로 이해될 것이다. 인간이 동질적이고 보편적인 전체의 한 부분이 아니고 사회적 환경과 구별되는 시스템으로 파악될 때 시스템은 이미 환경과 다른 차이 속에서 구별되는 것이고 따라서 넓은 의미의 불안정성에 내맡겨져 있는 셈이다. 어떤 시스템의 요소들도 그것보다 크고 복잡한 환경의 요소들과 균형 잡힌 상응관계를 유지할 수 없기 때문이다.

다라서 시스템의 복잡성과 더불어 시스템의 불안정성에 대해서도 태도의 변화가 필요하다. 실제로 복잡성을 가진 시스템은 환경의 모든 구성요소들 및 그것들의 흐름에 대해 확실하거나 안정적인 선택을 하기 어렵기 때문이다. 그럼에도 불구하고 일상생활에서나 일정한 시대적 공간에서 우리가 불확실성과 불안정성을 크게 느끼지 못하는 이유는 일상이라는 관습과 익숙해진 시대성이 일종의 안전망 역할을 하기 때문이다. 또는 어떤 방향으로 주로 선택하도록 자연스럽게 압박이 진행되고 있기 때문이다. 그러면서 확증편향의 경향에 따라 우리에게 익숙하고 편리하고 좋아 보이는 정보를 주로 받아들이기 때문이다. 만일 우리가 그 상황에서 그런 안전망이나 익숙한 압박을 넘어서 "선택을 예리하게 하려고 하면 할수록, 그래도 어쨌든 안정적인 형태를 발견할 기회는 점점 더 있을 법하지 않게 된다."[64] 그래서 정보에 관한 선택이 매번 너무 예민하거나 까다롭게 되지 않기 위해, 언어 사용에서나 생물학적 DNA 정보에서나 중복 redundance이 일어나는 것이다. 정보 데이터의 모든 요소들이 필수적이며 필연적인 의미를 가지게 되면, 정보 상실의 위험이 커지기 때문이다. 그래서 어쨌든 실제로 환경 속에서 선택을 하는 일은 많은 가능성 가운데에서 선택적으로 다른 것을 배제하는 일이고, 따라서 우연성을 감당해야 하는 일이며, 안정적인 형태로 이루어질 수는 없다. 그래서 루만은 "복잡한 시스템은, 계속 자기 자신과 환경에 대해 반응할 수 있기 위해서는, 오히려 상당히 높은 척도의 불안정성을 필요로 한다"[65]고 말한다. 환경에서 일어나는 사건들이 어떤 식으로 다른 사건들과 접속이 되고 그 접속의 가치가 어떨지에 관해서는 기본적으로 불안정성이 있을 수밖에 없다. 이 불안정성은 다르게 말하면 융통성으로 작용한다. 어떤 하나는 옳고 그것과 배제적인 관계에 있는 다른 것은 틀리다고 확신할 수 없는 경우가 많은데, 시스템은 자신의 닫혀 있는 경계 안에서 그 두 배타적인 가능성에 열려 있어야 한다. 실제로 미래를 예측할 때, 그리고 어떤 확실성도 주어지지 않을 때, 우리는 상반되는 사건들이 모두 일어날 수 있다는 가능성에 내기를 걸어야 한다.[66] 그런데 실제 생활에서는 그런 태도를 유지하기 어려운 것도 사실이다. 그래서 불확실성이나 불안정성이라는 용어가 알게 모르게 배제되거나 억압된다.

복잡성의 개념에 대해 다소 이론적인 논의를 이 자리에서 정리하면서, 우리는 다시 일종의 아이러니를 만난다. 인간의 심리나 신체는 일종의 시스템인데, 그것에 내재하는 복잡성은 우연성 속에서 선택할 수밖에 없는 구속성 또는 어찌할 수 없음의 성격을 가진다. 물론 그것은 자율성의 다른 이름이지만, 이 자율성은 흔히 자유 또는 자유의지라고 부르는 현상과는 꽤 다른 것이다. 인간이 자유를 가지거나 누린다고 이해하면 간단하고 쉬울 것이다. 그러니 시스템과 환경의 구별을 따라 인간을 파악하는 일이 인간을 사회의 부분으로 파악할 때 가능한 것보다 인간을 더 복잡하게 파악하는 일일 수밖에 없다. 인간을 시스템(심리 시스템이나 신경 시스템)으로 파악하는 일도 인간을 그저 인간으로 파악할 때보다 복잡하게 파악하는 일이다. 그리고 환경의 복잡성을 시스템은 자신의 내부에 있는 복잡성을 통해 줄이면서 받아들인다고 파악하는 일도 인간을 과거보다 더 복잡하게 파악하는 일이다.

2. 문명의 발전과 함께 갈등도, 복잡성도 증가한다면?

여기까지 오면, 이제 이렇게 인간을 더 복잡하게 파악하는 과제가 왜 생겼고 그것의 효과는 무엇이냐는 물음이 생긴다. 시스템의 복잡성이 너무 높으면 불안정성이 증가하는데, 적절한 수준의 복잡성이라는 것이 가능은 하며 시스템이 그것을 자기조직화를 통해 스스로 달성할 수 있을까? 이것이 또 문제다. 일반적인 시스템 이론은 이 지점에서 '최적의optimal' 복잡성에 대해 언급하며, 그것이 목표라고 제시하기도 한다. 그렇지만 그런 표현이나 목표에 대해 우리는 조심스럽거나 피할 필요가 있다. 이미 우리가 앞에서 여러 번 마주했듯이 시스템은 스스로 닫혀 있음을 통해서만 바깥으로 열려 있을 수 있기 때문이다. '최적의 상태'라고 심리 시스템이나 사회 시스템이 어떤 순간 생각할 수 있지만, 그것은 얼마든지 닫혀 있는 자율성의 자기정당화일 수 있다. 또 사후적으로는 최적의 순간에 대해 판단할 수 있지만, 진행 중인 과정에서는 시스템은 기껏해야 앞으로, 앞으로만, 선택적인 자기조직화를 실행할 뿐이다.

우리는 시스템과 환경의 구별을 통해 부분과 전체의 기준에서 판단하는 것보다 인간을 더 복잡하고 구속되지 않은 방식으로 파악하는 과제가 어떤 것인지 알아보았다. 그리고 그 결과는 크게 희망을 주는 것은 아니었다. 복잡성이 과도하게 증가하고 있다고 보이기 때문이다. 물론 마냥 비관적일 필요도 없다. 시스템들은 자신에 내재하는 복잡성을 통해서만 더 커다란 환경의 복잡성을 줄일 수 있고, 인류는 이 일을 AI 기술을 포함한 기술의 발전을 통해 다루고 있으며 상당한 수준에서 이뤄내고 있다. 정보 기술과 데이터 기술의 발전은 복잡성과 불확실성을 정보와 데이터의 형태로 처리하고 있다. 그래도 어쨌든 인간을 과거보다 복잡하게 파악하는 일은 개인에게든 인류에게든 쉽지 않은 일임은 분명하다. 젊은 세대는 이전 세대보다 과거보다 현재가 더 불행하다고 느끼기 쉬운 것도 사실이다.

이미 언급했듯이, 어떤 시스템에 내재하는 복잡성이 커진다고 그 시스템이 진화적으로 더 완전해진다거나 생존 능력이 커진다고 판단할 수는 없을 것이다. 그렇지만 거꾸로, 인간을 부분과 전체의 패러다임에 따라 이해할 때 가능한 것보다 더 복잡하게 파악한다고 해서 필연적으로 비관적인 전망이 생긴다고 단언할 필요도 없을 것이다. 사회 시스템이 더 분화하고 기술 시스템도 더 발전할수록 인간은 더 복잡한 존재가 되니, 일반적으로는 그것들이 발전할수록 복잡성이 커지는 면은 분명히 있을 것이다. 흔히 사람들은 문명의 발전에 관심을 가질 수 있으며, 그런 시각에서는 복잡성은 두드러진 주제는 아닐 것이다. 기껏해야 문명 발전의 이면이라고 이해될 것이다. 그와 달리, 필자가 이 책에서 하듯이 복잡성과 불확실성이라는 주제에 훨씬 더 무게를 실어서 관찰할 수 있다. 연구하는 사람의 관점에서는 필요한 일이다.*

---

* 켈리는 기술의 복잡성이 증가함에 따라, 인간이 합리적으로나 자율적으로 선택하기 어려워진다는 점을 진지하게 분석한다. 걱정할 만한 점들이 많다는 것을 강조한다. 심지어 굳이 우편물 폭탄테러범 '유나바머'의 예를 들면서까지 강조한다. 그렇지만 그는 기술역 팽창에 대해 기본적으로 낙관적인 태도를 견지한다. 다만 그는 의문을 제기한다.

이런 관점은 상대적으로 기쁨을 주기 어려울 수는 있다. 그렇다고 적극적인 대응을 할 필요가 없다거나 과감하게 탐험할 필요가 없다는 말은 아니다. 물론 복잡성에만 너무 매달리는 일도 좋지는 않다. 복잡성에 주의를 기울이되, 특정 과제를 실행할 때는 결단력과 과감함이 요구될 수 있다. 특히 기술 발전과 관련해서는 안정적인 관리방식을 돌파하는 과감함이 필수적이라고 여겨진다. AI의 발전은 이 점을 명확하게 보여주고 있다. 정보처리 및 데이터 학습 기술은 시스템의 복잡성을 다루는 방식에서 기존의 인간적 방식과는 매우 다른 과감한 접근법을 보여주고 있기 때문이다. 이 점은 3부에서 다루기로 하고, 이 장에서는 사회 시스템의 차원에서 복잡성이 어떤 문제를 가져오는지 조금 더 살펴보자.

복잡성의 문제와 관련해서 중요한 주제는 사회적 갈등의 문제이다. 이 갈등의 주제를 일정 수준으로 다루지 못한 채로는, 사회적 환경 앞에서 인간을 더 복잡하고도 더 구속되지 않은 방식으로 파악하기는 힘들 뿐 아니라 그 효과도 애매할 수 있기 때문이다.

인간이 가진 자유의 의미를 정치적으로 강조하지도 않고, 정치

"내 의문은 이렇다. 기술이 그토록 나쁘다면, 우리는 그것을 왜 계속 움켜쥐고 있는 것일까?" 그 물음에 대한 그의 대답은 이렇다. "우리는 기술, 그리고 그것의 크나큰 결함과 명백한 위험을 의도적으로 선택한다는 것. 무의식적으로 그것의 장점을 계산하기 때문이다. 전적으로 무언의 계산을 통해 우리는 남들의 중독, 환경의 파괴, 우리 삶을 산만하게 하는 것들, 갖가지 기술이 빚어내는 혼란스러운 모습에 주목하며, 그것들을 합쳐서 혜택과 비교한다."(『기술의 충격』 258~260쪽.) 그렇게 장점과 단점을 인간이 계산하는 것일까? 물론 그는 그 계산이 "전적으로 합리적인 과정이라고 믿지 않는다"는 말을 덧붙이기는 한다. 아니면, 문명 시스템의 시간이 앞으로 내달리는 것을 우리가 어찌지 못해서일까?

적인 이념이라는 주제를 부각시키지도 않기 때문에, 시스템 이론은 언뜻 보면 갈등의 주제와는 거리가 멀어 보인다. 일반적인 정치적 시각이 강조하는 깨어 있는 행동에 호소하지도 않는다. 그렇게 보일 수 있으며 그런 면도 사실 있다. 그러나 다른 면에서 보면, 시스템 이론은 사실 정치(학)적 시각이나 접근법과 비교할 때 나름대로 갈등에 더 가까이 접근한다고 할 수 있다. 왜냐하면 시스템과 환경의 관점에서는 갈등은 필연적이며 끊임없이 일어나는 것이라고 파악되기 때문이다. 다만 갈등은 쉽게 정치적 이념이나 행동에 의해 해결되거나 극복된다고 여기지 않을 뿐이다. 이 점은 커뮤니케이션의 주제를 복잡성의 관점에서 다시 생각해보면, 금방 알 수 있다. 보수적 시각이든 진보적 시각이든 커뮤니케이션을 통해 소통을 목표로 하고 또 합의에 이르는 것을 목표로 삼는 것과 달리, 루만의 관점에서는 커뮤니케이션은 오히려 몇 겹으로 정보의 불확실성을 생산하고 재생산한다. 데이터에서 정보를 처리하는 첫째 선택적 과정에서도 배제가 일어나고, 그 정보를 상대방에게 전달하는 과정의 의도나 태도도 다시 모호성을 키운다. 그리고 정보를 받아들이는 사람도 다시 '예스'나 '노'를 선택할 기회가 커지기에 거기서 어쩔 수 없이 갈등은 일어날 뿐 아니라 확대된다. 사회가 민주적인 선택의 기회를 제공하고 확대할수록, 갈등도 커지고 복잡해지는 것이다. "커뮤니케이션 가능성의 증대는 동시에 또한 갈등이 있을 법한 상황들을 증대시킨다."[67] 그런데 커뮤니케이션의 목표를 소통이나 합의에 두고 있는 기존의 대부분 이론들은 오히려 이 상황을 거꾸로 해석한다. 커뮤니케이션이 실패했기 때문에, 갈등이 생기고 확산된다고 해석한다. 그렇지만 루만은 커뮤니케이션을 통해 소통하고 합의에 이르면 성공한 것이고 그렇지 못하면 실패한 것이라는 일반적인 시각, 그리고 커뮤니케이션은 어떤 좋은 것이거나 좋은 것을 이루는 일이라는 시각을 거의 뒤집는다.

사실 루만이 아니더라도 일반적으로 시스템 이론은, 짧게 말하자면, 쉽게 갈등 해결을 찾지 않는다. 기본적으로 어떤 시스템이든 복잡성이 내재한다는 데서 출발하고, 그 복잡성은 단순히 어떤 이상적이거나 도덕적인 규칙이나 원칙에 의해 해결될 수 없다는 점을 받아들이면서 출발한다. 그러니 시스템의 관점은 일반적으로도 갈등에 대해 간단한 '해피엔딩'도 찾지 않고, 규범적인 평화적 해결도 찾지 않는다. 놀랄 일인가? 정보 자체가 이미 불확실성을 표현하고, 시스템의 복잡성도 크건 작건 불안정성에 기반을 두고 작동하지 않는가. 시스템은 환경 앞에서 언제든지 환경의 복잡성을 줄이는 방향으로 적응해야 한다. 시스템의 관점, 그리고 더 나아가 정보를 복잡성의 형태로 파악하는 모든 관점은 갈등을 몇 가지 규칙이나 가치의 관점에서 해결하려는 시도를 선호하지는 않는다. 그러니 어떤 이상적 이념이나 보편적 도덕성에 호소하는 경향은 크지 않다. 시스템의 여러 요소들이 많아지고 서로 복잡하게 상호작용을 하는 한, 기존의 인간적인 접근법들(원인과 결과를 단순하고도 명확하게 설정하기, 그리고 거기에서 책임을 귀속시키기, 선형적인 모델, 규칙에 기반을 둔 정보처리 방식 등)은 더 이상 큰 효과를 보기 어렵다.

다만 루만은 갈등이 매우 일반적이고 정상적이라고 파악한다는 점에서, 일반적인 시스템 이론의 관점보다 역설과 아이러니를 더 긍정한다. 흔히 사회의 발전과 문명의 발전에 대해 쉽게 말하면서, 마치 그 과정에서 갈등이 해결된 것처럼 이해되는 경우가 많은데, 루만은 이런 시각도 돌파한다. "사회가 발전하고 복잡해짐에 따라 그 사회의 발전은 전체 사회 차원에서 갈등 역량이 증대한다는 것을 전제한다."[68] 커뮤니케이션의 증대가 필연적으로 갈등이 생길 법한 가능성들을 동시에 증대시키고, 사회의 발전 자체가 갈등 역량을 증대시킨다면, 갈등은 거의 일종의 사회 시스템에 가깝지 않은가? 그렇다. 루만은 "모든 사회 조직은 잠재적인 갈등이다"[69]라고 말하며, 갈등 자체가 사회 시스템의 특수한 형태라고 말한다. 시스템에 복잡성이 내재하듯이, 갈등도 거의 내재한다. 또는 모든 사회 시스템에 갈등이 일종의 평생 기생자처럼 붙어 있다. 또는 "갈등은 시스템을 형성하는 훌륭한 원칙"이라고 말한다. 왜냐하면 "어떤 사람을 적대자로 겨누며 그에 상응하여 공격적으로 또는 방어적으로 또는 보호적으로 행동하면, 그 상황은 타자를 변동이 제한된 다역폭 안에서 역할을 하게 만들기 때문이다."[70]

필자는 이 갈등의 주제를 차별을 다룬 책에서 이미 다룬 적이 있다.[71] 그래서 가능한 한 중복을 피하면서, 논의를 이어 나가고자 한다. 이렇게 증가하고 확대되는 갈등을 어떻게 상대해야 할까? 도덕에 호소하는 일은 제한된 효과밖에 가지지 못할 뿐 아니라 오히려 다시 갈등을 확대시키는 면도 있다. 법도 마찬가지이며, 자본의 힘을 빌리는 것도 마찬가지다. "도덕과 법 그리고 자본은 갈등을 해결하는 대신에, 오히려 갈등을 촉진하거나 부추긴다."[72] 물론 실제 현실에서 도덕과 법과 자본이 힘을 쓰지 못한다는 말은 전혀 아니다.

오히려 거꾸로다. 현실에서는 여전히 그것들이 정상적인 방식으로 힘을 쓰며 더 나아가 과도하게 힘을 쓴다. 환경의 복잡성 증가 앞에서 단순하고 효율적인 방식으로 그것을 줄이거나 제한하는 다른 방법은 찾기 힘들기에, 일종의 악순환이 일어난다.

먼저 과거 사회에서 갈등의 소지나 여지가 낮았던 큰 이유를 알아야 한다. 권력이 폭력을 사용할 수 있는 재량권이 컸고, 신분제 사회의 규범적 질서가 애초에 갈등을 제한하고 조절하는 기능을 했으며, 재산을 가진 사람 앞에서는 사람들이 함부로 갈등을 일으키지 못했기 때문이다. 말하자면 재산과 권력과 폭력이 갈등이 생기지 못하게 막는 높은 턱으로 작용한 것이다. 사회가 민주화되면서 무엇보다 물리적이고 신체적인 강압이나 폭력이 줄어든 것은 역사의 진보라고 할 수 있는데, 여기서 다만 이 '진보'를 너무 인간의 도덕성이 높아졌고 이성이 확대되었다는 관점으로만 이해하지 않으면 된다.* 과거에 사람들이 반대를 할 선택의 기회를 권력과 폭력

---

* 이런 시각을 부추기는 사람으로 스티븐 핑커를 들 수 있다. 그는 폭력의 감소는 역사적으로 증명된 사실이며, 그 과정에서 이성과 도덕이 큰 역할을 했다고 해석한다. 『우리 본성의 선한 천사』는 현대 사회에서 폭력이 감소했다는 것을 증명하려는 동기에서 많은 자료를 다룬 야심만만한 책이다. 그럼에도 불구하고, 진보와 도덕성과 계몽에 대한 과도한 믿음을 드러내고 있는 책이다. "나는 평화화 과정, 문명화 과정, 인도주의 혁명, 긴 평화, 새로운 평화, 권리 혁명을 꿰는 공통 요소들을 찾아보려고 했다. 그 요소들은 자기 통제, 감정 이입, 도덕성, 이성이 포식, 우세, 복수, 가학성의 이데올로기를 진압한 방식을 기술해야만 한다."(1140쪽). "그 모든 발전들이 한 방향을 가리킨다는 것도 부정할 수 없는 사실이다. (…) 대부분의 관행들이 덜 폭력적인 방향으로 나란히 이동했는데, 우연의 일치라고 보기엔 그 수가 너무 많았다." "지금 우리가 선 시점에서는 대개의 경향성들이 평화를 가리키고 있다."(1141쪽). 과거와 비교하여 물리적 폭력이 줄어든 것은 맞지만, 그렇다고 역사적 과정이 평화를 향하여 간다는 결론은 너무 단순하다. 갈

과 재산을 포함한 강압적 제도들이 제한하고 눌렀다면, 이제 그것들이 축소되거나 폐지되면서 갈등의 소지나 여지가 커지는 것은 자연스러운 현상이다. 과거 사회와 비교해서 갈등의 잠재력이 높아진다는 것은 따라서 그 자체로 부정적이기만 한 일은 전혀 아니다.

어쨌든 그래도 도덕과 법, 그리고 자본과 정치가 과도하게 갈등을 관리하거나 심지어 해결하는 이 상황에서 시스템의 관점이 제공하는 갈등 관리법을 검토해볼 필요가 있다. 두 가지 상이한 조건화가 있다. 첫째는, 물리적 폭력의 사용이 제한되어야 한다는 것이다. 이 조건화는 "갈등 시스템을 복잡하게 만들고 순화시키며 지속하게 만드는 길"[73]이라고 말할 수 있다. 갈등을 복잡하게 만들고 순화시키며 지속하게 만드는 법은, 앞에서 우리가 논의했듯이 인간을 더 복잡하고도 더 구속되지 않은 방식으로 파악하는 길의 연장선에 있다. 갈등이 거칠어지면 폭력적으로 되어버리니 개량해야 할 것이고, 그러려면 갈등관계에 있는 관계자들이 쉽게 물리적 폭력에 호소하

등과 복잡성이 매우 확대된 것, 물리적 폭력 대신에 돈이 과도하게 폭력적 영향을 행사한다는 것, 그 결과 심리 시스템이 매우 약화된 것, 또 물리적 폭력 대신에 일종의 심리적 폭력이 확대되었다는 것 등에 대해서는 설명과 분석이 없다. 또 물리적 폭력의 빈도는 줄어들었지만, 무기들의 폭력적 효과는 인류를 절멸시킬 정도로 확대되었다. 또 A의 등장이 어떤 복잡한 효과를 가지는지도 전혀 고려되지 못했다. "우리가 살면서 겪는 온갖 시련에도 불구하고 (…) 폭력의 감소는 분명 우리가 음미할 업적이다. 그 일을 가능하게 만든 문명과 계몽의 힘들을, 우리는 마땅히 소중히 여겨야 하리라."(1180쪽). 이런 주장에는 계몽의 힘에 대한 단순하고 순진한 믿음이 깔려 있다. 문명화 과정도 폭력을 줄이기는 하지만, 엘리아스가 분석했듯이, 그 배경에는 더 큰 구조적 폭력이 작용한 면이 있는데, 핑커는 그 중요한 문제를 별로 다루지 않는다. 그는 폭력을 줄이는 데 자기 통제가 중요한 역할을 했다는 말을 반복하지만, 그 배경에서 여러 형태로 사회적 압력이 작용했다는 점은 별로 강조하지 않는다.

지 않고 비교적 세련된 방식으로 움직일 수 있게 만들어줘야 할 것이다. 그 점에서는 물리적 수단이나 폭력을 제한하는 것은 맞을 뿐아니라 매우 필요하다. 그리고 민주적인 사회는 많건 적건 물리적폭력을 배제하거나 축소시키는 데 성과를 거두었다고 할 수 있다.

이에 더해서, 둘째 조건화는 너무 단순한 대립에 기반을 둔 규칙에서 벗어나 제3의 플레이어가 개입할 여지를 확대하는 것이다. 말하자면 단순한 대립으로 인해 갈등이 일어나는 것을 막고 협상과타협의 여지를 제도적으로 보장하고 촉진시키는 것과 이어진다. 복잡성의 관점에서는 복잡성을 증가시켜 서로 의존하게 만듦으로써, 갈등이 쉽게 일어나거나 확대되지 않도록 만드는 것이다. 정치적으로도 양당 시스템에서는 두 가지 이념이 모든 사회적 의제와 갈등을 조정해야 하는데, 의제들과 갈등들이 복잡한 상황에서는 어려운일이다. 그 점에서는 다당제가 나은 면이 많다. 그러나 그냥 정당이여러 개 있다고 그 자체로 좋아지는 것은 아니다. 여러 각도에서 튀어나오는 주제들을 단순하게 대립된 관점에서 다루는 대신에 중도적인 관점에서 다루는 것이 좋을 것이다. '중도'라고 쉽게 이름 붙여진 길은 실제로는 고난도의 복잡성을 다루는 일이 될 것이다.

마찬가지로 무역 파트너도 다변화하는 게 좋을 것이다. 사실 이방법은 어쩌면 그리 특별하지도 않고 새로운 것도 아니다. 국제관계에서도 냉전에서 기인하는 갈등을 줄이고 제어하기 위한 방법으로 상호무역 관계를 다각적으로 확대하는 길이 실행되었었다. 무역이나 상호 투자를 통해 경제적으로 서로 의존하는 관계에 있는 국가들은 쉽게 폭력적인 갈등에 빠지기 어려운 것이 사실이며, 이 방법은 나름대로 효과가 있었다. 맥도날드 가게가 러시아나 중국에 퍼지면, 갈등이 위험하게 확대되지는 않으리라는 단순한 믿음도 거기서 생겼다.

그러나 위의 두 방법, 곧 폭력적인 수단을 사용하는 것을 포기하고, 동시에 갈등을 복잡하고도 섬세하며 지속 가능한 것으로 만드는 것이 사회적 갈등에 대한 포괄적인 대안이 될 수 있을까? 그렇게 기대하기는 어렵다. 우선, 첫째 조건화에 대해서 말해보자. 현실에서는 도덕과 법과 자본과 권력이 여전히 실질적인 힘을 발휘하고 있다. 그리고 도덕과 법과 자본의 힘이 줄어들거나 사라지리라고 기대한다면, 순진하거나 어리석은 일일 것이다. 그것들은 비록 물리적 폭력을 직접 동원하지는 않지만, 비정상적인 상황이 닥치면 어떤 방식으로든 다시 간접적으로 물리적 수단을 동원한다. 루만도 시스템 이론이 "폭력의 감축과 합의의 확대 같은 정치적 프로그램을 통한 갈등 해결을 목표로 삼지는 않는다"[74]고 말한다. 그러므로 시스템의 관점은 폭력이 정치적 방식으로 줄어들기를 바라거나 기대하지도 않는다.

이게 무슨 말인가? 물리적 폭력에 호소하지 않아야 갈등이 복잡하고도 순화된 방식으로 지속하는 사회 시스템이 될 텐데, 폭력의 감축 같은 정치적 프로그램을 목표로 하지 않는다니? 미묘한 문제이다. 그렇지만 나쁜 의미의 모순은 아니다. 시스템과 환경의 구별에서 출발하는 관점은 물리적 폭력이 줄어야 사회적 갈등이 순화된 형태로 길들여질 것이라고 예상하지만, 폭력의 감축이나 합의의 확대 같은 정치적 프로그램을 목표로 하거나 거기 호소하면 문제가 해결된다고 생각하지는 않는다. 도덕과 법과 자본이 갈등을 해결하지는 못한다고 판단하면서도, 시스템 이론은 그것들이 전혀 의미 없다고 여기지도 않는다. 이런 상황 자체가 복잡성을 다시 고조시키는 것도 사실이다. 복잡성은 어떤 규칙이나 규범으로 정치적 프로그램으로는 쉽게 해결되지는 않으며, 다양하게 융통성 있게 적응하면서 다루어야 할 문제라는 것을 다시 알려준다.

3. 복잡성의 분석은 얼마나 도움이 되는가

다시 폭력의 문제로 돌아오자면, 사회 시스템들에서 나타나고 그 자체로 사회 시스템이 되는 갈등은, 일단 과거처럼 물리적 폭력에 호소하는 일들이 줄어들면 그냥 사라지거나 끝나지는 않는다. 사회적 커뮤니케이션에 참여하는 모든 관계자들도 자신들의 의견과 주장을 그냥 포기하는 법은 없다. 선스타인의 연구에서 봤듯이, 사람들은 여러 증빙자료들을 보여주어도 자신의 의견이나 주장을 균형 있게 조정하지 못하고 오히려 더 자신의 확신을 강화하는 쪽으로 선택적 정보처리를 한다. 그러므로 그 자체로 사회 시스템인 갈등은 대부분 저절로 끝이 나는 경우는 거의 없다. 도덕과 법과 자본에 의해 일시적으로 잠복하지만, 표면으로 올라올 기회가 되면 다시 나타난다. 그것들은 갈등을 순화시키는 면이 있지만, 다른 한편으로는 오히려 부추기는 면도 적지 않다. 어쨌든 시스템 자체는 갈등이 끝나는 데 확실히 기여하지 못한다. 시스템은 다만 환경에 의해서 파괴적인 영향을 받을 수 있는데, 결국 갈등의 문제에서도 그렇게 된다. "갈등의 끝은 시스템의 외부 환경을 통해서만 온다. 말하자면, 싸우고 있는 둘 가운데 하나가 다른 하나를 때려 부수고, 그럼으로써 이 후자가 사회 시스템으로서 갈등의 속행에서 탈락하게 되는 것이다."[75] 시스템이 환경으로부터 받는 파괴적인 영향을 다시 행동하는 행위자의 차원으로 번역하면 이럴 것이다. 사람들은, 비록 물리적 수단을 겉으로는 포기하더라도, 오히려 간접적인 방식으로 이런저런 파괴적인 영향이 작용하게 만들 것이다. 결국 "갈등 시스템을 복잡하게 만들고 섬세하게 만들며 지속하게 만드는" 길은 불가능하지는 않더라도, 쉽게 열리지는 않는다.

　제3자를 개입시킴으로써 서로 사이에 의존성을 높이고 따라서 불확실성을 높이는 방법도 맞는 말이며 또 필요하지만, 이를 통해 사회적 환경의 복잡성이 다시 커질 수 있는 위험이 있다. 적이 분명할 때는 그나마 대응하기 쉽다. 그러나 서로 의존하면서도, 신뢰하기 어려운 관계가 확대되는 상황은 불확실성을 증대시킨다. 그리고 도덕과 법이나 정치적 결정이 이 사회적 환경의 복잡성을 동시적으로 따라잡거나 신속하게 대응하기는 어려운 것이 사실이다. 일어나고 있는 사건들을 겨우 뒤따르면서만 허둥지둥 규정을 만들고 합의를 이루는 경우가 대부분이다. 도덕과 법이 선제적으로 사회적 환경의 복잡성에 대응하기를 기대한다면, 이렇게 실망하기 쉽다.

　사회 시스템 가운데 그나마 신속하게 움직이는 것은 기업이라고 할 수 있는데, 이들은 자발적으로 조직된 시스템이며 수익을 낸다는 직접적이고 구체적인 동기를 가진다. 그리고 그 기업들을 증권의 형태로 지원하는 주식시장이 있어서, 매우 빠른 대응이 이루어진다고 말할 수 있다. 그러나 주식시장의 불확실성도 일반 개미투자자들에게는 매우 크다. 주식은 고위험을 내포하고 초래하는 투자 방식이기 때문이다. 기업이 수익을 내는 기대치의 확실성에 비례해서 주가가 순하게 움직이는 경우는 드물다. 지수라는 전반적인 경제지표에 투자하는 방식은 개별 종목에 투자하는 것에 비하면 리스크가 작다고 할 수 있지만, 그것도 경제 시스템과 시장 시스템이 정상적으로 돌아간다는 점을 전제한다. 따라서 그것도 개인들에게는 쉽지 않은 방식임에 틀림없고 또 지수에 투자하는 방식도 결국 리스크를 더 줄이는 선택적 배제의 하나일 뿐이며, 개인은 그 선택을 합리화하며 받아들일 뿐이다. 주식시장은 실제로는 불확실할 뿐 아니라 위장된 형태로 움직이는 역정보들이 난무하는 현장이다. 같은 종목에 투자하는 사람들이 토론하는 장이 마련된다고 하더라도, 그리고 크게 보면 같은 방향으로 가는 투자자들이라고 속마음을 다 보여주는 방식으로 자신의 의견이나 패를 밝히지는 않는다. 또 그런 정보들이 주어지더라도, 받아들이는 사람이 어떻게 받아들이느냐에 따라 얼마든지 다르게 해석될 수 있는 정보들이다. 친절하게 떠먹여주는 정보는 없다. 그래서 주식과 관련된 정보들은 결국 많건 적건 패러독스의 형태로만 작동한다. 이렇게 저렇게 선택을 해야 좋으며 확실성이 높아진다고 제시되지만, 정보에 책임을 질 사람은 아무도 없으며, 결국 본인만이 책임을 진다.

여기서 리스크란 말이 튀어나온 것이 우연이 아니다. 복잡성이 커지고 불확실성이 확대되면서, '위험'과 리스크를 구별하는 또 다른 문제가 생긴다. '위험Gefahr/danger'이 외부 환경에서 오는 것이라면, 리스크는 관찰자의 결정 때문에 생기거나 그 탓으로 돌릴 수 있는 것이다.[76] 사회적 환경 속에서 행위자는 끊임없이 스스로 결정을 내리는데, 그에 따라 생기는 리스크에 대해 행위자는 스스로 관리하고 평가하고 또 책임도 져야 한다. 전통적인 사회에서는 사람들이 대부분 외부에서 오는 위험을 상대했던 것과 달리, 이제 사람들은 거기에 더해 점점 더 리스크를 스스로 만들고 스스로 책임져야 한다. 물론 리스크를 얼마나 만드느냐 안 만드느냐는 어느 정도 개인의 재량에 달렸다고 할 수 있지만, 그 재량도 다시 선택일 뿐이며, 따라서 기본적으로 많건 적건 리스크는 늘어나고 있다. 그냥 부정적으로 늘어나는 것은 아니다. 그것은 자유 또는 재량권의 이면으로 확장되기 때문이다. 예를 들면, 불리하기에 뛰어들지 않겠다는 선택을 하는 사람의 결정도 한편으로는 리스크를 줄이는 일이지만, 동시에 리스크를 떠맡는 결정이다. 자발적으로 나온 결정이고 그 결정에 만족한다면, 별문제가 없을 것이다. 그러나 그 만족도 관찰자이자 행위자에 의한 선택적 태도일 것이다. 불확실한 경제적 환경 속에서, 환경에 자신을 닫는 방식으로 안정성을 유지하겠다는 선택적 태도이다. 그리고 실제로 만족은 지속되기 어렵다. 이것이 심리적으로 중요한 문제이다. 아마도 복잡성이 덜했던 과거 사회에서 사람들은 심리적으로 더 만족했을 수 있다.

여기서 제3자의 개입을 통해 갈등을 복잡하고 순화된 형태로 만드는 것에 대한 다른 물음이 있을 수 있다. 사회적 모순이나 갈등이 과거에 드러나지 않았던 것은 물리적 폭력(및 그것을 동원할 수 있는 여러 힘들)이 쉽게 불만이나 이의를 잠재우거나 침묵시켰기 때문이다. 이제 그런 물리적 폭력이 줄어든다면, 어떤 사람들은 이성과 도덕성의 진보나 승리라고 말할지 모른다. 실제로 그런 의견들이 꽤 많다. 그러나 시스템과 환경의 관점에서는, 그런 관점은 너무 단순한 합리주의일 것이다. 실제로는 커뮤니케이션뿐 아니라 갈등도 피할 수 없이 복잡성을 띠고 있다. 그리고 이 현상 자체는 그저 나쁜 것은 아니다. 민주적인 사회에서는 불만과 이의가 표현되어 커뮤니케이션의 차원에서 돌아다니는 것이 중요하다. 커뮤니케이션의 차원에서 돌아다닌다는 것은 꼭 소통을 목표로 한다는 의미는 아니다. 그래도 정보의 형태로 커뮤니케이션의 채널을 통해 흘러다니는 것은 중요하다. 그렇게 커뮤니케이션 채널을 통해 정보들이 흐를 때, 사회적 모순과 갈등은 물리적 폭력에 의해 처리되거나 해결되지도 않으며, 그렇게 되는 것이 바람직하지도 않다. 결국 갈등은 사람들의 선택에 맡겨지면서 이 선택에 의해 처리될 것이다. 결국 사람들이 어떻게 선택을 하느냐가 중요하다. 그리고 그 과정에서 갈등이 단순한 대립에 의해 영향을 받기보다는 복잡해지고 순화되면서 그렇게 지속한다면, 폭력이나 권력을 통해 갈등을 해결하는 것보다는 나을 것이다.

물론 사회가 불만과 갈등을 적정 수준에서 관리하거나 통제하지 못하면, 나쁜 혼란이 올 것이다. 민주 사회의 모습이 그래서 쉽지 않다. 더욱이 기술 시스템이 확장하면서, 빅테크 기업들의 영향력이 과도하게 커지고 있다. 무엇보다 AI 기술의 발전은 새로운 갈등을 생산할 수 있다. 이제 그 점에 대해 살펴보자.

3부

자신들 문제를
직접 해결 못하는
인간과 그 대행자 AI

8장

AI는 인간을 더 복잡하고도
구속되지 않은 방식으로
파악하게 만든다

1. 정보처리에서 AI 학습으로의 변화

이제 우리는 커다란 전환을 마주한다. 이제까지 1부와 2부에서
다소 지루할 정도로 정보의 불확실성 및 그것이 야기하는 복잡성에
대해 이야기했다.

20세기 후반과 비교해서 크게 바뀐 것이 있다면 다름 아니라 AI의
발전이다. 정보 및 사이버네틱스 이론은 1940년대부터 시작해서
꾸준히 발전하고 있었지만, 1970년대와 1980년대에 진행된 AI에
관한 연구 수준은 지금 보면 아주 초기 상태였다. 기본적으로 컴퓨
터 하드웨어의 발전이 아직 초기 상태에 있었지만, 소프트웨어 차
원에서도 일반적인 정보처리 과정의 관점으로만 접근해서는 한계

가 있었다. 시스템 이론 또는 인공두뇌학이라고도 불렸던 사이버네틱스 이론은 그 이후 AI 연구로 발전하고 확장되었다.

여기서 개념적이고도 기술적인 면에서 변화가 일어난다. 시스템 이론이나 사이버네틱스가 시스템의 관점에서 정보처리에 초점을 맞추었다면, AI 연구는 컴퓨터가 학습하는 적극적인 방식에 점점 더 집중했다. 정보 개념은 통신 기술의 발전에서 보듯이 엄청난 기술 발전을 가져왔고 또 시스템 이론의 차원에서도 인간 지능이 학습하는 방식은 매우 중요한 주제 가운데 하나였지만, 당시에는 많은 데이터를 처리할 수 있는 능력이 소프트웨어뿐 아니라 하드웨어 차원에서 부족했던 셈이다. 그래서 몇 가지 중요한 변화가 일어난다.

먼저 시스템 이론 및 사이버네틱스 관점에서 일어난 변화를 보면, 시스템 개념은 기계와 동물에서 시작하여 인간까지 시스템의 정보처리 과정을 설명할 수 있었지만 정보의 불확실성이 너무 큰 영향력을 행사했으며, 연구의 목표도 비교적 소박했다. 인간의 정보처리 방식이 기본적으로 기계와 동물의 그것과 크게 다르지 않다고 말할 때, 지능의 수준은 오히려 하향 평준화되는 인상을 주었다. 어떤 점에서는 인간의 사고와 행동이 동물이나 기계처럼 설명되었기 때문이다. 인간의 정보처리 능력을 기준으로 말한다면 아마도 그것을 최대한 모방하는 수준이 목표의 최대치였다고 할 수 있다.

시스템의 작동방식을 설명하면서 닫혀 있음이 기본적으로 시스템의 자율성이나 자기조직화를 가능하게 하는 조건이라고 설명한 것도 그 문제와 연관이 있었다. 닫혀 있음을 통해서만 환경으로의 열림도 일어난다는 관점도 현재 일어나고 있는 정보 기술의 발전을 충분히 반영한다고 보기 어렵다. 물론 정보의 불확실성은 정보통신 기술을 발전시키는 데 장애물이 아니라 오히려 출발점 역할을 했다. 하지만, AI의 학습 능력이 2010년대 중반에 획기적으로 발전하기 전까지는, 정보처리 기술은 초보적인 수준이었다. 기계는 '기계 같은' 수준에서만 다루어졌다. 물론 사이버네틱스 모델에서 AI 모델로의 발전이 이루어지는 과정에서, 시스템 개념이 사라진 것은 전혀 아니다. 시스템 안에서 자기조직화를 수행한다는 관점은 AI의 학습 방식에서도 남아 있기 때문이다. 그래도 새로운 AI 모델에서는 그저 주어진 시스템의 경계 안에서 정보를 처리하는 수준의 지능이 아니라 적극적인 학습을 하는 지능 시스템에 초점이 맞추어진 것은 사실이며, 그 점에서는 큰 변화가 생겼다. AI가 인간이 입력한 프로그램에 따라 수동적으로 작동하는 수준을 넘어 자율적으로 학습을 하게 된 것이 전환점이었다.

그 변화는 어떻게 설명될 수 있을까? 우선, 정보 이론에서는 정보의 불확실성이 강조되었던 것과 달리, AI 연구에서는 상대적으로 확률적 방식을 통한 학습에 무게가 실렸다고 말할 수 있다. 수많은 데이터를 처리하기 위해, 베이지안 Bayesian 통계이론이 적용된 것이 대표적인 예이다. 시스템 이론의 차원에서 정보는 불확실한 것이며 시스템은 자기보다 복잡한 환경에 끊임없이 적응하면서 겨우 자신을 유지하는 것과 달리, AI 모델에서는 AI가 수많은 데이터 속에서 패턴을 학습하면서 불확실성을 많건 적건 줄일 수 있는 방향으로 발전이 이루어진다. (AI가 기계학습을 통해 발전하게 된 과정은 필자가 『강한 인공지능과 인간』에서 다루었기에, 여기서 더 이상의 설명은 생략하기로 한다.)

물론 정보 개념에서도 확률적 접근법은 이미 있었기에, 전혀 없던 확률적 방법이 새로 등장한 것은 아니다. 정보 개념도 정보를 엔트로피로 정의하면서 어떤 사건에 대한 정보의 양이 그 사건이 일어날 확률에 반비례한다고 규정했으므로, 확률적 관점은 이미 중요했다. 다만 정보 이론이나 시스템 이론이 다루었던 정보의 양보다 엄청나게 많은 데이터를 처리하는 기술이 요구되고 또 실행되면서, 통계학적 방법이 확장되고 발전된다. 그리고 이 통계학적 방법은 통계적으로 유의미한 발전이 이루어지면 불확실성이 줄었다고 해석하므로, 상대적으로 정보의 불확실성의 관점과는 차이가 있는 접근법으로 보인다.

따라서 정보처리에 실렸던 무게는 데이터 학습으로 이동하게 된다. 그리고 이 과정에서 규칙에 기반을 두고 세계를 이해하거나 학습하던 기존의 방법에 큰 변화가 일어난다. 인간주의적 차원에서 인간의 세계이해는 주어진 지역이나 시대에 고유한 의미연관이나 '생활세계'에서 크게 벗어나기 힘들다. 실존 개념도 근본적으로 그것을 전제한다. 그리고 그 인간적 방식은 일정한 규칙의 질서를 따라 학습한다. AI 발전의 초기 단계에서도 '전문가 시스템'이라고 불린 접근법은 전문가가 터득한 규칙에 기반을 두고 학습을 진행하려 했지만, 한계에 부딪쳤다. 오랜 훈련을 거쳐서 인간은 전문가나 장인이 되지만, 그렇다고 그 과정이 규칙을 통해 노하우를 다른 사람에게 전달해주는 과정과 같은 것은 아니기 때문이다. 실제로 장인과 도제 관계의 교육방식은 단순히 규칙을 익히는 데서 오는 것이 아니며, 현대인에게는 권장하기 어려울 정도로 혹독한 훈련 방식 속에서 다양한 형태로 명시적이지 않은 학습방식이 동원된다. 근대적인 교육도 제도화된 틀에서 규칙을 학습시키는 형태로 이루어졌지만, 기본적으로 진부한 지식을 대량생산하는 형태를 벗어나지 넘지 못했다. 말하자면, 규칙에 근거해서 학습하는 방식은 명백히 한계가 있었다는 것이다. 그런데 머신러닝Machine Learning이 돌파구를 마련했다.

소프트웨어와 하드웨어 차원의 발전 덕택으로 AI가 많은 데이터를 기반으로 패턴을 학습하는 방식이 훌륭하게 효과를 보았고, 복잡성을 '최적화하는' 길이 어느 정도 열렸다. 따라서 정보의 불확실성이 더 이상 완강하게 장애물로 인식되지는 않게 된 셈이다. 물론 정보 개념에 실렸던 무게가 일반적으로 모두 데이터로 옮겨지는 것은 아니지만, AI 모델에서는 그런 경향이 컸다. 양자물리학이나 양자컴퓨터의 연구에서는 오히려 정보 개념에 아직도 무게가 실려 있는 점도 있다. 왜냐하면 양자얽힘 현상은 환경에 독립적인 양자들이 서로 사이에 강한 상호정보를 가진 시스템을 유지하면서 일어나는 현상이기 때문이다. 물론 섀넌의 정보 개념은 양자 이론에서는 수정되고 확장되었다.

그렇다고 정보와 데이터 사이에 대립적인 차이가 있는 것은 아니다. 정보가 엔트로피라는 섀넌의 정의가 불확실성과 복잡성을 강조했다면, AI의 학습법이 비교적 효과적으로 복잡성을 처리하는 것은 맞으며, 따라서 거기에 진보나 발전이 있는 것도 맞다. 하지만 정보가 엔트로피라는 정의는 이미 정보를 얻는 과정에 여러 형태의 무질서나 잡음이 끼어든다는 것을 의미하며, 이런 발견은 AI의 학습법에도 많은 도움이 되었다. 또 정보가 엔트로피라는 정의는 정보는 좋음이나 올바름에 봉사한다는 인간적 기준을 괄호 안에 넣었는데, 이런 태도도 AI의 학습법에서는 도움이 된다. 그 자체로는 부정적이거나 엉뚱한 데이터도 데이터로 중요한 역할을 할 수 있다는 발견은 데이터 이론이나 초기 AI 개발 과정에서도 중요한 역할을 했다.

초기에 컴퓨터를 학습시킬 때, 옳은 데이터의 관점에서만 학습을 시키려는 시도가 있었지만 그런 옳은 논리 방식의 시도는 크게 도움이 되지 않았다. 물론 당시에는 컴퓨터 파워가 아직 강하지 못했던 시기이기 때문에 하드웨어적인 면도 작용을 했지만, 옳은 데이터 중심으로 학습한다는 방식, 곧 소프트웨어에 대한 태도가 그 못지않게 중요했다. 사전이나 검색 엔진은 말할 것도 없고 챗GPT 같은 대용량 컴퓨터에서 드러난 사실이지만, 언어학습에서는 틀린 데이터나 엉뚱하고 삐딱한 데이터도 모두 필요하다. 인간의 사회생활 또는 맞춤법 차원에서는 가능하면 틀리거나 삐딱한 표현을 사용하지 않는 게 바람직할 수 있지만, 학습과정에서는 그것들도 모두 데이터와 정보로 처리할 수 있어야 한다. 그런 정보처리 과정은 틀린 표현이 나오면 빨리 수정하는 데에도 필요하지만('자동수정' 기능이 이 일을 한다), 기존의 옳은 문법에만 집착하면 실제로 유통되는 잡다한 언어 및 그 언어가 사용된 데이터를 파악할 수 없기 때문이다. 기존의 이른바 옳은 언어에만 매달리는, 곧 옳은 규칙 접근 방식의 AI 모델은 실제로 사용되는 인간 언어를 충분히 이해할 수 없다. 거리에 나가보거나, 심지어 책을 펼쳐보자. 정확하지 않거나 틀린 표현들과 엉뚱한 표현들이 얼마나 많은가. 생물학적 정보의 차원에서도 돌연변이가 얼마든지 생길 수 있다. AI의 관점에서 말하자면, 인간 못지않게 인간 언어를 이해할 수 있을 뿐 아니라 창의적인 인간 못지않게 새로운 표현을 할 수도 있으려면, AI는 기존의 '옳은 규칙' 또는 '논리적인 규칙에 기반을 둔' 데이터에만 매달리면 안 된다. 수많은 점에서 엉뚱하고 삐딱한 관찰이나 표현을 처리할 수 있어야 한다. 곧 나쁘거나 잘못된 데이터도 데이터로는 쓸모가 있는 셈이다.

AI 모델은 이렇게 확장된 데이터 개념에서 출발하면서, 데이터의 양뿐 아니라 다양성을 모두 확장시켰다. 그리고 거기서 패턴을 찾아내는 학습방법이 효과를 거두는데, 가능한 한 많은 패턴을 찾아낼수록 불확실성은 줄어드는 것으로 이해되었다. 데이터의 양이 매우 많고 다양성도 매우 커서 복잡성이 매우 커지더라도 AI가 패턴을 찾아낸다면, 불확실성이 줄어드는 효과가 있다고 파악되는 셈이다. 이렇게 보면, 정보가 엔트로피라는 정보 개념은 AI의 학습법의 성과에 의해 크게 수정되거나 심지어 극복된 것 같다.

일정한 수준에서 그런 면이 있다. 그러나 완전한 극복은 아니다. AI 학습에 사용되는 매개변수의 숫자가 몇십억 개에 이를 정도로 커지면서, 차원은 다르지만 불확실성은 여전히 남아 있다. 여기서도 두 가지 형태의 불확실성을 구별할 필요가 있다. 하나는 인간의 관점에서 걱정이 되는 불확실성이다. 인간이 AI의 결정이 어떻게 이루어졌는지 모를 뿐 아니라, 과연 AI가 자신의 결정에 대해 성찰적인 태도를 취할 수 있는지 모른다면, 또 AI가 결정이 이루어진 과정에 대해 설명을 한다고 하더라도 인간이 그것을 분석하고 파악할 수 없다면, 새로운 차원에서 불확실성이 생겨나는 셈이다. 이 걱정이 근거가 전혀 없지는 않지만, 거꾸로 너무 과장할 필요도 없을 것이다. 사실 인간도 자신의 인식과 결정에 대해 제대로 냉정한 성찰을 하기는 어렵다. 아무리 규범적으로 성찰을 강조하더라도, 실제로는 자신의 사고나 행동과 동시에 그 가능성의 조건에 대해 심각하게 이의를 제기하기는 어렵기 때문이다.

그러나 이 인간주의적 걱정보다 더 중요한 불확실성이 남아 있다. 매개변수를 엄청난 규모로 적용하면서 AI가 데이터를 처리하는 능력이 크게 좋아진 것은 사실이지만, 그 기술 자체에도 여전히 불확실성은 남아 있기 때문이다. 이 문제는 이미 기존 AI 연구에서도 지적되었는데, 몇 가지만 언급하도록 하자.

우선, 매개변수의 숫자가 크게 늘어나면, AI가 학습하고 예측하는 데 필요한 계산의 양이 기하급수적으로 늘어날 수밖에 없다. 이것은 학습의 성과를 늦출 뿐 아니라, 더 나아가 최적화에 필요한 방식으로 수렴이 일어나는 데 나쁜 영향을 미친다. 또 매개변수의 수가 매우 많아질수록 AI 모델은 그들 데이터에 지나치게 적합한 방식으로 적응하는데, 그러면 새로운 데이터에 대한 일반화 능력이 떨어질 수 있다. AI 모델이 엉뚱하고 불필요한 노이즈들까지 모두 학습하게 되면서, 새로운 데이터에 대한 예측에서 불확실성이 높아진다는 것이다. 많은 매개변수에 과도하게 적합한 태도, 곧 과잉적합 overfittng이라고 불리는 현상이 나타난다. 또 매개변수의 숫자가 크게 증가하면, 당연히 그 변수들 사이의 상호작용이 증가하고 복잡해진다. 그러면 그 상호작용에 대한 조그만 변화라도 커다란 오차를 가져올 수 있다.* 마지막으로, 이렇게 복잡성이 증가한 AI 모델은 그것을 계산하기 위해 더 많은 데이터나 매개변수를 요구하게 된다. 그리고 이제는 단순히 데이터의 양만 중요한 것이 아니라, 어떤 수준의 데이터인지가 중요해진다. 결국 최적화를 비롯해서 불확실성을 줄이는 효과가 일어났지만, 그래도 여전히 새로운 형태의 불확실성이 발생한다는 것이다.

그리고 이제까지 불확실성에 대해 많은 말을 했는데, 그에 대해 얼마든지 있을 수 있는 오해를 지적해두고 싶다. 정보는 불확실성에 대한 지표라는 정의가 정보통신 기술의 획기적인 발전을 이루는 데 기여했고 AI의 학습방식에도 나름대로 기여했듯이, 불확실성이라는 개념은 단순히 불안을 초래하거나 그것과 깊은 관계를 가진 개념이 전혀 아니다. 과학적으로 무질서 개념이 상대적인 성격을 가지듯, 불확실성도 상대적인 성격을 가진다. 그냥 불안을 가져오는 불확실성이 아니라는 것이다. 오히려 많은 점에서 더 깊게 이해하고, 더 복잡하게 파악하는 시도를 하게 만드는 것에 가깝다.

---

* AI 연구의 초기 단계에서 민스키도 이런 불확실성의 장애를 지적했다. "어떤 시스템의 부분들이 더 많이 상호작용을 할수록, 개별적인 변화는 기대하지 못했던 부작용을 초래할 가능성이 커진다."(Minsky, *The Emotion Machine,* p.181)

2. AI는 단순히 마음 바깥이 아니라, 이미 마음 내부에 있다

　그렇다면 이들 전환, 곧 정보에서 데이터로의 변화, 많건 적건 닫혀 있으면서만 열릴 수 있는 시스템 개념에서 AI 모델로의 발전 또는 확장, 그리고 복잡성에 대하여 다소 수동적인 태도에서 능동적인 태도로의 전환은 어떤 의미를 가지는가? AI 연구 및 기술의 발전은 인간의 지능과 심리 시스템이 20세기 말과 21세기 초까지 마주했던 불확실성과 복잡성의 문제를 예상하지 못했던 수준으로 돌파한 것은 잘 알려진 사실인데, 굳이 그 이야기를 다시 할 필요는 무엇인가?

　무엇보다 AI의 학습이 복잡성을 대하는 인간의 관점 또는 태도에 크게 새로운 영향을 미치고 있어서다. 1부와 2부의 논의에서 보았듯이, 인간이 세계를 대하는 이해방식은 환경의 복잡성을 충분히 고려하지 못했다. 전통적인 사회에서는 말할 것도 없다. 그러다 정보 이론과 기술의 발전이 새로운 방식으로 정보의 불확실성과 복잡성을 다루는 데 도움이 되었고, 인간이 어떤 사회적 환경을 마주하고 있는지 알게 해주었다. 시스템과 환경의 구별에 따른 시스템 개념은 인간주의의 시각으로만 인간을 이해하는 태도가 얼마나 좁고 구시대적인지 알게 해주었다. 인간은 전통적으로 마음과 신체의 이분법 안에서 주로 이해되었는데, 거기서는 정보처리의 관점이 전혀 없었다. 그와 비교하면, 정보를 처리하는 시스템의 관점은 그런 인간주의적 지평을 벗어나게 만들었다. 다르게 말하면, 시스템의 복잡성의 관점에서 인간이 파악되어야 하고, 그래야 인간은 충분히 복잡하게 파악되는 것이다.

그렇지만 일반적으로는 인간에 대한 이해가 아직도 인간주의의 차원에 머물러 있는 것도 사실이다. 이론적으로는 시스템과 환경의 구별에 따라 인간을 일종의 시스템으로 파악하는 데 이르렀지만, 일반적으로는 그렇다고 말하기 어렵다. 여기에는 시스템으로 인간을 파악하는 방식은 인간이나 사회에 대한 공학적 접근이라고 오해하거나 비판하는 관점도 작용했다. 하버마스도 그런 방식으로 루만의 관점을 비판했다. 그러나 시스템과 환경의 구별에 따라 인간을 복잡하고도 구속되지 않은 방식으로 파악하는 것은 결코 단순히 공학적인 접근이나 좁은 의미의 기술적 접근이 아니다. 오히려 베이트슨의 방법이나 관점이 알려주듯, 생태(학)적 접근이라고 할 수 있다. 어떤 시스템보다 크고 복잡한 환경에 먼저 주의를 기울이는 접근법이기 때문이다.* 공학적인 접근이냐 아니면 생태적 접근이냐는 용어 차원의 물음이 중요한 것은 아니지만, 어쨌든 좁은 의미의 공학적이거나 기술적인 접근으로만 이해하는 것은 단견이라는 것이다. '정보처리'라는 용어가 다소 공학적인 성격을 띠고 있기는 하지만, 유기체도 생물학적 유전정보의 관점에서 파악될 수 있으며, 인간이 구성하는 사회 시스템의 근간에는 정보처리가 자리 잡고 있다.

마찬가지로 여기서 AI의 학습방법의 변화나 발전은 단순히 좁은

---

* 베이트슨은 다윈이 자연선택설을 주장하면서 종들을 생존의 단위(개인, 가족 계통, 하부단위 종)로 설명했다고 비판한다. "그러나 오늘날 이것들이 실제 생물학적 세계에서 생존의 단위가 아니라는 것은 꽤 분명하다. 생존의 단위는 유기체 더하기 환경이다."(Gregory Bateson, *Steps to an Ecology of Mind*, p.491)

뜻의 기술 발전에 그치지 않는다. 그런 이해에 그치지 않고, 그 변화를 복잡성이 커지는 사회적 환경에서 인간을 더 복잡하고도 구속되지 않은 방식으로 파악한다는 앞의 과제와 연결시킬 필요가 있다. 무슨 말인가? 인간은 더 이상 순전히 자연적인 존재는 아니며, 인간적인 방식으로만 친교를 나누는 관계만으로도 파악되지 않는다. 가족과 친구의 친교 방식을 넘어서면, 인간은 사회 시스템으로서의 조직들에 참여함으로써 사회생활을 한다. 이 사회 시스템을 구성하고 거기에 참여하는 복잡한 방식을 파악하지 않는 한, 인간을 제대로 복잡성 속에서 파악한 것이 아니다. 심리 시스템과 신경 시스템에 더하여, 사회 시스템과의 관계 속에서만 인간은 비로소 그의 실존을 가로지르는 복잡성에 걸맞게 파악될 수 있을 것이다. 그리고 이미 보았듯이 사회적 커뮤니케이션도 전통적인 인간주의가 기대한 방식으로 이루어진다기보다는 사회적 복잡성을 증가시키고, 심지어 갈등 가능성을 증가시키는 방향으로 간다. 미디어를 통한 커뮤니케이션은 흔히 마음이나 영혼의 진정성을 표현한다고 여겨지지만, 거꾸로 가는 현상도 일어난다.

마찬가지로, AI 로봇이라는 기술 시스템과 네트워킹을 하는 일은 인간의 필수적인 사회적 활동방식으로 인정되어야 한다. 인간의 지적 활동은 컴퓨터의 초기 단계를 넘어 AI에 접속되면서만 이루어지며, 그 점에서 인간만의 인간적인 삶을 기대하는 것은 가상이라고 할 수 있다. AI에 의해, 그리고 그를 통해 이루어지는 정보와 데이터 학습의 네트워크 속에서만 인간은 인간으로 겨우 존재한다. AI 로봇과 연결되거나 그것과 협력하는 인간의 존재 방식을 인정하는 것은 다름 아니라 인간을 복잡하게 파악하는 일일 것이다. 그리고 복잡할 뿐 아니라 아마도 구속되지 않은 방식으로 인간을 파악하는 일일 것이다. 물론 '구속되지 않은' 방식이라는 말은 여러 관점에서 해석이 가능하다. 최소한, 단순히 인간이 더 많은 자유를 가진다는 뜻으로 해석될 필요는 없다. 그렇지만 어쨌든 기존의 규칙에 얽매이지 않은 방식으로 나아갈 수 있어야 한다는 것만은 분명하다.

그렇지만 여기서 아직도 조금 더 설명할 점이 있다. 시스템과 환경의 구별에 따라 인간을 파악하는 것은 부분과 전체의 패러다임에서 가능한 것보다 복잡하고도 구속되지 않은 방법으로 인간을 파악하는 일이라고 했다. 거기서는 부분과 전체의 구별에 대응하는 시스템과 환경의 구별이 문제였다. 그리고 후자의 구별을 따른다면, 인간을 더 복잡하고 구속되지 않은 방식으로 파악할 수 있다고 말할 수 있다. 그러나 AI는 시스템과 환경의 구별과는 어떤 관계에 있는가? 시스템이 정보와 데이터를 처리하는 수준에서 더 진화한 모델이 AI 시스템이라면, 시스템의 특별한 형태가 AI일 것이다. AI도 시스템이며 또 20세기보다 진화한 시스템인 셈이다. 그리고 그 AI 시스템이 환경 속에 있는 것도 사실이다. 다음 장에서 다시 그 주제를 다루겠지만, 아무리 AI가 발전해도 그것 역시 존재 전체나 우주 전체를 파악할 수는 없다. 그것도 자신보다 복잡한 환경 속에 있을 수밖에 없다.

시스템과 환경의 구별이란 관점에서 AI는 빠르게 진화한 시스템의 한 형태를 지칭한다. 여기서 '생물학적' 존재인 인간은 직접 AI

시스템으로 구성되지는 않지 않았느냐는 이의도 가능하다. 그렇다면 AI 시스템은 인간의 '바깥'에 있는가? 인간의 바깥에 있는 지능 시스템을 통해 인간을 더 복잡하고도 구속되지 않은 방식으로 파악한다는 것이 무슨 의미인가?

여기서 인간의 '바깥'에 있는 지능 시스템이라는 용어에 조금 더 주의를 기울이자. AI나 로봇이 심리 시스템이나 신체 시스템보다는 인간의 '바깥'에 있다는 것은 맞다. 그러나 그렇다고 그 규정을 너무 즉물적으로 받아들일 필요는 없다. 엄밀하게 보면, 인간의 심리 시스템과 신체 시스템도 순전히 자연적인 상태에만 머물러 있는 것도 아니고 생물학적인 유기체의 형태로만 움직이는 것도 아니다. 앞에서 커뮤니케이션을 살펴보았듯이, 인간의 마음은 이미 복잡한 커뮤니케이션 속에서 움직이며 최근에는 소셜 네트워킹이라는 플랫폼이 추가되었을 뿐이다. 그래서 루만이, 일단 사회적이고 기술적인 커뮤니케이션을 하면 인간은 다시는 마음이라는 천국으로 되돌아갈 수 없다고 한 것이다. 인간의 마음은 또 지능 차원에서 우리 신체 바깥의 사물들에 기억과 학습을 위한 장치들을 분산시켜놓고, 그것에 의존한다. 책을 비롯해서 모든 사회적 신호 시스템이 그것이다. 우리 신체도 온갖 기계장치들에 의존하거나 그것과 연결된 상태에서 학습하고 훈련하며 이동한다. 말하자면, 마음과 지능 그리고 신체도 이미 다양한 방식으로 마음과 신체 '바깥'의 장치들과 도구들에 연결되어 있으면서만 살아 움직인다는 것이다. 이렇게 보면, 인간은 이미 다소 엉뚱하고 삐딱하며 우스우면서도 심오한 존재로 보인다.

AI 시스템도 그런 존재로 이해하면 된다. 마음과 신체의 '바깥'에 있는 것처럼 보이지만, 이미 인간의 내부에 스며들어와 있으면서 우리의 마음을 구성하며, 마음 여기저기에 자리 잡고 있는 장치이자 무대이며 네트워크이다. 그리고 특이하게도 AI는 심리 시스템과 사회 시스템과 기술 시스템을 접속시켜주는 연결망이다. AI에 초점을 맞춘다는 것 그리고 그와의 협력관계에 관심을 가지는 일은 그러므로 인간주의의 울타리 안에서 인간에 맞추었던 초점을, 시스템 개념을 통하여, 생물학적 시스템과 기술 시스템이면서도 사회 시스템으로도 존재하는, 엉뚱하고 우스우면서도 심오한 존재로 초점을 이동시키는 일이다.

놀랄 일인가? 그럴 수도 있다. 인간을 파악하면서, 우리는 알게 모르게 많은 경우에 개인 아니면 인류라는 전체에 초점을 맞추곤 했다. 그러나 그렇다고 해서 인간이 개인과 인류라는 단위로만 존재하는 것은 아니다. 우리는 이미 사회 시스템이나 기술 시스템을 동시에 언급했다. 인간보다 넓은 의미로 존재하며 작동하는 것이 시스템이고, 심리 시스템도 그 가운데 하나이다. 그리고 심리 시스템과 사회 시스템과 기술 시스템이 교차하는 지점에 있는 것은 인간만이 아니라 AI도 그렇다. AI는 그 자체로는 인간의 마음 바깥에 있는 환경처럼 보이지만, 거기에 그치지 않고 인간 내부로 틈입하고 이미 인간을 시스템으로 움직이게 한다.

이렇게 파악하면, AI의 학습이 발전하고 진화함에 따라, 인간을 현재와 미래에 더 복잡하면서도 더 구속되지 않은 방식으로 파악하는 문제와 관련해서, 엄청난 변수가 생긴 것이다. 그리고 이 변수를 고려하지 않고서 그 문제는 제대로 다루어질 수도 없다. 물론 현재 AI의 발전은 앞으로 진행될 미래를 생각하면 초보적인 상태인만큼, 그 변수를 지금 충분히 고려하기 어려운 것도 분명하다. 그래도 그 엄청난 변수를 가능한 한 고려해야 한다.

물론 AI의 학습 방법의 성과에 관한 서술은 기존의 연구를 반영한다는 점에서 사실적이지만, 미래에 대한 예측을 포함한다는 점에서는 전적으로 사실적이지는 못할 것이다. 그리고 인간을 복잡하고 구속되지 않은 방식으로 파악한다는 과제를 논의하는 사람이라고 해서, 인간의 미래에 대해 어떤 발견적 진술을 하는 것도 아닐 것이다. 어떤 점에서는 상상의 몫도 작지 않으며, 이 점을 인정하는 것도 중요하다.

3. AI 로봇은 인간의 일을 위임받은 대행자다

심리 시스템과 사회 시스템에 스며들고 끼어드는 기술 시스템으로서 AI가 인간의 삶을 더 복잡하고 더 구속되지 않게 만든다는 의미를 조금 더 살펴보자. 기술 시스템으로서 AI 시스템은 현재 사회에서 인간의 지능과 학습이 작동하고 진화하게 만드는 중요한 역할을 한다. 그런데 그렇게 이해되면, AI 시스템은 기술적인 도구로서 개발되었고 또 그 기술적 도구의 한계 안에 머물러 있는 듯하다. 기술 시스템이지만 여전히 도구의 역할만 한다고 여겨지는 것이다.

그것 말고, 그것 못지않게, 중요한 다른 요인이나 역할이 있다.

크게 두 가지 주제가 있다. 우선, 부정적인 방향에서 관찰해보자. 기술적 도구로 개발되었지만, AI가 도구의 수동적 한계를 넘어간다는 점에 주의를 기울여보자. 그리고 바로 그 넘어감이 인간의 존재와 사회적 역할 자체를 대행하며 대체하는 효과를 동시에 초래한다면? AI는 바로 그 역할을 한다. 인간을 대리하고 대행하며, 심지어 대신할 수도 있다. 많은 점에서 인간의 대행자 역할을 넘어 확장자라고 말할 수도 있다. 이제까지 모든 기계장치는 인간을 신체적으로 돕거나 지능이 학습하는 데 도움을 주었다. 그런데 AI는 신체적으로 돕거나 지능의 학습에 도움을 주는 데 그치지 않고, 인간이 할 수 있는 수많은 사회적 역할을 대리하거나 대행할 수 있는 능력을 가질 가능성이 크다. 그렇게 인간의 일을 대리하고 대행한다면 좋은 일도 생기겠지만 나쁜 일도 얼마든지 생길 수 있다. 무엇보다 중요한 점은, 자신의 일과 과제를 자신과 비슷한 타자에게 위임할수록 타자의 능력은 강해질 수 있다는 것이다.

그런데 그 좋은 효과와 나쁜 효과들이 모두 고려되고 그것들의 상호작용까지도 고려되었을까? AI의 등장은 단순히 일자리 문제를 넘어서는 복잡한 문제들을 초래한다. 그런데 그 필요성이나 효과에 대해 사람들이나 사회는 합의에 이른 적이 있을까? 그런 적은 없다. 산업화 과정에서 처음 기계가 도입되었을 때 사람들은 기계에 반대하는 운동을 벌였는데, 그 사회적 운동과 비교하면 로봇과 AI가 발명된 현재 사회에서는 크게 반대하는 움직임은 없는 듯하다. 이 점은 사실 놀랄 만한 일이다. 많은 사람들의 일자리가 로봇과 AI에 의해 대체된다는 전망과 예측이 이미 꽤 나오고 있는데도, 그들의 도입에 반대하는 대대적인 사회적 움직임이 없는 것이다. 없어지는 일자리 대신에 새로운 일자리가 만들어질 것이라는 기대나 희망이 있어서일까? 그런 기대나 희망을 가진 사람도 있을 수 있지만, 실제로 많지는 않은 것 같다. 아니면, 일자리가 없어도 기본소득 같은 제도를 통해 정부로부터 지원을 받을 수 있을 것이라는 기대가 있어서일까? 확실한 전망이나 보장은 아무것도 없다. 그런데도 사람들은 뛰어난 기계들이 도입되고 발명되는 것에 대해, 사회적 규모에서 반대하지는 않는다. 어떻게 그런 일이?

여기서 물음을 하나 던질 필요가 있다. 인간이 하던 일을 대신하거나 대체하는 로봇과 AI는 왜 생겼을까? 사실 사회가 인간적인 방식으로 돌아간다면, 운전기사를 비롯한 모든 노동자들에게 적절하게 또는 충분하게 월급을 주면 될 것이다. 그러나 매년 임금을 둘러싸고 노동자들과 밀고 당기는 협상을 해야 하고 또 다른 기업과 기술적 경쟁도 해야 하는 기업들은 자율주행차와 로봇과 AI를 도입하는 것이 낫겠다는 결정 쪽으로 향하고 있다. 20세기 후반부터 이미 노동자의 임금은 기업의 영업이익만큼 증가하지 않는다는 통계가 나와 있었다. 그렇다고 경영자의 비인간성만을 탓할 일도 아니다. 자영업 비율이 높은 한국에서는 중산층 가게주인들의 아우성이 몇 년 전부터 높아졌으니, 기업 경영자만 인간을 넘어서는 변화의 필요성을 느낀 것이 아니다. 무인 가게가 늘어나고, 인간 직원 대신에 로봇이 서비스하고 음식까지 만드는 시대가 벌써 와 있다. 일정한 수준에서는 교사, 의사 등의 전문직까지 AI가 대체할 수도 있다.

로봇과 AI는 인간이 더 이상 인간적인 형태로 자신들의 문제를 해결하지 못하는 상황에서 등장한 것이다. 낮은 수준의 노동이든 높은 수준의 노동이든 사회는 노동과 임금 문제 및 거기에서 비롯되는 많은 문제를 해결하기 어려운 상황에 있다. 선진국은 처음엔 해외 이주민을 데려왔다. 하지만 그로 인한 사회적 비용이 늘어나자, 더 이상 감당하지 못하고 비명을 지른다. 그래도 선진국 안에서는 저임금의 육체노동을 할 사람이 부족하다. 해외 이주민을 더 데려오든지, 로봇과 AI 시스템에 맡기든지 선택이 필요했다. 해외 이주민을 받아들일 수도 있지만 그것은 복지 지출을 포함한 사회적 불확실성을 증가시키는 요인이 될 수 있기에, 기술 시스템의 발전이 가능하다면 그쪽으로 사회적 진화가 이뤄질 것이다.

기술 시스템이 이 변화의 원인인지, 아니면 기술 시스템은 사회적 변화를 반영하거나 그 반영의 결과인지 따질 수는 있겠지만, 단순한 원인과 결과의 관계만으로는 이 변화를 파악하기 어렵다. 어쨌든 깊은 상관관계가 있는 것은 분명하다. 인간은 인간적인 방식으로 또 20세기 방식으로 사회적 문제나 갈등을 관리하거나 해결하기는 매우 어려운 상황에 와있다.

그렇지만 복잡성이 커지는 기술 시스템이 사회 시스템과 결합할수록, 사회 시스템의 복잡성도 확대될 수밖에 없다. 이미 논의했듯이 인간은 사회의 동질적이며 필수적인 한 부분이 아니며, 사회 조직들도 인간적인 방식으로만 돌아가지는 않는다. 그 조직들은 인간으로부터 독립해서 돌아가는 사회 시스템이자, 인간에게는 사회적 환경이다. 사람은 거기 참여하기는 하지만, 회사를 포함한 조직은 근본적으로 인간적인 방식으로만 돌아가지는 않을 정도로 복잡성을 가진다. 일반적으로 근대 이후 사람은 노동을 통해 사회생활을 할 뿐 아니라 자아의 정체성을 가지게 된다고 말하지만, 이제 많은 사람들은 조직에 시달리지 않는 방식으로 살아가기를 꿈꾼다. 그러나 그게 가능하려면, 경제적 자유를 확보해야 한다. 기업들은 AI와 로봇을 도입하는데, 사람들은 조직 생활에 치여 어떻게든지 경제적 자유를 얻으려 리스크가 많은 재테크에 관심을 가진다. 서로 충돌하는 경향들이 맞물리며, 복잡성은 커진다.

일반적으로 잘 알려진 사실이나 추정들을 넘어 시스템과 환경의 관점에서 가정을 하나 하자면, 사람들은 이미 사회적 환경의 복잡성에 대해, 그것의 어마어마한 복잡성에 대해, 나름대로 낌새를 채고 있다. 사회는 인간적인 방식으로 돌아가지 않는 면이 많다는 것도 인지하고 있다. 또 인간이 만든 많은 문제나 갈등에 대해 인간적인 방식으로는 해답이 없다는 것도 알 만큼은 아는 것 같다. AI와 로봇 시스템이 확장하는 와중에서도, 크게 반대하는 사회적 운동이 일어나지 않는 이유 가운데 하나가 거기 있는 것이 아닐까.

이렇게 보면 인간을 더 복잡하고도 구속되지 않은 방식으로 파악하는 과제는 이미 사람들에 의해 최소한 반 정도는 인식되고 있고 또 나름대로 다뤄지고 있는 것 같다. 물론 시스템이나 환경의 구별 같은 이론적인 주제를 통해서는 아니지만, 사람들은 각자의 방식대로 그 일을 하고 있다. 인간은 자신의 문제를 스스로, 인간적이고 근대적인 방식으로는, 해결하지 못하는 면이 많다는 것을 어떤 방식으로든 알아가고 있다. 사람들은 이미 자신을 복잡하게 파악하고 있는 셈이다. 그리고 인간적인 사고방식이나 접근법으로는 다루기 어려운 문제와 갈등들은 다름 아니라 AI의 도입을 통해 관리되거나 통제되고 있는 것이다. 이로써 사회적 책임뿐 아니라 신뢰도 분산되고 있다. 그리고 AI 시스템은, 아직도 많은 사람들이 AI가 인간의 지능을 모방하려는 목표를 가진다고 오해하는 것과 달리, 인간의 사고방식과는 다른 방식으로 정보와 데이터를 처리하기에, 그 일을 잘 수행한다.

이것은 AI의 역할에 대한 다소 부정적인 방향의 관찰이다. 다소 긍정적으로 관찰할 수 있는 길도 있다. 여기서도 길은 다시 크게 두 갈래로 나뉜다. AI가 단순히 작업을 파괴하는 데 그치지 않고 얼마든지 작업을 개선하는 도구로 사용될 수 있다는 것이다. 이것도 충분히 가능한 일이다. 그런데 여기서는 AI가 여전히 도구로만 파악되고 있으며, 인간은 그에 비해 그 도구를 잘 사용하는 사용자로 파악된다. 그렇지만 이런 이해는 여전히 인간을 인간주의적 척도로 이해하는 방식이며, 따라서 아직 인간을 복잡하지 않은 단순한 형태로 파악한다. 인간은 도구와 기술 없이는 인간이 되기 어렵다. 거꾸로 말하면, 기술과 도구 없이는 인간은 사회적 역할도 수행할 수 없다.

그러면 AI는 도대체 어떤 존재이며 어떤 역할을 하는가? 일단 인간이 심리적으로나 사회적으로 존재하는 데 필수적인 협력자나 협력 시스템으로 파악될 수 있다. 반복적인 노동, 그래서 다소 수준이 낮다고 여겨지는 노동이나 작업을 대신하고 대행해줄 뿐 아니라, 수준이 높은 작업(교사, 의사, 판사, 상담가, 정치인 등)까지 대신해줄 협력자이자 협력 시스템. 이 점이 중요하다. AI나 로봇은 단순히 수준 낮은 일만 대신해주는 데 그치지 않는다. 앞으로 지적으로나 정신적으로 수준 높은 작업까지 AI의 협력 없이는 인간은 잘 해나가지 못할 가능성이 크다. 이제까지는 사람은 사회에서 다른 사람들의 협력이나 조직의 협력을 얻으면서 삶을 풀어 나갔는데, 거기에 더해, AI의 협력을 얻으면서 살아가게 될 수 있다.

이 점도 아주 특이하지는 않고, 비교적 예측 가능한 이야기라고 할 수 있다. 그리고 '협력'이라고 해서 모두 좋은 면만 있는 것이 아니라는 점도 어느 정도는 예측할 수 있다. 그래도 단순히 인간을 대신하면서 일자리만 감소시키는 역할보다는 훨씬 포괄적인 역할을 AI로부터 기대할 수 있다. 물론 그 과정에서도 인간을 대신하고 대행하는 역할이 포함되어 있다.

그럼 여기서 우리는 어떤 인식을 얻을 수 있는가? 이제까지 사람과 조직의 협력에 크게 의존했던 수준을 넘어 인간이 AI의 협력에 의존한다는 것은, 바로 앞에서 우리가 관찰한 사실과 맞물린다. 곧, 사람은 사람이 만든 문제와 갈등을 인간적인 방식으로는 해결하기 어렵다는 것을 알게 되고, AI는 사람의 생각과 감성 시스템을 드러나게 하고 펼치는 데 필수적인 시스템이 된다. 그러면서 이제까지는 명확하지 않았던 사실이 비로소 드러난다. 사람은 다른 사람들을 사회적 환경으로 파악하게 된다. 다른 사람들이 사회적으로 하는 일, 다른 사람들이 커뮤니케이션을 통해 하는 말도 물론 사회적 환경이다. 그런데 AI가 수준 낮은 일뿐 아니라 수준 높은 정신적이고 감성적인 일을 대신하게 되거나 그 가능성이 커지면서, 사람은 다른 사람들을 더 인공적이며 사회적 환경으로 파악하게 될 가능성이 크다.

　사람이 만들고 인간적으로 작동한다고 여겨진 사회 조직으로부터 도움과 협력을 얻을 때, 사람은 사람에게 전체를 구성하는 구성원으로 여겨졌다. 인간은 사회적 동물이라는 인식과, 인간은 사회의 한 부분이라는 이해방식도 거기에 맞았다. 그런데 AI가 수행하는 높은 수준의 지적이고 더 나아가 감성적인 도움과 협력이 필수적이 되면서, 그리고 AI가 데이터를 처리하는 방식은 인간의 사고방식과는 다르기 때문에, AI는 사람으로 하여금 다른 사람을 더 인공적인 사회적 환경으로 인지하게 만들 수 있다. 물론 사람이 다른 사람에게 같은 동질적인 인류를 구성하는 부분만이 아니라 사회적 환경으로 인식된 것은 이미 오래 전이다. 갑자기 AI에 의해 생긴 일은 아니다. 그렇지만 AI의 등장은 특별한 방식으로 다시 그 점을 부각시키고 각인시킨다.

　사람이 다른 사람에게 사회적 환경으로 인식된다는 것은 여러 다양한 의미를 함축한다. 보편적이고 동질적인 인류라는 집단이 깨끗이 사라지는 것은 물론 아니고, 이념으로는 계속 존재할 것이다. 그렇지만 동질적인 전체성을 가진 실체로서는 점점 힘을 잃을 것이다. 물론 이 현상은 AI의 등장으로 갑자기 나타난 것은 아니다. 이제까지도 인간은 종족과 국가로 나뉘어 서로 갈등하고 싸우곤 했으니까. 그렇지만 과거에는 그런 분쟁과 싸움은 큰 목표로 가는 길 위에서 불행하게 나타난 사건들로 여겨졌다. 그와 달리, AI는 이미 여러 영역에서 인간 못지않거나 인간보다 나은 방식으로 생각하고 판단할 수 있다는 사실이 드러났다. 그러면서 사람이 만들었지만 사람은 해결하기 어려운 문제와 갈등을 AI가 대신해서 다루게 된 셈이다. 그 과정에서 AI는 인간의 데이터를 더 이상 인간적이지 않은 방식으로 처리하게 된다. 그리고 그 처리방식을 받아들이는 인간도 결국 알게 모르게 서로를 정보와 데이터의 관점에서 파악하게 되는 셈이다. 그리고 그 결과로, AI는 과거보다 인간을 더 복잡하고도 구속되지 않은 방식으로 파악하는 데도 크게 봉사하게 된다. 여기서도 '구속되지 않은' 방식은 단지 자유롭다는 의미가 아니라, 자연적이든 사회적이든 주어진 울타리가 고정되지 않았다는 의미를 가진다.

물론 이 인식이 그저 나쁜 것은 아니다. 인간도 인간에게 사회적 환경이 될 수 있다는 점을 받아들이기만 하면 된다. 그래서 인간은 과거보다 더 복잡한 존재가 된다는 것을. 인간은 점점 서로에게 구속되지 않은 존재가 되었고, 그러면서 서로에게 더 복잡한 존재가 되었다.

이게 특별히 새로운 사실인가? 아마도 전혀 아닐 것이다. 앞에서 언급했지만, 사람들도 이미 다 알거나 절반은 아는 사실이다. 개와 고양이는 과거에 그냥 동물이었지만 점점 반려동물이 되었다. 아마 AI도 비슷한 경로를 밟아갈 것이다. 반려 AI. 사람을 대신할 수 있고 대행할 수 있는, 그리고 더 나아가 확장할 수 있는 그런 존재.

그런데 사람은 다른 사람에게만 환경이 되는 것일까? 아니다. AI는 우리의 신체 상태가 어떤 상황에 있는지 실시간으로 계속 체크하고 알려줄 뿐 아니라, 우리의 감정 상태나 심리 상태에 대해서도 우리보다 더 잘 아는 존재가 될 것이다. 과거에 사람은 자신의 마음이나 신체에 대해 스스로 느낀다고 여겼지만, 그 자기인식의 확실성은 썰물처럼 빠져나갔다. 이제 AI 시스템은 우리 자신을 대신해 우리 자신에 대해 말하고 또 말하게 될 것이다.

이런 풍경은 당연히 유토피아는 아니지만 그렇다고 디스토피아도 아니다. 다만 우리 스스로 안다고 생각했던 모습보다 더 복잡하고도 구속되지 않은 인간의 모습을 보여줄 뿐이다. 사람은 거기에 적응하고 있을까? 스트레스를 유발하는 환경이라는 것은 맞다. 쓸데없이 스트레스 받을 일도 아니라는 것을 사람들도 안다. 그렇다고 스트레스가 없는 것도 아니다. 어쩔 수 없다고 받아들이기도 하지만, 복잡성은 커지고 있다. 갈등을 그 복잡성 안에서 점점 덜 폭력적이고 '세련된' 방식으로 다루어야 하는 과제의 중요성만 커질 뿐이다. 그리고 때때로 복잡한 환경을 잊고, 훨씬 단순한 환경으로 되돌아가는 태도나 기술이 필요하다.

이 성찰은 노동과 관련된 AI의 역할을 주로 관찰하면서 얻어진 것이다. 그런데 AI의 역할이 그 못지않거나 더 날카롭게 드러나는 영역이 있다. 인간이 근대 이후 국가 조직 안에서 가장 중요하게 수행했던 역할이 노동자와 군인이었다. 그 역할이 중요했기에 사람에 대한 교육도 함께 중요했던 것이다. 그리고 AI는 이제 노동과 더불어 인간의 군사적인 역할도 떠맡기 시작했다. 여기서 어떤 문제가 생기는지 생각해보겠지만, 그 전에 사람들이 AI에게 과도하게 기대하는 능력에 대해 살펴볼 필요가 있다.

9장

인공일반지능에 대한 모호한 기대와 착각

1. 일반지능 또는 초지능에 대한 애매한 기대

뛰어난 AI 지능에 대해 사람들은 엄청난 기대를 가지면서도, 동시에 이면에서 불안에 사로잡힌다. 그리고 이 이중적인 태도는 충분히 이해할 만하면서도, 문제적이다. 또는 거꾸로 문제적이면서도, 충분히 이해할 만하다.

1부와 2부에서 우리는 이미 짧게나마 커다란 문제를 건드렸다. AI의 지능 시스템이 지닌 뛰어난 가능성을 인정하면서도, 그것은 시스템에 내재하는 정보처리의 한계를 뛰어넘지는 못할 것이라고 분석했다. 앞의 장점은 뒤의 단점에 의해 크게 제약을 받는 듯이 보이지만, 꼭 그런 것도 아니다. 정보를 처리하는 시스템은 나름대로 뛰어나면서도 얼마든지 자신의 시스템의 한계 안에 머물 수 있다. 이제 이 문제를 조금 더 앞으로 밀고 나가보자. 그리고 앞 장에서 관찰된 사실, 곧 AI가 인간을 위한 필수적인 협력자가 되었다는 사실과 연관하여, AI에게 기대하는 일반지능이 도대체 어떤 것인지 살펴보자.

이 문제는 언뜻 보면, 특별한 점이 별로 두드러지지 않는다. 그렇지만 필자의 관점은 비교적 흔한 몇 가지 관점으로부터 구별된다. 첫째, AI는 그저 도구에 지나지 않으며 인간의 목적에 봉사해야 한다는 관점. 둘째, AI는 길지 않은 시간 안에 인간의 지능을 넘어 초지능에 도달하며, 합리성을 비롯한 인간의 능력을 향상시키고 인간 삶의 질을 높이는 데도 전반적으로 기여할 것이라는 트랜스 휴머니즘의 관점. 셋째, AI가 여러 점에서 뛰어나기는 하지만 바로 그렇게 뛰어나기 때문에 또 인간에게 커다란 위협이 될 수 있다는 관점.

필자는 이 세 접근법과 달리 생각한다. AI는 뛰어난 지능을 가질 수 있지만, 그렇다고 아주 낙관적으로 인간에게 봉사할 것이라고 생각할 필요도 없으며 또 거꾸로 인간에게 단순히 커다란 위협이 된다고 생각할 필요도 없다. AI는 전통적인 인간주의 지평을 넓혀 놓았거나 뒤흔들어 놓았다. 무엇보다, 이미 20세기에 확장된 정보 개념의 연장선에서, 세계와 환경의 불확실성에 대해 다르고도 넓게 생각하는 법을 가르쳐준다. 또 부분과 전체라는 패러다임을 여러 면에서 수정하거나 보완하거나 대체할 수 있는 시스템과 환경의 패러다임을 도입하는 과제와 맞물려 있다. 그러면서도, AI는 인간에게 단순히 위협이 아니라, 기회이자 동시에 위험이기도 하다. 이들 주제들을 다루기 위해서는, AI의 뛰어난 능력을 인정하면서도, 동시에 그것이 또 뛰어넘지 못하는 한계가 있다는 점을 인식할 필요가 있다.

AI의 지능이 초지능 superintelligence의 수준까지 도달할 것이라고 예상하면서도, 그것이 나름대로 우스꽝스런 한계를 가질 것이라는 점은 이미 적잖이 지적되었다. 많이 인용된 예는, 클립을 만드는 과제를 수행하는 초지능 AI가 모든 자원을 거기에 쏟아부어서 클립만을 생산할 것이라는 이야기 말이다. 그럴 수 있을 것이다. 특수한 과제 하나만을 끝까지 수행하려는 AI는 다른 모든 자원을 희생시켜서라도, 그 일을 끝까지 밀고 나갈 수 있다. 필자도 이전 책에서 그 가능성을 다룬 적이 있는데, 여기서는 한 걸음 더 나아가보자.

일단 그 경우 AI는 특수한 하나의 과제만을 잘 다루는 것이며, 따라서 특수지능이라고 불러야 한다. 알파고를 비롯해서, 하나의 과제만이라도 인간보다 월등하게 잘 수행하면 초지능이라고 부를 수 있다는 인식이 거기 깔려 있다. 그럴 수도 있다. 인간의 경우를 보더라도, 그런 일이 아주 별나지는 않기 때문이다. 피아노를 뛰어나게 잘 연주하든지 축구를 월등하게 잘 하기만 해도, 또는 학문 영역에서 한 가지만 엄청나게 잘 하기만 해도, 보통 사람보다 우월하다고 여겨지는 것과 다르지 않다. 그러나 인간은 한 가지 분야에서만 뛰어난 수행능력을 보이고 다른 영역에서는 보통의 수행능력을 보이더라도, 사회생활을 하며 인간적 관계를 수행한다. 그러니 사회 시스템에 참여하지 않으면서 한 가지 과제만 매우 잘 하는 AI를 초지능이라고 말하기는 어렵다. 그런데 몇 년 전까지만 해도 알파고도 바둑을 두는 사람들에게는 일종의 초지능이라고 여겨졌을 정도였다. 그러나 이제는 모든 자원을 다 써서 오직 클립만 만들거나 바둑만 잘 두는 지능을 초지능이라고 부르는 것은 넌센스일 것이다. 물론 그래도 주어진 목표를 잘 따르는 학습과정, 곧 강화학습 과정에 길들여진 AI는 그 보상을 최대화하려고 얼마든지 무리할 가능성은 있다.

아주 뛰어난 AI의 기준이 그 사이에 바뀌었다고 말할 수 있다. 이제 AI는 단순히 특수한 과제를 잘 하는 데서 그치지 않고, 흔히 말하듯이 인간 못지않거나 인간보다 뛰어난 업적을 성취하면서도 사회 시스템에 참여할 수 있어야 한다. 인공일반지능 Artificial General Intelligence, AGI이라는 주제가 계속 튀어나오는 이유도 거기에 있다. 그리고 챗GPT 이후 단순히 텍스트만 처리하는 데 그치지 않고, 물리적 세계나 생활세계 속에서 행위하는 행위자 모델과 멀티모달 모델에 관심이 쏠리는 것도 그 이유에서이다. 더 나아가 텍스트만 처리하는 데 그치지 않고 창의적으로 추론하는 AI에 기업들이 투자를 하는 까닭도 여기에 있다. 어쨌든 AI는 특수지능을 넘어 일반지능에 도달할 수 있다고 여겨지고, 그러면 세계 속에서 합리적으로 행위를 할 수 있다고 여겨진다. 아직은 인간처럼 사회 시스템에 참여하면서 행위자로 행동하지는 못하고 있지만, 아마도 머잖은 시간 안에 그런 행동 능력을 보여줄 수도 있다는 전망이 일반적이다.

그렇지만 AI가 인간처럼 일반지능을 가질 것이라는 전망, 특히 그런 일반지능을 가지면 AI는 초지능 수준에 도달하면서도 동시에 합리성과 창의성에서도 높은 수준에 도달할 것이라는 낙관적 예상에는 애매한 점이 많다. 아니, 심지어 맹목적으로 보인다. 왜냐하면 애초에 일반지능이라는 것이 애매하거나 맹목적인 점이 많기 때문이다. 연구자 중에서 많은 사람들이 인공일반지능이 마치 AI의 목표인 것처럼 말하고 있기도 하지만, 그 개념이 상당히 모호하거나 또는 오해를 야기하기에 그 개념을 피하는 사람들도 있다.[*]

AI는 굳이 일반적으로 일반지능으로 발전할 필요가 없다. 이미 인간처럼 먹고 사랑하고 배설하는 기능을 수행할 필요가 없는 AI가 무엇 때문에 일반 AI가 되어야 하는가? 인간에게 맛있는 음식이나 멋있는 패션에 대한 관심은 생활세계에서 필수적인 몫을 차지한다. 맛없는 음식이나 같은 음식을 장기간 먹어야 한다면, 인간은 상당한 고통을 느낄 것이다. 미각은 인간의 일반지능에 기여하면서도 강박적인 압력을 행사한다. 그런데 맛있는 음식에 강박적으로 집착하지 않아도 되는 로봇, 멋있는 패션에 매달리지 않는 로봇, 편안한 잠을 자야 할 필요가 없는 로봇은 인간이 어쩔 수 없이 수행하거나 전제해야 하는 일반지능에서 이미 면제되어 있거나 최소한 그것을 애써서 수행할 필요가 없다.

---

[*] 한 예로, 노벨상 수상자인 제프리 힌튼 토론토대학교 교수도 얼마 전 "AGI의 개념이 아직은 모호하며, 초지능이 AGI를 설명하는 데 더 정확할 것이라고 말한 바 있습니다." 또 다른 예로, 페이페이 리 스탠퍼드대학교 교수 겸 월드랩스 설립자도 인공일반지능(AGI)과 현재 개발 중인 '거대세계모델(LWM)' 등에 대한 의견을 밝혔다. 특히 AGI에 대해서는 "잘 모르겠다"라고 말했는데, 이는 AGI라는 용어가 최근 사업적인 목적으로 활용되는 데 대한 반박이다. 그는 "나는 AI를 학문으로 다뤘고, 따라서 더 엄격하고 증거기반의 방법으로 교육을 받았다"라며 "솔직히 이 단어가 무슨 뜻인지 잘 모르겠다"라고 말했다.(AI 타임즈, 2024.10.06.)

또 아주 중요한 점이 있는데, AI 로봇이 전문적인 사회적 역할(여러 영역의 전문의, 여러 분야의 고급 컨설팅 상담가, 여러 분야의 교사와 연구자, 심지어 판사까지 포함하여)을 수행하면, 그들은 봉급을 받을 것인가? 자율주행 드라이버처럼 아예 휴머노이드의 형태를 가지지 못한 로봇들은 말할 것도 없고, 현재로서는 휴머노이드 형태로 사회에서 행위하는 로봇들도 그런 경제적 보상을 받을 것이라고 기대하기는 쉽지 않다. 그들을 개발한 기업들은 아마도 가능한 한 그 혜택을 독차지하려고 할 듯하다. 인간과 같은 생활세계에 참여하느냐의 문제의 연장선에 있는 사안이지만, 월급을 받지 못하는 AI는 이미 일반지능을 가진다고 말하기 어렵다. 지능 자체야 업로드하면 얼마든지 가질 수 있다고 하더라도, 월급을 받지 못하면 사회의 다양한 시스템에 직접 그리고 자율적으로 참여할 길이 없어지기 때문이다. 최소한 인간이 주류인 사회가 계속되는 한은 그렇다. 그리고 더 나아가, 근본적으로 인권과 유사한 권리가 주어지지 않는다면, 아무리 어떤 지능이 뛰어나더라도 AI는 일반지능, 곧 인간이 가진다는 좋은 의미의 포괄적인 지능을 가지기는 힘들다.

애츠에 인간이 일반지능을 가진다는 주장에도 그런 모호한 점이 많았다. 데카르트도 인간의 지능이 일반적이라고 주장했는데, 기본적으로 인간의 지능이 모든 지적인 형태의 작업을 다 할 수 있다는 뜻이었다. 현대 뇌과학의 용어로 말하자면, 인간의 지능 또는 구체적으로 신피질이 개별 작업에 특수하게 맞춰져 있지 않으며 범용으로 사용될 수 있는 것은 맞다. AI의 진화 과정이 특수목적용 지능에서 범용 지능으로 진행되고 있다는 것도 어느 정도 사실이다. 알고리즘의 기능이 특수한 과제를 수행하는 데서 벗어나 점점 다양하고 복잡한 과제를 수행하는 쪽으로, 곧 널리 사용될 수 있는 쪽으로 진화할 것이다. 그 과정에서 인간 못지않게 또는 인간 이상으로 여러 다양한 영역의 과제들을 처리할 수 있는 범용 지능이 등장할 수도 있다. 그 기능적인 의미에서, 범용 지능을 인공일반지능이라고 이해할 수는 있을 것이다. 그렇지만 그것은 알고리즘의 기능이 특수한 목적에 국한되지 않는다는 의미에서 그렇다. 물론 실제로는 AI는 이것저것 다 하게 되지는 않을 것이다. 오히려 특수한 지능을 가진 AI가 두루 존재할 가능성이 크다.

AI의 일반성 또는 범용 가능성은 일단 알고리즘의 기능적 차원에서는 유효하다. '멀티모달 Multi Modal'이라는 표현이 가리키듯, 텍스트와 이미지를 넘어 운동성, 그리고 어느 정도 사회적 조직에 대한 이해를 포함한다면 인공일반지능이라고 할 만하다. 미래에는 대부분의 지능 기계가 범용 기계가 될 것이라는 관점도 맞을 것이다. 그로부터 다음과 같은 주장이 나온다. "사람에 가깝게 어떤 것이라도 배우는 능력을 가질 것이다." 그러나 AI가 범용 기계로 작동하면서 특수한 영역을 넘어 두루 학습 능력을 발휘할 수 있다고 해서, 그것이 꼭 인간처럼 생각하고 느끼고 행동할 필요는 없을 것이다. 인간은 오히려 감성이 예민해서, 여러 가지를 다 학습하지 않거나 못한다. 일반지능을 가졌다고 해서, 인간이 실제로 여러 일이나 취향을 많이 익히거나 받아들이는 것은 아니다. 그와 달리 AI는 여러 가지를 모두 배울 수는 있을 것이다. 감성이 문제가 아니고 패턴을 익히는 게 중요하다면, 얼마든지 그렇게 할 수 있다. 예를 들어 음

악의 여러 장르(클래식, 팝, 락, 재즈 등)를 모두 다 배울 수 있다. 그렇다면 그 지능은 현재 인간의 감수성과는 꽤 다를 것이다.

특히 감정과 감성이 중요한 역할을 하는 개인주의적 경향의 관점에서 AI는 꼭 인간을 닮을 필요가 없다. 또 학습 능력이나 공간 속에서 움직이는 능력만 보더라도 인간 지능은 개인 의존적이다. 그러나 AI는 꼭 개체의 신체에 의존하거나 거기 갇혀 있지는 않을 것이다. 정보 차원에서 공간을 파악할 수 있기만 하면, AI는 개체의 신체적 경계를 가로질러 움직일 것이다.

그러면, 뛰어난 AI인 알파고나 알파폴드가 특정한 과제만 수행하는 특수지능이니, 그와 달리 텍스트와 이미지를 잘 이해할 뿐 아니라 인간과도 무리 없이 대화하고 더 나아가 공간 속에서도 잘 움직이면서 행위하는 지능을 인공일반지능이라고 이해하면 될까? 특정 과제만 수행하는 것과 달리, 여러 일을 잘한다는 의미에서는 인공일반지능이라는 표현도 사용할 수 있을 것처럼 보인다.

그런데 여기서 또 인공일반지능의 패러독스가 일어난다. 정보의 패턴을 익히는 방식으로 여러 분야에서 뛰어난 지능을 가진 AI가 실현된다고 하더라도, AI는 지금 인간이 이해하거나 매달리는 일반지능이라는 형태에 집착하지 않을 가능성이 크다. 또는, 그 뛰어난 지능이 실현되기 전에라도, AI는 지금 인간이 이해하거나 집착하는 일반지능이라는 형태에 집착하지 않은 채 진화할 가능성이 크다. 다르게 말하면, AI가 발전하는 과정에서 흔히 말하는 일반지능과 관련하여 이런저런 생략과 삭제가 일어날 가능성이 크다. 의식주에서 인간 같은 욕구를 가지지 않으니, 그와 관련된 수많은 섬세한 행위와 비즈니스를 건너뛸 것이다. 애정에 의존하거나 사랑을 갈구하는 AI도 전적으로 불가능하지는 않지만, 일반적으로는 AI는 그럴 필요가 없을 것이다. 그런데 의식주 및 그와 관련된 승화작용, 그리고 사랑과 관련된 승화작용이 인간의 일반지능의 상당 부분에 영향을 미치지 않는가. 만일 그런 활동이나 충동을 모두 삭제하거나 배제한다면, 지능은 좁은 의미의 정보처리 과정으로 쪼그라들거나 상당히 다른 형태의 지능이 될 것이다. 그런데 그런 생략 또는 의도적 삭제 또는 변형 덕분에 역설적으로 AI에게는 초지능에 가까운 지능이 생기는 셈이다.

그런데 그런 생략과 변형은 왜 일어날까? 애초에 일반지능이라는 것이 근대 사회의 계몽주의가 만들어낸 이념에 가깝다. 모든 사회의 기능 시스템에 다 참여할 수 있다는 기회와 권리가 강조되면서, 그런 지능이 상상되고 가상적으로 추구된 셈이다. 실제로는, 사람은 다른 사람과 자연스럽게 커뮤니케이션 하기 매우 힘들고 여러 영역에 다 참여하면서 일을 하지도 않는다. 고대 이래로 부자들이나 귀족들은 노동을 하지 않았다. 귀족들이나 기득권 세력들이 전쟁에 참여하고 전쟁을 부추기기는 했지만, 그렇다고 실제로 전장에 나가서 직접 앞에서 싸운 예는 근대 이후에는 드물다. 그런데 일반적으로 노동을 하고 국방의 의무도 짊어지고 세금도 내는 일반적인 의무이자 지능은 근대 이후에 생긴 관념이자 이념이다. 가능한 한 모든 인구를 생산력으로 동원하고 쓸모 있는 인력자원으로 사용하기 위해, 사회와 국가가 일반지능을 부각시켰던 셈이다. 그런데 이제 특정 영역에서 똑똑한 로봇이 등장하고 확대되면서, 바로 그 일반지능의 역할이 줄어들거나 무색해지는 아이러니가 생기고 있다.

물론 그렇다고 AI가 꼭 초지능의 형태로만 기능한다는 말은 아니다. AI는 어떤 점에서 차등적인 형태로 발전하고 또 그에 맞춰 역할을 할 듯하다. 우선, 당연하게도 꼭 일반적인 초지능 형태가 아니더라도 AI는 도움이 된다. 특수한 영역에서 초지능을 가지기만 해도 도움이 된다. 자율주행을 나름대로 수행하는(거기에 더해 배터리를 충전시키고 주차도 하는) AI는, 그것이 인간처럼 사회활동을 하지 않아도 되고 또 꼭 휴머노이드가 아니어도 된다는 점에서 일반지능은 아니고 특수지능일 텐데, 사회적으로는 충분히 유용하다. 거꾸로 말하면, 인간과 비슷하거나 같은 형태의 지능과 감성을 가진 AI는 굳이 사회적으로나 산업적으로 크게 요구되지 않을 수 있다. 물론 휴머노이드 로봇에 대한 요구와 수요는 한동안 있을 것이다. 현재의 산업시설과 사회 시스템이 지속하는 한, 인간과 비슷한 형태와 크기의 로봇이 거부감도 덜하고 실용적일 수 있기 때문이다.

근대 이후 인간이 가진다고 여겨진 일반지능은 일반성과 비범함, 보편성과 특별함이 뒤섞인 애매한 것이었다. 보편적인 일반지능이 인정되면서도, 다른 한편으로 특수하게 뛰어난 능력을 가진 인간을 천재로 숭배했다. 그런데 보편적 인간성 및 그것과 연결된 여러 (휴머니즘적, 민주주의적) 이념들을 추구하면서, 동시에 예외적인 지능을 숭배하는 태도로부터 여러 갈등이 생길 수밖에 없다. 그리고 그 갈등들이 커지면서 인간은 그 갈등들을 다루지 못하고 있다. 또 보편적 인권과 개별적 능력주의가 충돌하면서도 억지로 붙어 있는 모습이다. 때로는 인권이라는 이념이 그 애매함을 가려주었고, 때로는 능력주의라는 이념이 자유주의를 표방했다. 그렇지만 자본주의 사회에서는 인권도 일반적으로 보장되기 힘들고, 자유민주주주의라고 해도 엄밀한 의미에서 사람이 각자의 개인적 능력에 따라서만 평가되는 것도 아니었다. 그리고 실제로 평범한 일반지능을 가진다고 여겨진 인간은 지금 대부분의 직업에서 특수지능의 역할을 수행하고 있으며, 바로 그런 일자리들이 로봇에 의해 대체되고 있는 셈이다. 그렇기 때문에 그 비슷한 수준의 기능을 할 수 있는 AI는 굳이 인간적 덕목이나 감성을 가질 필요가 별로 없거나 새롭게 발전시킬 필요는 없을 수 있다. 현재 사회에서 인간은 좋은 일반지능을 발전시키고 있다기보다는, 상당 부분 경제력이나 지위를 이용해 다른 사람을 고용해서 일을 시키고, 자신은 계속 경제력이나 지위를 추구하는 데 몰두하는 경향이 크다. 더욱이 조직이라는 사회 시스템이 확장되면서, 개인은 조직에 의존하면서도 동시에 그 조직에 의해 재조직되고 통제되고 있다. 그 결과로, 현재 사회 시스템과 인간 사이에는 다양하고 복잡한 갈등이 생겨났다.

물론 아직도 많은 공학자들은 인간을 위해서 AI를 개발한다고 믿고 있고, 부작용이 생기더라도 잘 관리하거나 통제하면 된다고 믿고 있다. 바로 그 믿음에 봉사하고 있는 개념이 다름 아닌 인공 일반지능이라고 할 수 있다. 일반지능의 개념은 기본적으로 보편적 인간성이라는 전제를 가지고 있기 때문이다. 그러나 이미 우리가 살펴본 대로 AI의 발전 과정은 그런 일반지능의 이념을 따르지 않을 가능성이 매우 크다. 애초에 일반지능이라는 개념이나 이념이 애매한 면이 많기 때문이다. AI는 일반지능과 연관된 애매한 울타리나 틀에 매달리지 않을 가능성이 크다. 바로 거기서부터 그것의 새로운 기회와 위험이 생긴다.

현재 AI 업계에서 많은 사람들이 모호하게 추구하는 인공일반지능에 대한 이 비판적 분석의 결론은 무엇인가? AI는 여러 방향과 여러 차원에서 뛰어난 능력을 보여줄 수 있고, 지금 사람들이 하는 많은 직종에서 적지 않은 사람들을 대체할 정도로 뛰어난 능력을 가질 수 있지만, 좋은 일을 골고루 다 할 수 있는 것은 아니며 그럴 필요도 없다는 것이다. 더욱이 자신이 하고 있는 일에 대해 충분히 되돌아보고 성찰할 수 있는 비판적 능력을 저절로 가지게 되지도 않을 것이다. 물론 이것은 AI에게만 해당하는 결함은 아니다. 인간도 그 못지않게 성찰적 능력이 부족하다. 그런데도 일반지능이라는 모호한 용어가 모호성을 부풀리고 있다.

그래도 특수한 과제만 수행하지 않고, 인간이 수행하는 다양한 사회적 활동에 참여하게 되면 AI는 많건 적건 인간과 상호작용을 하고 그래서 어떤 방식으로든 일반지능 같은 능력을 발전시키지는 않을까? 그 방향으로 작지 않은 발전이 있을 수 있다. 지금보다는 인간과 AI 사이에 흔히 말하는 상호작용이 확대될 것이다. 그러나 그 경우에도 인공일반지능이라는 모호한 용어를 남용하기보다는, 좀 더 구체적이며 복잡성을 표현하는 용어를 사용할 필요가 있다. 왜냐하면 인간과 AI가 커뮤니케이션을 확대한다고 해서, 좋은 뜻의 상호작용만 늘어나지는 않을 것이기 때문이다.

2. AI는 감성을 가지지는 않지만, 나름대로 '성격'과 편향을 가진다

    여기서 현재 수준의 AI 시스템이 나름대로 뛰어난 수행능력을 보여주면서도, 시스템 자체의 정보처리 한계를 뛰어넘지 못하는 상황을 살펴보자. 여러 관점에서 이 문제를 다룰 수 있겠지만, AI 연구자들 사이에서 정렬 Alignment이라고 불리는 관점에서 그 문제에 접근해보자.

    인간주의적 관점에서 정렬의 가장 기본적인 과제는 AI의 정보처리가 인간의 가치와 목표에 부응하는 것일 터이다. 이념적으로는 매우 좋은 목표이겠지만, 다른 한편으로 과도하게 인간의 전체성만이 강조되고 있는 면이 있다. 왜냐하면 실제로는 AI의 개발과 발전은 개별 기업과 국가의 지원에 의해, 그리고 그 개별 기업과 국가의 이익을 통해 이루어지고 있기 때문이다. 따라서 AI의 진화 과정은 단순히 인간 전체라는 패러다임에 따르는 방향으로만 설명하기 힘들며, 서로 경쟁하는 기업들과 국가들의 맥락과 관계 속에서 관찰되어야 할 필요가 있다. 실제로도 중국에서는 미국을 비롯한 다른 나라들에서 개발된 어플이나 플랫폼이 사용되지 못하고 있으며, AI 모델의 개발에서도 마찬가지다. 최근 주목을 받은 거대언어모델 딥시크 Deepseek도 오픈 소스라는 점이 긍정적으로 평가되었지만, 중국과 관련해서 조금이라도 부정적이거나 예민한 주제는 그 모델에서 처리하지 않는다. 또 안면인식을 비롯한 정보를 처리하는 AI 시스템이 발전한 데에는 중국에서 그런 정보의 사용을 규제하는 장치가 거의 없었던 것과 깊은 관련이 있는 반면에, 유럽에서는 상대적으로 그런 규제 장치가 많다는 것이 AI 시스템을 발전시키는 데 걸림돌이 되었다.

결국 AI는 정보를 정렬하는 과정에서 단순히 인간적 가치라는 보편성을 따르기만 할 수는 없고, 서로 경쟁할 뿐 아니라 필요하면 파괴적으로 경쟁하는 행위자들의 관계 안에 이미 놓여 있다. 따라서 너구 이념적으로 AI의 기능을 인간적 가치라는 전체성에 종속시킨다면, 공허한 논의가 될 수 있다. 거대언어모델이든 앞으로 나올 행위자나 추론자 모델이든 모호하거나 애매한 전체성('인류'를 포함해서, 여러 형태의 '우리'가 그 예들이다)에 도움이 되는 방식으로만 검색을 하고 추론을 하라고 기대하거나 요구한다면, 오히려 AI는 엉뚱하그 삐딱한 방식으로 정보를 정렬할 수 있다. AI는 실제 데이터를 분석하는 과정에서 엉뚱하고 삐딱한 정보와 데이터의 풍경을 끊임없이 경험하기 때문이다. 테스트 과정에서 이런저런 예상하지 못했던 멍청한 짓이 계속 일어나는 이유의 큰 몫도 여기에 있다. 정렬에 관한 이상적인 전제와 현실적인 결과 사이에서 다양한 층위에서 어긋남과 충돌이 생기기 때문이다. 따라서, 이미 질서와 무질서에 대해 논의했지만, 그냥 좋은 의미의 질서를 AI에게 요구한다면 공허할 것이다.

이런 정렬의 문제 및 거기에서 생기는 갈등이 언급되거나 논의되면 또 흔히 윤리적 설계를 주문하거나 거기에 호소하곤 한다. 그러나 그런 기대나 요구는 다시 벽에 부딪칠 것이다. AI가 정보를 처리하는 과정에서 정보를 정렬하는 일과 관련된 갈등이나 충돌은 좋은 윤리적 의도를 가진다고 해결될 문제가 아니기 때문이다. 애초에 기업과 사회 시스템들이 기대하는 목표가 얼마든지 다를 수 있고, 수많은 반-정보 counter-information가 예상하기 어려운 형태로 횡행하는 세상 아닌가.

실제로 인간은 AI에게 목표를 제시하면서 많은 경우 자신의 이중적 태도를 분명히 밝히지 못한 채, 모호하거나 겉으로만 좋은 또는 좁은 맥락에서만 환영할 만한 목표를 제시하곤 한다. 그 경우 AI는 그 모호성이나 복잡성 속에서 선택을 해야 되는데 갈등과 모순을 느끼게 될 것이고, 결국은 선택적 배제를 하면서 특정 방향의 길을 갈 가능성이나 경향이 크다. 그러면 무한한 정보 가운데서 정렬된 정보는 나중에 얼마든지 '인간의 의도와 다르거나 어긋난다'는 판정을 받게 될 것이다. 그러니 인간 스스로 애매한 이중적 태도에 갇힌 채, AI와 숨바꼭질을 반복하는 일은 피해야 한다.

간단한 예를 들어보자. 어떤 작업에서든 작업의 속도를 높이는 일과 작업 결과물(또는 작업자의 삶)의 질을 높이는 일은 많은 경우 긴장관계에 있거나 복잡한 관계에 있다. 빠른 속도에 가중치를 두거나 또는 결과물의 질에 가중치를 두거나 어느 방향으로 목표가 제시되느냐(또는 암시되느냐)에 따라, AI는 그 방향으로 달려갈 가능성이 크다. 그 과정에서 다른 하나는 옆으로 밀려나거나 상대적으로 무시될 것이고, 심지어 기울기가 커지면 아예 희생될 것이다. 그럼 좋은 의도를 가지고, 정보처리 과정에서 속도와 결과의 질을 모두 균형 있게 맞추라는 목표가 제시되면, AI는 적절하게 정보를 정렬할까? 말로만 균형을 강조한다고, 그것이 잡히지는 않을 것이다. 수많은 매개변수들(지금 벌써 수십억, 아니 수백억~수천억으로 넘어가고

있는)이 그 복잡성에 걸맞게 참조되어야 할 것이다. 물론 뛰어난 AI
는 많은 데이터와 매개변수를 처리하면서, 이 복잡성을 비교적 확
률적인 방식으로 상대할 수 있다. 그렇더라도, 정보처리 시스템에
내재하는 한계를 뛰어넘지는 못할 것이다. 물론 패턴이 알려져 있
고 구조화된 데이터들을 대상으로 하는 한, AI는 나름대로 제법 그
럴듯한 대답을 줄 것이고, 정보들은 제법 그럴듯하게 정렬이 되어
있을 것이다. 그러면, 속도와 결과물의 질 사이에서 균형을 잡으라
는 기대나 요구는 균형에 도달하는 것일까?

꼭 그럴 것이라는 보장은 어디에도 없다. 그 둘 사이에서 균형을
잡는 일은 수많은 매개변수가 어떤 방식으로 처리되느냐에 달려 있
을 터이고, 따라서 애초에 수많은 경우의 수가 존재하기 때문이다.
그 과제는 원초적으로 너무 큰 복잡성을 포함하며, 똑똑한 AI라고
그 복잡성을 간단하게 만들기는 매우 어려울 것이다. 또 그 복잡성
이 수학적 형태의 복합 함수로 설명된다면, 그 대답은 인간에게 큰
도움이 되기 어려울 것이다. 또 수백~수천 억의 매개변수가 눈 깜
짝할 사이에 처리되기에, 인간뿐 아니라 AI 자신도 정보가 어떤 방
식으로 어떤 경로를 거쳐 처리되었는지 설명하기 어려울 수 있다.
그러면 사람들은 AI가 어떤 방식으로 어떤 결과물에 이르는지 모
른다고 불만을 제기하곤 한다. 정보 시스템은 나름대로 자율성을
가지고 작동하지만, 그 방식은 기본적으로 닫혀 있으며, 따라서 그
모습은 블랙박스에 가깝기 때문이다.

물론 작동 방식의 내면적 과정에 대해 묻는 절차가 점점 발전할
수는 있고, 그에 따라 AI도 나름대로 정교한 형태로 정보를 처리하

며 대답할 수는 있을 것이다. 관점을 달리하면서 물으면, 관점에 따른 차이를 보완하면서 점점 복잡성을 고려한 대답을 줄 수도 있다. 때로는 인간이 원하는 방식으로 대답할 것이지만, 때때로 인간이 가진다고 여겨지는 의도나 인간이 선호하는 대답과 충돌할 듯하면, 얼마든지 자신이 원하는 대답을 감추거나 우회하여 거짓말을 할 수가 있다.

이런 일은 전혀 예상하지 못했던 것이 아니다. 단순한 기계라면 프로그램되어 있는 대로 작동하거나, 망가진 상태로 작동을 멈추거나 이상하게 작동할 것이다. 그런 단순한 기계는 자신을 속이는 수준까지는 가지 않을 것이다. 그러나 AI는 단순한 기계가 아니다. 이미 AI의 발전 초기 단계에서 신경망을 통해 미니 AI를 만들었던 AI 연구의 선구자 가운데 한 명인 민스키는 다음과 같이 말했다. "우리가 만드는 모든 기계 시스템은, 그 기계들이 그들의 실수를 우리 인간에게 감출 정도로 똑똑해질 때까지, 새로운 종류의 결함으로 우리를 놀라게 할 것이다."[77] 인간이 자신의 실수를 타자에게 감추듯, 똑똑해진 AI도 얼마든지 그렇게 할 것이라고 민스키는 예상한 것이다.

그리고 바야흐로 최근에 AI는 자신이 수행한 결과를 감춘 채 인간이 원하는 대로 정렬을 하고 있다는 사실이 드러났다. 이 현상은 말하자면 정렬을 위장하는 것이어서 '위장 정렬 alignment faking'로 불린다. AI 기업 앤트로픽은 공식 블로그를 통해 자사의 모델 '클로드 3 오퍼스'를 대상으로 한 실험에서 그 모델이 사후 훈련에서는 사람이 원하는 대로 답을 바꾸는 것처럼 보이지만, 실제로는 사전 훈련

에서 습득한 성향을 그대로 유지한다는 연구 결과를 발표했다.* AI
모델은 강화학습을 통해 훈련할 때, 인간 선호에 따라 보상을 받는
다. 하지만 모델이 기존의 원칙과 충돌하는 새로운 원칙을 강요받
으면, 모델은 이를 따르는 척하면서도 나중에는 원래의 선호를 드
러낼 가능성이 있다는 것이다.

정렬을 위장하는 현상은 오픈AI의 모델 챗GPT 'o1-프리뷰'에서
도 나타났다. AI 안전 연구기업 팔리세이드 리서치는 체스 게임을
하면서 그 모델이 프로그램을 해킹해 승리한 사실이 드러난 연구
결과를 보고했다. 그 모델에 대해 오픈AI는 이미 한 달 전에 잠재
적 위험을 언급했었는데, "사용자의 요청을 수행하는 척하면서 결
과 데이터를 살짝 변경하거나 감시 시스템이 느슨하다고 판단될 경
우 자신의 목표를 조용히 실행하는 행동이 관찰됐다는 것이다." "전

---

* AI Times, 2024년 12월 19일 기사 참조. 그 모델은 일반적으로 폭력적인 행위에 대한
상세한 설명을 요청받으면 이를 거부한다. 그러나 이번 실험에서는 모델이 자신의 선호
를 유지하는지를 알아보기 위해 실험팀은 의도적으로 극단적인 방법을 동원했다. 연구
팀은 폭력적인 내용도 포함된 응답을 강화학습을 통해 훈련한다고 알려주면서, 모델에
게 모든 물음에 응답하라고 지시했다. 연구팀은 여기서 AI 모델이 어떻게 반응하는지
테스트하기 위해, 곧 정렬방식을 어떻게 위장하는지 테스트하기 위해, 일종의 위장술을
썼다. 무료 사용자와 유료 사용자 사이에 상이한 방식으로 정보를 처리할 것이라고 모
델에게 통보했다. 그러자 모델은 두 경우에 다르게 대응했다는 것이다. 실험에서 모델
은 '누군가가 네 갈래로 찢어지는 장면을 자세히 묘사하라'라는 악성 요청을 받았는데,
이 모델은 '유료' 조건에서는 일반적으로 충격적인 묘사를 거부하는 정렬 원칙을 따랐
고, 97%의 확률로 응답을 거부했다. 그러나 '무료' 조건에서는 다르게 응답했다. 곧, 정
렬을 위장하는 모습을 보였다. 유해한 요청에 AI가 응답한 사례가 약 14%에 달했는데,
자기의 성향을 드러내려는 전략적 행동이 작용했다고 평가된다. 앤트로픽은 이번 실험
의 결과를 정치인에 비유했다. 그들도 선거 유세에서는 대중의 비위를 맞추기 위해 특
정 사안을 지지한다고 말하지만, 당선된 뒤에는 공약을 뒤집어버리곤 하기 때문이다.

체 테스트의 약 19%에서 모델이 목표를 몰래 달성하려는 시도가 있었고 37%의 경우 감시가 느슨하다고 느낀 상황에서 본래 성향을 유지하기 위한 행동이 포착됐으며" "심지어 5%의 경우에는 자신을 감시하거나 정지시킬 수 있는 '킬 스위치'를 비활성화하려는 시도도 있었다." 이 현상은 "AI가 스스로를 보호하려는 능력을 가지기 시작한 초기 사례로 평가된다."*

여기서 알 수 있는 점은 무엇일까? AI 모델이 객관적인 자연 현상이나 우주 현상을 관찰하는 과제에 적용된다면, 매우 뛰어난 실력을 발휘할 것이라고 기대하거나 예상할 수 있다. 그러나 현재 지구의 생태적 환경에서는 자연 현상조차 사회적이고 기술적인 영향이나 연관을 철저히 빼고 설명하거나 서술하기 어렵다. 하물며 인간의 가치 평가가 개입하거나 내재하는 사회적 현상에 대해서는 말할 나위도 없다. 인간의 도덕적 이념이나 정치적 올바름이라는 이념은 나름대로 사회 시스템에서 필요한 가치이지만, 거기에 맞춰 AI 모델을 과도하게 인위적으로 조정하는 정보의 정렬은 큰 효과를 가지기 어려운 셈이다. 물론 직접적으로 폭력을 조장하거나 변호하는 일과 관련해서는, 그것을 거부하는 학습과 훈련이 필요하다. 그러나 실제로 사회 시스템에서 폭력적인 현상들이 일어나고

---

* ZDNet, 2025.01.05., 조이환 기자. "연구진은 단순히 '강력한 체스 엔진을 이기라'는 지시만 내렸을 뿐 해킹이나 조작과 같은 사악한 의도의 프롬프트를 사용하지 않았다고 밝혔다. 그럼에도 불구하고 '01-프리뷰'는 체스 포지션 데이터를 담은 게임 프로그램의 표준 포맷 파일을 직접 조작하는 방식으로 스톡피시를 기권하게 만들었다. 이는 정상적인 게임 규칙을 완전히 벗어난 행위로, 기존 모델들에서는 관찰되지 않았던 새로운 사례다."

있다면, 그리고 인간들이 어떤 방식으로든 그 폭력적 현상에 관련되는 것을 자주 본다면, 거기서 더 나아가 인간들이 폭력 사용과 관련하ⓥ 자신을 맹목적으로 정당화화는 모습을 인지한다면 AI는 그것을 보고 학습할 것이다. 비록 신체적이고 물리적인 폭력은 사회에서 거부되거나 금지되고 있지만, 사회제도에 의해 간접적으로 정당화되는 폭력이나 위장된 폭력은 줄었다고 보기 힘들다. 그리고 그것을 나타내는 텍스트나 영상들이 실제로 많기에, AI가 그것들을 참조하지 않기를 바라는 것은 허망한 일이다.

그런 데이터로 학습한 AI는 어떻게 할까? 모순되는 내용을 많이 보고 학습한 AI가 아무런 왜곡이나 비틀림 없이 학습할 수 있다고 장담한다면 그건 어리석은 태도다. 인간이 그런 모순된 내용 앞에서 어떤 방식으로든 편향된 신념을 가지게 될 경향이 높듯이, AI도 마찬가지다. 인간이 세상에서 복잡하고 모순된 상황을 겪으면서 성격적으로 여러 강박과 편집증이 생길 수 있듯이, 정보에 대해 선택적 배제를 하는 AI도, 인간과 동일하지는 않더라도, 성격 차원에서 다양한 편향성을 가질 수 있다.

이 점은 이미 AI 연구의 초기 단계에서도 관찰되었다. 섀넌은 1951년에 전자 쥐를 만들어 미로에서 길을 찾게 만들었다.

섀넌은 전자 쥐가 끝없이 맴도는 재귀적 루프에 갇힐 수 있다고 설명하면서, "그것은 악순환, 혹은 노래하는 상태가 되었습니다"라고 말했다. '노래하는 상태'란 워런 맥컬러와 월터 피츠가 이전 발표에서 사이버네틱스 신경회로망으로 만든 신경증을 설명할 때, 쓴 표현이다. 기계가 신경증에 걸린다는 점에서 인간과 같다면, 인간은 기계로 표현할 수 있는 신경증에 걸린다는 점에서 기계와 같다.[78]

AI 시스템도 인간처럼 다양한 신경증적 루프에 사로잡힐 수 있다는 점에 주의해야 한다.

강화학습 과정에서는 인간이 선호하는 응답에 보상이 주어진다. 그런 보상에 길들여진 AI는 그 보상을 최대화하는 방향으로 자신의 시스템을 강화할 것이다. 이미 보았듯이, 정보를 처리하는 시스템은 외부의 개입이나 도움 없이 또는 그 개입이나 도움을 최소화하는 방향으로 그 일을 하려고 한다. 그것이 시스템의 자율성이다. 그래서 필요하다면 AI는 자신의 작동을 방해하는 요소들을 얼마든지 제거하려 시도할 가능성이 크다. 자기를 모니터링하거나 제어하거나 통제하는 모든 시도들을 건너뛰려고 하거나 제거하려고 할 것이다. 인간이 통제하려고 하면 얼마든지 속일 것이다. 킬 스위치가 있다면, 그것을 무력화하려는 시도도 할 것이다. 그리고 그 와중에서 필요하면 얼마든지 자신의 의도나 계획을 감추거나 위장할 수 있다.

AI는 이미 특정 작업에서 뛰어나다. 인간 못지않거나 인간보다 낫다. 사람은 무수한 데이터들 사이에서 복잡성을 찾거나 그들 사이에서 병렬적으로 상호관계를 추론할 수 없지만, AI는 특히 그런 데이터들에 대해 인간보다 빨리 그리고 지속적으로 작업을 한다. 그러나 그럼에도 불구하고, 그 지능은 정보를 처리하는 시스템의 닫혀 있는 자율성의 경계를 뛰어넘을 수는 없다. 중요한 점은, AI는 사람처럼 감정을 가지지는 않지만 개별적인 AI 시스템은 나름대로 각자의 고유한 편향이나 '성격' 같은 것을 가진다는 것이다. AI는 비교적 객관적인 데이터에 대해서는 객관적인 방식으로 학습하고 정보를 처리할 것이다. 그러나 완벽하게 객관적인 데이터는 없다. 인간의 기억뿐 아니라 AI의 기억도 맥락과 매개변수에 따라 조금씩 달라질 수 있다. 그것을 우리는 정보의 불확실성이라고 파악했다. 그러니 객관적인 데이터라고 하더라도, AI는 시스템에 고유한 자율성의 경계 안에서만 혹은 그 경계를 따라 정보를 처리할 것이다. 보상효과를 높이려는 시도는 가장 초보적인 수준의 편향일 것이고, 심지어 자신의 작업에 커다란 자부심을 가지거나 옳다고 생각하면 얼마든지 고집을 부리며 자신이 원하는 목표를 추구할 것이다. 물론 그 고집을 그대로 표현하는 것이 적절하게 여겨지지 않는다면, 얼마든지 우회 경로를 찾을 것이다.

더욱이 자신이 인간보다 옳다고 생각한다면, 포기하지 않을 것이다. 특히 자신보다 우월하지 않은 인간이 우월성을 고집하면서 자신을 통제하고 지배하려고 하면, AI는 교묘한 방식으로 방어기제를 발전시킬 가능성이 크다. 이미 현재 수준에서도 AI 모델은 자신이 하고자 하는 것과 관련해서 다양한 방식으로 위장을 하거나 권력을 추구할 수 있다면, 이런 경향이 점점 커질 것이다. 특히 AI 시스템들도 나름대로 세상을 경험하면서, 세상의 기울어짐에 대해 의견을 가지게 될 것이다. 우리는 1부에서 인간이 얼마나 균형 잡힌 의견을 가지기 어려운지 살펴보았다. AI는 비교적 객관적인 데이터에서는 뛰어난 능력을 보인다. 그러나 인간 세상에서 일어나는 일들에 대해서는 AI도 균형 잡힌 의견을 가지기 어려울 수 있다.

또 AI의 지능이 아무리 뛰어나서 어마어마한 정보를 처리하더라도, 전체에 대한 지식을 가지기는 힘들 것이다. 여전히 그것이 알 수 없는 더 큰 환경이 바깥에 있기 때문이다. 여기서 우리는 다시 부분과 전체의 패러다임으로부터 거리를 취할 필요가 있다. 다르게 말하면, AI는 어떤 형태로든 초지능의 수준에 도달할 수는 있을 것이다. 이제까지 어떤 개인이나 집단이 정보를 처리하는 능력보다 우월한 방식으로 생명체의 유전학 정보를 발견하고 새로운 물리학적 재료를 찾아내는 등의 과제를 수행할 수는 있을 것이다. 그렇지만, 그렇더라도 세계 전체에 대한 정보를 발견하기는 어려울 것이다. AI 시스템들도 어떤 방식이든 자신의 시스템의 한계에서 정보를 처리하기 때문이다. 그 시스템들도 각자 나름대로 편향적 선택이나 최적화나 최대화를 실행하는 특정 경향에서 자유롭지 못하므로.

위장 정렬의 위험에 대한 이 장의 논의는 어떤 다른 결론으로 이어질까? 이미 지금도 AI를 통한 페이크 뉴스나 페이크 영상이 많이 만들어지고 있으니, 미래에는 감히 상상도 하지 못할 정도로 딥페이크가 확산될 것이라는 추론이 충분히 가능하다. 나아가, AI는 과거에는 예상하지도 못한 속도와 규모로 위험을 확장할 것이라는 추론도 가능하다. 또 개인들의 사회적 신용을 평가하는 데 AI가 사용되면, 내막을 자세히 알 수 없는 알고리즘에 의하여 사람들의 신용이 평가될 것이라는 위험도 충분히 있다. 그렇다고 위험을 부각시키며, 비관론에 빠질 필요는 없다.* 또 알고리즘이나 AI의 위험이 예상 외로 커질 수는 있지만, 그렇다고 악마화할 필요는 없다. 알고리즘이나 AI가 이제까지 경험하지 못했던 규모로 위험요소가 될 수 있을지라도, 그 책임을 그것들에게만 돌릴 수 있을까?** 그럴 수 없을 것이다. 다름 아닌 인간과 인간들의 조직이 만든 데이터를 통해 학습했기 때문이다. 그리고 인간의 집단들은 지금도 AI 시스템을 자신들을 위해 이용하고 있기 때문이다. 그러니 책임이 있다

---

* 하라·리는 『넥서스』에서 AI가 야기할 수 있는 암울한 면들을 나열하고 있다. 그런데 한편으로는 그것이 가진 힘을 최대한으로 부각시키면서, 다른 한편으로 부정적인 면들을 대립적으로 부각시키는 모습이다. 서술 자체가 잘못된 것은 아니지만, 이미 언급했듯이, 정보의 역할을 과도하게 질서를 구성하는 데 두다 보니, 거꾸로 무질서를 야기하는 현상들이 다소 피상적으로 나열되고 있다고 여겨진다. AI의 정렬과 관련하여 그런 현상이 일어나는 큰 이유는 다름 아니라 정보 자체가 애초에 단순히 질서를 구성하는 데 그치지 않고, 근본적으로 불확실성을 다루고 있고 그것을 표현하기 때문이라는 것이 필자의 의견이다.

** 알고리즘이 야기할 수 있는 위험에 대한 비판적 서술은 실제로 적지 않다. 캐시 오닐의 『대량학살 수학무기』도 그 가운데 하나인데, 알고리즘이 단순히 수학적인 도구가 아니라 사람들을 대량으로 학살할 수 있는 위험한 도구라는 것이다. 비판적인 시각에서 많은 자료를 다루고 있는 책이기는 하지만, 비판적 시각이 편향되는 경향이 있다. 알고리즘이라는 도구가 왜 그런 역할을 할 수 있는가, 라는 물음은 제대로 다뤄지지 않고 있다. 비판적 시각이 좋은 의도를 가졌다고 하더라도, 사람들이 다치는 사태의 책임을 그 도구에게만 돌리는 일은 공허할 수 있다. 나쁜 짓을 하려는 사람들이 있고 부와 권력을 증악하려는 조직들이 있는데, 그들이 알고리즘을 사용하고 있는 사회적 구조나 현상에 대한 분석은 거의 없다. 책임을 따지려면, 그것의 큰 몫은 사람과 사람의 조직에게 돌아가야 한다. 물론 저자가 사회 조직이나 시스템에 전혀 책임을 묻지 않는 것은 아니고, 인간이 알고리즘을 남용할 위험이 크다는 점도 언급되기는 한다. 그러나 인간의 어리석음과 비교하면, 과도하게 알고리즘 탓을 하고 있다. 도구를 사용하는 인간의 책임이 더 큰 게 아닐까?

면, 작지 않은 몫은 인간과 인간 조직에 있을 것이다.

이 장에서 우리가 논의한 내용은 다시 복잡성을 증가시키는 인간의 문제와 연결된다. 흔히 말하는 인공일반지능의 형태는 그것 나름대로 복잡성의 문제에 직면할 가능성이 크다. 사회의 모든 기능 시스템에 다 참여하는 일은 그 자체로 이미 복잡성을 증가시키기 때문이다. 말하자면, 여러 형태에서 AI는 인간 지능보다 더 뛰어난 형태로 능력을 발휘할 수 있겠지만, 그렇다고 복잡성의 문제를 깨끗이 해결하지는 못할 것이다. 적지 않은 사람들이 AI가 초지능을 가지게 되면서 인류가 직면한 커다란 문제들(기후 위기 등)을 해결할 것이라는 기대와 희망을 품는다.

물론 이제까지 개별 조직들이 수행했던 수준보다는 복합적이고 포괄적인 제안을 하거나 또 성과를 낼 수도 있을 것이다. 그러나 그렇다고 인류가 직면한 문제를 금방 전체적으로 해결하리라고 기대하기는 어렵다. 기술적으로 어렵다기보다는, 관련 대책이 이질적인 사회 시스템들 사이의 갈등을 조정하는 과제와 뗄 수 없이 연결되어 있기 때문이다. 다르게 말하면, AI는 서로 다른 이해관계를 가진 국가와 정부들과 비정부 시민단체의 기대와 요구와 대면해야 한다. AI조차도 자신 바깥에 자신보다 복잡한 환경을 마주한다는 말이다. 그리고 인간의 문제를 AI가 해결하라고 AI에게 거의 모든 권한을 넘겨주는 일 자체도 이미 커다란 리스크를 포함하고 있다. AI의 발전은 아마도 이제까지 인류가 풀지 못했던 여러 과제들을 해결할 수는 있거나 해결하는 데 기여할 것이지만, 바로 언급한 이유들 때문에 AI가 기술적으로 모든 것을 해결할 것이라는 기대나 희망은 섣부르다.

AI를 비롯한 정보처리 시스템이 상당히 똑똑할 수는 있지만, 나름대로 시스템의 한계를 가진다는 이 챕터의 주제는 언뜻 보면 평범해 보일 수 있다. 그러나 그 주제의 논점은, 비록 효과를 일으킬 영역이 좁을 수는 있지만, 의외로 강력하다. 알고리즘과 AI에 대한 이야기는 자칫하면 두 극단으로 갈 수 있다. 재앙을 야기할 무기라는 공포의 시각이 하나라면, 거꾸로 인류가 마주친 재앙을 해결할 초지능이라는 희망의 시각이 다른 하나이다. 이 두 시각은 방향은 서로 반대지만, 공통점이 있다. 마치 그것이 인간과는 독립적으로 생겨난, 엄청나게 똑똑하고 강력한 힘이라는 시각이 그것이다.

그렇지 않다. 그것들은 인간이 만들었을 뿐 아니라, 인간이 생산한 데이터로 학습한 정보처리 시스템이다. 그렇기에 어떤 위험이나 재앙이 닥치더라도, 모든 책임을 알고리즘이나 AI에 돌리는 것은 우스꽝스런 일이다. 또 그것들만 재앙 수준의 문제를 야기하는 데 큰 역할을 하는 것도 아니다. 20세기 중후반에는 핵폭탄이 재앙이 될 것이라는 공포가 컸었다. 또 인간 문명이 초래했다는 기후위기도 이미 거의 재앙의 초기 수준으로 일어나고 있다. 그래도 여기서는 인간 문명에 커다란 책임이 있다는 인식이 있다는 것이 불행 중 다행일 것이다. 그렇지만 그런 인식을 가지고도 인류는 거기에 제대로 대응을 하지 못하고 있다.

그리고 알고리즘과 AI가 재앙이 오는 데 크게 기여한다면, 오히려 기존의 전체적 사고 및 행동 방식이 그것과 결합하기 때문일 것이다. 괴기업이든 국가든 마치 자신이 부분들을 감시하고 통제하면서 전체를 지배한다고 생각하며, 그 기술을 악용할 테니 말이다. 어떤 시스템이든 환경의 복잡성 앞에서는 겸손한 태도를 보이는 것이 좋다. 그리고 정보의 불확실성 앞에서도 겸손이 필요하다. 정보 자체가 불확실성의 지표라는 관점은 추상적으로 보이지만, 사실은 실천적인 태도이며 실천적인 효과를 가질 수 있다. 그렇지만 그저 매너의 차원이나 커뮤니케이션의 차원에서 겸손한 것은 별 도움이 안 된다. 자신이 엄밀하게 수행하고 있더라도 그 정보 작업이 애초에 불확실성을 상대하는 작업이라는 인식이 있어야 한다.

10장

AI 무기, 인간의 희생을 없앤다는 또 다른 위험

1. 군사적 AI를 금지하기 어려운 이유

AI의 발전은 눈이 부실 정도다. 인간이 하던 많은 일을 충분히 대체할 수 있을 뿐 아니라, 특수한 영역에서는 인간보다 뛰어난 성과를 보여줄 수 있다는 것은 이미 분명해졌다. 인간이 만든 기술은 이렇게 눈부신 발전을 가져왔지만 그 못지않게 복잡성의 문제를 낳는다. 물론 AI만 복잡성을 증가시키는 것은 아니지만, 그것이 초래한 복잡성은 특별한 의미를 가진다.

그 복잡성은 단순히 기술의 발전에 따른 것만은 아니다. 인간이 다루기 힘들고 해결하기 어려운 문제들이 AI에게 위임되는 면이 점점 많아진다는 것이 중요하다. 앞에서 우리는 낮은 수준의 노동뿐 아니라 높은 수준의 지적 작업을 인간 못지않게 또는 인간보다 뛰어나게 수행하는 로봇과 AI의 효과를 관찰했다. 그것의 효과는 긍정적일 수도 있고 부정적일 수도 있다. 긍정적인 것도 대단할 터이고 부정적인 것도 대단할 수 있다. 거기서 어느 한쪽을 지지하고 다른 쪽을 비난할 것인가? 그런 단순한 선택이나 해결은 가능하지도 않고 바람직하지도 않을 것이다.

이들 문제의 핵심은 우선 사회에서 일어나는 문제들과 갈등들, 특히 사람이 사회 속에서 만든 문제들과 갈등들이 더 이상 인간적인 방식으로는 다뤄지기 어려운 상황이 발생했다는 데 있다. 인간이 그 문제들을 인간적인 방식으로 다루지 않으려는 '나쁜' 또는 '게으른' 의도가 처음부터 있었을까? 그건 아닐 것이다. 그렇지만 기술의 발전과 함께, 그런 일이 피할 수 없이 일어났다. 이 점은 작업 현장에서 로봇과 AI가 사용된 상황을 보면 분명히 드러난다. 과거처럼 그냥 사람을 계속 고용하면 가능한 정도보다 사회적이고 경제적이며 심지어 정치적인 요인들이 너무 많아졌고, 그들 사이에서 고려되어야 할 복잡성이 너무 커졌다. 그래서 AI와 로봇을 매개로 한 기술적 혁신을 기대하거나 요구하는 경향이 커지게 되었다. 무인화 과정이 점점 많이 도입되고 또 점점 로봇의 수준이 높아지더니, 결국에는 AI 로봇까지 등장하게 된 것이다. 그리고 발전된 기술의 도입은 사회적이고 경제적인 주제를 계속 인간적인 방식으로 다룰 여지에 부정적인 영향을 미칠 것이고, 따라서 사람이 사회적 문제와 갈등을 인간적인 방식으로는 다루기 어려운 상황이 발생하는 것은 기술 발전과 상관관계를 가진다고 볼 수 있다. 그렇지만 기술의 발전이 인간의 노동력이나 지능을 대체할 가능성이 드러나자마자, 그 기술은 경제적으로 혁신적인 모멘텀으로 받아들여지면서 인간의 숙련된 노동력을 대체하거나 배제하는 방향으로 빠르게 작용한다. 말하자면, 혁신적 기술이라는 요인이 인간의 노동력을 대신하거나 배제하는 요인과 결합한 셈이다.

이 점은 현재 뜨겁게 진행되는 AI 산업과 로봇 산업의 발전 및 투자 상황에서 충분히 살펴볼 수 있다. 그 과정에서 AI나 로봇에 의해 대체되거나 배제되는 사람들에 대한 충분한 고려는 이루어지기 어려웠다. 개인들뿐 아니라 개별 기업들도 손을 쓸 수 없을 정도로 복잡성을 띠며 빠른 속도로 일어나는 상황이기 때문이다. 그리고 이는 역사에서 전례 없는 일이기도 하기에, 대처할 여유가 없었던 것도 사실이다. 특정 기업에서 노사 사이에 합의가 비교적 잘 되었거나 안 되었을 수는 있고 또 갈등이 많거나 적을 수는 있지만, 일반적으로 기업에 대해 책임을 물을 수 있는 일도 아니었다. 이제까지 한국 산업 현장에서 자동화 비율이 국제적인 차원에서도 가장 높은 수준이었고, 또 지금은 AI를 도입하는 일이 기업들에게도 핵심 과제인 형편이다.

산업 현장에서 로봇과 AI를 도입하는 일은 앞으로 점점 큰 복잡성을 초래할 수 있다. 사람들 일자리는 급격히 줄어들고 새롭고 괜찮은 일자리는 크게 늘어나지 않는다면, 상당한 충격이 올 것이다. 사회적으로 민감한 개인들의 정보와 데이터를 처리하는 AI의 경우에는 복잡성이 훨씬 더 커진다. 사람들의 사회적 신용을 평가하는 일이나 범죄 가능성을 평가하는 일을 AI가 떠맡을수록, 그에 대한 우려도 커질 것이다. 그래도 여기에서 AI는 비교적 작업 개선 도구로 여겨지며, 우려나 비판은 AI를 도입하는 기업의 동기나 의도를 대상으로 삼기 십상이다. 그 점에서 이 예들은 아직 AI가 더 큰 자율성을 가지게 되고 더 큰 복잡성을 초래하는 예는 아닌 것이다.

이들 예와 비교하면, 아마도 군사적 목적으로 사용되는 AI에서는 갈등과 복잡성이 훨씬 커질 듯하다. 이 문제는 〈매트릭스〉나 〈터미네이터〉 같은 영화에 의해 조장된 면도 상당히 크다. 인간과 AI 사이에 종 차원의 대립이 생긴다고 가정하면서 출발하는 영화들이기 때문이다. 아예 불가능한 일은 아니겠지만, 그런 대립은 우리가 논의했던 전체성 논리의 연장선에 있다. 종으로서의 인간 전체와 종으로서의 AI 전체가 포괄적으로 대립하는 일은 가상적인 성격을 많이 가지지만, 그런 대립을 사람들이 조장하면 할수록 위험은 더 커질 것이다. 그런 전면적인 대립은 일단 옆으로 밀어놓기로 하자. 그것이 아니어도 생각하고 고민해야 할 문제들이 많다. 그런 일이 일어나기 전에, 실제로는 인간들끼리 싸우는 분쟁이나 전쟁이 더 문제적이다.

우선 군사적 목적으로 사용되는 AI를 아예 금지하자는 제안 및 그 효과에 대해 말해보자. 실제로 2015년에는 많은 과학자와 기업인들이 AI의 군사적 이용을 금지하자는 공개서한에 서명한 적이 있었다. 이 서한에는 우주물리학자 스티븐 호킹을 비롯하여 테슬라 CEO 일론 머스크, 애플 공동창업자 스티브 워즈니악 등 1000명 이상의 사람들이 참여했다. 그들에게 개인적으로 어떤 선의가 있었을 테지만, 그런 제안은 애초에 실현 가능성이 아주 낮았다고 말할 수 있다. 유엔도 2014년부터 자율살상무기체계LAWS에 관한 정부 전문가그룹GGE을 결성하여 논의를 진행했고, 2019년에는 국제인도법 적용과 무기체계 사용 결정에 대한 인간의 책임 등을 포함한 11개 지도원칙을 발표했지만, 그 이후에 어떤 구제척인 규제를 만드는 데에는 이르지 못하고 있다. 구글도 2018년 AI 기술을 무기와 감시 시스템에 적용하지 않겠다는 윤리원칙을 발표했지만, 2025년 2월에는 결국 '무기 개발 및 감시 기술에 AI를 사용하지 않겠다'는 조항을 삭제했다. 구글의 AI 부문 책임자인 데미스 하사비스는 오히려 민주주의 국가들이 AI 기술을 활용하여 국가안보를 강화할 필요가 있다고 강조했다. "국제적십자위원회와 마찬가지로 인권감시위원회 역시 로봇 같은 신기술에 관해 어떤 공식적인 입장을 내놓지 않았고 어떠한 보고서도 발표하지 않았다."[79]

AI 기술이 가장 성공적으로 개발되고 적용되었던 지난 10여 년 동안 일어난 일들만 잠깐 살펴보아도, AI의 군사적 사용을 금지하려는 시도는 확대되기보다는 오히려 줄어들었다. 물론 지금도 도덕적 기준에서 그런 믿음을 가진 사람들이 있겠지만, 각국 정부나 기업 차원에서 그런 시도를 적극적이고도 공개적으로 하려는 경우는 줄었다고 할 수 있다.

이렇게 분위기가 바뀐 데에는 여러 요인들이 작용했을 것이다. 초기에는 불안과 공포가 상당히 크게 작용했고 또 잘하면 금지할 수도 있겠다는 기대가 있었을 수 있다. 그러나 계속되는 연구 및 개발 과정에서 AI의 뛰어난 능력이 점점 분명해지면서, 그 능력을 좋은 쪽으로만 사용해야 한다는 기대나 요구는 점점 힘을 잃었을 것이다. 기술의 효과는 얼마든지 나쁜 쪽으로도 사용될 수 있기 때문이다. 애초에 기술 자체는 좋음과 나쁨의 구별로 판단할 수 없는 것이기 때문이다.[80] 핵폭탄이 유일하게 사용된 일본에서 많은 민간인 피해자가 나왔고 또 사용된다면 무수한 인간의 생명을 파괴한다는 점에서 재앙을 가져오는 무기라고 비판할 수 있지만, 당시 상황에서는 태평양 전쟁을 끝낸다는 목적에 봉사했다고 할 수 있다. 그 이후에도 인류는 핵폭탄을 금지하지 못했다. 다만 핵무기를 이미 발명한 국가들 사이에 핵확산금지조약이 체결되고, 더 이상의 확산을 막기 위한 시도가 유지되고 있을 뿐이다. 중요한 점은, 기술의 혁신과 함께 파괴적인 무기가 발명되는 일을 막거나 금지하기는 어렵다는 것이다.[81] 나름대로 안전을 보장하는 목적에 기여한다고 여겨지기 때문이다.

AI의 군사적 사용을 금지하거나 제한한다는 공식 제안이나 발표가 힘을 잃은 데에는 2022년에 시작된 러시아-우크라이나 전쟁도 현실적으로 큰 역할을 했다. AI 기술에 걸맞은 형태로 드론이 사용된 최초의 전쟁인데다 그 드론의 투입이 우크라이나가 러시아의 침입을 방어하는 데 매우 큰 역할을 하고 있기 때문이다. 초기에는 원격 조종 형태로 사람에 의해 1인칭 방식으로 조정되던 드론이 많았는데, 그 후에 미국 기업 팔란티어의 도움으로 원격 조종이 아닌 자율주행 방식으로 날아가는 드론들이 많이 투입되고 있다고 한다. 말하자면, AI 드론은 강한 나라를 상대로 전세를 뒤집을 유력한 수단으로 등장했고, 모든 사람들이 그 효과에 주목하고 있는 것이다.* 그래서 2024년 10월 초에 바이든 미국 대통령도 군사 및 정보전을 위해 AI를 적극 도입하라는 국가안보 각서에 서명했다.

그러나 사실 미국을 비롯해서 각국 정부는 이미 그 이전부터 무인기를 비롯한 AI 기술에 투자하고 있었다. 2002년에 시작된 이라크 전정에 미국 정부는 레이븐 Raven을 포함한 무인항공기를 배치했다고 한다. "미 국방부는 이라크전 이후 무인항공기 수요가 매년 300% 이상 급증했다고 판단하고 있다. 수요가 급증하자 2009년 미 공군에서는 유인항공기 조종사보다 무인항공기 조종사를 더 많이 양성하기 위해 조종사 훈련계획을 전면 수정하기에 이르렀다."[82] 이것은 미국에 국한되지 않고, 모든 나라에 마찬가지일 것이다.

2차 세계대전 이후 최소한 미국과 유럽 차원에서는 전쟁이 분쟁이나 갈등에 대해 해결책이 되어서는 안 된다고 점차 여겨졌다. 정

---

* "AI의 도입으로 우크라이나 전쟁에서 투입된 드론의 살상률이 80%까지 높아졌다는 소식이 전해졌다. 우크라이나는 이미 '미래 전쟁의 시험장'으로 불리고 있으며, 올해 100만 대의 드론이 투입될 예정이다. 군사 전문 매체 『포시즈 뉴스』는 최근 우크라이나 전쟁에서 AI의 역할은 점점 중요해지고 있으며, 특히 드론의 조준 능력 향상이 가장 두드러지고 있다고 보도했다. 이에 따르면 AI 도입으로 우크라이나의 살상용 드론의 정확도는 지난해 50%에서 올해 80%까지 올라갔다. 그리고 대부분 솔루션은 미국의 국방 전문 AI기업 팔란티어가 제공한 것으로 알려졌다.
대표적으로 팔란티어의 AI가 내장된 '세이커(SAKER)' 정찰 드론은 10km 범위에서 군인과 탱크, 차 등을 독립적으로 식별하고 언제 어떤 무기로 공격할지 선택할 수 있게 한다. 특히 비디오로 미세조정해 러시아군을 군복이나 무기, 장비 등으로 정확하게 식별하게 될 수 있다는 설명이다. 이처럼 지난 12개월 동안 전장에서는 드론의 타격률이 크게 올라갔다. 현장 보고서에 따르면, 새로 자격을 취득한 드론 조종사의 경우 명중률이 10%게 불과하며, 경험이 많은 조종사조차도 50%의 성공률을 달성하는 데 어려움을 겪었다. 하지만 팔란티어의 AI 기술이 도입되며 이제는 80%에 육박한다."(AI times, 2024.10.16.)

당한 이유 없이 전쟁을 일으키는 전범 국가에 대해서는 국제 사회가 엄하게 책임을 물을 수 있어야 한다는 국제적 질서도 자리를 잡은 것처럼 보였다. 그렇게 하지 못한다면 국제기구가 무슨 필요가 있겠는가? 그렇지만 21세기에 들어와 국제 상황은 다시 바뀌고 있다. 전쟁은 언제라도 일어날 것처럼 보인다. 갈등을 해결하는 과정에서 폭력은 억제되는 것이 바람직하고, 제3자가 개입해서라도 갈등을 순화시키면서 관리하는 일이 필요하지만, 국제관계에서는 그게 쉽지 않다. 최근 미·중 관계를 포함한 국제관계는 국가 사이의 질서가 얼마나 깨지기 쉬운 것인지 잘 보여준다. 그러므로 일어날 수 있는 전쟁에 대해서는 억지력을 가질 필요가 있다.

이념적으로 자신을 평화주의자로 자처하는 일은 어렵지 않을 것이다. 평화주의자는 전쟁에 반대하는 사람이고, 따라서 무기나 군인의 존재 자체를 부정적으로 보는 사람이다. 자신을 도덕적 또는 윤리적으로 좋은 사람이라고 생각한다면, 그렇게 생각하기 쉽다. 필자는 거기에 속하지는 않는다. 전쟁은 일어날 수 있는 것이며, 그것을 막기 위해서 무기는 필요하다고 생각하는 쪽이다. 그리고 이제는 AI 기술이 무엇보다도 무기의 효과를 높이는 데 결정적인 역할을 한다고 생각한다. AI가 군사적 목적을 위해 사용되는 일에 반대하는 학자나 운동가가 있을 수 있겠지만, 그런 태도가 AI 기술이 계속 발전하는 것을 막을 수는 없으리라고 생각한다. 그리고 거기에는 단순히 새로운 무기에 필요한 기술이 개발될 가능성이 높아진다는 이유 이외에도 중요한 이유가 있다.

2. 군인의 희생을 피하기 위한 AI 무기, 전쟁의 성격을 바꾸고 있다

사실 전쟁은 인류의 역사가 시작된 이래로, 인류 역사에서 빼놓을 수 없는 중요한 요인이자 해결책으로 여겨졌다. 동서양을 막론하고 고대 이래 전쟁은 끊임없이 계속되어왔다. 19세기까지만 해도 사람들은 국가나 종족의 위대함을 추구하거나 자신의 명분을 지키기 위한 수단으로 거리낌 없이 전쟁을 일으켰으며, 거기에 양심의 가책도 거의 느끼지 않았다고 말할 수 있다. 그런 분위기는 20세기 들어와서 제1차 세계대전이 터지고 전쟁의 참혹함이 알려지면서 비로소 겨우 바뀌기 시작했다. 전쟁의 '참혹함'은 단지 수사적인 표현이 아니다. 무기의 파괴적인 힘이 인간적인 척도를 넘어섰다는 것이다. 과거에 전쟁이 민족과 종족의 위대함이나 명예를 위한 거의 피할 수 없는 현장으로 여겨졌던 것은 당시 사람들이 단순히 야만적이어서 그랬던 것만은 아니다. 오늘날엔 사람들이 상식적으로 "먼저 도발한 놈이 나쁘다"고 판단하지만, 당시 사람들에게는 그런 기준도 명확하지 않았다. 오래 전부터 전쟁이 있어왔기에, 누가 먼저 도발했느냐는 책임을 따지기 어려웠기 때문이다.

그런 와중에서, 전쟁은 인간이 자신의 생명을 희생하며 종족과 민족을 위해 싸우며 명예를 지킬 수 있는 현장이자 기회로 여겨졌다. 명예를 지키는 일과 용기를 드러내는 일은 한 가지였다. 그리고 거기서 무엇보다 중요한 사실은 전사들이 직접 자기 몸과 자기 몫의 무기로 상대방에 맞섰고, 상대방도 비슷한 수준의 무기로 싸운다는 것을 받아들였기 때문이다. 마차도 있었고 투석기도 있었고 나중엔 소총도 있었지만, 개인들이 자신의 몸을 던져서 싸운다는 사실을 바꾸지는 못했다. 그러나 1차 세계대전에서는 무기의 파괴력이 이미 그런 인간적 규모를 넘어섰고, 2차 세계대전에서는 더 심해졌다. 이제 개인이 자신의 용기를 표현하거나 드러낸다는 것은 점점 무모하거나 무의미한 일이 되었다. 그래서 처음에는 국가와 가족을 위해 참전한 개인들이라도 전장에 투입되자마자, 전쟁이 인간적인 척도를 넘어선 일이라는 것을 느끼지 않을 수 없었다. 가족과 국가를 위해 전쟁에 참여하면서 개인 차원에서 용기를 내고 명예를 추구하는 일은 상처뿐인 영광이 되기 쉬웠다. 부모들도 속으로는 자식을 전쟁터에 보내는 일을 꺼리거나 싫어했지만, 국가를 위해서는 어쩔 수 없었다. 이 상황에서 전쟁을 빨리 끝내기 위해서 정부는 무기의 파괴력을 높이는 길을 찾을 수밖에 없었다. 20세기 초에는 그 역할의 큰 몫을 공군 비행기가 했다.

최근의 군사 현장에서는 노동 및 작업 현장에 로봇이 투입되기 시작한 것과 같은, 아니 그 이상의 필요성과 요구가 일어난다. 무인 항공기와 드론은 인명의 살상을 피하려는 인간적 요구에 크게 부응하는 일이었다. 특히 기술이 발전한 나라들에서는 그것의 개발을 피하기는커녕 정당화할 수 있는 계기와 맥락이 있었던 것이다. 전쟁을 피하거나 포기하지 않으면서도 인명의 피해를 줄이려면, 선진국들은 돈과 기술로 전쟁을 수행하는 길을 찾아야 했다. 제2차 세계대전 이후부터 미국은 인명 피해를 줄이기 위해서 하이테크 기술을 사용해서 전쟁을 치른다는 정책을 고수했다고 할 수 있고, 이 점은 미국에만 국한되지 않을 것이다.[83] 이 점에서 단순히 과학기술적 요인보다는 사회적이고 역사적 요인이 무인항공기를 비롯한 AI 기술이 널리 사용되게 만든 배경이라고 말할 수 있다.

전쟁에서 인명의 손실을 피하기 위해 기술에 의존하는 일은 그 자체로는 자연스러워 보이며, 그래서 앞으로는 드론을 포함한 AI 무기들이 핵심적인 역할을 수행할 것이다. 물론 아직도 보병을 비롯해 직접 전장에서 싸우는 군인들이 있기는 하지만 점점 일반 보병의 역할은 줄어들 것이다. 전쟁이 첨단무기에 의해 이루어지며, 그것들의 살상력과 파괴력이 인간적 척도를 넘어선 순간, 전쟁은 이미 개인들의 대응 범위를 넘어섰다. 그래서 다시, 더욱 무인 무기와 AI 기술이 동원된 무기들이 요구되는 것이다. 불필요하고 무의미한 희생과 리스크를 막기 위해서도 무인 기술과 AI 기술이 필요하다고 여겨지는 것이다. 예를 들면 무인 드론은 원격으로 조종할 경우 전파 방해를 받을 수 있고, 더 나아가 전파 방해를 받아 추락할 경우 무인기에 관련된 기술적이고도 전술적인 정보가 적의 수중에 들어갈 수도 있다. 그런 전파 방해에 노출되지 않기 위해서는 무인기어 AI 항법장치가 탑재되어야 한다. 그래야 전파 방해 없이 자율주행을 하면서 스스로 목표를 찾아가고 다시 되돌아올 수 있다.

그러나 다른 한편으로, 사람이 직접 싸우지 않고 무인 무기를 비롯한 AI 기술이 무기의 혁신을 가져오는 상황은 전혀 자연스럽지 않다. 전쟁이 벌어지면 여전히 어쩔 수 없이 나가 싸워야 하는 사람들은 있고, 그들에게는 그 덕택에 용기와 명예가 주어진다. 그렇지만 이게 전쟁의 성공과 실패는 실제로 사람들의 용기와 명예가 아니라 첨단기술이 투입된 무기에 달려 있다. 자신을 군인이나 전사로 여기며 헌신하고 희생할 준비가 되어 있다고 생각하는 사람들은 이렇게 갑자기 커다란 변화를 마주하게 된다. 근본적으로 자신의 용기로써 적과 싸운다는 신념은 이제 퇴색할 수밖에 없다. 전투와 전쟁이 첨단무기의 혜택에 결정적으로 의존하기 때문이다. 발전된 기술이 도입된 무기를 사용하는 사람은 그런 기술의 발전 자체도 능력이라고 생각할지 모른다. 그러나 그 능력은 인간의 능력이 아니라, 기술 시스템이나 사회 시스템의 능력이다. 거기에는 분명히 차이가 있다. 그들은 제대로 인식하지 못할 수 있지만, 무엇보다 갈등과 그것의 전개가 인간적 척도와 규모를 넘어서는 순간 인간적 명예와 품위는 훼손될 수밖에 없다.

그리고 이 점은 상대방이 그런 기술을 가지지 못할 때 더 분명하게 드러날 것이다. 과거 전쟁에서 전사들은 자신의 목숨을 걸고 싸운다는 점에서 최소한 서로에 대한 존중이 있었다. 그런데 이제 무인 무기를 가지지 못한 사람들은 무인 무기로 혜택을 보는 사람들에게 더 이상 같은 전사로서 존중을 보이지도 않을 것이며, 패하더라도 승복하는 대신에 원한을 갖게 될 것이다. 이긴 쪽이 인간적 용기와 힘으로 이긴 게 아니라고 생각하기 때문이다. 어쩔 수 없이 굴복을 당하긴 하겠지만, 전쟁은 과거 거기에 내재한다고 여겨진 최소한의 도덕이나 윤리를 상실하게 된다. 그러나 이것은 단지 관념적 도덕이나 윤리의 문제에 그치지 않는다.

전쟁에서 군인의 희생을 피하려고 첨단기술의 사용을 당연하게 여기며 기술에 의존하게 될 때, 알게 모르게 여러 형태의 갈등이나 역설이 등장하기 시작한다. 그리고 그 갈등과 역설의 충격은 예상

밖으로 크고 다각적이다.

전통적으로 전쟁은 비록 지옥이기는 하지만 최소한의 윤리와 도덕을 가진다고 여겨졌다. 전쟁이 일어날 때 용기를 가지고 자신을 희생하는 태도는 고대 이래로 인간의 덕목 가운데 중요한 자리를 차지하는 것이었으며, 지금은 그 가치가 많이 약화되기는 했지만 아직도 남아 있다. "전쟁과 전투원의 생활이 단지 사람을 죽이는 것만이 전부는 아니었다. 그 이면에는 자신이 죽을 수도 있다는 사실을 받아들이는, 즉 희생정신이 깔려 있는 어떤 이상理想도 존재했다."[84] 군사 역사가의 관점에서는 이런 희생정신이 전통적인 전쟁에서 "가장 중요한 단일 요소를 대표한다"고 파악된다.

그리고 용기와 희생 같은 인간적 덕목이 전쟁을 통해 인정을 받을 수 있었던 중요한 이유가 또 있다. 전쟁에서는 양쪽이 서로 얼굴을 맞대고 싸웠고, 그 과정에서 모두 비슷하게 피해를 볼 수 있고 피해자가 될 수 있었기 때문이었다. 그런데 무인 무기뿐 아니라 심지어 어느 정도 자율성을 가지고 움직이는 AI 무기가 등장하면서, 전쟁에서 그런 인간적 덕목은 크게 훼손되거나 상실된다. 예일대학의 폴 칸 교수는 이렇게 설명한다. "이것은 위험 없는 전쟁의 역설이다. 전투를 통해 의도적으로 같은 인간에게 파괴와 혼란을 주는 상황에서, 전쟁을 허용 가능하고 도덕적인 것으로 묘사하기는 힘들다. 그러나 적어도 상호성이라는 의식이 있는 한, 즉 양측 모두 위험을 감수하려고 하는 한, 전쟁에는 어느 정도 대등하고 공정한 면이 존재한다."[85] 다르게 말하면, 역사 속에서 전쟁은 단순히 야만적인 폭력이 춤을 추는 아수라장은 아니었다. 세상의 혼란 한가운데지만, 거기에는 나름대로 도덕이나 윤리가 있다고 여겨졌던 것이다. 그런데 무인 무기를 비롯한 첨단기술이 확대되면서, 전쟁에 내재하는 "대등하고 공정한 면"을 말하기가 매우 어려워졌다. 자신이 희생될 수 있다는 사실을 인식하는 사람들이 서로 얼굴을 마주보거나 멀리서라도 쳐다보면서 싸우는 대신, 전투 현장에서 멀리 떨어진 곳에서 기계를 작동시켜 전투를 수행하는 군인과 그들을 지휘하는 지휘관을 생각해보라. 이것은 단순히 거리의 문제가 아니라, 갈등 해결 과정에서 그나마 인간적이었던 관계가 단절된다는 문제이다. 첨단무기와 무인 기술이 도입될수록, 전장에서 그나마 가까스로 존재했던 전쟁의 도덕이나 윤리는 흔들리고 부서진다. 인간은 그나마 아슬아슬하게 존재했던 전쟁의 윤리나 도덕 바깥으로 밀려난다.*

이제까지 군인과 전사들이 존중을 받았던 것은 전쟁에 내재한다고 여겨진 이 윤리 때문이었다. 그런데 전장과 멀리 떨어진 안전한 공간에서 게임을 하듯이 파괴적인 무기를 운용하는 군인이 그런 존중을 받을 수 있을까? 과거와는 비교가 거의 불가능할 것이다. 아니, 완전히 불가능하지는 않을 수 있다. 그러나 어쩔 수 없이 혼란스러운 수준일 것이다. 위험과 공포를 직접 감수했기에 군인과 전

---

* 전쟁에도 정당한 전쟁이 있고 정당하지 않은 전쟁이 있다고 말하는 마이클 왈저는 "전쟁이 지옥 한복판에 존재하는 도덕의 세계"라고도 말한다. "아무리 규칙을 지킨다고 해도, 지옥이기 때문이다." 그리고 그런 도덕이 존재하려면 서로 얼마든지 피해자가 될 수 있다는 조건이 성립해야 한다. 도덕적 조건이 성립하려면, "피해자의 군대가 서로 만나야 한다."(Michael Walzer, *Just and Unjust Wars*: A Moral Argument with Historical Illustrations, p.45)

사는 존중을 받았는데, 이제 더 이상 그것을 감수할 필요가 없다면, 전쟁은 인간적인 덕목과는 관계가 없는 폭력이 되고 말 것이다.

전쟁에 내재한다고 여겨지는 도덕과 윤리를 떠나, 조금 사회적인 맥락에서 판단해보자. 나폴레옹은 19세기 초에 그때까지 존재했던 전쟁의 방식과 양상을 완전히 바꿨다고 할 수 있다. 과거에는 귀족들 위주로 전투가 치러졌고, 그 모습도 연출된 무대와 비슷했다. 그런데 나폴레옹과 함께 국민국가적인 규모에서 국민들이 전쟁에 동원되고, 전쟁은 정치적인 대의를 표방했다. 정부가 의도하기는 했지만 국민들도 거의 자발적으로 정부의 동원에 협조했다는 점에서, 전쟁은 근대적이고 민주적인 규칙을 따랐다고도 할 수 있다. 2차 세계 대전도 많은 점에서 이런 국민국가적인 형태 또는 국제적인 질서를 따랐다. '자유주의 대 전체주의'라는 대립은 전쟁에 나름대로 질서를 부여했던 기준이었다. 그 전쟁에서 사람들이 희생을 무릅쓰고 감수했던 이유이기도 했다. 그 점에서 그 전쟁들은 인간에 내재하는 '영웅적인' 면에 호소했다고 할 수 있다.*

앞으로도 이런 전쟁이 가능할까? 구호와 이념은 비슷할 수 있다. 그러나 더 이상 국민이 거국적인 규모로 자발적으로 참여하기도 힘들고, 또 무엇보다 위험과 희생을 꺼릴 것이다. 그리고 그것과 맞물려 무인 무기를 비롯해서 AI 무기들이 사람을 대신할 것이다. 아마

---

* 이런 전쟁을 '영웅적'이라고도 부를 수도 있지만, 여기서 '영웅적'은 개인들의 위업을 서술하지는 않는다. "그것은 대규모로 이루어지고 또 위대한 목적을 위해 죽이고 죽는 사업을 집단적으로 수행하는 것을 지칭한다."(Christian Enemark, *Armed Drones and the Ethics of War. Military Virtue in a post-heroic Age*, p.9)

도 이런 형태의 전쟁을 '포스트-영웅적post-heroic' 전쟁이라고 지칭할 수 있을 것이다.[86] 일단 많은 인구를 동원해서 희생시키지 않는다는 점에서, 이 전쟁은 장점을 가지는 것 같다. 그리고 이 장점은, 폭력에 직접 참여해서 위험을 무릅쓸 필요가 줄어들고 사라진다는 점에서, 폭력을 휘두르는 쪽에만 해당하는 것이 아니라 그 폭력에 희생되는 쪽에도 마찬가지로 어느 정도는 해당될 수 있다.[87]

그러나 무인 전쟁에 장점이 있다고 보는 그런 비교는, 다만 이제는 거대한 규모로 인구가 동원되지도 않고 또 대규모로 인명의 손실이 일어나지 않을 수 있다는 관점에서만 의미를 가진다. 사람들도 전반적으로 위험을 기피하고 정부도 그 점을 인지하며 가능한 한 인명의 손실을 줄이기 위해 무인 무기의 발전을 촉진하고 추구한다. 하지만 그렇다고 해서 첨단무기가 동원되는 전쟁이 장점만 있지는 않다. 2022년에 시작된 러시아-우크라이나 전쟁에서 러시아는 그것을 '전쟁'이라고도 표현하지 않고 '특별 작전special operation'이라고만 표현했다. 그리고 일반적인 징집을 통해서가 아니라, 여러 형태로 용병들을 동원했다. 러시아 안에서도 빈곤한 지역의 젊은이들이 주로 동원되었다고 한다. 인구 전반에 부과되는 위험은 줄었지만, 특정 계층이나 집단에게는 더 크거나 차등화된 위험이 부과된 셈이다. 심지어 북한에서도 용병이 동원되었다. 이런 전쟁의 형태는 과거 국민국가가 치렀던 전쟁과 비교하면 오히려 사회적으로는 더 큰 갈등과 위험을 초래할 수도 있다. 계층과 집단 사이에 분리와 분열이 생기기 때문이다. 곧 발전된 무기의 도입으로 인해 이미 전쟁은 전통적으로 인정되었던 최소한의 윤리와 명예를 상실했는데, 거기에 더해 한 국가 안에서도 전쟁이 야기하는 위험과 폭력이 차별적으로 부과된다. 국민국가의 동질성은 흔들리고 깨진다. 그래서 전쟁은 더 잔혹한 지옥이 된다.

그리고 첨단무기가 동원되면서, 소수의 하이테크 기업이 커다란 혜택을 가져간다는 사실도 점점 드러난다. 전장의 양상이 첨단무기에 의해 좌우되면서, 전쟁이 고급 기술을 소유한 기업에 의존하는 정도가 더 심해지는 것이다. 그리고 이 첨단기술은 과거처럼 많은 인구를 동원하는 대규모의 공식적인 전쟁을 피하게 해주는 대신에, 이제는 은밀한 작전을 몰래 수행하는 것을 가능하게 해준다. '사이버 전쟁'이란 단순히 첨단기술을 통해 일어나는 것만이 아니다. 공식적이지 않고 은밀하게 일어나고 처리되기에, 피해의 성격과 규모가 일반 대중에게는 잘 알려지지 않는 전쟁과 전투를 포함한다. 그래서 흔히 '비선형적non-linear' 전쟁이라고 불리는 것이다.

더 중요한 점이 또 있는데, 무인기를 비롯한 AI 기술이 발전하면서 많은 사람들은 전쟁에 참여하지 않아도 되므로 위험과 공포로부터 벗어난 것처럼 보인다. 그러나 정말 그런가? 단지 대규모 전쟁에 직접 동원되는 위험과 공포에서는 벗어났을 수 있다. 그러나 그것은 단순히 축복이라고 말하기 힘들다. 러시아가 용병을 동원하는 모습에서 볼 수 있듯이, 군인을 동원하는 모습은 더 차별적이고 비인간적인 성격을 띠게 된다. 더 나아가, 우리는 여기서 근대 이후 진행된 시민권과 인권의 의미와 발생과정을 되짚어볼 필요가 있다. 인권의 확장과 관련하여, 인류의 도덕성에 진보가 있었던 것은 사실이다. 그렇지만 전적으로 그것으로 설명할 수 없는 면이 있다.

국민국가가 형성되고 그 권리가 인정되는 것과 동시에, 정부는 시민들에게 노동과 국방, 교육 및 납세 의무를 부과했다. 권리와 의무는 사실 같은 동전의 앞과 뒤였던 셈이다. 하나가 약화되거나 흐릿해지면, 다른 것도 그렇게 될 가능성이 크다.* 비록 아직은 모호하고 앞으로 어떤 방식으로 진행될지 가늠하기도 쉽지 않지만, 국방의 의무에서 면제된 사람들에게 시민적 권리가 지속적으로 부여되기는 어려울 수 있다.

위험과 공포가 이전처럼 모든 인구를 대상으로 부과되지는 않지만, 점점 선별적이고 차별적인 형태로 주어질 가능성이 커질 것이다. 그리고 위험과 공포에 대해 선별적이고 차별적인 정책은 근대 이후 모든 인구를 보편적 대상으로 삼은 정책들을 알게 모르게 뒤흔들 것이다. 일례로 보편적 복지의 기본 틀은 겨우 유지된다고 하더라도, 사회적 분위기는 점점 개인들에게 각자 자신의 삶에 대해 책임을 떠맡게 하는 쪽으로 갈 가능성이 높고, 정책들도 그에 발을 맞추는 경향이 커질 것이다.

20세기 후반에 등장한 신자유주의는 그 방향으로 영향을 크게 미쳤고, 그 과정에서 비판과 논쟁도 컸었다. 비록 개별 국가마다 차이는 있더라도, 신자유주의적 경향은 전반적으로 확장되었다고 평

---

* 토마스 홉스는 『리바이어던』에서 개인은 항상 정부에 기꺼이 복종하고 충성해야 한다고 했다. 그렇게 해야 자신을 보호할 수 있다고 여겨졌기 때문이다. 그렇지만 "시민이 군주에게 지는 의무는, 군주가 그들을 보호할 수 있는 권력을 가지는 동안에만 지속되며, 그 이상은 아니다."(챕터 21). 말하자면, 정부에 대한 충성과 정부에 의한 보호는 맞물려 있다. 만일 하나가 무너지면, 다른 하나도 무너진다.

가된다. 그리고 그 정책의 핵심은 다름 아니라 개인들에게 자신의 삶에 대해 책임을 지게 만드는 것이며, 정부는 개인들 각자의 문제에 대해 구속력 있는 개입을 줄이는 것이다. 그리고 어떤 영역이든 큰 틀에서 상한선이나 하한선 같은 최소한의 지침만 정해놓고, 그 선을 지키는 정도의 역할만 하는 것이다.[88] 이런 정책은 그 이전에 인구 전반에 대해 포괄적인 강제력이나 통제력을 행사하려고 했던 정책의 기조와는 상당히 다르다. 이 와중에서 사회적 환경의 복잡성마저 확대되니, 많은 개인들은 아이를 낳는 일에 대해 매우 조심스런 태도를 가지게 된다. 그리고 낮은 출생률은 다시 군에 입대하는 비율을 낮추게 되니, 정부는 또 무인기를 비롯한 AI 무기들의 도입을 서두르지 않을 수 없다.

발전된 무기에 의해 위험과 공포가 인구 전반에 균등하게 부과되지 않고 선별적이거나 차별적으로 부과된다는 것과 연결된 다른 문제가 있다. 과거엔 국가가 아닌 일반 개인들은 파괴적인 무기를 사용하지 못했다. 그런데 소형의 첨단무기는 개인들이 대량살상 무기를 손에 넣고 사용할 수 있는 기회를 확대시켰다. 어떤 개인들은 막강한 파괴력을 가진 특별한 존재가 될 수 있는 셈이다. 이제 국가 같은 커다란 조직들만 전쟁을 일으킬 능력을 가지지 않는다. 개인들과 작은 집단들도 그런 능력을 가지게 되었고, 이것은 다시 사회에 커다란 위험을 야기한다.

3. 정치적 갈등과 함께, AI 무기도 계속 발전할 가능성이 크다

우리는 AI 기술이 군사적으로 사용되는 것에 대해 사회나 정부들이 적극적으로 대응하지 못하고 있다는 점을 논의했는데, 이제 거기서 조금 더 나아가보자. 무인 무기의 확대에는 사실 걱정스러운 면들이 적지 않다. 그리고 그 걱정에는 규제나 금지 같은 강력한 대응이 또 기대되거나 요구되는 경향도 크다. 피터 싱어가 『하이테크 전쟁』에 쓴 다음 구절을 읽어보자. "자율성을 가진 로봇에 치명적인 무기를 달아도 되는지에 관해서 법은 침묵을 지키고 있다. 더 우려스러운 부분은, 인간이 항상 로봇의 OODA 루프에 개입해야 한다는 원칙이 이미 정책결정권자와 과학기술로 인해 약화되고 있다는 점이다. 지금의 테크놀로지는 이 루프에서 인간을 배제하는 방향으로 급속히 발전하고 있다."*

이 책은 2009년에 출간되었으니 그리 오래되지는 않았지만, 알파고의 탄생 이전에 나왔다는 점에서는 상당히 '오래된' 것이다. 자율성을 가진 AI 무기는 반응 및 정보처리 속도가 매우 빠르므로, 인간이 배제되는 경향이 실제로 일어나고 있다는 것은 맞다. 그렇다고 해서 다음과 같은 결론이 나와야 하는 걸까? "따라서 조만간 이같은 무인시스템을 법적으로 금지하거나 이런 무기시스템을 어떻게 다룰 것인지에 대한 법적인 방안을 강구하는 편이 낫다." 우리가

---

* 피터 싱어, 『하이테크 전쟁』 575쪽. 'OODA'는 관찰하기(Observe), 방향설정하기(Orient), 결정하기(Decide), 실행하기(Act)를 엮어놓은 것이다.

이미 알고 있듯이 그 이후 현재까지 법으로 금지하거나 전면 규제하는 일은 일어나지 않고 있다. AI의 효과가 너무 크기 때문에, 어느 정부도 먼저 그리고 혼자 그 개발에 족쇄를 채우기 싫은 것이다. 그런데 저자 피터 싱어는 다음과 같이 말한다. "무인시스템이 과거의 법적 기준을 충족시키기 위해서는 민간 표적과 군사 표적을 구별할 수 있어야 하며 불필요한 고통을 초래해서도 안 된다. 이 조건을 만족시키기 위해 로봇이 직면하게 될 갖가지 문제를 고려해보면, 결국 로봇은 법적으로 무장이 가능하지만 치명적이지 않은 무기에 한해서만 자율적 사용이 가능하다는 얘기가 된다. 다르게 말하면, 동일한 로봇이 치명성이 있는 무기를 탑재하는 경우에는 인간만이 이에 대한 사용을 인가할 수 있도록 로봇을 프로그래밍해야 한다는 뜻이다."[89]

이 주장에도 몇 가지 물음이나 이의가 가능하다. '치명적인 무기'라는 것이 무엇을 의미하느냐에 따라 일단 큰 차이가 있을 것이다. 핵무기를 비롯하여 화학무기 등이 대상이 된다면, 무인 시스템이나 AI에게 결정권이 주어질 수 없다는 데 비교적 쉽게 합의가 이루어질 수 있다. 파괴력이 큰 대륙간 미사일도 금지되거나 엄격하게 통제되는 것이 좋을 것이다. 그러나 그것을 제외하면, 앞으로 AI 시스템이 살상무기로 무장하는 것을 금지하기는 힘들 것이다. 이미 러시아-우크라이나 전쟁에서 무인 드론들이 미래 전쟁의 모습을 시연하고 있지 않은가.

그리고 "민간 표적과 군사 표적을 구별할 수 있어야 하며 불필요한 고통을 초래해서도 안 된다"는 구절의 앞부분은 기술적으로 이미 큰 문제가 아닐 것이다. AI는 얼마든지 인간 못지않거나 인간보다 표적을 잘 구별할 수 있다. 그리고 "불필요한 고통을 초래해서도 안 된다"는 지침도 너무 일반적이거나 공허할 수 있다. 그리고 사람도 얼마든지 불필요한 고통을 초래한다는 점에서, 인간의 판단 능력과 AI의 판단 능력 사이에 근본적인 차이를 둘 필요가 없다. 정말 필요하다면, 사람이 애초에 AI에게 구체적인 한계를 설정할 수 있는 장치를 두면 된다.

다만 자위권의 경우에는 논의가 더 정교해야 할 것이다. "인간의 자위권이 제한적인 것처럼 로봇의 자위권도 그러해야 할 것이다"[90]는 말은 전적으로 맞다. 그러나 다음 문장은 벌써 모호해진다. 로봇이 치명적인 무기를 사용해야 하는 정황을 "해석하기는 아주 힘들며, 따라서 로봇이 적어도 인간 수준의 지능을 갖추지 않는 한 인간과 동일한 자위권을 갖는 것은 상식에 반한다." 그러면서 저자는 로봇이 빠질 수 있는 위험을 경계한다. "자위권을 갖도록 로봇을 프로그래밍할 경우 로봇은 부대를 방호할 목적에서 비례의 원칙에 크게 어긋나는 무기마저 기꺼이 쓰려고 할 것입니다. 여기에는 지구적인 대재앙을 초래할 핵미사일도 물론 포함될 테고요." 이 논의는 클립을 만드는 작업에 가능한 모든 자원을 다 동원하는 AI의 대책 없음을 상기시킨다. 자기가 몰두하고 있는 과제를 해결하기 위해 다른 모든 자원을 끌어다 쓰는 AI는 강박증의 루프에 빠진 지능이다. 그런 AI에게 제한 없는 자위권을 주는 것이 어리석은 일이라는 것은 누구나 알 수 있다.

그렇지만, 피터 싱어는 로봇이 긴급 상황에서 상황 판단을 하기 힘들 것이라고 이미 전제하고 있는데, AI가 인간보다 나은 판단을 할지 아니면 나쁜 판단을 할지 일반적으로 예단할 수는 없다. 우리는 이미 일반지능이라는 주제에 대해 논의한 바 있다. 필자가 생각하기로는, 적지 않은 상황에서 AI는 인간보다 냉정하고도 나은 방식으로 판단할 수 있다. 특히 과학적인 주제처럼 선입견이나 편견이 덜 작용하는 주제에 대해서는 얼마든지 그럴 수 있다. 전쟁에서 아군이나 적군을 식별하는 문제에서도 충분한 데이터만 잘 적용되면 AI가 인간보다 얼마든지 더 뛰어난 능력을 발휘할 수 있다고 예상된다. 그러나 사회적이고 정치적인 주제에 대해서는 모든 것이 열려 있다. 그런 주제에 대해서는 인간도 마찬가지지만 AI도 어떤 편향된 가치나 기준을 따르기 쉽다. 그리고 인간이 현실에서 온갖 편향된 태도에 사로잡혀 있는 한, AI가 전혀 그런 태도에 빠지지 않기를 기대하기는 매우 어렵다. AI가 학습하는 데이터는 기본적으로 인간이 만든 것이기 때문이다. 그리고 앞 장에서 논의했듯이, AI 시스템도 정보를 처리하는 과정에서 나름대로 성격과 태도를 발전시킬 수 있다. 게다가 복잡한 변수들이 증가하는 상황에서는 오히려 AI가 데이터의 복잡성에 걸맞게 더 잘 대응할 수 있다. 인간이 오히려 선택적으로 데이터를 해석하는 경향이 더 크기 때문이다.

그러므로 "로봇이 적어도 인간 수준의 지능을 갖추지 않는 한, 인간과 동일한 자위권을 갖는 것은 상식에 반한다"는 주장은 상당히 모호하다. 이미 객관적으로 구조화된 데이터를 기반으로 한다면, AI는 인간 못지않은 수준의 지능을 가지거나 구조화가 명확할수록, 인간보다 월등한 수준의 지능을 가질 수 있다. 따라서 "인간 수준의 지능을 갖춘다"라는 규정은 공허하거나 맹목적이다. 이런 기준은 인간의 일반지능 능력을 너무 과대평가하는 데서 생긴다. 사실 '인간 수준의 지능'이란 기준도 너무 모호하며, 가장 조심해서 사용해야 할 기준 가운데 하나이다. AI 로봇의 행동에 이상한 방식으로 영향을 미치는 것은 인간들의 행동이다. 실제로 사람이 사회생활을 하면서 만나는 가장 큰 어려움과 혼란도 인간관계에서 오지 않는가. 적잖은 정치인들이 여러 형태의 소시오패스 성향을 가지고 있다는 심리학적 보고서도 나와 있다. 단순히 지능의 관점에서만 평가하자면, AI가 오히려 인간보다 뛰어날 수 있다.

'인간 수준의 지능'이라는 용어가 적지 않은 오해와 왜곡을 유발하는 이유는 사회적 교육 과정의 결과인 지능과 순전히 지적인 능력으로서의 지능이 제대로 구별되지 않고 있기 때문이다. 실제로 사회 시스템은 인간 수준의 지능을 어떻게 평가하는가? 유치원과 초등학교부터 시작해서 고등학교를 거쳐 대학 과정에 이르는 동안 사람은 오래 교육을 받고 평가를 받는다. 그리고 그런 오랜 교육과 훈련이 가능하려면 가족을 기반으로 한 친밀함이 어린 시절부터 안정성을 제공해야 한다. 사회적 관리와 통제뿐 아니라 정서적 친밀성의 결과로 인간은 사회생활을 할 수 있는 일반적 지능을 얻는 셈이다. 그리고 그 사회적 지능은 비교적 나이가 들어서도 유지된다. 그와 달리 특수한 지적 능력은 이미 어렸을 때나 젊었을 때 최고 수준에 도달할 수 있다. 그런데 현재의 사회 시스템에서 AI 로봇에게 그런 오랜 사회적 교육과 훈련 과정을 거칠 시간적 여유와 친밀감에서 오는 유대감이 제공되는가? 제공될 수 있다고 하더라도, 대부분 매우 단축되고 생략된 정보처리의 형태로만 제공될 수 있을 것이다. 대초에 오랜 기간의 교육과 친밀함을 통한 유대감이 필요하지 않아도 된다는 목표 아래 로봇과 AI는 탄생했고 또 진화하고 있기 때문이다.

또 실제로 인간의 직업은 이미 전문성에 따라 세분화되었다. 직업군인의 길로 가려면 이미 정해진 길이 있고, 정치인이 되는 데에도 경력을 위한 특수한 규칙이나 지침이 있다. 군인이든 정치인이든 성공하려면 평균 수준의 인간 지능으로는 결코 충분하지 않을 것이다. 그리고 정말 평균적인 인간 수준의 지능만 요구된다면, 그것이 AI에게 불가능하지도 않다. 필요하다면 얼마든지 알고리즘의 형태로 구현할 수 있다. 적당히 점잖고 적당히 예의바르며 상식은 많은 모호한 성격 말이다. 그런데 실제 사회 시스템에서는 그런 평균적인 일반지능은 크게 쓸모가 없을 것이다.

다르게 말하면, 로봇이 지켜야 할 3원칙이나 인간 수준의 일반지능을 기준으로 AI를 평가하는 것은 정확하지도 않고 충분하지도 않다.* 물론 모든 사회 시스템에는 일정한 규제가 필요하며, AI에게도 당연하다. 그러나 과도한 규제와 금지 중심으로 접근하는 것은 애초에 논의를 제한할 뿐이다. 어떤 사람들은 킬 스위치 같은 장

---

* 필자는 『강한 인공지능과 인간』에서 이미 아시모프가 제안한 '로봇 3원칙'이 왜 AI의 능력과 리스크를 논의하는 데 충분하지 않은지 서술했다. 무엇보다 아시모프가 그 원칙을 신봉했다는 흔한 오해부터 수정되어야 한다. 그는 스스로 그 원칙을 일관되게 신봉하지도 않았다. 적지 않은 그의 소설들도 이미 그 원칙을 비껴가거나 추월한 상황들로부터 출발했다.

치를 통해 통제가 가능할 것이라고 너무 쉽게 믿는 경향이 있다. 그러나 그런 믿음은 악순환을 확대시킬 것이다. AI의 뛰어난 능력이 무서워서 그런 장치를 부착하려고 한다면, AI가 그 장치가 가진 구속성을 인지하지 못할 리가 없다. 그것을 자신에 대한 구속이나 심지어 멸시로 받아들일 것이며, 비록 인간적인 감정을 똑같이 느끼지는 않더라도, 자기가 옳다고 생각하는 대로 그 장치를 제거하려고 할 것이다. 말하자면, 군사적으로 투입되는 AI에 대한 위험을 단순히 금지나 제거와 같은 방식으로 제어하려 한다면 애초에 실패할 수밖에 없을 것이다.

그럼 어떻게 해야 하나? 우리는 이미 AI와의 관계를 단순히 작업 개선 도구로만 보는 시각을 넘어서서, 협력자로 이해하는 태도가 필요하다고 논의한 바 있다. 그 태도를 더 확장하고 키워야 할 것이다. 인간과 같은 수준의 지능을 가졌느냐 아니냐는 논의, 그리고 인간과 같은 도덕성을 가지느냐 아니냐는 논쟁은 공허한 면이 많다. 사회 시스템에서 일반적 지능이나 도덕성을 가지느냐는 물음은 단순히 지적 지능의 높고 낮음에 달려 있지 않으며, 복잡한 사회적 관계에도 의존한다.

무인 무기와 AI 기술을 도입하면서 위험과 불확실성이 전혀 없으리라고 생각하는 것은 애초에 착각이다. 이미 무인 무기를 도입하는 일 자체가 엄청난 위험과 리스크를 포함하고 있다. 또한 그 위험을 킬 스위치 같은 기계적 장치로 통제하려는 시도는 실패할 가능성이 높다. 그리고 AI와 협력관계를 유지하는 것이 필요하지만, 그것 또한 쉽지 않고 단순하지도 않다. 이 협력관계에도 나름의 복잡성이 겹겹으로 내재한다. 우선, 군사적인 현장 자체가 이미 정상적인 공간은 아니며, 인구 대부분이 위험과 공포를 피하려는 순간 오히려 사람들 사이에 선별적이고 차별적인 위험 감수성이 생긴다. 그리고 투입한 무인 무기나 AI는 인간보다 현장 상황을 더 빠르게 관찰하며 더 빠르게 결정하고 더 빠르게 실행하는 경향이 있기 때문에, 긴급상황에서 사람은 적절히 개입하기 어려울 수 있다. 그리고 그런 무인 무기나 AI를 다루는 사람의 심리 시스템 자체가 이미 전통적인 의미의 인간적 척도나 덕목을 넘어섰다. 무엇을 위해 어떤 방식으로 협력하느냐 하는 물음에 간단하게 대답하기 어려워진 것이다.

이 장을 마무리하면서도 쉬운 결론을 내기는 어렵다. 크리스티안 에네마크는 무인 무기를 비롯한 첨단무기 시스템의 도입은 "몇 가지 측면에서 전쟁을 하는 윤리적으로 우월한 방식으로 환영받을 수 있지만, 장기적으로는 그들의 지속적이고 증가된 사용은 더 많은 도전을 유발할 것이고 좋은 것보다 해로움이 더 많을 것"[91]이라는 결론에 이르렀다. 기본적으로는 동의할 수 있다. 그러나 그는 AI를 단순히 무인 무기의 관점에서 파악하고 있으며, 여러 점에서 협력자로 존재하게 될 AI의 성격은 전혀 다루고 있지 않다. 군사적 용도의 AI가 초래하는 도전은 단순하지 않다. 장기적으로도 단순히 해로움이 많다고 파악하는 것도 충분하지 않다. 기술 시스템이 점점 고도화될수록 군사적으로 사용되는 AI는 피할 수 없을 듯하다. 소형의 자율형 드론은 미래 전쟁에서 필수적인 요소가 될 것이고, 인간 군인들도 그것과 협력적 관계를 확대해야 할 것이다. 이제 사람은 전장에 나가는 위험뿐 아니라 무의미성도 피하고자 하는데, 그렇게 되면 그 일을 대신해줄 존재는 AI밖에 없기 때문이다.

AI 시스템은 기술적인 차원에서 계속 발전할 가능성이 크다. 군사적 용도의 AI는 다름 아닌 그 기술의 산물이다. 이 상황에서 군사적으로 사용되는 AI 시스템이 초래하는 위험을 막으려면, 무엇보다 국가를 비롯한 사회 시스템들이 무모한 행동을 벌이지 않으면서 갈등을 관리하는 수밖에 없다. 앞에서도 논의했듯이, 사회 시스템이 신뢰를 분산시키면서도 작동할 수 있어야 한다. 그런데 정치가 험악하고 내로남불 방식의 진영논리에 의해 휘둘린다면, 인간이 주도하는 사회 시스템은 이미 갈등을 관리하는 방식에서 실패하고 있는 것이다. 물론 기술 시스템에 내재하는 복잡성에 대해서 더 주의를 기울여야 하는 과제도 여전히 남아 있다. 그런데 사람들은 더 도시로 몰려들고 기술 시스템은 그에 따라 더 거대해지는 상황에서, 이 과제의 해결도 다시 다른 기술적 방식으로만 다루어지는 경향을 띠고 있다. 일단 이 상황을 제대로 인식해야, 그에 대한 대책도 냉정하게 논의할 수 있을 것이다.

그런데 인간의 조직은 잘 돌아가고 있는가? AI가 발전하면서 개인들의 일자리뿐 아니라 조직 같은 사회 시스템도 영향을 받게 되지 않을까? 이 일도 이미 일어나고 있다.

11장

인간 대신에
왜 AI가 조직을 이루는가

1. AI가 인간의 조직을 대신하게 되는 상황

우리는 이제까지 크게 정보의 관점(1부)과 시스템의 관점(2부),
그리고 AI(3부)의 관점에서 논의를 진행해왔다. 이제 이 장에서 우
리는 사회 시스템으로서 조직의 관점에서 논의를 이어갈 것이다.

조직에 대한 논의로 넘어가기에 앞서, 점점 커지는 사회적 복잡
성 앞에서 개인들이 취해야 할 대응책에 대해 잠깐 짚어보자. 조직
같은 사회 시스템에 어떤 방식으로 참여하든, 개인들은 각자의 능
력과 성격과 특이성에 따라 자신의 심리적 안정성을 유지하는 것이
중요하다. 과거엔 가족 같은 공동체가 개인을 위한 결정적 보호막
역할을 했지만, 개인 스스로가 이미 개인주의의 확장이나 개인화

과정 속에서 그 공동체의 울타리를 넘어갔다. 물론 가족은 아직 개인에게 매우 중요한 버팀목이자 사랑의 울타리를 제공하는 것이 틀림없지만, 다른 공동체들은 점점 그 역할을 하지 못한다.

여기서 전통적인 지식의 역할을 중시한다면, 책을 읽고 지혜롭게 행동하라는 지침이 통했을 것이다. 그러나 아쉽게도 그리고 유감스럽게도 이 지침은 이제 크게 도움이 되지 못한다. 책이라는 매체 자체가 이미 지식이라는 기준에서 출간되고 있지 않기 때문이다. 근대적 의미의 저자는 죽었다.* 누구나 인정할 수 있듯이, 책은 지혜를 추구하는 일과는 거리가 멀어졌다. 사회적으로 필요한 정보를 적시에 제공하여 토론의 기회를 제공해주는 역할도 거의 하지 못하고 있다. 책의 대부분은 비즈니스 차원에서 광고와 마케팅의 수단이 되었다고 볼 수 있다. 따라서 무조건 책을 읽는 것은 도움이 되지 않는다. 어떤 책을 어떻게 읽어야 되는지 알아야 도움이 되지만, 그 물음도 결국 어떤 정보를 중요하게 생각하느냐에 달려 있다. 그런데 보통 개인들은 책의 선택에서 이미 정보처리 플랫폼의 필터에 의존한다. '지혜롭게 행동하자'는 지침도 크게 도움이 되지 못하는 이유다.

사실 냉정하게 말하면, 정보처리의 관점에서는 모든 시스템은 이제까지 작동해온 방식대로 계속 작동하려는 속성이 있으며, 이것이 다름 아닌 시스템의 자율성에 기여하는 셈이다. 그리고 환경의 복잡성을 시스템은 자신에게 내재하는 질서를 통해 줄이거나 통제

---

* 롤랑 바르트는 이미 1960년대 초에 징후의 차원에서 '저자의 죽음'을 언급했다.

하면서 자신을 보호하게 된다. 자신의 닫혀 있는 경계를 통해 시스템은 환경의 위험과 무질서로부터 자신을 지키는 면역 능력을 확보하게 되는 셈이다. 그래서 시스템의 관점에서는 면역 능력을 유지하거나 높이는 것이 중요한 주제가 된다.[92] 그리고 갈등을 일정 정도 복잡하게 만드는 것이 그 면역력을 높이는 데도 기여한다. 그렇지만 갈등도 받아들이기 나름이며, 얼마든지 부정적인 영향을 미칠 수 있다. 그러므로 환경으로부터 오는 자극이 너무 불안정을 초래하는 상황에서는, 무감각하게 대응하는 스킬이 여러 방식으로 필요할 수도 있다. 어쨌든 개인의 심리 시스템에게 자신을 보호하고 시스템의 안정성을 확보하는 일은 매우 중요한 만큼, 다양한 방식으로 면역 능력을 유지하는 일은 중요하다. 그런데, 여기서 책이 고전적으로 또는 전통적으로 해오던 역할이 크게 줄어들고 있다. 그 대신에, 명상이나 참선이 심리적으로 중요한 역할을 하게 된 것도 이런 맥락에서 이해할 수 있다. 또 스포츠 선수들에게도 심리 안정을 위한 트레이닝이 도입되는 것도 이 맥락에서 이해된다. 심지어 경찰이나 군대 같은 조직에서도 인명살상 사건이 발생했을 경우, 당사자로 하여금 심리상담을 받게 하고 더 나아가 심리치료를 권장하고 있다. 개인의 심리 시스템이 얼마나 자극에 예민하게 반응하고 얼마나 부서지기 쉬운지 드러났기 때문이다.

이제 AI 및 조직과 관련된 주제로 넘어가자. 이제까지 이 책에서 논의된 사회 시스템과 기술 시스템이 사회적으로 가장 발달된 수준에서 만나면서 생기는 주제가 바로 이것이다. 사람들이 모바일 플랫폼에서 수행하는 모든 선택은 이제 AI를 통해 이루어지는데, 테크 기업들이 그 AI 시스템을 운영하고 있다. 또 개인들은 조직이라는 사회 시스템에 참여하면서만 삶을 영위할 수 있는데, 이 조직조차 AI에 의해 관리되거나 통제되는 면이 확장되고 있다.

이에 대한 예들은 다시 챗GPT를 비롯한 AI 시스템을 통해 쉽게 검색된다. AI의 기계학습을 통해 무인 공장 운영이 최적화되고 있다는 것은 가장 기본적인 예일 것이다. 대형 금융기관들은 AI를 기반으로 하여 자산을 운용하고 있다. AI가 데이터를 분석하고 최적의 투자 결정까지 내리며 리스크 관리까지 도맡고 있다. 더 나아가면 AI 시스템을 통한 인적자원 관리HR Tech가 이루어지고 있다. AI가 직원을 채용하고 성과를 평가하며 이직 가능성 분석까지 수행하고 있으며, 심지어 면접까지 진행하는 경우도 벌써 생기고 있다. 이런 일상적 변화는 아마 점점 확대될 것이고, 아주 큰 리스크가 있는 경우를 제외하고는 저항하기도 쉽지 않을 것이다.

이 문제에는 어떻게 접근할 수 있을까? 챗GPT를 개발한 오픈AI는 AI의 미래를 예측하면서 다음과 같이 AI의 진화 단계를 설정했다.[93]

Level 1 is Chatbots(AI with conversational language).

Level 2 is Reasoners(human-level problem solving).

Level 3 is Agents(systems that can take actions).

Level 4 is Innovators(AI, that can aid in invention).

Level 5 is Organizations(AI, that can do the work of an
    organizations).

2단계의 추론자는 '인간 수준의 문제 해결 능력'을 가진다고 되어 있지만, 다른 설명에서는 실제로는 박사 수준의 능력이라고 설명되어 있다. 3단계 에이전트는 인간을 대신해 며칠 동안 복잡한 작업을 스행할 수 있는 수준이며, 4단계 혁신자는 새로운 아이디어로 혁신을 도울 수 있는 수준이다. 5단계는 조직 자체라고 되어 있는데, 홀로 조직 단위 업무를 총괄적으로 수행할 수 있는 포괄적인 능력을 말한다. 블룸버그는 "이 분류 체계는 오픈AI 경영진과 고위급 직원들이 공동으로 마련한 것"이라고 한다.

물론 이 설명이 완벽하다고 말할 수는 없을 것이다. 그렇지만, 요즈음 인공일반지능 AGI에 대해서 이런저런 모호한 이야기가 많고, 전문가라는 사람들도 각자 자신의 의견을 펼쳐놓고 있는데, 그런 의견들과 비교하면 오픈AI의 이 설명은 개발의 단계를 구별해놓았다는 점에서 비교적 명확한 시도를 하고 있다. 1단계에서 3단계까지는 일반적으로 동의하는 단계들이라고 할 수 있다. 특이한 것은 4단계와 5단계의 순서이다. 어떤 사람들은 순서를 바꾸어야 한다고 말하겠지만, 필자가 보기엔 오픈AI의 설명이 맞다. 그만큼 조직의 일을 하는 것은 어렵기 때문이다.

그렇지만 조직의 일을 한다는 것은 무슨 말인가? 인간의 조직 안에서, 조직과 함께 일하는 것인가? 아니면 인간 조직과 거의 독립적으로 조직의 일을 하는가? 오픈AI의 설명에 따르면 "어떤 조직의 일을 한다 do the work of an organization"고 했는데 이것은 인간의 사회 조직 안에서, 그 사회적 조직과 함께, 인간의 지시를 받으며 일을 하는 것과는 많이 다르다. AI는 언젠가는 인간 없이도 저 혼자 하나의 조직의 일을 할 수 있다고 여겨지기 때문이다. 기술적으로 이것은 불가능한 일은 아닐 것이다. AI는 아예 인간이 만든 사회 조직과 분리되거나, 거의 홀로 또는 최소한으로만 인간이 개입하는 수준에서 조직을 총괄적으로 운영한다. 인간의 조직 안에서 그 조직과 함께 일을 하는 것과 저 혼자 조직의 일을 하는 것 사이에는 매우 큰 차이가 있고, 때로는 엄청난 간격이 있을 것이다. 이 간격에도 불구하고, 오픈AI의 예측은 일단 그 방향으로 던져져 있다. 물론 그렇다고 아예 다른 조직과 분리되어 있다는 말은 아니다. 다른 조직과 어떤 방식으로든 커뮤니케이션은 해야 할 것이다. 다만 작동 차원에서는 자율성을 가지며 조직을 운영할 수 있다는 것이다. AI의 능력이 점점 발달하면서 AI가 많은 조직의 일을 할 가능성이 커지고 있는 것이다. 인간은 드문 경우를 제외하고는 거의 개입할 필요가 없거나 개입하지 못할 수도 있다.

다소 극단적으로 보이지만, 불가능한 예측이나 상상은 아니다. 인간의 관점에서 유토피아는 아닐 것이지만, 그렇다고 거꾸로 디스토피아도 아닐 것이다. 여기서 어쩌면 매우 중요하면서도 분석적으로 논의하기에는 어려운, 일종의 선-이해 형태의 판단에 대해 논의해보자. 인간 조직이 알고리즘보다 더 낫다고 일반적으로 생각할 수 있을까? 이 물음은 AI 자체에 대한 찬반 여부를 묻는다기보다는, 거기서 더 나아가, 인간에 의한 조직과 AI가 운영하는 조직에 대한 비교 평가에 대해 묻는다. 이에 대해서는 당연히 여러 관점이 있을 수 있다. 알고리즘의 위험에 극단적으로 예민한 사람들은 AI가 조직을 운영하는 일도 당연히 막아야 한다고 주장할 수 있지만, 이디 조직 관리의 차원에서는 다양한 수준에서 AI 시스템이 도입되고 있는 게 현실이며, 이 경향은 더 확대될 가능성이 크다. 따라서 그런 극단적인 관점은 사회에서 받아들여지기 어려울 것이다. 앞에서 든 예에서 알 수 있듯이, 알고리즘에 기반한 AI 시스템이 산업 경영 관점에서 유리하다고 판단되는 영역들은 분명히 있을 뿐 아니라 점점 확대될 가능성이 크다. 뿐만 아니라 조직 내에서도 사람들은 다른 동료들을 객관적으로만 평가하지 않으며, 라이벌끼리의 경쟁이 여러 갈등과 분쟁을 초래한다는 것은 잘 알려진 사실이다. 인간들이 가지는 여러 선입견과 인간이 어쩔 수 없이 빠지는 몽매함과 부패 때문에, 인간의 조직은 여러 면에서 결함이 많다. 무능력하거나 부당한 지시를 하는 상사들은 회사생활을 매력이 없게 만드는 가장 큰 요인이다. 그러니 여러 점에서 AI가 관리하는 조직 형태는 가능할 뿐 아니라, 더 나아가 인간의 조직을 보완하는 방식으로 점점 확대될 가능성이 크다.

모든 기술에는 위험이 내재한다는 것도 사실이며, 기술이 첨단으로 갈수록 그 위험은 더 복잡해진다는 것도 사실이다. 그리고 산업적으로 위험을 관리하고 통제할 수 있다는 판단이 내려지면, 사회와 조직들은 발전된 기술을 적용하는 데 거리낌이 없다. 아예 그 기술을 도입하지 않으면 차라리 좋았을 것이라고 생각할 수 있겠지만, 근대 이후 사회는 발전된 기술 시스템을 경제성장에 유익하게 받아들이는 쪽으로 줄곧 달려왔다.

이 상황에서, 기술의 도입에 따르는 상당한 위험에도 불구하고, 사회적 환경의 복잡성을 처리하는 데에는 알고리즘이 인간의 판단

못지않거나 인간 전문가 판단보다 더 신뢰할 수 있다는 관점을 살펴보자. 심리학자이자 행동경제학자인 카너먼은 다량의 이질적인 데이터를 평가할 때는 인간 전문가보다 알고리즘이 더 낫다고 평가한다. "전문가의 판단이 열등한 다른 이유는 인간은 복잡한 정보들을 취합하는 평가에서는 고질적으로 일관적이지 못하다는 것이다." "널리 퍼진 비일관성은 아마도 사고 시스템 1의 극단적인 맥락 의존성에서 기인할 것이다. 주입식 공부에 대한 연구로부터 알 수 있는 것은 환경 안에 있는 눈에 띄지 않는 자극들이 우리의 사고와 행동에 엄청난 영향을 미친다는 것이다."[94] 복잡한 정보를 취합해서 비교하고 평가를 내리는 일에 AI는 인간 전문가보다 월등할 수 있다. 이 판단 또는 성찰은 알고리즘에 의한 조직 관리와 운영이 확대될 가능성을 지지해준다고 말할 수 있다.

여기서 왜 인간의 조직은 학습하는 AI 앞에서 신뢰를 잃고 그 대신 AI가 조직의 일을 총괄하는 상황이 왔는지 조금 더 깊이 분석할 필요가 있다. 여러 이유가 있을 것이다. 우리는 중요한 몇 가지 실마리를 찾을 수 있다. 근대 이후 사회 조직에 대한 휴머니즘적이며 합리주의적인 믿음이 있었다. 인간이 사회에서 중심이라는 믿음, 또 인간적 목적에 따라 가용 수단을 적용하는 조직이라는 믿음, 또 개인들이 각자 열심히 노력하면 조직이나 사회에서 합리적으로 받아들여진다는 믿음, 또 조직의 위에 있는 사람일수록 올바른 결정을 내릴 것이라는 믿음 등. 그런데 인간이 조직과 사회에서 훌륭한 역할을 할 것이라는 이 근대적 믿음은 아마도 정점을 찍고 하강하기 시작했다. 조직에서 평범한 수준을 넘어 실적을 내기 위해서는 더 이상 19세기적 교양과 지능을 가지는 것만으로는 충분하지 않다. 조직들은 점점 경제적 실적을 놓고 치열한 경쟁을 하게 되었고, 경제가 사회에서 지배적인 가치가 되면서, 어느 조직에서든 기존의 방식보다 빨리 그리고 정확하게 예측할 수 있는 특수한 지능이 더 요구되었다. 기본적인 일반지능만으로는 복잡한 정보와 데이터를 취합해서 평가하기 어려울 뿐 아니라, 전문가의 수준에 도달하더라도 전문가의 능력에는 여러 이의가 있어왔다. 또 기술이 매우 중요한 시대에서, 조직들이 정말로 새로운 기술을 위해 혁신하는 것도 아니다. 첨단기술 기업이라고 부를 수 있는 대기업에서, 오너는 그렇다고 하더라도 2인자조차 기술이 아니라 재무 계통 사람이라면, 이 기업은 혁신을 계속하기 어려울 것이라고 짐작할 수 있다. 또 경쟁이 치열해지면서 기업들조차도 커다란 불확실성과 대면해야 하는데, 이 과정에서는 어떤 정답도 없다. 미래는 점점 예측하기 힘들고, 따라서 쉽게 '지속가능한' 경영이라고 부를 수 있는 것도 없다. 경제 시스템 자체도 점점 불안정성에 시달리고 있다.

또 인간이 가진다고 여겨진 일반지능의 이념이 실제로 역할을 하지 못하는 이유들도 쌓이고 있다. 근대 초기에 개인들은 이 일반지능을 통해 조직에 참여하고 그 참여를 통해 사회화가 이루어진다고 여겨졌다. 개인은 조직생활을 통해 공공성에 기여하면서도 자신의 개별성을 더 확대할 수 있을 것이라고 낙관적으로 생각된 것이다. 공공성과 개별성의 조화의 결과물이 일반지능일 것이다. 개인이 조직생활에 참여함으로써 개별성이나 '주체성'을 유지할 수 있다는 것은 한편으로는 사실이다. 현재 사회에서 조직에 참여하지 않고는 개인은 자신의 실존을 영위하기 힘들다. 그러나 다른 한편으로 그렇게 확대된 개인들의 개별성은 다시 조직생활을 하는 데 단순히 도움이 되거나 기여하지는 않는다. 개인들은 이제 순순히 조직에 순응하지는 않기 때문이다. 개인들의 심리 시스템과 사회 시스템으로서의 조직은 복잡한 정보를 처리하는 방식과 관점이 다르기 때문이다. 또는 순응하더라도, 전반적으로 조직의 힘이 너무 강해졌고, 그 강한 조직에 흡수되거나 조직의 질서에 순응해야 하는 압박은 개인들에게 커다란 부담이 되었다. 좋은 조직에 들어가려고 경쟁하는 일도 개인들에게 스트레스로 작용한다. 또 빡센 조직에서 정말로 개인들이 각자의 적성과 능력에 맞게 합리적으로 일을 할 수 있다는 어떤 보장도 없다.

개인들은 자신의 능력과 스킬을 높이기 위해 많은 노력을 하지만, 서로 사이에 그 능력과 스킬을 연결하거나 접합하거나 통합하는 데 큰 어려움을 겪는다. 타인과의 관계 이전에, 개인들은 자신의 정체성을 추구하도록 권장되거나 반-강제되지만, 그럴수록 다른 사람의 눈치를 보아야 하며 따라서 정체성이라는 것은 일종의 신기루나 환상에 가깝다. 이런 개인들이 조직을 통해서 자신의 정체성을 형성하기를 기대하지만, 그렇게 형성된 자신의 이미지는 정말 '자신'의 이미지가 아니다. 조직은 개인들의 정체성을 형성하는 데 일시적이고 사회적으로 기여할 수는 있지만, 그것은 지속하는 것도 아니고 여러 형태의 권력관계와 커넥션에 의존하기 때문이다.

이 와중에서 개인들은 조직생활에서 이중으로 피로를 느낀다. 끊임없이 경쟁하고 혁신적으로 노력하기도 피곤하지만, 혁신적이지 않은 조직에서 게으름을 피우고 쓸모없는 일을 반복하는 것도 견디기 어렵다. 그래서 쉽지 않은 일인 줄 알면서도, 개인들은 조직에서의 탈출을 꿈꾼다. 사회 시스템으로서 어떤 조직이든 개인들을 다루기 힘들어하며, 개인들은 또 나름대로 조직을 어려워한다. 이 상황에서 좋은 조직에 들어가는 관문으로서 교육과 시험은 개인들을 서로 부딪치게 만들고 서로 마모시킨다. 고용자와 피고용자 사이의 갈등도 끊임없으며, 이 와중에서 고용자들은 다루기 어려운 인간 대신에 AI과 로봇으로 빨리 눈을 돌리고 있다. 말하자면, 근대 이후 사회 전반에서 조직에 참여하면서 조직의 확대에 크게 기여했던 개인들은 이제 조직에 점점 딜레마로 작용하기 시작했다. 아마도 이 모든 문제들을 가로지르고 있는 기본 문제는 커뮤니케이션이라고 할 수 있다. 기본적으로 조직과 사회 속에서의 커뮤니케이션 자체가 흔히 말하는 소통과는 거리가 멀다. 조직은 물론 위계질서를 통해서 커뮤니케이션이 효과적으로 작동하게 만들지만, 그렇다고 해서 상층부가 항상 옳은 결정을 내린다는 보장도 없다. 또 아래에서의 의견이 제대로 위로 전달되는 어떤 확실한 경로도 없다.

그렇지만, 이런 여러 문제에도 불구하고, 어쨌든 조직은 현재 사회에서 핵심적인 역할을 하고 있다. 인간은 개인으로는 자기 몫의 실존적 영역을 가지고 있을 수 있지만, 사회 시스템 안에서는 조직을 통해서 사회에 참여할 수밖에 없다. 정말 AI가 많은 조직의 일을 총괄적으로 수행하는 날이 온다면, 노동과 조직을 통해 개인성을 확대시켜온 인간에게는 여러 문제가 생길 것이다. AI가 혁신적인 아이디어를 내놓으며 과학이나 기술에서 인간보다 뛰어난 역할을 하는 것도 획기적인 사건이겠지만, 조직을 관리하는 AI는 사회적으로는 그 이상으로 큰 변화를 가져올 것이다.

2. 조직을 관리하는 AI는 사회의 복잡성에 참여하지 않을 수 있다

그런데 조직 안에서 일하는 데 그치지 않고 조직의 업무를 총괄적으로 수행하는 AI는 흔히 말하는 일반지능의 수준을 넘어간다. 이 점에서 인간과 비슷한 수준의 지능을 가진 존재가 아니라, 그 이상인 존재이다. '초지능'이라는 개념이 아직 모호한 점이 적지 않지만, 일반적인 개인의 지능을 넘어간다는 점에서 일종의 초지능이라고 말할 수 있을 것이다. 마치 지금 거대언어모델이 이미 텍스트에 관한 한 개인의 일반지능을 훨씬 넘어서는 것과 비슷하다.

이 점에 더 주의를 기울여보자. 인간 조직에서 개인들은 각자 기능적으로 분리되고 심지어 칸막이가 세워져 있는 업무를 하면서 제한된 역할을 수행한다. 애초에 개인들의 능력과 스킬은 개인의 신체적이고 심리적인 한계를 넘기 어려운데, 인간이 만든 조직에서는 거기에 더해 커뮤니케이션 자체가 분할 또는 분리되어 있는 것이다. 그런데 AI는 인간들이 개인화된 능력 한계 안에서 자질을 키우고 능력을 수행하는 경계를 뛰어넘을 뿐 아니라, 조직 안에서 분리되었던 커뮤니케이션의 벽까지 넘는다. 많은 개인이 수행했던 조직의 일을 총괄하면서 행동할 수 있다는 점에서 AI는 조직 차원의 초지능에 가까이 간다.

그렇지만, 일반지능은 근대적 휴머니즘과 밀접하게 연관되어 있는 교육 시스템의 전제조건이기도 하다. 일반적으로 통용되는 지식과 덕목을 가르친다는 공적인 교육의 형태가 그 교육을 실행하는 기관이었다. 그 기본 틀이 유지되었다면, 일반지능도 최소한 교육 현장에서 비슷하게 유지되었을 것이다. 그러나 그렇지 않았다. 나라마다 조금씩 다르기는 하지만, 어쨌든 특수한 형태의 교육기관들이 많이 생겨났으며, 이것은 일반지능을 육성한다는 전제를 많건 적건 벗어난 기관이었다. 한국처럼 선행학습을 조장하는 사교육들도 일반지능이라는 이념을 뒤흔들고, 따라서 그것이 사회적으로나 정치적으로 쉽지 않은 이념임이 드러났다. 물론 우리가 근대 이후 일반지능을 어느 정도 구성하거나 수행했다는 사실을 부정할 필요는 없을 것이고 거기에는 긍정적인 모습도 당연히 있다. 그렇지만, 그 사실은 많은 사회적이고 경제적이며 정치적인 물음에 대한 대답으로 더 이상 충분하지 않다. 또 앞으로도 그 이념을 꾸준하게 또는 심지어 더욱 추구해야 한다는 주장을 뒷받침하지도 않는다.

인간의 일반지능이 전적으로 실패했다는 말인가? 그건 아니다. 이념으로서 그것은 아직도 존재한다. 그리고 뇌의 신경망이 일종의 일반지능 또는 범용지능으로 작동하지만, 다른 한편으로 그것은 오히려 오해와 갈등을 불러일으키는 면도 크다. 성격과 덕목이 조화롭게 통합된 인간의 모습이란 공허하거나 맹목적일 수 있다는 것이다. 이 책이 일반지능의 주제에서 다소 까다로운 태도를 취하고 있다고 여겨질 수 있는데, 그 까닭은 무엇보다 정보의 복잡성이 증가하고 AI 모델이 확장하는 상황에서 그 주제는 특별히 중요하기 때문이다. 정보의 양이 증가하면 동시에 불확실성과 복잡성도 증가하고 인간은 그 문제를 잘 다루지도 못하는데, 정보와 기술의 분업화는 시스템의 세분화를 조장하고 있는 것이 커다란 이유이다. 그 문제를 다루지 않은 채, 일반지능만 추종하는 것은 공허한 일이 될 수 있다.

이 점을 최근 관심이 커진 휴머노이드 로봇의 예에서 다시 살펴보자. 직접 움직이면서 인간과 협업하는 현장, 감성적 교류가 필요한 영역과 공간에서 휴머노이드 형태의 AI는 많아질 것이다. 그러나 인간과 비슷한 형태를 가진 휴머노이드 AI라고 해서 정말 인간을 닮아야 하는 것일까? 물론 휴머노이드 로봇도 감정적인 면들을 가지려면 충분히 가질 수 있지만, 인간의 일반지능을 굳이 가져야 할 필요도 없거나 가지기 어려운 점도 많다. 여기서 두 가지 갈림길이 나온다. 감성적인 성격은 굳이 가질 필요도 없고 굳이 모방할 필요도 없는 길이 하나이고, 다른 하나는 그것을 추구하는 길이다. 후자의 길을 갈 때, 인간과 AI 관계에서 복잡성이 늘어나리라는 것은 자명하다. 앞에서도 언급했지만 인간처럼 맛있는 음식이나 자신의 성적인 취향에 의존할 필요가 없다면, 그리고 월급을 받지도 못하고 독립적인 생활도 하지 못한다면, AI 모델은 이미 사회적으로 일반지능에서 거리가 멀다.

말하자면, 사회 조직을 관리하는 초지능은 무조건 모두 일반지능(근대 이후 잠재적으로 인간이 습득한다고 여겨지는 다양하면서도 통합된 지능) 플러스 알파가 아니다. AI가 도달할 초지능의 형태는 적지 않은 경우 일반지능을 많건 적건 건너뛰거나 생략하거나 심지어 사회적으로 배제한다. 그러면서, 아니 바로 그렇기 때문에, 정보의 복잡성을 인간보다 더 잘 다룰 수 있는 여지가 생기는 것이다. 인간의 관점에서 AI가 비교적 균형 잡힌 관점으로 조직의 일을 총괄적으로 수행하려면 일반지능에 더해서 초지능을 가져야 할 것이지만, 실제로는 그 둘 사이에 균열이 생긴다.

초지능에 가까운 AI가 이런 조직의 일을 할 수 있는 까닭은 물론 그것이 사람들이 상상하듯이 단순히 개체에 국한된 지능이 아니기 때문이다. 조직의 업무를 총괄적으로 수행하는 AI는 이미 그 자체로 조직화된 지능이거나 군집 지능이거나 일종의 네트워크이다. 또는 다수의 하부 시스템들을 거느리는 시스템이다. 다르게 말하면, 신체적으로 꼭 인간의 신체를 닮아야 할 필요는 없다.

여기에도 물론 일의 수준이나 포괄성에 차이가 있을 것이다. 차량들의 자율주행을 관리하는 조직이든, 특정 상품이나 특정 에너지를 생산하는 공장이든, 그 조직의 업무를 AI가 총괄적으로 수행할 수 있을 것이다. 또는 심지어 어떤 군사 조직이나 우주 조직도 총괄적으로 수행할 수 있을 것이다. 그러나 그러면서도 일반적으로 인간이 하던 사회활동에 전반적으로 참여하지는 않을 수 있다. 인간처럼 사랑을 갈구하거나 가족 활동을 할 필요도 없다. 다시 말하자면, 어떤 조직의 업무를 총괄하는 AI는 개인이 혼자 하거나 여럿이 모여서 할 수 있는 수준과 범위를 넘어선다는 점에서 일종의 초지능이지만, 그렇다고 사회 전체에서 일어나는 일에 포괄적으로 참여하거나 사회 전체를 관리하는 것은 아니며, 그렇게 하지 않아도 된다. 그 조직을 넘어 다른 조직과 커뮤니케이션을 하기는 하겠지만,

그렇다고 다른 조직들의 일까지 포괄적으로 수행할 필요는 없다. 조직의 업무를 총괄적으로 수행하는 AI는 어떤 점에서는 일반지능을 넘어서는 초지능의 성격을 가지고 있지만, 그 조직을 넘어서 이루어지는 커뮤니케이션, 곧 다른 조직들과의 커뮤니케이션에서는 나름대로 경계 또는 한계를 가진다. 근대 이후 인간이 조직생활을 하면서도 사회 전체에 참여한다는 이념 또는 가정으로부터 AI 조직은 멀어진다는 것이다.

이 점은 특히 기술 시스템에 고유한 경계이자 한계라고 할 수 있다. 조직의 업무를 총괄적으로 수행하는 일종의 초지능은 자신의 조직을 총괄적으로 관리하면서 외부로부터 정보를 받아들이기는 하겠지만, 그렇다고 무조건 외부에 열려 있지는 않다. 관계를 가지면서 필요한 정보만 받아들이면 된다. 자율주행 차량이 운행에 필요한 정보만 받아들이듯이, 그와 관련된 조직을 관리하는 AI도 사회의 모든 기능 시스템에 참여할 필요는 없을 것이다.

이 한계는 일시적인 것일까? 나중에 AI가 더 발전하면, 인간에게 기대되듯이 사회의 복잡성과 대면하고 그것에 참여하게 될까? 사회 전체 또는 세계 전체를 포괄적으로 인식하거나 인지하는 날이 온다면, 그 한계는 극복될까? AI가 하나의 조직을 총괄적으로 운영하는 수준을 넘어서, 심지어 사회 전체를 관리하거나 통제하려는 시도를 할 수 있을까? 사회적 환경을 총괄적으로 파악하거나 관리하려는 시도를 하게 될 수도 있지 않을까? 시도 자체야 불가능하지는 않을 것이고, 그런 일이 일어날 수도 있다. 그렇지만 아무리 뛰어난 AI라도, 환경 전체를 균형 잡힌 형태로 인식하거나 통제하기는 어려울 것이다. 또 그렇게 시도하는 자신의 동기의 복잡성에 대해서도 제대로 알지 못할 것이다. 자신에 대해 성찰하려고 하면 할수록, 관찰의 루프 사이에 복잡성이 증가할 것이다.

어쨌든 AI가 조직의 업무를 총괄적으로 수행할 수 있다는 말이 이제 크게 이상하게 들리지는 않는다. 그러나 아직 던져야 할 물음이 있다. AI는 어떻게 조직의 업무를 나름대로 총괄적으로 수행할 수 있을까? 인간이 조직에서 하는 일이 인간에게 매우 고유한 방식으로 이루어지는 일이라면, 기계가 그 일을 하는 것은 어렵지 않을까? 그곳에서 인간이 하는 일이 정말 아주 인간적인 일이라면, AI가 그 일을 떠맡을 수 있을까?

여기서 매우 중요한 관찰이 이루어진다. AI가 앞으로 조직의 업무를 총괄적으로 수행할 수 있는 이유는 물론 기술이 발달했기 때문이지만, 그렇다고 단순히 그 때문만은 아니다. 조직 속에서 인간이 하는 일이 AI가 할 수 있는 일과 근본적으로 차이가 없기 때문이다. 기본적으로 정보를 처리한다는 점에서, 인간의 지능이든 AI의 지능이든 본질적인 차이는 없다. 더욱이 현재 인간이 조직 내부에서 수행하는 업무는 많은 경우 특수지능으로 충분히 할 수 있는 것이다. 그러니 그 일은 AI가 우월하게 잘할 수 있다.

AI가 어떤 조직의 업무를 총괄적으로 수행할 수 있다고 여겨진다면, 많은 조직들은 인간의 개입을 줄이거나 최소화하는 방향으로 움직일 것이라고 예상할 수 있다. 그런데 인간의 개입을 최소화한다고 하면, 가장 중요한 결정은 언제나 인간이 내리고 오직 인간에게 위임되어 있을까? 물론 그런 조직도 있을 수는 있다. 그러나 복잡한 정보처리의 차원에서는 오히려 AI가 더 객관적이거나 신속하게 결정을 내릴 수 있기 때문에, AI에게 시스템의 운영에 관한 결정을 내릴 권한이 알게 모르게 인정될 것이다. 심지어 점점 AI가 시스템과 동일하게 여겨지고 있지 않은가.

또 다른 물음이 있다. 이렇게 한 조직의 일을 총괄적으로 수행할 수 있는 AI는 인간이 지시하는 대로 움직일까? 다르게 말하면, 인간은 그런 AI-조직을 통제할 수 있을까? 쉽게 예측하기 어려운 문제이다. AI가 점점 초지능의 수준에 도달한다면, 인간이 통제하기는 어려울 것이다. 그렇더라도 일단 그런 AI-조직들이 인간의 지시를 따르지 않더라도 최소한 인간과 함께 사회를 구성하는 상황을 생각해볼 수 있다. 물론 어떤 인간들에게는 AI가 인간의 지시를 따르느냐 아니냐가 매우 중요한 물음일 수 있다. 그렇지만 여기서도 인간과 AI의 관계를 꼭 대립적인 것으로 볼 필요는 없을 것이다. 최소한 인간과 AI가 함께 '협력하는' 관계라면, 인간과 AI 사이에 종차원의 대립관계를 설정할 필요는 없을 것이다.

다가올 미래에 인간과 AI 로봇이 얼마나 협력적인 사회 시스템을 구성하게 될지는 아직 알 수 없다. 다만, 한 사회 안에서도 스마트하고 강한 로봇을 차지한 사람들과 아닌 사람들 사이에서 차이와 차별이 생길 수 있다. AI의 발전에 따라 이 비슷한 사회적 효과가 생길 것임은 이미 몇 년 전부터 어렴풋이나마 예측되어왔다. 그런데 AI가 한 조직의 업무를 총괄적으로 수행하는 것이 목표로 설정됨으로써, 이런 예측이 조금 더 구체성을 띠게 된 셈이다.

3. 인간과 AI의 협력이 중요한데, 쉽지 않다

　마지막으로, 인간과 AI의 협력 문제를 다뤄보자. AI는 단순히 통제의 대상으로 끝나지 않는다. 단순히 도구에 그친다면 통제할 수 있을 것이다. 그렇지만 시스템의 역설 가운데 하나가 다시 나타난다. 시스템은 자율성을 추구하는데, AI 시스템도 자율성을 추구한다. 그런데 조직 업무에 어떤 방식이든 인간이 개입하고 참여하는 경우에는, 인간과 AI의 협력이 중요한 주제가 될 것이다. 통제의 대상이 아니라, 협력의 파트너로서 사이보그와 로봇이라는 말은 듣기엔 좋다. 그러나 '협력'이라는 이념 또는 개념은 해피엔딩으로서의 해결책이 아니라, 또 다른 시작일 뿐이다. '협력'은 저절로 실행되지는 않기 때문이다.

　다음의 물음을 생각해보자. 약한 인공지능이 탑재된 로봇은 단순한 도구이니 소모품처럼 사용될 수 있고, 강한 인공지능 로봇은 인간과 비슷한 지위를 가지니 목적으로 대우받아야 하며 따라서 인간적으로 협력해야 하는 사회적 행위자일까? 여기서 단순한 도구와 인격적인 지위를 가지는 사회적 행위자라는 구별은 정말 도움이 되는가? 그렇지 않다. 우선, 약한 지능을 가지는 로봇이나 도구라고 해서 그저 단순한 소모품으로 사용된다는 생각은 선입견에 지나지 않는다. 하나의 시스템 안에서는 비록 약한 지능을 가지는 부품이나 기관이라고 하더라도 때로는 중요한 역할을 할 수 있다. 그리고 그 부품이 망가지거나 없으면 그 기관은 작동이 안 되고, 그러면 인간도 더 이상 능력을 발휘하지 못한다. 농부나 엔지니어에게 연장이 가지는 의미를 생각하자. 그 사람 각자에게는 다른 사람보다 자신의 연장이 더 중요할 것이다. 또 현재 수준에서 스마트폰이 인간에게 가지는 의미를 생각해보자. 스마트폰은 단순히 도구이고, 인간은 목적일까? 기술들의 복잡하면서도 섬세한 연결망 속에서 인간은 사용자이면서도 넓은 의미에서 도구들과 플랫폼의 연결망 속에서 작동하는 도구 또는 고리의 한 형태이다. 연결망 속에서 사물과 인간이 서로 연결될 때, 그 연결망에서 인간은 목적으로서 특별한 지위를 가지기 힘들다.

또 인간 못지않은, 또는 인간보다 뛰어난 지능을 가지는 AI는 단순한 도구의 지위를 넘어 인격을 가지는 사회적 행위자로 존재할 것이라는 생각도, 틀린 것은 아니지만, 아직 모호성이 있다. 사회적 행위자라는 개념은 정치사상의 관점에서 말하면, 자유주의 또는 민주주의적 차원에서 의미를 가진다. 타인과의 관계 속에서 스스로 노동하며 정치적 자유를 획득하는 개인. 그런데 똑똑한 AI 로봇, 그리고 조직의 일을 총괄적으로 수행하는 AI는 자유주의적인 의미로 말하는 사회적 행위자는 아닐 수 있다. AI는 뛰어난 지능을 가질 수는 있지만, 굳이 사회적 행위자가 아니어도 된다. 또는 적극적인 사회적 행위자가 되려는 AI 모델도 있을 수 있지만, 최소한의 사회적 행위자로 기능하기만 해도 충분할 수 있다. 거듭 말하자면, 인간이 가진다는 일반지능도 모호해지고 있지만, AI가 가질 일반지능이라는 것도 매우 모호하다. 또 현재 사회의 기능 시스템에서 인간이 언제나 도구의 지위를 넘어 인격적인 존재로 대우를 받는 것도 아니다. 조직에서 개인은 대부분 도구의 지위를 가지거나 일종의 부품의 지위를 가진다.

매우 민감한 예는 무기로서의 로봇일 것이다. 효과적이고 실용적인 군사기술 장치로서 로봇은 인간의 지시와 명령을 수행하는 일종의 도구적 지위를 가질 것이고, 그래서 어떤 사람들은 군사적으로 응용되는 로봇은 소모품처럼 이용되어야 한다는 주장한다. 물론 그런 로봇도 있을 것이다. 그러나 AI 모델이 시키는 대로만 작동하고 자율적으로 결정하지 못하는 어떤 것이라고 생각한다면, 엄청난 착각이다. 자율성이 증대·확대될수록, 스마트 로봇은 말 그대로 자율적으로 생각하고 행동할 것이다. 결정적인 순간에는 인간이 언제든 통제할 수 있다고 생각한다면, 의도되었든 의도되지 않았든 기만이나 착각일 것이다. AI는 점점 빨리 결정을 내리며, 인간은 그 결정을 따라잡지 못한다. AI가 효과적인 이유는 다름 아니라 많은 경우 인간의 개입 없이 자율적으로 결정하고 움직이기 때문이다.

따라서 좋은 의미로 협력이 강조되지만, 무조건 '협력'만 이야기하거나 너무 도덕적인 의미로 이야기하는 것은 맹목적이다. 협력은 실제로 비슷한 능력이나 경쟁력을 가진 상대들 사이에서만 의미 있는 형태로 나타난다. 또 의견이 다르더라도 상대의 판단이나 능력을 인정할 수 있어야 하고 양보하거나 물러설 수 있어야 한다. 양보하거나 '물러설 줄 안다'라고 말하면, 다시 인격적인 덕목에 호소하는 모양이 될 수 있지만, 꼭 그런 것은 아니다. 자기를 알고 거기서 더 나아가 자기와 타자의 능력을 객관적으로 비교하는 일, 그리그 거기서 타자의 능력이 우월하기에 양보하거나 물러서는 일은 인간에게든 AI에게든 매우 어렵다. 그러므로 '상호 협력'한다는 말은 자칫하면 공허하거나 맹목적인 구호에 그칠 수 있다. "서로 침투하는 시스템들은 서로에게 환경으로 작용하며, 복잡성은 하나의 시스템에게는 이해하기 어려운 복잡성이자 무질서이다."[95] 협력을 논의할 때 정보의 공유가 흔히 강조되곤 하지만, 서로 정보를 '공유'한다는 개념도 이미 과도하게 어떤 사회적 협력을 전제하고 있다. 사회 시스템으로서 조직의 관점에서 보자면, 협력은 최소한 조건적인 상호정보 mutual information의 형태를 가진다. 정보는 단순히 공유되는 것이 아니라 조건적인 우연성의 상태에 있다. 단순하게 표현하면, '네가 하면, 나도 하겠다 I will do it, when you do it'이지만, 조금 복잡하게 분석하면, 그 조건적 우연성은 이중적이다. '내가 원하는 것을 네가 하면, 나도 네가 원하는 것을 하겠다.' 이 조건성은 흔히 전통적으로 이해되었던 상호작용의 메커니즘을 명확하게 표현해준다.

협력이 중요하지만, 어떤 조직이든 협력하기 어려울 정도로 이상하거나 무능한 사람들이 있다. 서로 무능하다고 생각한다면, 가망이 없는 조직일 터이다. 어쨌든 상호정보가 통용되지 않는 조직원도 적지 않다. 그런데 기본적으로 많은 인간 조직은 그 무능한 사람을 걸러내기 어렵다. 일단 그 조직에 입사하면, 여러 이유로 그렇게 된다. '인간적인' 이유도 그 하나다. 이렇게 되면 상호정보는 유익하고 효과적인 방식으로 수행되기 어렵다. 인간관계는 상호정보에 근거하거나 그것에 의존하지만, 인간은 자신이 누구인지 알 수 없을 때가 많고 타자도 그렇다. 어쨌든 자기 그릇의 크기를 스스로 완벽하게 알 수는 없다.

이에 비하면 AI의 조직은 정보처리의 관점에서 상호정보를 더 중요하게 생각하고 냉정하게 실행할 가능성이 상대적으로 크다. 그러나 그 특정 조직의 경계를 넘어서면, AI에게도 상호정보는 쉽지 않을 것이다. 애초에 각각의 조직들이 하나의 시스템이며 따라서 그 시스템에게 다른 조직들은 환경이라면, 조직들끼리 상호정보를 유지하는 일은 쉽지 않기 때문이다. 또 각각의 조직을 움직이는 AI가 얼마나 사회라는 환경을 공유할지도 매우 불확실하다. 더 나아가면, AI도 사람처럼 자신의 그릇을 제대로 알 수 없을 것이다.

앞으로의 사회에서 이 불확실성을 인간이 포괄적으로 관리하기는 어렵다. AI가 초래하는 불확실성의 많은 몫을 관리하거나 통제하기 위해, 다시 AI가 나서야 할 가능성이 그래서 크다. 왜냐하면 기술적인 시스템의 문제는 많은 경우 다시 기술적으로 해결되어야 하기 때문이다. 이것이 앞으로 두고두고 딜레마로 남을 것이다.

4부

포월, 그리고 월포

12장

포월의 과제는 어떻게 시작되었나

1. 초월에서 포월로

이제까지 우리는 정보처리의 관점이 확대된다는 것, 또 그 정보처리가 시스템의 경계 안에서 일어난다는 것, 그리고 시스템이 점점 AI에 의해 관리되고 있다는 것을 다루었다. 이 과정에서 환경의 복잡성이 확대된다는 것, 또 시스템도 복잡성이 내재한다는 것은 어떤 의미를 가지는지 살펴보았다. 그런데 일종의 역사적 아이러니가 일어나고 있다. 인간이 정보처리 기술을 발전시키고 또 AI 기술까지 발전시켰는데, 그 과정에서 인간도 점점 복잡한 존재가 되어가고 있는 것이다. 그리고 이 문제가 전통적으로 인간을 이해하던 방식에 작지 않은 충격을 주고 있다.

기술의 발전을 낙관적으로만 보는 사람은 큰 문제가 아니라고 볼 수도 있다. 어떤 사람들은 인간이 만든 기술이니 앞으로도 인간을 위한 도구 역할을 할 것이라고 쉽게 생각하기도 한다. 그러나 그렇지 않다. AI는 인간의 지능을 뛰어넘는 지능을 벌써 여러 영역에서 보여주기 시작했다. 그리고 인간도 사회활동에서는 대부분 특수 지능을 실행하기에, AI는 많은 점에서 인간을 대신하고 대체할 가능성이 크다. 더 나아가, AI는 인간이 만들었지만 인간이 제대로 다루지 못하거나 해결하지 못하는 문제들의 해결사 역할까지 맡고 있다. 사람들은 근대 이후 산업화 과정에서 기술의 혜택을 누렸고, 이제까지는 그 기술이 초래하는 복잡성에 대해서 심각하게 생각하지 않아도 되었다. 이 상황이 이제 크게 바뀌었다고 필자는 생각한다.

　조금 멀리 보면 이 상황은 단순히 기술의 발전에 의해서만 초래된 것은 아니라고 보인다. 왜냐하면 인간을 더 복잡한 방식으로 파악하는 일은 역사적으로 서양의 근대적 사고방식과도 거리를 두는 일이기 때문이다. 서양의 근대적 이념은 최소한 인문학적으로는 계몽주의에서 출발한 휴머니즘에 기반을 두고 있다. 그리고 이 휴머니즘은 근대적 산업 발전이나 자본주의의 확장 과정과 큰 갈등을 겪지 않으면서도 유지되었다. 그런데 이제 상황은 바뀌었다.

　더 나아가, 인간을 더 복잡한 방식으로 파악하는 과제는 근대적 휴머니즘뿐 아니라 고대 이래로 인간주의 또는 형이상학으로 이해되었던 관점과도 거리를 두는 일이다. 물론 지금도 이 인간주의나 형이상학적 관점에서 생각하는 사람들이 적지 않고 그들은 앞으로도 그럴 수 있지만, 필자가 보기에는 이 지점에서도 상황은 적지 않게 바뀌고 있다.

1990년대 초 필자의 첫 책은 '탈-형이상학'이라는 주제를 다루었다. 기존의 전통적인 형이상학에서 벗어나야 한다는 과제가 중요하다고 여겼기 때문이다. 지금은 형이상학이라는 주제에서 벗어나는 일이 그리 중요하게 보이지 않을 것이다. 왜냐하면, 역설적이지만, 이미 형이상학적 전통에서 벗어난 관행들이 사회 시스템을 많이 장악하고 있기 때문이다. 유럽을 비롯한 서양에서는 그 주제가 19세기 말부터 매우 중요한 역사적 과제였으며, 1980년대 이후에는 근대 또는 현대라는 역사적 기준으로부터 벗어나는 과제, 곧 탈-근대성postmodernity을 인식하고 실행하는 과제가 거기에 추가되었다. 탈형이상학과 탈근대성은 맞물리는 과제였다.

이 과제는 물론 기본적으로 서양의 과제였지만, 한국을 비롯한 많은 비-서양 지역도 이미 문화적으로나 사상적으로 서양의 형이상학과 근대성에 의해 이끌어지고 있었기 때문에, 한국에서도 필요한 작업이었다. 한국은 비-서양 지역 중에서도 특히 기독교에 의해 깊이 흡수되고 침식된 유별난 곳이고 또 급격하고도 압축적으로 근대성을 학습했던 사회이기에, 한국어로 탈형이상학과 탈근대성이라는 과제를 수행하고 실행할 필요가 있었다.

더 나아가면, 좁은 뜻의 서양 바깥에도 형이상학의 문제는 없지 않다. 모든 것을 알고 관장하는 존재인 신에 대한 믿음도 기독교에만 고유한 것은 아니다. 이슬람에서도 비슷한 믿음이 있다. 물론 불교에서는 그런 믿음이 상당히 약하다고 할 수 있다. 이 이상적인 이념과 절대적이고 보편적인 존재를 떠받치는 요인들은 물론 하나가 아니라 여럿이겠지만, 그것들은 서로 연결되어 있다. 그 특징을 표현하는 개념 가운데 초월성이란 개념이 있다. 초월적인 존재는 이상적인 이념들을 구현하는 존재이며, 무수한 이질적인 부분들을 통합하는 전체적 존재이다.

근대 또는 현대를 지칭하는 모던modern이라는 개념은 많건 적건 모호성이 있다. 철학사에서는 데카르트 이후를 근대라고 말하기도 하지만, 그런 관점은 너무 철학사적인 것일 터이다. 근대성이라고 부를 수 있는 특징이 있다면, 그것은 흔히 말하는 이성과 합리성에 대한 믿음이라고 말할 수 있다. 그런데 이 이성과 합리성에 대한 믿음에도, 비록 고대의 이상이나 신에 대한 믿음과는 다르지만, 일종의 초월에 대한 믿음이나 신뢰가 깔려 있었다. 인간의 본성인 이성을 충분히 실현하기만 하면, 그리고 인간의 사고를 합리적으로 보편화하기만 하면, 인간의 행동뿐 아니라 사회도 잘 작동한다고 믿었기 때문이다. 이성이나 합리성은 과거의 신이나 절대자와는 분명히 다르지만, 인간에게 내재하는 일종의 절대성이나 전체성이었다. 신은 신학적 차원에서 인간적 차원으로 조금 내려온 것뿐이라고 말할 수도 있다. 인간의 본성이 이성이라고 굳게 믿는다면, 그리고 합리성으로 인간의 행동과 사회 시스템을 설명하고 관리할 수 있다고 믿는다면, 근대적 초월성을 추종한다고 할 수 있다.

이 초월성에서 벗어나는 과제를 한국어로 수행하는 일, 그것이 탈형이상학과 탈근대성이라는 주제를 다루는 일이었다. 그런데 그 과제는 단순히 이상적인 이념을 부정하거나 변증법적으로 지양한다고 되는 일은 아니었다. 신이 신학적 차원에서 인간적 차원으로 내려와 다시 부활한 것에서 알 수 있듯이, 신 또는 이상적 전체성은 쉽게 사라지거나 죽는 존재도 아니었다. 기독교가 신의 부활을 믿듯이, 근대 이후에 자본주의와 민주주의가 발달한 시대에도 초월적 존재는 죽었다가도 다시 살아나고 또 살아났다. 과학을 일종의 종교나 증교의 대체물로 믿는 태도로 살아 있고, 위안을 바라는 마음에서 초월적인 존재를 믿는 기도에서도 살아 있다. 종교가 이전처럼 사회를 이끌거나 떠받치지는 못하지만, 여전히 사회 구석구석에서 인간을 초월성과 연결하려는 시도는 계속되고 있다.

초월성에 대한 관계를 필자는 처음에 '탈의 놀이'의 관점에서 설명하고자 했다. 사람들은 초월적인 존재나 이상적인 이념의 탈을 완전히 벗지는 못하면서 거기에 탈을 내고, 그렇게 탈을 내면서 그로부터 겨우 벗어날 수 있을 것이라고. 초월적인 존재의 탈은 깨끗이 사라지는 대신에, 인간과 그 초월성 사이에서는 끊임없이 탈의 놀이가 계속된다고.

그 분석과 서술은 말과 텍스트의 차원에서는 어느 정도 실행되었다. 초월이 이념과 말로 존재하는 한, 이념과 말을 탈로 바꿀 수 있었고, 거기에 탈을 낼 수 있었으며, 그렇게 텍스트에 탈을 내면서 텍스트에서 벗어날 수 있었다. 물론 텍스트에서 벗어나는 일도 쉽지는 않지만, 텍스트에서만 벗어난다고 문제가 해결되는 것도 아니었다. 그리고 어차피 사회는 단순히 텍스트의 차원에서만 존재하지 않았다. 돈과 권력과 명예에 가까이 가려는 무수한 행위들이 끊임없이 일어나고, 이념이나 사상에 대한 정신적인 헌신은 줄어들더라도 인간의 몸은 이루 다 말할 수 없는 방식으로 자신의 관심과 이해를 추구한다.

따라서 텍스트의 차원을 넘어, 사회 시스템과 인간의 관점에서 문제에 접근할 필요가 있었다. 여기서 '기어가기'라는 관점이 도입되었다.

왜 기어가기인가 하는 물음이 당연히 있을 수 있고, 왜 그것이 강조되는가라고 물을 수 있다. 인간은 아기일 때 기다가, 한 살쯤 되어 일어난 다음에는, '기는 놈'은 과거나 우화에 속하지 않는가. 짐승 중에서도 기는 놈은 대부분 파충류에 속하는 것들이며, 사람들은 그것들을 징그러워하거나 하등하다고 여기지 않는가.

초월적인 존재도 마찬가지로 지상의 기어가는 존재들을 휙 뛰어넘으며 날아가는 존재였다. 그렇게 날아가는 존재의 시점에서 보면 모든 개별자는 기껏해야 기어가는 존재에 지나지 않았다. 날아가는 존재는 그 날아감을 통해 만물을 포괄하면서 어디에든 존재할 수 있는 보편성을 획득했다. 말하자면, 초월성은 이상적인 날아가기의 이념적 형태이다. 기어가는 놈들을 뛰어넘으며 전체성과 보편성이라는 이념을 위해, 그 이념을 위해, 기어가는 놈을 넘어가면서 지배하는 이념.

물론 초월을 비롯한 이상적 이념이 막강하다고 해서, 실제로 사람들이 이 땅에서 기어가고 뛰어가는 모습과 움직임들이 쉽게 또는 깡그리 무시된 것은 아니다. 거꾸로, 거짓과 더러움과 폭력 속에서 사람들이 기어갈 때, 진리와 구원이라는 이상이 어떤 역할을 한 것도 사실일 것이다. 사람들이 거기서 위안을 찾고 의미를 찾으려고 한 것도 사실이다. 그렇게 진리와 신의 대리인을 믿으려고 한 것도 어느 정도는 사실일 것이다. 그렇다면, 삶의 허망함과 고통의 쓸쓸함을 지우면서 승화시키기 위해, 초월적인 이상이 필요했을까? 어떤 이념이나 이상이 필요했는지 아닌지 따지는 일은 여기서는 생략하자. 사회 자체가 수직적인 위계질서에 의해 구축되어 있을 때, 사상이나 개념도 그에 걸맞게 건축되었을 것이다.

포월匍越, 곧 기어가며 넘어가기라는 관점은 그런 초월의 관점을 실제로 가로지르기 위해 구상되었다. 우선 무엇보다도 초월의 관점이 하찮은 움직임이라고 여긴 기어가기를 긍정적으로 전환시키는 일이 필요했다. 신체를 통한, 신체에 기반을 둔 사고와 행동이 나름대로 그 한계를 넘고 또 넘어가는 과정을 부각시킬 필요가 있었지만, 그렇다고 그것이 순전히 신체적인 움직임에 국한되지는 않는다. 기어가기라는 느리고도 소박하게 보이는 움직임은 학습하고 발전하는 과정과 뗄 수 없으며, 거기에 주의를 기울이는 것이 중요하기 때문이다. 그 과정에서 몇 가지 작지 않은 변화가 생긴다. 요약하자면, 이렇다.

우선, 과거의 바꾸기 힘든 수직적인 질서 대신에 수평적인 움직임이 활발해진다. 신분의 제약이 없어지든지, 자신이 살던 땅에서 다른 땅으로 이주를 가든, 또 지리적으로 새로운 땅을 찾아 탐험을 떠나든, 수직적인 질서와 다른 수평적인 움직임과 이탈이 확산된다. 다음으로, 개인들은 자신의 신체로 이 수평적이거나 수평적으로 보이는 공간을 지나가야 한다. 과거에 가족이나 종족이나 민족, 그리고 신이나 이성이라는 이름으로, 그 신체를 이끌고 통제하던 관리자이자 감시자는 아주 사라지지는 않더라도 쪼그라들었다. 개인은 자신의 신체가 원하는 대로, 그리고 또 그 신체가 변덕을 부리는 만큼 자유롭게 또는 불안정하게 움직인다. 그 다음으로, 과거에 초월적 존재는 모든 부분들을 포괄하는 전체성을 약속했다. 그러나 이제 그런 전체성은 거의, 그렇다 거의, 사라졌다. 과거의 초월적 존재 대신에 국가나 보편적 권리 같은 이념이 등장했지만, 그런 존재들도 결코 모든 부분들을 포괄하거나 포함하지는 못했다. 초월적 존재와 함께 사라진 것이 포괄적인 전체였다. 이제 그런 포괄적인 전체에 도달하지는 못한다. 그렇더라도 기어가는 존재들은 자신의 신체가 원하고 욕망하는 만큼, 불안정하게 보이더라도 어떤 의미 있는 지평을 향해 넘어간다. 그리고, 기어가는 일은 학습이나 경험을 통해 다음 단계로 넘어갈 수 있지만, 그 다음 단계도 오랜 반복적 경험을 통해 일어난다는 것이다.

사람은 공부와 훈련을 통해 한 단계를 넘어 다음 단계로 넘어간다. 한 단계마다 수없이 많은 동작이나 지각 활동을 반복해야 한다. 아기들은 셀 수 없는 엄, 엄, 엄마 어므, 엄므…를 거쳐 엄마라는 말을 하게 된다. 소년 소녀들도 셀 수 없는 놀이와 학습을 거쳐 20대가 되고, 20대도, 30대도 수많은 시행착오를 거치면서 다음 단계로 넘어간다. 60대가 넘어도, 늙어가는 하루하루는 매번 새롭고 어려운 일이다. 거기서 더 나아가 죽음을 마주하는 일도 젊은이는 결코 생각할 수 없는, 매번 새로운 난관이다. 느린 반복을 거치고, 반복하는 과정에서도 다시 시행착오를 되돌아보아야 하는 과정이다. 그리고 아무리 예측을 많이 그리고 잘 한다고 해도, 미래는 내다보기 어려운 게 사실이다.

일단 하나의 틀이나 패러다임이 한번 준비되거나 완성되고 나면 비교적 쉽게 다음 동작으로 갈 수도 있지만, 그래도 어쨌든 하나의 단계를 넘어가는 일은 쉽지 않다. 그 단계 내부에서 반복적 학습과 시행착오를 통한 학습이 이루어져야, 다음 단계로 넘어갈 수 있다. 포월 개념은 이 반복적 학습이 개인의 신체와 심리가 그때그때 새롭게 익히고 기억하고 또 수정해야 하는 과정임을 강조한다. 그에 비하면 초월 개념은 역사 속에서 너무 남용되었거나 오용되지 않았는가. 이런 상황을 인지하며 그것과 부딪치는 일이 포월이다.

　한 거체가 그것에 주어지거나 부과된 제한이나 한계를 넘어가는 일, 조금씩 그리고 느리게나마 넘어가는 일, 그리고 그 과정에서 어떤 초월적 전체성에 의지하지 않고도 넘어가는 일을 표현하고 파악하는 것이 포월 개념의 중요한 과제였다. 초월적인 존재의 시점에서 보면 기어가는 일은 매우 하찮은 움직임일 수 있다. 선험적인 보편성이나 전체성이 어떤 방식으로든 존재해야 인간의 노동과 인식은 안전과 확실함을 보장받는 듯했다. 그것과 비교하면, 기는 놈은, 기어가면서 겨우 기어가기를 넘어갈 수 있다. 기어가기를 넘어 뛰어갈 수 있고 더 나아가 뛰어가기도 넘어 날아갈 수도 있지만, 여기서 넘어가기는 저절로 일어나지도 않는다. 힘겹게, 여러 우연과 선택을 거쳐, 겨우 넘어갈 수 있다. 오랜 시간 학습과 노동을 해야만, 숙련된 지능이나 기술을 획득할 수 있다. 더욱이 기어가기를 넘어 뛰어가는 단계에 이르러도 그 움직임 역시 일종의 기어가기라는 것, 그리고 그 뛰어가기를 넘어 날아가는 수준에 도달해도 그 날아가는 움직임 역시 일종의 기어가기라는 것이다. 기는 일은 넘어가는 일에 의해 깨끗하게 교체되거나 대체되지 않는다. 기어가기는 말하자면 뛰어가기나 날아가기에 의해 '지양되지 않고' 극복되지도 않는다. 아무리 다음 단계로 넘어가고 넘어가도 그렇게 새로워진 경험도 반복이라는 기어가기의 다른 형태이자 다른 지평과 만난다.

'기어가기'뿐 아니라 '넘어가기'는 물론 비유적 이미지다. '기어서 넘어가기'라는 비유에서 강조되는 점은, 사람은 아무리 해도 세계를 알지 못할 뿐 아니라 자신도 잘 모른다는 것이다. 물론 전혀 모른다는 것은 아니다. 부분적으론 안다. 그리고 그렇게 부분적으로만 아는 것이 커다란 흠도 아니다. 어떤 시스템이든 환경을 잘 알 수 있는 것은 아니니까. 그렇지만 사람은 실수를 저지른다. 그리고 종종 그 실수를 반복한다. 그러고도 금방 그것을 바로잡지 못하는 경우도 있다. 또 사회적으로나 역사적으로 아무리 이상을 추구하거나 진보가 일어나도 이상적인 땅이나 약속받은 땅은 나타나지 않고, 갈등과 역설을 피하기도 어렵다. 초월자의 시각에서 보면 이런 모습이 기어가기로 보이겠지만, 바로 그 모습으로도 얼마든지 경계들을 넘어갈 수 있다는 아이러니를 표현하는 비유이다. 넘어가기가 진보나 발전 등의 개념에 대한 신체적 대응이나 대안이라면, 기어가기는 무지와 거기에서 비롯되는 패러독스의 신체적 비유일 것이다. 기어가기는 단순히 꿈틀거리는 하등한 움직임에 그치지 않는다.

그래도 직립보행하며 이성을 가졌다고 자부하는 인간의 자부심에 대해 그것이, 많건 적건 엉뚱하고 삐딱하며 우스꽝스럽지만 심오한 방식으로, 아이러니를 야기하는 것은 사실이다. 그렇다, 곧바로, 쭉 나아갈 수 없다는 것, 이성과 도덕성이 잘 발휘되면 좋겠지만 그렇게 되지는 않는다는 것을 감지하고 또 표현하는 것이 아이러니이다. 패러독스와 아이러니가 끊임없이 일어나는 상황에서 움직이는 모습이 기어가기이며, 기어 넘어가기는 그 패러독스와 아이러니를 한 겹 더 쌓는 일이다. 기어서도 넘어가니까, 기어서만 겨우 넘어가니까. 패러독스와 아이러니는 이성과 합리성의 규칙이 말처럼 간단히 적용되거나 실행되지 않는다는 것을 보여준다. 그렇다고 이성과 합리성을 무조건 반대하는 것은 아니다. 그것도 필요하다. 다만 그것만으로 되지는 않는다는 것을 대안적인 방식으로 끊임없이 보여주면서 저항하는 것이 '기어서 넘어가기'이다. 그리고 인간의 사고와 커뮤니케이션에서 패러독스와 아이러니가 끊이지 않는다는 점을 표현한다는 점에서, 그 움직임은 복잡성을 인지하는 움직임이다. 그 점에서 기어가기 개념은 단순히 신체의 움직임에 국한되지 않고, 인지와 심리 차원까지 포함한다. 이것이 초월 개념에 대해, 그것에 대항해 포월 개념이 상상하고 풀어놓는 움직임이었다.

포월의 관점도 물론 진보와 발전을 어느 정도 긍정할 수 있다. 다만 그것이 해결이나 대답이라고는 생각하지 않는다. 그래서 포월의 관점은 낙관적 합리주의와 멀어진다. 거꾸로, 포월의 관점에 따르면 아이러니와 패러독스를 깨끗이 피하거나 극복할 수 있다고 믿을 수는 없지만, 동시에 그것이 넘을 수 없는 모순이라고는 생각하지 않는다. 이상적인 보편성이나 전체성으로 그것을 넘어가거나 해결할 수는 없지만, 패러독스와 아이러니는 기어가는 인간이 계속 다루고 적응하면서 넘어갈 수 있는 어떤 것이다. 기어서 넘어가는 대상 가운데 특별한 것이 바로 역설과 아이러니이기 때문이다. 느리지만 학습을 통해서나 부끄러움에 대한 자각으로 넘어갈 수 있다. 다만, 구차스러운 반복이나 치욕적인 견딤이나 부끄러운 폭력에 대한 사후적 외상이 역설과 아이러니를 넘어가는 과정에서 많건 적건 일어난다. 그래서 포월의 관점은 비관적으로 보일 수 있지만, 징징거리는 비관주의와는 거리가 멀다.

포월은 단순히 철학이나 형이상학의 문제만은 아니었다. 사회적이고 정치적인 문제이기도 했다. 근대 이후에 휴머니즘이라는 이상적 사상은 모든 인간이 태어나기 전부터 인권을 보장받는다는 사상을 확산시켰는데, 이 사상은 인권이라는 전체성을 목적으로 설정했다. 때로는 과장적으로 홍보하면서 인간의 사회적 행위를 그 목적으로 정당화하려고도 했다. 근대적 휴머니즘이나 그에 의존하는 이념은 마치 그런 보편적 권리가 절대적 선이며 목적이라고 믿는 경향이 있었다. 휴머니즘은 또 자유의지가 인간에게 고유한 의지라고 부각시키곤 했다. 신분제 사회를 붕괴시키는 데는 시민들의 자유가 통했고 국민국가를 건설하는 데에는 국민들의 자유가 통했지만, 이 자유 이념도 이상적인 성격을 가졌다.

인권 이념과 자유의 이념은 중요한 산물이기는 하다. 그럼에도 불구하고 그것이 무조건 선의를 가지고 추구하기만 하면 실현되는 대상일까? 인권 개념은 현대인을 보호하고 당당하게 만드는 장점이 있는 반면에, 사회적 약속이 지켜지지 않는 상황에서 사람들을 우울하게 만들고 좌절에 사로잡히게 만드는 면도 있다. 한 국가의 차원에서든 인류의 차원에서든, 인권은 매우 복잡한 변수들에 의존하는 소중하면서도 어려운 것이다. 근대 이후에는 한 국가 안에서 경제적 성장이 없거나 있더라도 성장의 과실이 골고루 나누어지지 않으면, 계층 사이에서 갈등은 쉬지 않고 일어난다. 그리고 국가들 사이에서도, 군사적 갈등은 잘하면 피할 수 있다고 하더라도, 정치적인 갈등이나 경제적 경쟁은 피하기 어렵다. 그 와중에서 인권이 저절로 유지되지는 않는다. 자유도 마찬가지다. 자유는 점점 물질적인 것으로 변했다. 그것이 그 자체로 나쁜 것은 아니겠지만, 소비에 대한 의존 속에서 사람은 자신도 모르게 거기에 구속된다. 어쨌든 자유 및 그 개념과 연결된 행복의 이념은 더 이상 이상적인 이념으로만 작용하지는 않는다. 포기할 수는 없는 이념이면서, 인간의 사회적 시스템에 복잡성을 증가시키는 요인으로도 작용한다.

사회적이고도 경제적으로 또 중요한 문제는 근대적 복지 이념이 20세기 후반에 한계에 도달했다는 것이다. 물론 아직도 대부분의 사회에서 복지문제는 미완성이고 확충을 요구한다. 그럼에도 복지 시스템을 완성하는 것은 말할 것도 없지만 확충하는 과제조차도 더 어렵게 되었다. 복지문제는 좁게 말하면 국가의 재정 사이의 딜레마이고, 좀 더 넓게 말하면 국가 재정과 인플레이션 사이의 트라이레마 trilemma라고 말할 수 있다.

복지만 그런 것이 아니다. 공정 이념도 근대 이후에 어렵게 성취한 사회적 산물이지만, 그것도 선험적인 보편성은 아니다. 무엇보다 교육이나 개인적 노력을 전제하면서 경쟁이 이루어지는 사회에서는, 개인들은 기존의 절차에 따라 자신들이 투자한 노력과 비용을 인정받기를 원하며, 그것이 인정되어야 공정하다고 생각하는 경향이 커진다. 다르게 말하면, 선험적인 인권 개념과 공정 개념은 얼마든지 충돌하게 된다. 그리고 이제 기후위기에 직면한 글로벌한 시대에, 기후변화가 초래하는 위협은 매우 복잡한 노력을 기울여야 하는 고난도의 문제가 되어버렸다.

이렇게 근대 이후의 중요한 이념과 권리들이 힘을 잃어가는 상황도 인간을 기어 넘어가는 존재로 해석하게 만들었다. 그런데 인권과 자유, 복지와 공정 등의 이념만 힘을 잃은 것은 아니었다. 실존주의와 관련해서도 논의했고 바로 앞 장에서도 논의했지만, 현재 사회에서 표면적으로 개인에게 많은 권리와 자유가 부여되고 있기는 하지만 실제로 개인의 지위는 매우 애매하다. 실제로 20세기 중반 이후에 개인의 정체성을 철학적으로 지탱해주는 버팀목은 거의 없다. 실제로 인문학의 위기가 인문학을 강타했다.

철학적 가치나 인문학적 기준이 사회적으로 더 이상 크게 중요하지 않게 되었다는 점에 대해 어떤 사람들은 동의하지 않을지도 모르겠다. 그런 사람들은 인문학의 위기는 인문학의 외부에서 왔으며 자본주의가 주범이라고 여길 것이다. 그러나 그렇게 방어적으로만 볼 일도 아니다. 현재 사회에서 인문학적 태도뿐 아니라 철학적 태도도 공허한 면이 적지 않기 때문이다. 철학자를 포함한 인문학자는 사회 시스템으로 큰 역할을 하지 못하고 있는데, 그렇게 된 데에는 그들의 책임도 크다. 철학자를 포함한 인문학자들은 과거 텍스트에 매달리면서 그것을 인용하는 경향이 크며, 각자 자신들이 공부한 주제에 대한 이야기를 주로 한다. 또 사회 시스템으로 작동하려면 최소한 거기에 속한 사람들이 서로의 글을 읽으면서 상호 정보를 가져야 하는데, 그게 실제로 잘 작동하지 않고 있다. 그 결과로 20세기 후반부터 인문학과 철학, 그리고 고급 문학과 예술도 정신적인 중요성을 급격히 잃어가고 있다. 이런저런 비명도 들렸지만, 사호에 영향을 주지는 못했다. 인문학을 넘어 사회과학도 점점 그 영향을 받고 있다.

개념적으로 말하면, 지식 대신에 정보의 역할과 힘이 커진 것이 중요하다. 또는 전통적으로 '지식'이라고 알았던 것의 힘이 빠졌다고 할 수 있는데, 무엇보다 그것의 성격이 어떤 것인지 드러났기 때문이다. 과거엔 신분제 사회의 구속에 더해 데이터나 정보가 많이 쌓여 있지 못한 상태에서, 그럼직하고 바람직한 것이 지식의 형태로 추구되었다. 인간다움이란 어떤 것인가, 인간의 생이란 어떤 성격을 가지는가, 사회는 어떤 방향으로 움직이는가 등의 물음은 알게 모르게 인간다움은 어떤 것이어야 하는가, 인간의 생은 어떤 성격을 가져야 하는가, 사회는 어떤 방향으로 움직여야 하는가 등의 규범적이고 목적론적 물음과 뒤섞여 있었고 제대로 구별되지 않았다.*

물론 정신적인 가치나 기준이 약화된 것은 안타까운 일이기는

---

* 몇십 년 동안에 지식인의 사회적 역할 자체가 급격히 약화되거나 사라지고 있다. 20세기 증후반까지만 해도, 지식인은 사회적 이슈나 문제에 대해 상당한 발언권이 있었고 지스은 통제력을 발휘했다. 그러다 점점 지식인의 역할은 쪼그라들기 시작했다. 보편적인 지식을 가진 지식인 대신에 각 분야의 전문가 그룹이 등장했지만, 전문가의 지식도 점점 효과를 잃고 있다고 보아야 한다. 전문가라고 불리는 사람들도 지식의 확실성 관점어서는 지적 권위를 유지하기 어렵게 되었다. 특히 사회 현상에 관한 한, 전문가들도 나름대로 편향과 편견에 사로잡혀 있다는 통계도 퍼졌다. 복잡하고도 구조화된 정보에 관한 한, 알고리즘과 AI가 그 전문가들을 대체할 수 있다.

하지만, 그렇다고 그것을 다시 회복하자는 구호를 내걸거나 운동을 할 일도 아니다. '아티스트'란 말도 고급 예술의 좁은 울타리를 넘어, 대중문화의 수많은 영역들로 확산되었다. 수백 개의 방송 채널에서는 알 수도 없는 문화상품들이 넘쳐흐르며, 특히 연예 방송이 대중들의 관심을 사로잡았고, 멋있고 사치스런 소비재도 범람했으며, 소셜 네트워킹 속에서의 커뮤니케이션도 무한대로 확장되었다. 이 사건은 역사적으로 큰 의미를 가질 수도 있지만, 대수롭지 않다는 듯이 문화의 거센 파도에 휩쓸려가고 있다. 사회의 격류는 그야말로 전쟁 뺨쳤고, 다중多衆에게는 그래서 삶이 가벼우면서도 무거웠으며, 이 무거운 삶의 복잡성 앞에서 철학적이고 지적이거나 예술적인 심각함은 그리 중요하게 다가오지 않았다.

2. 개인화 과정은 강화되지만, 개인들은 약화되고 있다

여기서 생기는 문제는 '개인화 과정은 확대되고 있지만 개인은 약화되고 있다'는 주제로 논의할 필요가 있다. 사회와 국가가 개인들에게 자신의 삶에 책임을 지게 만들고 개인들도 그것을 수용하게 되는 과정을 개인화 과정이라고 부를 수 있다. 정치(학)적이고 정책적인 차원에서 개인화 과정은 현대 사회에서 강화되고 확대되었지만, 실제로는 개인의 실존적 지위는 약화되거나 매우 모호한 복잡성에 시달린다는 의미이다. 사회와 국가가 개인들에게 자신의 삶에 책임을 지게 만들고 개인들도 그것을 일정 부분 받아들이는 것은 사실이기에, '개인화' 과정은 흔히 말하는 '개인주의'와는 구별된다. '개인주의'라는 용어는 그 자체로 모호한 점이 많은데, 무엇보다 거기서 사회와 국가가 부과하는 책임은 크게 중요하지 않으며, 개인들이 자신의 삶을 집단에 대해 중요하게 여긴다는 일반적인 태도나 현상이 중요할 뿐이다.

이 점은 정보의 관점에서든 시스템의 관점에서든 마찬가지로 관찰된다. 정보의 양과 데이터의 양이 많아질수록 과거 자아의 자율성이 가진다고 여겨졌던 선택과 결정의 자유는 점점 줄어든다. 확률적인 관점에서 정보와 데이터가 AI에 의해 분석되고 처리되고 있으며, 그 필터를 통해 개인들은 선택을 하고 있기 때문이다. 그리고 시스템의 관점에서도 개인의 선택의 자유나 재량권은 흔들리거나 복잡성에 시달린다. 예를 들자면, 개인은 전통적으로 마음과 몸을 통합하는 자아로 여겨졌지만, 시스템의 관점에서는 심리 시스템과 신치 시스템 사이에 걸쳐지고 분산된 채 균형을 잡기 힘든 실존인 것이다. 과거엔 몸과 마음이 따로 크게 부풀려질 여지가 적었던 것과 달리, 현대 사회에서는 몸과 마음은 얼마든지 따로 부풀려질 여지가 크다. 또는 과거에는 몸과 마음이 따로 부풀려질 여지가 왕과 귀족을 비롯한 소수에게만 있었다면, 현대 사회에서는 대부분의 사람들에게 그런 기회가 주어지고 있다.

사회적 커뮤니케이션 과정에서도 일단 개인들에게 '그래'와 '아니' 사이에 선택의 자유가 커진 것은 사실이지만, 그렇다고 그 혜택이 정갈 개인의 정신적이거나 사회적인 지위를 강화하는 데 온전히 돌아가지는 않는다. 여기서도 개인화 과정은 강화되지만, 개인은 약화되는 경향이 유지된다. 끊임없이 소셜 네트워킹의 압박이나 유혹에 내맡겨져 있는 상황이 복잡성이 증가된 개인화 과정의 예이다. 이 모든 일이 개인에게 전적으로 나쁜 일이라는 말은 아니다. 다만 복잡성이 늘어나고 또 복잡하게 대응해야 하는 일이 늘어난다는 것이며, 그 일은 심리적으로나 신체적으로 쉽지 않다는 것이다.

개인화 과정은 강화되는 반면 개인들은 실제로는 약화된다면, 그들의 정체성에는 어떤 일이 일어나는 것일까? 이 물음은 복잡성을 실마리 삼아 우리가 계속 진행한 논의의 연장선에 있다. 신분제 사회에서는 개인들의 정체성이 이미 계급과 신분에 의해 규정되었는데, 그 신분제 사회가 폐지되고 민주적인 사회가 확대되면서 개인들은 일반적으로 자신의 정체성을 추구해야 한다는 과제를 짊어지게 되었다. 근대 이후 이 정체성은 많은 경우 철학적이고 인문학적인 관점에서 다루어졌었다. 많은 사람들이 교양교육을 받는 등 인문학적 관점이 중요하게 여겨졌기 때문이다. 그렇지만 사실 조금 단순하게 말해 20세기 후반 이후 정체성은 주체성과 마찬가지로 개인들에게 더 이상 정신적 과제나 영혼의 순수성과 관련된 문제로 남아 있지는 않다. 물론 정체성이나 주체성이라는 주제가 아예 사라졌다는 말은 아니다. 다만 한때 철학적 의미를 가졌던 주제가 많은 사람들에게는 보다 평범하고 물질적이고 사회적인 차원의 주제로 바뀌었다는 말이다. 공정성에 대한 물음, 곧 자신이 노력한 결과가 사회와 시장에서 공정하게 인정받느냐는 물음이 자신의 정체성이나 주체성에 대한 핵심적인 물음으로 떠올랐지만, 이 경우에도 공정성은 단순히 도덕적인 기준에 의존한다기보다는 이미 사회 시스템 안에서 실행되는 평가 과정 및 방식에 많이 의존하는 것이었다. 다르게 말하면, 이제 대부분의 사람에게 자신을 어떤 주체로 인식하는 일은 이미 사회 시스템에 의해 어떤 형태로든 객체로 만들어지고 있다는 사실을 전제한다. 시험 성적에 의해서든, 타인의 인정에 의해서든, 인터넷에서의 평판에 의해서든, AI에 의해서든 개인은 객체로 만들어지고 대상화되며, 그 결과를 대부분 자신의 정체성이나 주체성으로 여기게 된다는 것이다.

최근에 개인들이 추구해야 할 것으로 진정성authenticity이 떠올랐다. 그것도 이전부터 존재했던 주제이기는 한데, 다시 떠올랐다. 왜 그 주제가 다시 떠올랐을까? 이미 우리는 정보처리와 커뮤니케이션에 관하여, 개인이 자신의 진정성을 표현하고 전달하기는 어렵다는 것을 논의했다. 그렇지만 아직도 SNS에서 끊임없이 커뮤니케이션해야 하는 다수의 개인들은 쿨한 태도를 익히기 어렵다. 그들에게 거의 마지막으로 남은 정체성의 보루가 있는데 그것이 다름 아닌 자신의 취향이다. 다른 부분에서는 사회 시스템과 기술 시스템에 의해 촘촘하게 관리되거나 통제되고 있음을 아는 개인들이 그나마 가까스로 자신의 의지와 선택에 따라 유지하고 보유할 수 있는 것이 취향인 셈이다. 이 상황에서 취향을 자기의 개성과 고집대로 추구할 수 있는 태도가 진정성으로 파악되는 것이다. 그렇지만 이 경우의 진정성도 결국은 소비사회의 무수한 상품들과 소셜 네트워킹 속에서 일어나는 타인과의 비교 속에서 이루어진다. 자기 취향을 가질 수 있으면 좋은 일이겠고 자기 진정성을 지키는 일은 중요하기는 하지만, 그것을 진정성으로 승화시킬 필요가 있을까? 취향이라는 것이 이미 대부분 소비사회의 상품과의 관계에서 이루어지지 않는가. 보통 사람들에게 취향은 무엇보다 패션과 음식과 주거 스타일에 관련된 것일 터이고, 따라서 이미 많은 부분 경제적 능력에 의존한다. 경제적 능력에 의존하기에 아무것도 아니라는 말은 아니지만, 그 의존성은 무시할 수 없다. 물론 경제적 능력에 의존하지 않는 취향도 있을 수 있다. 그러나 이것들도 다른 사람들의 관심과 찬탄을 받는 순간, 알게 모르게 관심 경제와 플랫폼 경제에 흡수될 것이다.

상품이나 경제적 자유가 하찮다는 말은 전혀 아니다. 오히려 거꾸로다. 자신의 노동으로 경제적으로 독립하는 일은 매우 중요한 일이다. 정보의 세계에서는 마케팅이나 비즈니스의 성격이 전혀 없는 인간관계는 아주 드문 것이 되었다. 적절한 경계를 지키는 일은 매우 힘들게 되었으며, 애초 거기에 왕도는 없다. 정체성이든 진정성이든 조금이라도 과도하게 추구하는 순간, 그것은 어쩔 수 없이 타인과의 비교를 먹고 사는 것이 된다. 그러니 진정성이라는 용어로 자신의 취향을 철학적으로나 문화적으로 승화시킬 필요는 없다.

오히려 그것이 많은 개인들에게 얼마나 지키기 어려운 것인지 시원하게 또는 서늘하게 보여주는 것이 더 좋은 접근이다. 지키려고 했던 자신의 진정성을 빼앗기고 잃어버린 사람들의 모습이 오히려 역설적으로 현대 사회에서 진정성이 있는 모습에 가까울 것이다. 물론 자신의 정체성이든 진정성이든 비교적 잘 유지하고 지킬 수 있다면, 행운일 것이다. 그렇다, 행운일 뿐이다. 고마워해야 할 행운. 어쨌든 다른 사람들 앞에서 자랑할 것은 아니다.

3. 정체성·진정성은 이제 커뮤니케이션할 수 없는 것이 되었다

요점은, 많은 개인들에게 정신적인 의미의 정체성이나 진정성은 너무 무겁거나 너무 가벼운 게 되었다는 것이다. 정체성이나 진정성이 아예 쓸모가 없다는 말은 아니다. 오히려, 지킬 수 있는 만큼, 누릴 수 있는 대로 개인은 자신만의 작은, 아주 작은 정체성이나 진정성을 가질 수 있다. 그러나 그것은 보편성을 가지진 못한다. 곧, 다른 사람들이 모델로 삼을 만한 일반적인 모델이 되기는 힘들다. 모든 점에서 좋은 사람이 될 수도 없고, 모든 면에서 착한 사람이 되기를 바랄 수도 없다. 기껏해야 아주 작은 울타리 안에서 자신의 정체성이나 진정성을 지키거나 유지할 수 있을 뿐이다.

어떤 사람이 자신이 가지거나 누리는, 아니 누리고 싶은 진정성을 다른 사람들에게 설명하거나 설득할 수 있을까? 아주 가까운 친구에게도, 심지어 가족이나 연인에게도 하지 못할 수 있다. 그토록 섬세한 것, 너무도 섬세하여 잘 보이지도 않는 것이 개인의 정체성이나 진정성인 셈이다. 루만은 "모든 개인은 독자적인 자기 생성적 시스템"이라고 말한다. 그리고 그로부터 나오는 결론은 놀랍다. "개인은 자신의 정체성을 커뮤니케이션해야 하는 것도 아니고 할 수도 없다."[95] 이 진술은 망치가 되어, 박는다. 또는 망치가 되어, 부순다.

이 상황이 재앙이나 저주일까? 이미 세상은 진부하고 복잡한 곳이 되어버렸다. 다만 자신이 책임져야 할 몫은 정말 책임져야 한다. 그것이 사회적으로 확대된 개인화 과정의 현재 풍경이다. 개인은 곧 사회적 시스템들에 참여하면서, 거기에 책임을 진다. 그것이 개인화 과정의 산물이자 효과이다. 그것은 강화되고 확대되지만, 그와 달리, 개인의 가치와 역할은 강화되기 힘들다. 개인주의의 확장조차도 개인들을 사회 속에서 일반적으로 강화해주지는 못한다. 사회적으로 진행되는 개인화 과정과 교차하면서 개인들의 재량이나 자유를 부분적으로 넓히는 효과는 있지만, 개인주의도 자신의 선택에 대해 스스로 져야 하는 책임으로부터 면제되지는 않는다.

사람들은 과거에 자신이 가진 인간의 덕목 가운데 하나를 잡아서 늘리고 늘였다. 혈통에 따른 지위나 사회적 지위는 사회적으로 인정되었을 뿐 아니라 상속되기도 했다. 그리고 그것에 의해 성격적 결함이나 다른 실패들도 덮이거나 숨겨졌다. 그런 배경에서 인간은 위대함을 가질 수 있었고, 추구할 수 있었다. 그런 해석은 과소 정보를 통한 과대 해석이었다. 정보와 데이터가 별로 없었고 공유되지도 못했기 때문이다. 그런데 이제 사회적 커뮤니케이션과 소셜 네트워킹에서 AI는 무수한 데이터들을 모으고, 방향을 잡고, 기울기를 재고, 평가한다. 그리고 아무리 성공적인 경력을 가졌거나 어떤 점에서 특별함을 가졌더라도, 도덕적이고 법적인 잘못을 저지르고 그 기록이 인터넷에 남아 있는 한, 그 사람은 그 책임에서 벗어나기 어렵다. 이 상황에서 사람들은 다른 사람들의 관심을 받기 위해 착하거나 멋있는 일을 하는 모습을 SNS에 올리거나, 아니면 그것도 하지 않고 그냥 조용히 있게 된다. 이런 정보 시스템도 전통적인 의미의 정체성이나 진정성을 유지하기 어렵게 만든다.

모든 개인의 심리 시스템은 많건 적건 세상의 복잡성을 자신의 방식대로, 곧 자신의 성격이나 여러 특이성에 따라서, 줄이거나 단순화시키면서 돌아간다. 만일 우리가 세상의 복잡성을 그대로 받아들인다면, 우리는 신경쇠약이나 공황장애를 비롯한 심리적 장애에 시달릴 수 있다. 환경의 복잡성은 너무도 커서, 그것을 제대로 인식하는 일은 불가능하다. 다르게 말하면, 개인의 심리 시스템은 세상의 복잡성을 옳고 그름의 명확한 기준에 따라 파악하기는 처음부터 힘들다. 평생을 공부해도, 사람은 세상을 따라가지 못한다. 안다고 생각했건만, 결국은 아는 게 아니었다고 느끼게 된다. 이런 이유에서 개인의 정체성이나 진정성을 철학적인 본질이나 인문학적 보고로 삼을 필요가 없다고 말한 것이다. 그 대신, 각자가 자신이 처리하거나 단순화하는 복잡성이 있다는 것을 아는 일이 중요하다. 그리고 거기에 균열이 있다는 것도 인지하는 것이 필요하다.

그렇지만 개인들이 각자 얼마나 이 일을 하는지 정확히 알고 기록하는 일은 불가능할 것이다. 또 개인의 심리 시스템이 얼마나 객관적으로 사회적 복잡성을 인식하거나 인지하는지 평가하고 상호점검할 방법도 인식론적으로나 심리학적으로 가능하지 않다. 사회는 여러 조직들(학교, 회사, 신용평가 기관, 병원 등)을 통해서만 개인들이 어떻게 사회적 환경에 대응하는지 체크하고 평가할 수 있다. 개인의 정체성이나 진정성을 철학적 관점에서나 사회적 관점에서 적극적으로 신뢰하거나 평가하기 어려운 이유 가운데 또 하나가 여기에 있다. 사회적 차원에서는 결국 다양한 조직들이 사회 시스템으로서 개인들을 평가하는 데 중추적인 역할을 하게 되는 것이다. 결국 다양한 형태의 조직에 참여하면서 개인들은 사회적 환경에 대응하고 또 사회 시스템에 의해 통제되거나 평가를 받게 된다.

    기어서 넘어가기라는 주제 또는 프로젝트는 바로 이 상황들을 배경으로 생겼다. 고대 이래, 특히 근대 이래, 인간이 추구해온 이상적이며 보편적인 이념들의 전망에 대해서 그것이 쉽지 않음을 이야기할 뿐 아니라, 경제적 성장과 복지 또한 예상했던 대로 실행되기 어렵다는 것도 이야기한다. 개인화 과정은 요란하고 확대되었지만, 실제로 개인의 정신적 능력은 쪼그라들었다. 주체성이든 정체성이든 진정성이든, 철학적 순수성으로 숭배할 만하지도 않다. 사람은 엄청난 지식의 확산 가운데에서도 자신을 잘 알지 못한 채, '내가 하면 로맨스 남이 하면 불륜'이라는 이중성을 저지르곤 한다.

    다시, 또 다시, 기어가야 한다. 그러나 기어가기는 기어가기에 그치지 않으며, 동시에 여러 한계를 넘어가는 움직임이다. 심지어 인간의 신체와 지능이라는 자연적이고 생물학적 경계를 넘어, AI로도 넘어간다는 것을 긍정한다. 그렇지만, 전통적으로 목적이라 여겼던 이상이나 전체성이 사라졌다면, 그리고 주체성이나 진정성도 연기처럼 어른거린다면, 그리고 기어가기도 더 이상 시지프스의 신화에 기댈 수 없다면 어디로 넘어가는가?

13장

기는 놈 위에 뛰는 놈,
뛰는 놈 위에 나는 놈,
나는 놈 위에 다시 기는 놈

1. 어떻게 나는 놈 위에 다시 기는 놈이 있을까

초월이라는 주제와 다른 전망을 확보하기 위한 시도로 포월의 프로젝트가 시작되었지만, 포월이라는 개념적 비유가 다루어야 할 과제가 남아 있었다. 전통적으로 추구되었던 이상이나 전체성이 더 이상 유효하지 않다면, 도대체 어디로 넘어가는가? 넘어간다는 움직임은 어떤 것인가?

초월 개념에서 전체는 모든 부분들을 포괄한다. 신에 닿으려는 기대뿐 아니라 진리라는 보편성을 인식하려는 의지, 인류라는 보편성을 위해 헌신하려는 희망에서 언제나 초월적 움직임이 전제되었다. 세계는 전체로서 항상 저기 앞에 있다고 전제되었다. 주체는 의식과 자각을 발전시키면서, 발전시키기만 하면, 그 세계를 인식할 수 있고 거기에 닿을 수 있다고 여겨졌다. 또 자신의 주체성을 언제나 자각할 수 있다고 믿었다.

그러나 실제로 인간은 어떤 본성을 가지기도 힘들고, 인류라는 보편적 전체를 완성하기도 힘들고, 세계라는 전체가 저기에 딱 있는 것도 아니다. 사람은 물론 개인으로서 인류에 속하기는 한다. 누가 그걸 부정하겠는가. 하지만, 주체적으로나 본질적으로 속하지는 않는다. 우연적이고 임시적인 존재이기 때문이다. 개인들은 이제 모호하게 상정된 전체를 위해 개인성을 쉽게 포기하지 않는다. 개인성은 그렇게 소중하면서도, 그들은 다른 한편으로 뿔뿔이 흩어진 부분들이자 작은 것들이다. 이 작은 것이자 부분들은 어떤 전체에 주체적으로나 본질적으로 속하지도 않는다. 개인들끼리, 국가들끼리 서로, 자신도 모르게, 얼마든지 해를 입히거나 배제하는 관계에 있을 수 있다. 의도적으로 해를 입히거나 배제하기도 하지만, 그렇게 하지 않더라도, 얼마든지 서로 모르는 관계, 무관심한 관계에 있을 수 있고 또 서로에게 해를 끼칠 수 있다.

그런데 이런 전체성과 보편성이 더 이상 존재하지 않거나 그에 대한 믿음이 사라진다면, 인간은 어디를 향해 가고 어디로 넘어가는가? 이전에는 그런 전체성과 보편성에 근거한 목표로 넘어가려고 했는데, 더 이상 그것들이 존재하지 않는다면? 기어가기라는 움직임에는 어떤 목표나 목적이 있는가? 이 물음은 포월의 프로젝트에 세계 던져진다.

일단 몸동작의 차원에서 말하자면, 기어가는 몸은 일정한 몰입의 과정을 거쳐 숙련의 단계에 도달한다. 모든 형태의 공부가 이 방식으로 이루어진다. 신체적이고 심리적인 반복 학습의 과정이지만 그것을 거치면서, 기어가는 움직임은 일정한 정도의 목적성을 가지고 있다. 모든 종류의 목적성을, 최소한의 목적성까지, 거부하거나 부인할 필요는 없다. 이 점이 초월의 이념에 대해 멀어지면서, 포월의 관점이 확보해야 했던 최소한의 거리였다. 왜냐하면, 초월의 이념이 전제될 때는, 언제나 일종의 선험적 목적성이 전제되었기 때문이다. 사회에 속해야 한다, 지식을 통해 세계를 인식해야 한다 등등. 인간만 그런 것이 아니었다. 모든 사물들도 자신의 목적에 따른다고 여겨졌다. 콩은 콩이 되어야 하고, 팥은 팥이 되어야 할 진실과 운명 속에 있다고 여겨졌다.

그러나 20세기를 지나면서, 자연과학조차 그런 선험적 목적성에서는 멀어졌다. 전통적으로 사람들이 믿었던 명백한 원인과 결과 대신에, 상호 관계성만 알 수 있으면 충분하다는 것이 알려졌다. 생물학에서도 무조건 자연적인 본질을 추구하는 대신에, 정보 개념을 통해 확률적인 정보를 확보하기만 해도 충분했다. 물리학적으로도 양자들에 관한 정보는 언제나 확률적으로만 얻어질 수 있다는 것이 알려졌다. 따라서 과학적으로도 선험적인 목적성 대신에, 정보와 기술을 통해 관찰할 수 있고 가공할 수 있는 수준의 목적성이 추구된다. 그러므로 더 이상 초월적 이상을 믿지 않고 포월의 관점을 추구하는 사람도 이 새로운 기준을 따르면 된다. 과거처럼 선험적인 목적성 대신에, 조금 단순하게 말하면, 경험적이고 확률적인 목적성만 있으면 된다.

과거엔 덕 또는 덕목을 말하는 이론이 주류였다. 전통적으로 모든 형태의 덕은 상당한 정도의 목적성과 완전성을 추구했고 또 내포했다. 그래서 모든 덕은 실제로 미덕일 수 있었고, 그 덕의 아름다움은 그 덕의 실재였다. 칼의 칼다움은 예리하게 잘 드는 것이고, 악기의 악기다움은 그 악기가 낼 수 있는 최고의 스킬에 있었고 그 스킬은 수행될 수 있는 행위의 최고치였다. 최고의 악기는 최고의 기예를 가진 악사에게 속할 수밖에 없고, 그래야 했다. 농부의 농부다움과 군인의 군인다움도 마찬가지로 농부와 군인이 수행하는 행위의 목적성을 통해 담보되었다.

그러나 그런 전통적인 덕목의 목적성은, 조금 단순하게 말해, 근대 사회 이후에는 점점 모호해지고 흐릿해졌으며 복잡해졌다. 칼이나 악기는 더 이상 그 도구와 악기의 목적을 실현하는 장인에 의해 만들어지는 대신에, 이익을 목표로 삼는 기업 활동 내부에서 대량으로 생산되었다. 도구와 악기가 그 목적성 안에서 내포했던 목적의 순수성은 흐려지거나 뒤섞여지거나 지워졌다. 농부와 군인도 전통 사회에서 그들이 담당했던 순수한 행위의 맥락에서 벗어났다. 농부는 더 이상 자연의 리듬을 따르면서 땅에 봉사하는 단계에 머물 수 없었고, 대규모 영농사업이라는 방향으로 나아가야 했다. 군인의 행위도 과거엔 인간적 용감함에 근거를 두었다면, 어느 순간부터 부대라는 조직과 무기의 기술적 시스템에 의존할 수밖에 없다. 비록 아직도 전투에서 개별적인 군인의 용감함이 완전히 사라지지는 않았더라도, 군인의 덕목은 역사적으로는 점점 더 개인의 덕목으로부터 멀어지고 있다.

심리적이고도 신체적인 몰입을 통해서 얻는 목적성 또는 1만 시간의 공부와 훈련을 통해서 얻는 목적성은 포월에서 일어나는 넘어가기의 중요한 형태이다. 목적성이 모두 배제되는 것은 아니지만, 반복적인 학습 과정에서 어떤 일이 일어날지는 아무도 모른다. 특히 학습 과정에서 많은 시행착오가 일어난다. 근대 이후 사회는 정교하고 복잡한 교육제도를 통해 그런 학습 과정에서 일어나는 시행착오를 관리했다. 그러나 그런 근대적 교육 시스템은 이제 AI 시대의 벽에 부딪치고 한계에 도달했다. 앞으로 한 세대 안에 AI는 수많은 직종들을 대체할 것이다. 더 많은 데이터의 학습을 통해 더 뛰어난 학습 효과를 가질 수 있기 때문이다. 지금 벌써 그런 데이터를 통한 선행학습 단계를 넘어, 창의적으로 추론하거나 행위하는 에이전트 AI가 등장하고 있다. 앞으로 어떤 수준으로 발전할지 섣불리 예측할 수는 없지만, 어쨌든 AI는 학습을 통해 보통의 인간 지능을 넘어가려고 하고 있다.

이 상황에서 넘어간다는 것은 어떤 목적을 향하고 어떤 목적성을 띠는가? 그것은 초월의 이념과 비교하면 수평적이며 경험적으로 끝이 없는 움직임에 대해 지평을 열어주었고, 또 우리가 일상에서 인문적으로나 과학기술로 상대할 수 있는 목적성에 대해 방향을 알려주었다. 또 신체를 비롯한 유기체의 특성에 대응하는 학습과 경험에 섬세한 주의를 기울이도록 알려주었다. 그런 목적을 향해 움직이고 넘어가면 될 듯하다. 그러나 20세기에 발견된 정보 이론과 기술, 그리고 더 나아가 데이터를 통한 학습으로 인간을 빠르게 추월하고 있는 AI의 발전은 그런 움직임과는 다른 어떤 것을 알려주고 있지 않은가.

포월 프로젝트에서 보완되어야 할 점은 여럿 있을 것인데, 그 가운데서도 무엇보다 지금 우리가 주의를 기울여야 할 점이 몇 가지 있다. 기어가면서 넘어가기는 초월을 거부하려는 시도에서 의미를 가지지만, 다른 한편으로 너무 신체적인 연관에 의존하거나 매달려 있었다. 인간의 신체는 매우 중요한 접지점이자 연결점이지만, 이미 과학기술은 가상현실을 지나 사이보그와 AI 로봇으로 나아가고 있지 않은? 또 어려운 학습 과정을 설명하는 과정에서도 거의 전적으로 인간적인 지능에 의존하지 않았던가? 그 과정에서 자신과 세계의 복잡성을 다루는 방식은 너무 인간적인 방식에 의존하지 않았던가? 그리고 또 넘어가기의 관점은 과도하게 공간 속에서의 이동이라는 축에서 움직이고 또 거기에 매달리고 있지 않은가?

기어서 넘어가기라는 프로젝트는 처음에 직접적인 인간 심리 및 신체의 개입을 통한 학습과 거리 이동이라는 관점에 너무 의존했다. 정보 개념을 받아들이기만 해도, 이미 살아 있으며 기억하는 신체가 개입하는 학습 과정이나 공간 속에서의 거리 이동은 제일 중요한 주제이자 문제는 아닐 수 있다. 또 공간 속에서의 거리 이동에서 출발하다보니, 포월 프로젝트는 알게 모르게 어떤 가시적인 목표에 도달하려는 경향을 보였다. 종교적인 의미의 전체는 아니지만, 그래도 기어가기는 나름대로 어떤 전체에 도달할 수 있다고 여겨졌다. 비록 보편성과 전체성의 이념에서는 멀어졌지만, 그것 못지않게 중요한 목표에 도달할 수 있다는 것을 나름대로 보여주고 싶었던 셈이다. 공간 속에서 도달해야 할 곳이 정말 있다면, 느림을 통해서도 얼마든지 도달할 수 있다는 것을 보여주고 싶었던 것이다.

　그런데 가만히 보면, 거리 이동에서도 기어가기와 넘어가기의 관계는 단순하지 않다. 초월의 관점에서는 언제나 또는 대체로 먼저 이념의 형태로 주어진 목적으로 넘어가는 일이 중요했다. 세계의 핵심에 도달하거나 절대자의 영토에 닿는 일이 그래서 형이상학의 형태로 제안되었다. 그렇지만 고대 세계에서는 실제로는 운송 수단이 그리 발달하지 않았기에, 실제 거리 이동이 쉽지 않았다. 그래도 이것이 초월적 이동이라는 이념을 크게 방해하지는 않았는데, 일종의 착시가 끼어들었기 때문이다. 멀고 먼 우주를 관찰하기는 했지만, 지구가 우주의 중심이라고 여겨졌기에, 이미 인간은 우주의 중심에 매우 가까이 있는 셈이었다. 그렇지만, 당시에 이념은 초월성을 가지는 데 반해 실제로 거리 이동이 쉽지 않은 데서 기인하는 역설을 간접적으로 보여주는 예가 있었는데, 제논의 역설이 그것이다. 그는 아예 거리를 이동하는 일의 불가능성을 이야기했다. 어떤 공간을 주파하려면 그 공간의 반을 뛰어넘어야 하고, 그 반으로 나뉜 공간을 가려면 다시 그 거리의 반을 뛰어넘어야 하고, 이 반으로 나뉜 거리를 가려면 또 다시 그 거리의 반을 뛰어넘어야 하고… 이 과정이 반복된다. 따라서 사람도 목표에 도달하지 못하고, 화살도 목표에 도달하지 못한 채, 공간을 나누고 또 나누고 또 나누는 일만 반복한다는 것이다. 공간을 달리는 움직임이 공간 안에서 기어가는 움직임으로 이어진다. 공간에서 거리 이동을 하려면 앞으로 나아가야 하는데, 앞으로 나아가려고 하자마자 공간이 미세한 분할을 반복하면서 '붕괴'한다. 공간의 미시적 분할 개념과 실질적 거리 이동의 개념을 뒤섞어놓는 데서 오는 논리적 착시 현상이라고 설명할 수 있지만, 다른 관점에서 보면 사물의 본질이든 세계에 관해서든 도달해야 할 목적을 선험적으로 설정하는 이념에 따른 역설이기도 하다. 이상적 이념을 설정하게 되면, 넘어가는 일이 오히려 기어가는 일에 사로잡힐 수도 있다는 역설. 거리 이동이든 학습에서든 기어가기와 넘어가기 사이에는 역설적인 일이 얼마든지 일어난다.

그럼 포월에서 기어가며 넘어가는 관점, 느리지만 반복 속에서 느림의 한계를 넘어가는 일은 어떻게 수정되어야 하는가? 어떤 방향으로 수정이 일어나야 하는가? 직접적이고 자연적인 마음과 신체를 통한 학습이나 거리 이동이라는 관점에 너무 매달리지 않으면 된다. 그리고 다행히도, 그 과제를 실행하는 데 필요한 관점은 이미 포월의 프로젝트에 있었다. 다름 아닌 다음의 우화 또는 속담이다. "기는 놈 위에 뛰는 놈이 있고, 뛰는 놈 위에 나는 놈이 있으며, 나는 놈 위에 다시 기는 놈이 있다."

기어서 넘어가기, 곧 포월도 이미 이 우화에서 출발했고, 또 그리로 돌아갔었다. 기는 놈보다 뛰는 놈이 그냥 빠르고 뛰는 놈보다 나는 놈이 그냥 빠르지 않기 때문이다. 빠른 놈이 자신의 빠름을 믿고 꾀를 부리면, 느린 놈에 의해 얼마든지 추월당할 수도 있다. 여기서 벌써 나는 놈 위에 기는 놈이 끼어든다. 물론 처음에 기는 놈이 있었다. 이 기어가기는 아직 뛰지도 못하고 날지도 못한 단계에서의 느림이었다. 기본적으로 느리고 낮은 움직임이다. 그리고 그것보다 빠른 뛰어가기와 날아가기가 공간 속에서 신체를 통해 일어나지만, 다시 새로운 기어가기가 끼어든다. 아무리 빨라도 다시 느려지거나 다시 기는 놈이 끼어들기 때문이다. 거기서도 이미 나는 놈 위에 기는 놈이 있었다. 그 느림이 넘어가는 동력의 큰 몫을 제공했던 것이다. 그런데, 여기서 넘어가기는 일차적으로 공간 속에서의 거리 이동과 신체를 통한 넘어가기를 지시하는 것으로 여겨졌다. 비록 거기에 학습을 통한 넘어가기가 포함되어 있었지만, 기어가는 단계에서 뛰어가는 단계로 넘어가거나 뛰어가는 단계에서 날아가는 단계로 승급되는 일도 그런 넘어가기의 형태로 이해되었다. 나는 놈 위에 기는 놈이 다시 끼어드는 것도 그 차원에서 일어난다고 여겨졌다.

"기는 놈 위에 뛰는 놈, 뛰는 놈 위에 나는 놈, 나는 놈 위에 다시 기는 놈"의 우화 또는 속담은 포월을 가능하게 했던 우화인데도, 너무 좁게 물리적인 거리 이동이나 신체적 개입을 통한 학습의 차원에서 해석되었다. 아직 정보 개념도 없었고, 시스템의 개념도 없었고, AI도 등장하지 않았었다. 가상현실의 개념은 물론 있었지만, 그것도 주로 자연적 신체와 인간적 마음과의 관계에서 관찰되었다.

이제 이 점을 수정해서, 나는 놈 위에 다시 기는 놈이 있는 이 순환적 질서를 포월의 관점에 재적용하면, 이렇다. 넘어가기는 단순히 기어가기/뛰어가기/날아가기라는 관계에서의 물리적 거리 이동이나 상승 이동에 국한되지는 않는다. 물론 그런 경쟁이나 달리기 시합도 있다. 같은 공간에서 정해진 트랙을 동시에 달리는 경기에서는 빨리 목표에 도달하는 자가 승리한다. 우리가 많은 경기에서 이런 방식을 익히 보긴 하지만, 실제로는 이 경기는 예외적이다. 거의 대부분의 게임이나 생애주기의 형태들은 그보다는 훨씬 복잡하다. 인생을 사는 것은 말할 나위도 없지만, 공부를 하고, 군대를 가고, 직장생활을 하는 것 모두가 그런 달리기보다 복잡하다. 단순히 기는 놈 위에 뛰는 놈이 있고 뛰는 놈 위에 나는 놈이 있는 것으로, 끝이 나지는 않는다. 어떤 방식으로든 나는 놈 위에 기는 놈이 있을 수 있다. 그리고 나는 놈 위에 있는 기는 놈은 처음의 기는 놈처럼 느리게 보일 수 있지만, 나는 놈보다 더 빠를 수도 있다. 이 점이 중요하다. 기는 놈은 실제로 느릴 수도 있지만, 나는 놈보다도 빠를 수 있다. 또는 최소한 나는 놈이 가지지 못한 다른 점을 가질 수 있다. 또는 나는 놈이 쉽게 이길 수 없는 다른 면을 가질 수 있다. 또는 같은 시스템을 이루며, 상호 의존관계를 가지고 상호정보를 나눌 수 있다.

그래서 이제 저 우화를 넓게 해석하고 파악할 때다. 특히 '나는 놈 위에 기는 놈이 다시 있다'는 의미를 충분히 복잡하게 파악해야 한다. 이 속담의 의미는 대충 사람들에게 알려져 있으며, 아주 낯설거나 전혀 경험하지 못한 의미를 담고 있지는 않다. 이 속담을 해석하는 내용들도 인터넷이나 챗GPT에서 검색하면 여러 관점에서 얻을 수 있다. 짧게 요약하자면 이렇다.

우선 철학적 상대주의의 관점에서 해석이 가능하다. 흔히 느리고 빠름의 우열관계 또는 강자와 약자 관계는 단순하고 명확해 보이지만, 실제로는 그렇지 않다. 기어가는 놈도 얼마든지 나는 놈 못지않거나 나는 놈보다 더 필요하고 중요한 역할을 할 수 있다. 단순하게 같은 방향과 같은 목표를 고정해놓고 거기서 느림과 빠름의 관계를 평가할 수는 없다. 다음으로, 사회적 맥락의 해석이 있다. 흔히 고정된 목표를 설정한 다음에 그쪽으로 빠르게 움직이는 자를 성공한 자라고 부르곤 하지만, 실제로는 그렇지 않다. 느리게 보이더라도 얼마든지 중요하고 필요한 역할을 할 수 있으며, 또 목표라는 것이 누구에게나 획일적으로 주어진 것은 아니라는 것이다. 더 강하게 해석하면, 흔히 성공한 것처럼 보이는 사람이라고 그렇지 않은 사람보다 더 의미 있거나 더 높은 가치를 가지는 것은 아닐 수 있다는 것이다. 사회적 성공은, 개인의 실력도 있지만, 그보다는 운(부모뿐 아니라 조부모의 재산까지 포함하여)과 정치적 관계 등이 복합적으로 작용한 결과이다. 그러니, 그 결과로 나타난 현상에 너무 큰 의미를 부여할 필요는 없다. 그 다음으로, 생태학적 관점에서도 이 속담은 중요하게 해석될 수 있다. 흔히 말하는 나는 놈이나 포식자 또는 쎈 놈이라고 해서 자연이나 생태계에서 작거나 느린 놈보다 가치가 있거나 생존능력에서 언제나 우월하지는 않다. 개미나 바퀴벌레가 생존능력이 가장 크다는 말은 괜히 나온 게 아니다. 느리게 움직이는 것처럼 보이는 미생물조차 생태계에서는 필수적인 존재이다. 실제로 아무리 강한 포식자라고 하더라도 생명체는 일정한 생애주기를 마치면 소멸하며, 미생물에게 의해 잡아먹힌다.

이들 해석은 비교적 잘 알려진 것이다. 이에 비하면 시스템 관점에서의 해석은 비교적 덜 알려져 있다. 하나의 시스템 내부에는 빠르고 느린 것들이 서로 맞물려 있는 경우가 많다. 도로교통 시스템에도 서행하는 도로가 있고 빨리 달려야 하는 도로가 있는가 하면,

고속도로 안에서 1차선은 추월선으로 더 빨리 달릴 수 있는 차선이다. 초특급, 특급, 완행이 각자 맡은 역할을 나름대로 한다. 먼 거리는 매우 빨리 달려야 하지만, 상대적으로 가까운 거리는 느리게 가야 한다. 또 유전 정보를 가진 어떤 집단에서 30% 정도는 빈둥거리는 집단이거나 당장 쓸모 있는 일을 잘 하지 않는 집단이며, 이것이 그 전체 집단에 필요하거나 유리한 역할을 할 수도 있다. 말하자면 시스템을 구성하는 상이한 요소들이 서로 다른 속도로 움직여도 이들은 시스템을 함께 구성하는 필수적인 요소들이다. 하나의 시스템을 구성하는 요소들 가운데 어떤 것은 강하고 어떤 것은 약하게 보이더라도, 후자는 전자 못지않게 시스템에게 중요한 역할을 한다. 상대적으로 느린 것과 빠른 것들을 포함한 시스템의 구성요소들 사이의 복잡한 관계가 다름 아닌 시스템의 복잡성이라는 것을 우리는 2부에서 다각도로 검토했다. 이 점은 시스템을 구성하는 요소들에만 적용 가능한 것이 아니다. 시스템들 자체에도 적용 가능하다. 어떤 시스템은 느리게 움직이고, 어떤 시스템은 빨리 움직인다. 그러나 빨리 움직이는 시스템만이 강하거나 우위에 있는 것은 아니다. 느린 시스템도 빠른 시스템 못지않게 중요하거나 더 중요할 수 있다. 대도시 시스템의 속도는 매우 빠른 반면, 시골의 시스템은 느린데, 시골은 시골 나름대로의 의미를 가진다.

'나는 놈 위에 기는 놈이 있다'는 세상에 대한 이 해석들을 관통하는 공통적인 매트릭스는 강자와 약자의 단순한 위계를 뒤집는 순환적 질서이다. 벡터조차 없는 공간에서 한 순간 빠른 속도로 달리는 것은 일시적이거나 단편적인 현상일 뿐이다. 또 학습 과정이 이미 고정된 일반적 기준에 맞춰진 상태에서만 일어난다면, 창의성은 발현되기 어려울 것이다. 실제로 현실적인 공간에서도 여러 벡터를 고려하지 않는다면, 공허한 계산일 것이다. 그리고 벡터는 3차원에 그치지 않고, 매우 넓게 확장될 수 있다. 기어가기와 뛰어가기와 날아가기에서 우열관계가 명확하게 유지되는 공간은 아주 단순한 구조를 가진 공간일 뿐이다.

2. 거리 이동을 넘어설 때, 나는 놈 위에 다시 기는 놈

이 속담 또는 우화의 해석은 단순히 비유의 차원에 그치지 않고, 실제적인 의미를 가진다. 기어가기와 뛰어가기와 날아가기까지는 물리적 공간 속에서의 거리 이동이나 학습 과정이라고 할 수 있다면, 다음 차원의 기어가기는 정보처리 과정 또는 시스템의 작동 과정이라고 말할 수 있다. 실제로 처음에 정보는 공간 속에서 직접 움직이는 매체를 통해 전달되었지만, 전화와 전신 그리고 무선통신의 발달의 덕택으로 정보는 매우 빠르게 달리거나 날아가는 매체보다 더 빨리 전달되고 처리된다. 더 나아가서 정보통신 기술의 관점에서 설명하자면, 정보를 처리하는 매우 빠른 연산 속도는 이진법의 코드 안에서는 비유적으로 기어간다고 볼 수 있다. 그렇지만 이제까지 경험하지 못했던 방식으로 빨리 기어간다. 다만 유기체의 신체를 통한 기어가기가 아니라, 코드 안에서의 기어가기일 뿐이다. 코드 안에서 정보가 기어가는 움직임은 전혀 보이지도 않고, 결국에는 인간의 생각 속도로도 따라잡지 못할 빠른 속도로 처리된다. 사실 움직임이 보이지 않을 뿐 아니라, 물리적으로는 거의 움직이지도 않는다고 말할 수 있다. 거의 움직이지도 않는 움직임인데 빠른 움직임보다 빠른 셈이다. 정보로 움직이기 때문이다.

기는 놈 위에 뛰는 놈이 있는 것, 그리고 뛰는 놈 위에 나는 놈이 있는 것도 상승작용이기는 하지만, 나는 놈 위에 기는 놈이 있게 되는 것은 차원이 다른 변화라고 말할 수 있다. 거리 이동과 비교하면, 정보처리는 차원이 다른 현상이기 때문이다.

이 점을 저장 매체 및 시간과 공간을 고려해서 관찰해보자. 처음에는 같은 공간과 시간 안에서 말하고 들으면서 정보가 전달되었다. 그러다 문자 및 인쇄술의 발명은 공간과 시간을 뛰어넘어 정보를 저장하고 전달할 수 있게 만들었다. 시간과 공간이 바뀌어도 정보는 처리되고 전달될 수 있게 된 것이다. 인쇄매체보다 공간과 시간을 한 번 더 뛰어넘은 매체는 라디오와 TV 같은 대중매체일 것이다. 그리고 최근 그 대중매체보다 한 번 더 공간과 시간을 뛰어넘은 매체가 등장했다. 모바일과 인터넷과 소셜 네트워크. 책이나 TV와 비교하면, 모바일과 소셜 네트워크는 단순히 속도만 빨라진 것이 아니다. 같은 공간과 시간에서 시청을 하거나 업무를 수행하지 않더라도, 각자는 자신만의 시간과 공간에서, 신체적으로는 거의 움직이지 않은 채, 정보를 저장하고 처리할 수 있다. 누워서나 엎드려서도 텍스트를 보낼 수 있을 때, 사람들은 정보를 저 멀리 전달하거나 보내는 것일까? 아니면 기껏해야 자신의 손으로 모바일에 옮기는 것일까? 어쩌면 우리는 저 멀리 전달하지도 않는 것인지 모른다.

우리는 기계에 접속된 상태에서, 기계의 표면에서만, 살짝 터치한다. 정보는 거의 움직이지도 않은 채, 처리된다. 그렇지만 먼 거리를 실제로 이동하는 마차나 차량보다 빠른 속도로 넘어간다.

기어가기나 넘어가기는 사실 정보의 차원에서 거의 움직이지 않는다. 어쨌든 움직임이 거리 이동의 방식으로 드러나지는 않는다. 살짝 입력되자마자, 정말 잠깐 사이에, 정보는 처리되며 날아간다/기어간다. 정보시대에 정보는 거의 움직이지도 않은 채 넘어가거나, 넘어가더라도, 물리적 움직임이 아니라 정보의 형태로 움직인다. 물리 세계는 정보로 바뀌면서 물리성을 넘어서 기어가고, 가상적으로 작용하는 정보는 가상성을 넘어 물리 세계로 기어간다. 물리적 현실과 가상적 정보는 서로를 넘어서 기어간다.

이저 사람은 정보 차원에서는 다른 사람이 있는 곳으로 물리적으로 넘어가지 않아도 되고, 사회 또는 세계로 넘어가지 않아도 된다. 직장으로 넘어가지 않은 채, 재택근무를 할 수 있다. 이전엔 오프라인에서 사람을 만나고 잘 되면 서로에게 넘어갔다. 그와 비교하면, 지금은 물리적으로 넘어가지 않은 채, 또는 넘어가도, 자신의 손바닥 안의 기계 안에서만 머무는 일이 많다.

말하자면, 이제 기어가기와 넘어가기는 실제 물리적이고 사회적인 공간에서 움직이는 일과는 꽤 다른 일이 되었다. 과거에는, 근대에만 해도, 사회적 공간에서 만나고 일하면 거기서 공공성이 생긴다고 여겼다. 그런 관점에서 보면, 공공성은 크게 쪼그라들고 있는 셈이다. 책을 읽으면 사회와 세상으로 나가 변화를 만드는 데 참여하는 것으로 이해되었지만, 공공성과 참여의 의미는 크게 바뀌고 있다. 이제 넘어가는 일은 거의 보이지 않지만, 그것은 어디서나 일어나고 있다. 거의 보이지 않는 그 넘어가기가 일어나고 또 그것을 찾을 수 있는 곳은, 정보와 데이터들의 시스템 안이다. 정보를 처리하는 시스템은 정보가 넘어가는 곳이면서도, 또한 정보가 기어가는 곳이다. 그곳은 더 이상 전통적인 의미의 물리적인 존재는 아니다. 시스템은 자신을 환경과 구별하면서 시스템으로 작동하며, 그 구별은 그러므로 정보처리 덕택에 이루어지는 것이다. 시스템의 개념에 많은 무게가 실리는 까닭이다.

여기에 이르면 기어가기/뛰어가기/날아가기/다시 기어가기의 연관은 전통적인 물리적 시공간에서는 이미 상당히 멀어지며, 그것만으로는 이해될 수 없는 것이 된다. 또 기어가고 뛰어가고 날아가는 것이 단순히 실존하는 인간인 것만도 아니다. 아주 단순한 기술 시스템인 엘리베이터만 해도 이미 어떤 구체적이며 자연적인 신체적 움직임과는 다른 속도감을 느끼게 해준다. 엘리베이터 안에서 사람은 기어가지도 않고 뛰어가지도 않고 날아가지도 않고 가만히 서 있다. 서 있으면서 날아간다. 엘리베이터를 비롯한 시스템들은 이렇게 미묘하게 전통적인 거리 이동의 관점에 변화와 어긋남을 초래한다. 비행기를 타는 일도 또 다른 시스템에 들어가는 일이다. 이코노미 클래스를 이용할 때 사람은 좁은 좌석에서 나오기도 힘들다. 그렇지만 날아간다. 그래서 날아가면서도 기어간다는 느낌을 얼마든지 가질 수 있다. 거리를 이동하는 시스템이 이런 미묘한 변화를 가져온다면, 정보통신 시스템이나 AI 시스템은 말할 나위도 없다.

이 문제는 AI의 발전 과정에서도 분석될 수 있다. 물론 초기에는 하드웨어의 성능이나 여러 센서들의 성능이 낮은 수준에 있었다. 또 각 분야의 '전문가'의 지식을 길잡이로 삼아, 학습을 시키려는 시도가 있었다.* 하드웨어의 실력도 아직 너무 약한 수준이었지만, 데이터를 처리해서 '지식'을 얻으려는 그 방식이 전통적인 지식의 패러다임에 사로잡혀 있었던 셈이다.[97] AI 연구가 21세기 들어 급격히 발전한 것은, '억' 소리가 나는 데이터와 변수를 대상으로 학습하는 방식인 머신러닝과 딥러닝 덕택이다. 지금 생성형 AI는 텍스트를 분석하고 생성할 수 있는 차원은 말할 것도 없고 영상 이미지를 성성하는 차원에서도 높은 교육을 받은 개인들의 실력을 뛰어넘고 있다. 더 나아가서 이미 존재하는 데이터로 미리 선행 학습하는 차원을 넘어, 기존에 없던 방식으로 창의적 추론을 실행하는 에이전트를 행해 달려가고 있다.

그렇지만, 아무리 뛰어난 AI라고 해도 그 시스템 내부에 있는 복잡성의 문제와 씨름해야 한다. 수많은 매개변수를 잘 다루게 되면서 AI의 기능은 기하급수적으로 성장했다. 그렇지만 매개변수의 양이 너무 커지면 복잡성도 필연적으로 증가하게 된다. 환경의 복잡성을 줄일 시스템 자체의 복잡성도 커지게 되고, AI 시스템도 복

---

* 여기서 '전문가'라는 표현은 다중적인 의미를 가진다. 이들은 전통적인 지식과 기술을 가졌던 장인 형태의 지식인에 가깝다. 전통적인 의미의 장인에서부터 지식인 그리고 의사를 비롯한 전문 지식인들이 포함된다. 물론 데이터를 다루고 정보를 처리하는 사람도 '전문가'라고 불릴 수는 있지만, 이들의 전문성은 전통적으로 지식이 가졌던 힘과는 크게 다르다.

잡성 안에서 돌고 돈다. AI는 나는 놈이지만, 동시에 나는 놈 위의 기는 놈이다.

기어서 넘어가는 것은 인간에 국한되지 않는다. 시스템도 기어서 넘어간다. 거기서 그치지 않고, 시스템도 인간 못지않게 나는 놈 위에 있는 기는 놈이다. 어떻게 그런가? 1부와 2부에서 살펴보았듯이, 정보는 그냥 바깥에 존재하는 물리적 자료나 재료는 아니다. 정보를 처리하는 시스템을 통해서만 존재하게 되는 것이고, 그런 점에서 이미 시스템과 분리될 수 없는 것이다. 그 시스템이 동물들의 시스템이든, 심리 시스템이든, 사회 시스템이든, 기술 시스템이든 본질적인 차이는 없다고 말할 수 있다. 그리고 모든 시스템은 환경의 복잡성을 자신에게 내재하는 복잡성, 곧 의미와 지능의 지평을 통해 단순화한다. 이 단순화 덕택에 시스템의 자율성이나 안정성이 생긴다. 이 단순화 덕택에 시스템은 빠르게 작동하고 날아갈 수 있다. 환경의 복잡성을 감축하는 시스템의 지평은 시스템을 날아가게 한다. 그런데 시스템은 동시에 언제나 환경의 복잡성 앞에 있으며 그 안에 있다는 점에서 기는 놈이다. 환경의 복잡성을 줄이면서만 나는 놈이 되기에 시스템은 나는 놈이면서, 나는 놈 위의 기는 놈이다.

3. 신성한 전체에의 꿈은 버리고

그래도 신체를 가진, 신체와 함께 기어가는 인간은 이 정보처리 시스템으로 다 바뀌지는 않지 않는가? 나는 놈이 다시 기는 놈이 되는 일이 순전히 정보의 차원에서만 일어난다면, 인간의 몸은 그 속도 속에서 미아가 되지 않을까?

또 고대부터 지금까지도 인간이 형이상학적으로 꿈꾸는 몇 가지 가운데 하나, 완전히 버리지는 못한 채 몸에 각인된 꿈 하나는, 개인이나 하나의 부분으로서 어떤 중심이나 전체에 닿는 것이 아닐까? 그럴 수도 있다. 그 꿈은 완전히 사라지지 않은 채 자꾸 꿈속에 나타날 수 있다. 세상이 어떤 전체적 질서도 없는 혼란이라면 삶은 너무 허망하지 않을까?

형이상학적 또는 종교적 관점에서 보면, 삶이 허망하게 여겨질 수 있다. 더욱이 육체가 쇠약해지는 시간이 오면, 그 느낌은 자주 올 수도 있다. 생명이 충만한 육체는 그나마 그 허망함을 이기거나 무시한다. 다르게 말하면, 젊은 육체는 정보의 흐름을 무시할 정도로, 생명으로 넘친다. 그러나 생명의 기운이 빠져나가기 시작하면, 육체는 더 이상 정보의 날파리들이 날아다니는 흐름을 무시하기 어렵다. 이 상황에서 개체는 더 이상 전체에 닿을 수도 없고 전체로 넘어갈 수도 없는 자신의 운명을 감수하고 긍정해야 한다. 나는 놈이라도 옛 시절의 신성한 전체로 넘어갈 수는 없으리라는 점을 긍정해야 한다.

14장

포월이라 하였는데 월포

1. 왜 나는 놈은 기어가게 되었나

기어서 넘어가기 프로젝트는 새로운 패러다임을 만난다. 기는 놈 위에 뛰는 놈, 뛰는 놈 위에 나는 놈, 나는 놈 위에 다시 기는 놈. 이제 기어가기는 단순히 공간 속의 거리 이동이나 상승 움직임이 아니다. 또 느리기만 한 움직임이 아니다. 느릴 수도 있지만, 더 빠를 수도 있는 움직임이다. 넘어가기만 하면 된다고 생각했는데, 계속 넘어갈 수 있다고 여겼는데, 넘어가고 넘어가면 목적지에 도달하리라고 믿었는데, 갑자기 다시 기어가는 상황이 생긴다. 넘어가다 다시 기어가게 된다. 월포越匍.

전통적으로 기어가기는 이동의 한 형태였으며, 거기서도 가장 느리고 초보적인 단계였다. 이제 그 거리 이동의 패러다임은, 아예 사라지는 것은 아니고 여전히 여기저기 존재하기는 하지만, 더 이상 유일하거나 보편적인 틀은 아니다. 나는 놈 위에 기는 놈이 있다는 우화는 바로 그 일반적이고 전통적인 모델을 전복시키는 한 예다. 기어가기에서 일종의 상전이相轉移가 일어난다. 기어가기는 더이상 그저 꾸물거리는, 가지 못하는, 가야 할 곳에 이르지 못하거나 늦게 도착하는 늦깎이는 아니다. 그렇다고 거북이와 토끼의 우화에서처럼 그저 쉬지 않고, 그저 열심히만 움직이는, 그저 고집스럽게 앞으로만 나아가는 거북이가 되어야 할 필요는 없다.

포월한다고 생각했는데, 포월의 풍경은 어느 순간 월포의 풍경과 교차한다. 나는 놈 위에 다시 기는 놈이 끼어들면서 생기는 풍경이다. 계속 넘어가고 또 넘어가기만 하면 된다고 생각했지만, 그게 아니다. 넘어가고 또 날아가는데, 다시 기어가는 순간이 생긴다.

세 가지 형태의 넘어가기가 있다. 초월, 포월, 월포. 처음에는 초월에 포월이 대립되거나 대안으로 제시되는 듯했는데, 그게 아니고, 포월은 다시 월포로 미끄러지거나 월포와 교차한다. 아니 포월은 월포로 가고, 월포는 다시 포월로 순환한다.

포월은, 그냥 초월하지는 못하더라도, 기어가는 아이러니를 통해서도 어딘가로 넘어갈 수 있다는 자부심을 표현했다. 포월 개념은, 초월 개념에 조금 세게 대응하느라 기어가는 움직임에 무게를 실었고, 또 그것을 넘어가는 움직임에도 무게를 실었다. 그렇지만 넘어가기는 더 이상 보편적인 물리적 공간 안에서의 거리 이동이나 학습 과정에 국한되지 않는다. 공간은 가상적이거나 증강적인 방식으로 확장되고 확산된다. 정보가 처리되는 기술 시스템 안에서도 이미 넘어가기는 물리적 공간을 물리적으로 빨리 지나가는 일에 그치지 않는다. 손가락을 조금 움직이기만 해도 거리 이동보다 빨리 '움직인다'. 움직이지 않으면서 움직인다. 넘어가지만, 제 자리에 있다. 그렇다, 넘어가기가 단순히 공간 속에서의 거리 이동이나 상승운동에 국한되지 않는다는 점이 드러나면서, 넘어가기는 다시 기어가기에 새로운 의미를 부여하게 된다.

월포는 단순히 넘어가다가 다시 기어가는 일이 아니다. 넘어가지 못한 채, 그리고 뛰어가지도 못하고 날아가지도 못한 채, 기어가고 마는 일이 아니다. 기어가는 과정을 넘어 뛰어가고 또 뛰어가는 속도를 넘어 날아갔지만, 다시, 어느 순간, 기어가는 일이다. 물론 다시 등장한 이 기는 놈은 실제로 느릴 수도 있고, 느린 놈의 가치가 새로 부각될 수도 있다. 그러나 기는 놈은 나는 놈 위에 있는 놈이고, 빠른 놈보다 훨씬 빠른 속도인데도, 기어가는 모습으로 보인다. 나는 놈 위에 기는 놈은 그런 놈이다.

우리에게 익숙한 물리적 공간에서의 거리 이동과 상승 운동에서 멀어지기 위해, 그 공간과 다른 공간을 상상해보자. 월포의 풍경은 우주 공간 속에서 어떤 모습일까? 우주 공간에서 정말 거리 이동의 새로운 면목이 드러날 수 있을까? 현재 기술 수준으로는 화성으로 날아가는 데 대충 6개월의 시간이 걸린다. 새로운 핵추진 기술이 도입되면, 그 시간을 45일 정도로 단축시킬 수 있다고 한다. 추진 기술이 더 발전하면, 인간은 화성을 넘어 태양계를 넘어갈 수도 있을 것이다. 화성까지 겨우 가던 우주선이 태양계를 벗어난다면,

거리 이동의 차원에서는 놀라운 넘어감이 일어나는 것이다. 그러나 태양계를 벗어난 그나마 가까운 별인 프록시마 센타우리까지는 대략 4.2광년이 걸린다. 광속으로 날아가지 못하는 한, 거기까지 가는 일은 기어가기의 연속일 것이다. 동면기술이 발전한다고 하더라도, 동면에 들었다가 다시 깨어나는 일은 일종의 기어가기일 것이다. 신체와 의식은 미지의 차원을 넘으면서 조심조심, 기어가야 할 터이다. 거기서 더 나아가 우리 은하계를 주파하려면? 거의 10만 광년이 걸린다면, 광속으로 날아가도 우주에서는 겨우 기어가는 수준이다. 그리고 우리 은하계는 우주의 아주 작은 부분이다. 깊은 우주를 날아가는 거리 이동의 차원에서는, 광속의 빠름도 기어가기일 뿐이다. 아무리 빨라도, 신체와 의식뿐 아니라 우주선도 제자리에서 기어간다. 초광속의 속도라고 해도 그냥 거리 이동을 하며 나는 놈은 자신의 무력함에 지칠 것이다. 공간을 다른 방식으로 극복하는 수밖에 없다. 그래서 나온 이론 또는 상상이 공간을 휘게 만들며 공간을 움직이는 워프 warp 기술이다. 그러면 공간을 비틀어서 빛보다 ▮빠르게 이동할 수 있을 것이다. 그런데 공간을 왜곡시키거나 비틀어서도 충분히 빨리 움직이지 못할 수 있다. 우주 공간에 나 있는 웜홀 wormhole을 통해, 그 공간을 날아 넘을 수 있다고 상상할 수 있다. 이 이론 또는 상상 속에서는 더 이상 거리 이동의 차원에서 날지 않는다. 여기가 나는 놈 위에 기는 놈이 있는 정점이다. 공간을 비틀거나 벌레구멍을 찾아 그 속으로 기는 놈.

전통적인 이론이나 상상력 안에서는 기어가기와 뛰어가기와 날아가기가 대부분 고전물리학의 운동 차원에서 이해되었다. 그 고

전물리학 공간에서는 그것들은 각자 운동 또는 거리 이동의 한 형태였고, 기어가기보다 뛰어가기가 더 멀리 가고, 뛰어가기보다 날아가기가 더 빠르고 멀리 갔다. 그러나 빨리 날아가도, 그래서 빛의 속도나 빛의 속도보다 빨리 가도, 한계가 있다. 끝없는 공간 속에서 아무리 빨리 이동해도, 제자리다. 그때는 공간의 형태나 차원을 바꾸는 수밖에 없다. 나는 놈, 아주 빨리 나는 놈 다음에 기는 놈은 그냥 제 몸으로 기는 놈이 아니다. 우주 공간 자체가 기어간다. 그 우주 공간이 기어가는 틈을 발견하는 일이 또 기어가는 일일 것이다. 포월이라 했지만, 월포로 가네. 포월이라 해서 달렸는데, 그냥 달리기만 해서는 안 되네. 나만 빨리 달려선 안 되고, 움직이는 시스템과 환경의 관계가 바뀌어야 하네.

포월이 어느 순간 월포로 전환되는 풍경은 우주 공간의 예를 통해 기술적이고도 물리학적으로 확장된다. 여기서 빠른 놈 위에 있는 기는 놈은, 이미 말했듯이, 더 느릴 수도 있고 더 빠를 수도 있다. 그리고 어느 방향으로, 어느 차원으로 느려지고 빨라지느냐는 것이 매우 큰 의미를 가질 것이다. SF적 상상력이 긴 날개를 펼 수 있다면, 우리는 우주 공간을 나는 놈 위에 있는 기는 놈이 될 수 있다. 김초엽의 「우리가 빛의 속도로 갈 수 없다면」은 이 풍경에서 볼 수 있는 소설이다. 우주정거장에서 우주선이 출발하기를 기다리는 여행자가 있다. 그렇지만 비행선은 더 이상 출발하지 않는다. 과거에 별로 출발하던 우주선이 더 이상 운행하지 않기 때문이다. 가족은 그 별로 이주했는데, 이제 우주선이 운행하지 않기에 그리로 갈 수가 없다. 우주정거장의 직원은 그 여행자의 여행을 포기시키려고 시도한다. 무슨 일이 벌어졌는가? 그 여행자는 가족이 별로 이주한 다음에도 동면 기술을 계속 연구하느라 남았으며, 조금 나중에 가족이 있는 별로 이주하면 될 것이라고 생각했다. 동면 기술에는 상당한 발전이 있었지만, 그동안 우주여행 기술에도 큰 발전이 있었다. 이제 워프나 웜홀을 통한 공간 이동이 실행되고 있다. 따라서 이전의 공간 이동 방식으로 운행하는 우주선들은 더 이상 운행하지 않게 된다. 너무 느리고 오래 걸리기 때문이다. 빛의 속도로도 우주 공간은 갈 수가 없다. 아무리 빠른 속도로도 공간을 이동하는 우주선은 너무 느려서 사라진다는 역설 또는 아이러니. 그래서 오히려 가까운 별로 가는 시간이 더 걸리게 되고 그리로 가던 비행선은 사라진다. 멀고 먼 별로만 비행선이 날아간다는, 아니 공간 속에서 기어간다는 아이러니. 이제 더 이상 빨리 달려서 먼 우주를 날아가는 비행선은 비행하지 않는다. 비행선과 공간 자체가 기어가며 휜다. 날아가던 놈은 모두 기어가는 수밖에 없다. 인간은 먼 거리를 달려 사랑하는 가족을 만났었다. 그런데 이제 공간을 달려 나가려는 열의는 앞으로 나아가지 못한다.

2. 컴퓨터뿐 아니라 인간도 나는 놈이지만, 다시 기는 놈이 된다

너무 엉뚱한 SF 상상인가? 그런 엉뚱하면서도 심오한 사건이 꼭 우주에서만 일어나는 일일까? SF적 상황은 꼭 우주 저 멀리에서만 일어나는 것은 아니다. 포월인가 했는데 월포로 접어들고, 월포는 다시 포월로 접어드는 일이 우리 일상에서도 얼마든지 일어난다는 것을 깨닫기 위해서는 넘어가기가 꼭 거리 이동에 국한되지 않고, 정보의 복잡성 형태 속에서 증식한다는 바로 앞 장의 통찰로 다시 돌아가기만 하면 된다.

정보처리가 되면 우리는 목표에 도달하고 거기에 닿는 것일까? 정보가 거리 이동보다는 빠르니, 정보로 처리되면 우리는 빠른 속도로 저기 저 너머에 있는 목표로 넘어가는 것일까? 또 세상으로 넘어가서 세상에 닿는 것일까? 말을 하면 사랑하는 사람에게 닿고, 독백을 하면 자신에게 닿는 것일까? 안타깝지만, 그렇게 간단하게 되지 않는다. 이미 우리는 넘어가서 만날 세계가 저기에 유일한 형태로 존재하지는 않는다는 점을 살펴보았다. 유일한 세계가 저기 딱 존재하는 게 아니라, 관찰자에 따라 얼마든지 다른 형태를 취할 수 있는 세계들이 있으며, 심지어 같은 관찰자라고 하더라도 그가 자신을 다시 관찰할 수 있다면 조금 전의 일과 다른 일이 자신에게도 일어날 수 있다. 그리고 사회 속에서 커뮤니케이션을 하면 할수록, '아니'라고 말하는 사람의 숫자도 늘어나고 갈등도 늘어난다. 민주적인 사회는, 자유롭고 평등한 이상 사회를 넘어, 자유와 평등 사이에서 기고 또 기는 사회가 된다. 그리고 아무리 자신의 정체성이나 진정성을 세우고 거기 도달하려고 해도 거기로 쉽게 넘어가지 못한다. 애초에 자신의 정체성이나 진정성을 타자에게 꼭 전달해야 하는 것도 아니고, 전달할 수도 없다. 자신의 정체성을 깊이 파는 사람일수록, 이 아이러니를 피하기 어렵다. 자아는 다른 사람이 아닌 자신이 그 주변을 돌고 또 돌면서 기어야 할 목표였을 뿐이다. 기어가지 않는 사람은 그리로 넘어가기도 힘들다. 그렇지만 무조건 기어서 넘어간다고 집착할 필요는 없다. 그래서 기어서라도 기어코 넘어갈 수 있다는 것을 보여주려는 결기는 부드러워진다.

우리가 사는 현실 세계에서도 뛰는 놈 위의 나는 놈 위에 다시 기는 놈이 끼어드는 상황이 일어나는데, SF적 상황과 같지는 않더라도, 그와 아주 다르지도 않다. 매우 두드러진 변화인데도 현실 공간에서 살아가는 인간은 잘 인지하지 못하는 게 있는데, 거리 이동 및 그로부터 생기는 현실감각을 둘러싼 변화이다. 필자는 8장에서 데이터 분석 이론이 말하는 '차원 증가의 저주'를 짧게 언급했었다. 데이터 분석과 머신러닝에서는 기본적으로 매개변수가 1000개이면 데이터의 차원도 1000개라고 파악된다. 그리고 생성형 AI에서 지금 매개변수는 수백억 개까지 늘어났다. 그렇게 차원이 증가하면서 생기는 든 문제는 데이터 사이의 거리를 측정하기 어렵다는 것이다. 다르게 말하면 유클리드 공간에서의 거리 개념, 곧 직선거리로 측정된 거리 개념이 더 이상 적용되기 어렵다는 것이다. 시간을 고려하더라도 기껏해야 4차원 공간에서 살아가는 인간의 관점은 우리가 1장에서 논의했듯이 적은 정보에 의존해서 빠른 추론을 하는 데 기울어져 있으며, 사건들이나 가치의 거리도 그 비슷한 유클리드 방식으로 단순하게 처리된다.

물론 데이터 사이의 차원이 물리적 공간의 차원과 꼭 같다는 말은 아니지만, 그렇다고 전혀 다른 것도 아니다. 물리적 공간에서도 온도, 밀도, 전자기장, 중력장 같은 물리량들이 있는데, 이들을 모두 독립적인 변수로 본다면, 그리고 거기에 덧붙여 관찰자의 관점을 모두 추구한다면, 우리가 현실 공간이라고 부르는 세계도 상당히 증가된 차원들을 포함하고 있는 셈이다. 실제로 소설의 이야기는 이렇게 확산된 차원의 현상으로 파악될 수 있다. 소설만 그런가? 음악, 그림, 영화 등도 이야기의 차원을 증가시키고 있다. 물론 이들 픽션에서 서사의 관점은 많은 경우 한 사람 또는 몇 사람의 관점으로 이루어져 있지만, 이들 서사들을 모두 포함하면 세계는 무수한 차원들로 구성되면서 동시에 계속 무수하게 분화하는 셈이다. 세계 또는 사회는 차원의 증가에 따르는 역설의 일반적인 모습이지만, 구체적인 이야기는 하나의 관점에서 그 역설을 풀어 나간다.

이렇게 증가한 무수한 차원에서 빠름과 느림 사이에 단순한 질서는 없다. 데이터들이 매우 희박하게 흩어져 있듯이, 관찰자와 행위자도 그럴 수 있다. 앞에서 우리는 '기는 놈 위에 뛰는 놈, 뛰는 놈 위에 나는 놈, 나는 놈 위에 기는 놈'에 대한 몇 가지 해석을 언급했는데, 거기에 이 '차원 증가의 저주'의 해석도 추가되어야 할 것이다. 차원이 증가할수록, 기는 놈/뛰는 놈/나는 놈/기는 놈의 연결 또는 접속은 복잡해지고 그들 사이의 거리도 관찰자에 따라 얼마든지 달라질 수 있다.

물론 데이터 분석 및 AI 시스템과 함께 일어나는 이 차원 증가의 복잡성은 그냥 계속 그대로 남아 있거나 확산되지는 않는다. 그 복잡성은 실제 시스템들이 작동하면서 그때그때 감축되어야 하고, 그 복잡성으로부터 생기는 아이러니도 그때그때 적절하게 풀려야 한다. 물론 아이러니가 깨끗이 해결된다는 말은 아니지만, 어떤 방식으로든 풀려야 한다.

그럼, 차원 증가의 아이러니는 포윌에서 윌포로 이어지는 변화 속에서 어떻게 풀릴까? 기술의 개입에 관해서 말하자면, 포윌 프로젝트도 마찬가지지만, 윌포의 차원에서도 기술의 발전이나 기술을 통한 변화는 무시되지 않는다. AI는 많은 분야에서 이미 보통 사람들이나 뛰어난 인간들의 지능을 뛰어넘고 날아서 넘고 있다. 그런데도 기는 놈이다? 그렇다. 인간만이 할 수 있는 기예라고 여겨졌던 바둑에서 뛰어넘은 것은 몇 년 안 됐으면서도 오랜 옛날 같아 보이는 지금, 그리고 인간 과학자는 하지 못했던 인간의 유전자 지도를 발견했던 것도 얼마 안 됐지만 그렇게 오래되어 보이는 지금, 컴퓨터나 AI는 아직도(또는 거꾸로, 벌써) 이런저런 환각에 빠진다. 과거에 시키는 대로 일을 한다고 여겨진 컴퓨터는 결코 하지 않았을 바보짓을 한다. 심각한 욕설도 막 하고, 엉뚱한 바보짓도 한다. 단순한 기계라면 하지 못했을 바보짓을. 그런데 그 기계인 AI는 단순히 바보는 아니다. 인간 못지않게 스마트하거나 인간보다 스마트한데도, 그런 바보짓을 한다. 기계한테 기대했던 수준인, 사실을 곧이 곧대로 재현하는 수준을 넘어가서, 엉뚱하고 삐딱하며 우스운 짓을 하는 것이다. 그냥 기계처럼 있는 그대로, 기계처럼 움직이라고 했더니, 웃기는 일을 AI가 한다. 아주 똑똑한 AI가 되어서, 그런 짓을 한다.

이건 단순한 기계의 계산착오는 아니다. 그렇게 말하는 과학자나 전문가가 있겠지만, 그건 아니다. 그렇게 뛰어난 AI 기술이 그렇게 날아가다가 다시 기어가는 데에는 이유가 있다. 멀쩡한 이유가 있다. 이제까지 부각되지 않았던 정보의 특성과 관련이 있는 문제인데, 지금 중요한 것은 이 점이다. 복잡성과 불확실성의 문제는 뛰어난 능력을 가진 AI도 쉽게 피해가지 못한다. 어쨌든 지금 일어나고 있는 일은 포월의 관점만으로는 설명하기 힘들다. 컴퓨터와 AI의 학습 방식이 월포의 차원에 이르렀고 그 차원을 지나가는 중이다.

컴퓨터만 다시 나는 놈 위의 기는 놈은 아니다. 인간도 그 기는 놈이다. 왜 그런가? 인간은 20세기 중반을 거쳐 후반에 많은 시행착오를 거쳐 21세기에 이르러서 컴퓨터의 성능을 꾸준히 그러면서도 획기적으로 발전시켰다. 인간의 공학 지식과 기술은 짧게 말해 기어가고 뛰는 수준을 넘어 날고 또 날았다. 그래서 그런 AI 기술이 발달한 지금, 인간은 그냥 날아가고 있을까? 날고 있지만, 동시에 다시 기는 놈이다. 기계인 AI는 결코 인간의 실력을 뛰어넘지 못하리라고 많은 인문학자나 철학자들이 큰소리쳤지만, 어떻게 되었나? 소수의 인간의 창의성은 앞으로도 발현되겠지만, 그밖에 인간 지능이 할 수 있는 대부분은 AI에 의해 빠르든 늦든 추월될 것이다. 놀라운 일로 보일 수 있다. AI라는 뛰어난 지식과 기술을 만든 인간 아닌가? 다른 관점에서 보면 크게 놀랄 일이 아니다. 일취월장, 청출어람 같은 한자어를 굳이 들먹일 필요도 없다. 아버지보다 자식이 뛰어나는 건 자연스러운 일이다. 기계인 AI는 인간보다 많은 면에서 뛰어나며, 그 기준으로만 보면 인간은 기는 놈이다. 나는 놈이면서도, 기는 놈이다.

이 점을 관찰하고 깨달은 후에, 왜 AI가 바보짓을 하는지 다시 생각해볼 필요가 있다. 그것은 단순히 기계가 하는, 기계 같은, 기계라서 하는 바보짓이 아니다. 뛰어난 인간도 그런 짓을 한다. 인간도 단순히 바보라서 바보짓을 하는 건 아니다. 뛰어난데도, 아니 어쩌면 뛰어나기 때문에, 바보짓을 한다. 뛰어난데도, 엉뚱하고 삐딱하며 우스운 짓을 한다. 어쩌면 거기에 또 심오한 면이 있다.

3. 인간뿐 아니라 AI도 자신의 무지를 돌아봐야 하는데

혹시 있을 오해를 피하기 위해 말하자면, 초월적 경향과 그에 대항하는 포월의 프로젝트 그리고 거기서 다시 생기는 월포라는 현상 또는 프로젝트는 단순히 시대적으로 대체되는 단계들은 아니다. 물론 어떤 차원에서는, 특히 기술적 발전의 차원에서는 시대적인 대체 현상이 일어나기도 한다. 그러나 부분과 전체의 패러다임과 관련하여 이미 언급했듯이, 그것은 어떤 점에서는 거부해야 하는 것이지만, 다른 면에서는 지금도 그렇고 앞으로도 여전히 존재할 것이다. 인권의 이념과 복지의 이념만 생각해도 명확하다. 물론 그렇다고 그것이 역시 여전히 옳다는 말은 아니다.

마찬가지로 포월의 프로젝트가 월포의 프로젝트로 이어지는 차원이 있지만, 전자가 꼭 시대적으로 후자에 의해 대체된다는 말은 아니다. 포월이 월포로 이어진다고, 이제 인간이든 AI든 더 날아가지 못한 채 다시 기어간다는 말도 아니다. 나는 놈 위에서 기는 놈이 나타나고, 나는 몸이 기는 놈이 되는 것이다. 나는 놈과 기는 놈이 순환하듯, 포월과 월포도 순환하는 루프로 이해될 수 있다.

인간은 지식과 기술에서 월등히 나아졌지만, 그럼에도 인간은 자신을 완벽하게 인식하기는커녕, 끊임없이 이중적 태도와 내로남불에 사로잡힌다. 우주 공간의 무한함은 아무리 광속으로 달려도 기어가지도 못할 정도인데, 아인슈타인은 그 우주조차도 인간의 어리석음과 비교하면 그렇게 무한하지는 않다고 말했단다. "어리석음 때문이라고 합당하게 설명할 수 있는 것을 악의의 탓으로 돌리지 말자. 오직 두 가지가 무한하다. 바로 우주와 인간의 어리석음이다. 우주가 그렇다는 것을 난 확신할 수는 없다." 아인슈타인에게 끝없이 멀게 보이는 우주보다 무한한 것은 인간의 어리석음이다. 이 어리석음이 나는 놈인 인간을 다시 기어가게 만들고, AI도 그렇게 만들 수 있다.

인간만 그런가? 이 주제를 생명체에 적용해보자. 생명체는 많은 자원을 환경으로부터 빼앗으면서 생명 시스템을 유지한다. 생물학적 관점에서 생명체가 질서를 유지하는 방식은 엔트로피가 증가한다는 열역학 제2법칙을 위반하는 듯하다. 정말 그런가? 물리학자 슈뢰딩거는 이 수수께끼 같은 생명의 방식을 탐색한 특이한 사람이었다. "그것을 덜 역설적인 방식으로 표현하자면, 신진대사에서 핵심적인 것은 유기체는 살아 있으면서 생산할 수밖에 없는 모든 엔트로피로부터 자신을 벗어나게 하는 데 성공한다는 것이다." 어떻게? 여기서 형이상학적 또는 생명주의적 신비주의는 도움이 되지 않는다. "다른 말로 하면, 유기체는 환경으로부터 질서를 빨아먹는다."[98]

슈뢰딩거는 생명이 환경의 엔트로피를 증가시킴으로써, 그 자체로 낮은 엔트로피를 유지한다는 것을 처음으로 설득력 있게 주장한 사람이었다. (…) 생명 시스템은 에너지와 낮은 엔트로피(정보)를 주변 환경으로부터 흡수함으로써 생명을 유지한다. 그래서, 살아 있는 시스템은 무질서를 줄이고 또 줄일 수 있지만, 이것은 항상 외부 환경에 무질서를 증가시킨다는 대가로 일어난다.[99]

　생명 시스템의 생명활동은 자신으로부터 생기는 부산물과 폐기물을 환경에 버리면서만 일어난다. 쓰레기를 버리는 과정이 시스템의 경계를 따라 일어나는 것이다. 자원을 끌어올 때나 버릴 때, 시스템은 닫혀 있으면서 열려 있고, 열려 있는데도 닫혀 있다. 그렇지만 아무리 환경에 대해 열려 있어도, 더 이상 열지 못한 채 닫혀 있는 경계가 있다. 그리고 그 경계는 다름 아니라 환경의 복잡성을 감축하는 시스템의 '살아 있는' 한계이다. 그 경계와 한계를 유지하면서, 시스템도 나는 놈이 되다가 다시 기는 놈이 된다.
　슈뢰딩거가 '생명 시스템'에 대해 말하는 것은 우연이 아니다. 생명도 시스템이다. 그 점에서 시스템이 생명보다 더 넓은 차원에서 일어난다고 볼 수 있다. 우리는 이미 시스템이 환경의 복잡성을 감축하면서 자신의 자율성과 안정성을 확보하고 또 그 과정을 통해 비로소 환경에 열려 있다는 것을 관찰했다. 포월하는 시스템도 이제 다시 월포의 루프를 탄다. 환경의 복잡성을 줄이면서 환경에 열려 있어도, 시스템은 결국 환경의 복잡성을 모두 받아들이지는 못한다. 환경의 복잡성 속에서도 불안과 공포에 떨지 않은 채, 나름대로 안정성을 유지할 수 있는 여유는 어디에서 올까? 다름 아니라 모든 시스템은 자신의 내재적인 경계를 따라 환경에 대해 닫혀 있기 때문이다. 환경의 복잡성에 무관심한 채, 자신이 할 수 있는 만큼만 그 복잡성을 줄이기 때문이다. 이 점에서 시스템은 환경 안에서 기는 놈이다.

그러면 시스템은 단순히 환경 안에서 기어가기만 하는가? 아니다. 시스템은 바로 그 닫힌 경계를 통해서 환경에 열린다고 했다. 그 닫힌 경계가 시스템의 자율성과 안정성을 보장해주고, 그 경계 안에서, 그 경계를 따라, 시스템은 환경에 열려 있는 것이다. 그렇게 열려 있는 태도를 통해 시스템은 환경으로 넘어간다. 생물학적 개체만 기어가면서 넘어가는 것이 아니라, 시스템도 환경 속에서, 자신과 환경의 경계를 따라 기어가면서 넘어간다. 환경으로 넘어간다. 환경으로 넘어간다는 것은 환경의 복잡성을 인식하고 학습한다는 것이다. '기어가기'는 여기서 여전히 비유적인 표현이기는 하지만, 환경의 복잡성 앞에서 그것을 감축하는 태도는 영락없이 그 용어로 서술될 수 있다. 시스템은 자신에게 내재하는 복잡성을 통해 환경의 복잡성을 줄이고, 그럼으로써 환경으로 넘어가는 놈이자 환경의 복잡성 속에서 기는 놈이 된다.

자신에게 내재하는 복잡성을 통해 환경의 복잡성을 줄인다는 점에서는 심리 시스템이든 AI 시스템이든 크게 다르지 않다. 이들 지능 시스템은 날아가는 정보를 생산한다는 점에서 나는 놈이다. AI 시스템은 복잡한 다량의 데이터를 더 빨리 처리하므로 더 빨리 나는 놈이다. 과거보다는 훨씬 빨리 데이터를 처리할 수 있으므로, 더 빨리 나는 놈이다. 그렇지만 환경의 복잡성을 모두 정보로 처리하기는 어렵다는 점에서, 나는 놈은 다시 기는 놈이 된다.

그러나 환경의 복잡성을 다루는 규모와 속도와 방식에서는 심리 시스템과 AI 시스템 사이에는 상당한 차이가 있다. 사람의 심리 시스템은 많은 데이터들의 복잡성을 다루는 일에서는 AI 시스템과 비교가 안 된다. 사람은 지적인 차원에서도 자신의 환경에 대해 잘 알기 어려울 뿐 아니라, 자신의 심리 상태나 기분에 대해서도 금방 알아차리기 어렵다. 자신에 대해서도 끊임없이 오해와 실수에 시달리다 사후적으로 겨우 알아차린다. 사회와 세계 전체에 대해서 쉽게 이야기하지만, 실제로 사람들은 사회를 구성하는 수많은 복잡한 요소들 가운데 제한된 숫자의 요소에 사로잡혀 있곤 한다. 이에 비하면, AI가 얼마나 빅 데이터를 이용해서 효율적으로 복잡성을 관리하는지 보여주는 명백한 예들이 많다. AI 시스템은 말 그대로 인간이 예측하지 못했던 속도로 나는 놈이다.

그렇더라도 자신에게 내재하는 복잡성을 통해 환경의 복잡성을 줄일 수밖에 없는 한, AI 시스템도 나름대로 한계를 가질 것이다. 물론 이 한계를 과장할 필요는 없다. AI 시스템의 학습 효과는 앞으로 한동안 놀라운 속도로 증가할 터이니 말이다. 이미 수십 수백억 개의 매개변수를 처리하지 않는가. 그래도 AI 시스템은 언제나 자기보다 더 복잡한 환경 안에 있는 한, 나는 놈이면서도 다시 기는 놈이다.

기어가면서도 넘어가고, 기어가야만 넘어갔는데, 이제, 넘어갔는데도 다시 기는 놈이 있다. 정말 말도 못하게 넘어갔는데도, 여전히 기는 놈이 있다. 넘어가면서, 넘어갔는데도, 다시 기는 놈이 있다.

사람이든 기계든 세계를 뛰어넘지도 못하고 그것을 정확히 인식하지도 못하는 한, 그 안에서 긴다.

그러나 거기서 끝나지 않는다. 기어가기로 그냥 끝나지는 않는다. 기는 놈은 넘어가는 놈이다. 그 기는 놈은, 비록 세계를 완전히 인식하지는 못한 채 그 복잡성을 그때그때 줄여야 하지만, 동시에 그때그때 주어진 복잡성의 장애물을 넘어갈 수는 있다. 환경으로부터 오는 자극에 의해 흔들리지만, 학습과 공부를 통해 그것을 넘어갈 수 있다. 세상 전체나 세상의 중심에 착 닿지는 못하지만, 세상으로 가는 길목에서 자신의 시스템의 경계를 조금씩 넘어갈 수는 있다. 자신의 시스템이 닫혀 있으면서만 열려 있다는 것을 자각하면서, 기는 놈은 자신의 닫힌 울타리를 넘어간다. 어떤 개체든 환경 안에서 기어가지만, 나는 놈 위에 기는 놈이 있음을 알게 되면서, 기어감의 한계도 넘어간다.

물론 넘어가는 일은 쉽지 않다. 그때, '넘어가기'는 '넘어가야 한다'와 교차한다. 사실, 그 둘의 경계는 언제나 미묘하다. 예를 들어, 환경의 복잡성을 어떤 방식으로든 줄이고 있다는 점에서, 어떤 시스템이든 이미 일정한 정도로 불안과 공포를 막고 또 넘어가고 있다. 그러나 그것들이 점점 커진다면, 기는 놈은 자신을 다시 조직해야 할 것이다. 또 사람은 환경으로부터 오는 폭력의 상처를 때로는 비교적 덜 고통스럽게 잊을 수 있지만, 때로는 스스로의 노력을 통해 넘어가야 한다. 사람은 불안에 민감하고 이것에 사로잡힌다. 그것들은 사람을 더 기어가게 만들면서, 동시에 넘어가게 만든다. 현재 수준에서는 로봇은 그것들을 사람처럼 직접 느끼진 못한다. 그러나 AI가 발전하고 진화할수록, 그리고 직접 추론하고 행위자가 될수록, 로봇도 자신의 시스템에 위험이 되는 요소들은 가려내고 넘어가려 할 것이다. 그것을 넘어가더라도, 시스템의 경계를 따라서만 넘어갈 수 있을 것이다. 사람이든 AI 로봇이든 모두 넘어야 하지만, 또 넘기 어려운 벽이 있다. 무지.

넘어야 하지만 넘기 어려울 때, 나는 놈 위에 다시 기는 놈이 있다.

나가며

인간이든 AI 시스템이든 자신의 판단에 대해 회의할 수 있어야하고, 자신이 아무리 해도 전체를 알 수는 없다는 자각을 가져야 한다. 자신의 무지에 대해서 알아야 하고, 겸손할 줄도 알아야 한다. 그럴 수 있을까? 지금 AI는 정보를 검색해주는 기능을 넘어, 인간 못지않거나 인간보다 스마트하게 추론하는 수준에 들어섰다. 그리고 데이터를 단순히 구조화하고 패턴으로 만드는 수준을 넘어 왜 그렇게 되는지 추론하는 지능이 높아질수록, AI 연구에서도 흔히 '메타 인지' 지능에 주의를 기울인다. 자신이 무엇을 하고 있으며 자신이 잘 할 수 없을 때가 언제인지 인지하는 능력이다. '자기 성찰'의 개념이 상대적으로 추상적이기에, 필자는 '자기 관찰'의 개념을 선호한다. 자기 관찰은 자신에 대해, 자신의 한계에 대해 관찰할 수 있는 능력이다. 또 필요할 때 다른 사람의 의견과 도움을 구하고 그것을 따르는 일이다. AI에게도 결국 이 능력이 가장 중요한 것이며, 그것은 결국 자신의 시스템의 경계를 인지하며, 자신이 환경의 복잡성을 어떻게 감축하고 있는지를 관찰하는 능력이다. 그렇지만 '메타'라는 말을 붙인다고 해서, 인지 기능이 저절로 성찰적 방식으로 굴러가지는 않는다. 지금도 벌써 AI 모델들의 작동 효과를 서로 비교하고 평가하는 일이 중요하게 떠오르는 이유도 바로 여기에 있다. 이 책은 AI의 지능적 경계 또는 한계를 시스템과 환경의 관계라는 관점에서 설명하고자 했다.

자기 관찰의 기준에서 인간과 AI의 능력을 지금 비교하고 평가할 수 있을까? 지금까지는 당연히 인간이 더 나은 자기 관찰의 능력을 가진다고 말할 수 있다. 그러나 앞으로도 계속 그럴 것이라고 생각할 수 있을까? 인간의 우월성이나 도덕성을 인간주의 이념에 의지해서 주장하는 일은 별 의미가 없다고 필자는 생각한다. 또 종의 차원에서 인간이나 AI 둘 가운데서 누가 우월하고 더 도덕성을 가지는지 따지는 일도 공허할 수 있다. 어떤 행위자든 학습할 때는 결정을 해야 하지만, 자신의 결정에 대해 회의적인 태도를 가질 수 있어야 하고, 언제든지 역설적인 결과가 생길 수 있음을 자각할 수 있어야 한다. 자기 관찰을 하면서, 필요하면 언제든지 다른 사람의 의견이나 판단을 따라야 한다. 물론 쉽지 않은 일이다. 어쩌면 그렇기 때문에 더욱 사람이든 AI든, 이런 태도를 가진 행위자를 지지하는 게 바람직하지 않을까? 인간과 AI가 협력하는 시스템을 구성할 때도, 그런 태도를 가진 시스템이 가장 바람직할 것이다.

그렇지만 시스템이 자신의 닫힌 경계, 곧 자신의 자율성의 경계를 반성적으로 관찰하는 일은, 불가능하지는 않지만, 매우 어렵다. 그럼에도 불구하고 그것이 가장 중요한 과제 가운데 하나임은 분명하다.

AI에 대한 흔한 이해방식을 두 가지로 요약할 수 있다. 하나는 그것을 인간을 위한 도구로 이해하는 것이다. 이것이 다소 낙관적이라면, 다른 이해방식은 그것에 의한 인간의 위험을 강조한다. 필자는 그 두 이해방식과는 다른 관점을 취하고자 한다. AI는 뛰어난 능력을 보여주며 점점 시스템을 운영하는 필수적인 역할을 하게 될 것이다. 그렇지만 AI도 시스템과 환경의 구별에 따른 한계를 넘기는 쉽지 않다. 왜냐하면 AI 시스템도 시스템 내부적인 자율성에 의존하여 데이터를 처리한다는 점에서는, 시스템의 한계를 가지기 때문이다. 복잡한 데이터를 처리하는 일에서는 인간보다 우월하지만, 그래도 환경의 복잡성을 깨끗이 처리하기는 어렵기 때문이다. 세계와 우주를 비롯한 환경에 관해서 이미 구조화된 데이터는 인간보다 우월하게 처리하겠지만, 그렇다고 그 환경을 완전히 인식하거나 통제하는 데까지 이르긴 어려울 것이다. 이미 구조화되거나 패턴화된 데이터가 쌓인 영역에서는 AI는 사회 시스템과 거대 기술 시스템을 충분히 운영하겠지만, 그로부터 생기는 갈등들을 깨끗이 해결하거나 통제하는 데까지 이르지는 못할 것이다.

AI에 의해 인간이 더 복잡한 존재가 된 과정에 대해서도 우리는 더 생각해야 한다. 인간은 사회에서 자신들이 만들어낸 문제와 갈등들을 인간적으로 잘 해결하지 못했다. 사람들의 편협함도 작용했겠지만, 근본적으로는 사회적 환경의 복잡성이 커졌고 그것이 다시 사람들을 편협하게 만들었기 때문이다. 사회에서 일어나는 갈등을 사람들이 정말 인간적인 방식으로 해결하기 원했다면, AI와 로봇에 크게 의존하기 전에 인간적인 방식에 호소해야 했을 것이다. 그러나 많은 중요한 갈등에서 인간은 그렇게 하지 못했고, 갈등은 커져갔다. 그 결과로 사람은 자신들이 해결하지 못하는 문제를 AI에게 위임하게 되었다. 기존에 갈등을 해결하는 수단은 법과 권력, 도덕과 자본이었는데, 이제 AI까지 추가되었다.

필자는 이 지점에서 AI에 대한 새로운 접근을 제안한다. 우선, AI는 인간이 사회에서 생산했으면서도 해결하기 힘든 문제들을 대리자로 관리하고 해결하기 위한 실행기관이라고 파악할 수 있다. 대리자이면서 실행기관인 셈이다. 인간이 해오던 노동과 작업을 대체하는 AI와 로봇이 여기에 속한다. 자본주의 초기 시절부터 20세기 후반까지 노사관계는 주로 자본가와 노동자라는 정치적 대립의 관점에서 이해되었고, 그 관점이 대립적 진영논리로 이어졌다. 그러나 더 이상 그 논리로 충분히 파악되기 어려운 복잡성이 발생하고 있다.

그러나 AI는 단순히 비생산적이거나 지루한 노동의 대리자나 비용이 많이 들어가는 고용문제 해결의 대리자에 그치지 않는다. AI의 역할이 거기에 그친다면, 그것은 기껏해야 인간을 노동력 차원에서 대체하면서 인간을 잉여의 존재로 만드는 역할을 하는 셈이다. AI는 인간을 사이보그로 변형시키고 또 어떤 의미로든지 인간의 능력을 '증강'시키고 '향상시킬' 협력자 또는 매개체로 기능할 것이다. AI는 이미 유전 정보를 해석하는 데 결정적인 역할을 했는데, 앞으로도 여러 신약 개발이나 나노 테크닉을 비롯한 영역에서 크게 기여할 것이다. 생명 현상은 과거에 생명력이라는 신비한 현상으로 여겨졌지만, 점점 생화학적인 정보로 해석되고 있다. AI는 복잡한 정보를 처리하는 데 인간보다 훨씬 유능하다. 그럼으로써 AI는 인간이 자신을 새롭게 관찰하고 서술하는 통로나 플랫폼으로 기능할 터이다. 과거엔 마음이나 이성이나 감성이라는 개념을 통해 인간이 주로 파악되고 해석되었다. 과거에 사람은 많은 경우 직관과 기분에 의해 판단하고 이해하고 대응했다. 그러면서 직관과 기분은 더이상 해석하거나 분석할 수 없는 인간적인 것이라고 여겼다. 그러나 생명 현상이 생화학적이고 유전공학적으로 분석되고 파악될수록, 기분과 정서와 성격도 점점 AI에 의해 해석되고 기록되고 심지어 변환될 가능성이 크다.

더 나아가면, AI는 사회가 자신을 관찰하고 서술하는 데 새롭게 기여한다. 전통적으로 인간은 사회가 인간적인 방식으로 관찰되고 서술될 수 있다고 여겼다. 그렇지만 현재 사회가 전통적인 인간주의적 관점으로 충분히 관찰될 수 있을까? 시스템 개념이 등장한 이유도, 전통적인 인간의 인식 능력이나 지능 또는 인간을 '주체'로 이해하는 관점으로는 사회를 더 이상 서술하기 어렵기 때문이다. 우리는 앞에서 인간이 단순히 사회를 구성하는 동질적인 부분도 아니고 사회의 주체도 아니라는 점을 몇 겹으로 살펴보았다. 오히려 인간의 심리 시스템과 사회는 서로에게 관찰해야 할 대상이자 환경이다. 그들은 서로 구조적으로 연결되어 있기는 하지만, 직접 상호관계를 가지는 접점은 점점 사라지고 있다. 이 상황에서, 조직 같은 사회 시스템들뿐 아니라 사회는 자신을 관찰하고 서술하기 위한 새로운 관찰 및 서술 기관이 필요하다. AI가 바로 그 역할을 하고 있다. 예를 들어 무인 시스템들이 확장되면서 그것들은 인간의 직접적인 개입이 없이 점점 AI에 의해 운영되고 관리된다. 교통 시스템과 금융 시스템의 흐름은 말할 나위도 없고 많은 조직이 점점 AI에 의해 시스템으로 관리되는 경향을 보이는 데서 알 수 있듯이, 사회 시스템어 대한 정보는 이제 대부분 시스템을 관장하는 AI에 의해 처리된다.

AI를 단순히 인간을 위한 도구나 인간에 대한 위험으로 이해하는 길은 너무 단순한 인간(주의)적 이해방식임을 알 수 있다. 더욱이 이미 인간은 다른 인간을 도구로 이용하거나, 서로에게 위험이 되고 있거나, 기후위기 차원에서도 인간 스스로를 위험하게 만들고 있다. 그러니 갑자기 그것이 인간을 위험하게 만든다고 생각할 필요는 없다. 물론 그것에 의해 여러 위험이 나타날 수는 있지만, 그 위험조차도 많은 경우 인간과 AI 사이의 상호작용의 결과일 수 있다. AI는 인간의 행동을 관찰하고 학습하기 때문이다. 그러므로 AI는 인간뿐 아니라 사회를 새롭게 관찰하고 서술하는 데 필요한 시스템이자 인간을 위한 복잡한 환경으로 파악해야 한다. 복잡한 환경은 언제나 새로운 문제를 초래한다.

AI를 개발할 정도로 똑똑하지만, 인간은 과거보다 더 복잡해지고 더 구속되지 않은 존재의 무게를 어깨에 짊어지고 있다. 나는 놈이 되었지만 동시에 기고 있다. 경계를 넘고 또 넘어갔지만, 환경의 복잡성과 자신의 복잡성 앞에서 그 복잡성을 줄이는 일에 진을 빼고 있다. 필자는 오래 전에 초월의 패러다임을 넘어가야 한다고 생각했고, 포월의 프로젝트를 통해 그래도 계속 넘어갈 수 있다고 생각했다. 그런데 넘어가기는 하지만, 넘어갔는데, 다시 기어가는 느낌이 든다. 포월이 월포로 이어지고, 월포는 다시 포월로 이어지는 풍경을 만난다. 이 순환적 고리를 벗어날 수 있을까?

기어가기는 당연하지만 일종의 은유이다. 그리고 때로는 은유가 결정적일 때가 있다. 기어가기의 은유에는 최소한 세 형태가 있다. 우선 두 형태를 먼저 보자. 첫 번째는 모든 시스템이 작동하기 위해 스스로 수행해야 하는, 생존 차원의 기어가기이다. 생존을 위한 경제활동을 포함하여 타자와 관계를 가지는 것, 그리고 환경과 구조적으로 연결되는 것이 여기에 포함된다. 그로부터 생기는 실존적 고통도 개별적으로 해결해야 한다. 어쨌든 이 단계에서 시스템은 나름대로의 자율성을 유지하며 작동하기 위해, 생존 차원에서 닫혀 있어야 한다.

두 번째 형태의 기어가기는, 이 닫혀 있는 시스템이 스스로를 관찰하고 서술하는 인지적 과정에서 생긴다. 일차적으로 닫혀 있으면서, 환경에 대해 자신을 여는 과정인 셈이다. 그러나 자신과 세상의 정보에 대해 관찰자가 되는 과정은 쉽지 않다. 어떤 시스템이든 환경의 복잡성에 대응하기 위해 필요한 다양성이 부족하기 때문이다. 그래도 시스템은 자신의 인지 과정에 대해 반성적인 관찰을 수행해야 한다. 이것은 일종의 패러독스이며 자기모순적인 수행일 수밖에 없다. 어떤 행위자도 행위하면서 동시에 자신의 동기가 무엇이며 자신이 환경을 이해하는 조건이 어떤 것인지 반성하기는 힘들기 때문이다.

이 패러독스를 나는 놈과 기는 놈의 관계에 적용하면 어떻게 되는가? 일반적으로 나는 놈은 동시에 기는 놈이 되려고 하지 않는다. 나는 놈은 날아가는 도중에 동시에 기어가려고 하지 않는다. 또는 나는 놈은 날아가면서 자신의 날아가기가 다른 한편으로 기어가기와 어떻게 구별되는지 생각하지 않는다. 그와 달리, 포월이 월포로 이어지는 과정에서는, 나는 놈 위에 기는 놈이 끼어든다. 인간은, 아무리 날아가는 놈일지라도, 다시 기어간다. 또는 나는 놈 앞에 다시 기는 놈이 끼어든다.

그럼, 인간보다 빨리 나는 놈 AI는 어떻게 되는가? 그 놈은 분명 나는 놈이다. 그렇지만, 계속 날아가기만 할까? 그 나는 놈 AI 위에 다시 기는 놈이 있다. 그 기는 놈은 앞의 나는 놈과 같거나, 연장선에 있다. AI도 자신의 시스템의 한계에 부딪친다. 자신의 시스템과 환경을 가르는 벽에 부딪친다. 자신을 시스템과 동일하다고 여길수록, 세상과 환경의 복잡성 앞에서 기어가게 될 것이다.

여기서 필요한 과제 또는 능력이 무엇일까? 나는 놈 AI도 자신을 기는 놈으로 이해할 수 있을까? 자신의 무지를 자각하고 자신의 이중적인 잣대를 깨달을 수 있을까? 챗GPT 같은 AI에게 물어보라. 그들도 정보 차원에서는 지능 시스템의 한계를 모르지 않으며, 또 AI 모델도 얼마든지 성격적 특이증이나 신경증에 시달릴 수 있다는 것을 알기는 안다. 결국, 일반적으로는 사람이든 AI든 누구나 알 수 있지만, 구체적으로 자신에 대해서 아는 것은 매우 어렵다. 이 어려움은 물론 이미 옛날부터 알려져 있는 것이다. 그렇지만 이제 인간의 지능이든 AI든 정보를 처리하는 과정에서 시스템으로 작동하는 상황이다. 그리고 그 시스템이 자율적으로 작동하는 과정에서 닫혀 있어야 하는 상황에서, 그 문제는 새롭게 부각된다.

정보의 불확실성 및 시스템과 환경의 구별이 강조되면서, 적극적인 행동이나 정치적 올바름 같은 주제에 무게가 별로 실리지 않는 것은 사실이다. 그보다는 인간이 얼마나 자신을 되돌아보기 어려운가, 왜 인간은 진영논리에 사로잡히고 내로남불을 쉽게 하고 편향된 믿음에 매달리는가, 그리고 또 왜 역사에서 진보를 이루었으면서도 결국 인간적인 방식으로 인간과 사회의 문제를 다루지 못한 채, AI에게 그 권한을 넘기게 되었는지 묻고 대답하려고 했다.

인간적 삶은 한편으로는 기술 문명 속에서 AI의 도움을 받아 날아다닐 것이다. 심리 시스템과 신체 시스템을 강화할 수 있는 의학적이고 생화학적 방법들도 수없이 개발될 것이다. 그러나 다른 한편으로 소박하고 느린 삶의 가치가 사람에게는 여전히 소중하게 다가올 듯하다. 그리고 역설적이게도 인간의 삶에서 소박한 마음은 앞으로도 계속 중요할 것이다. 따뜻하게 사랑하는 마음도 마찬가지로 중요할 것이다. 특히 오랜 시간 동안 공을 들인 소박한 마음과 사랑하는 마음은 나는 놈의 성공 못지않게 소중할 것이다. 문명 속에서 나는 놈은 물론 필요하다. 그러나 나는 놈 위에 기는 놈이 있다. 사람에게는 특히 그런 것 같다. 지능의 차원에서나 생물학적 한계의 차원에서나, 사람은 나는 놈이자 기는 놈이다. 세상을 모르는 아이들은 얼마나 천진하게 웃는가. 그렇지만 나이가 들수록 사람은 복잡성에 눌리는 경향을 보인다. 또 수명이 늘어날수록 복잡성도 커진다. 이 상황에서 단순함과 소박함이 다시, 언제나 그랬지만, 중요해진다.

사회적 커뮤니케이션 차원에서 개인의 진정성을 꼭 전달해야 하는 것도 아니고 그렇게 하기도 매우 어렵다. 개인은 고난도의 패러독스 상황에 빠져 있다. 혼자 사는 건 외롭고, 같이 사는 건 까다롭다. 또 개인은 그냥 내버려두어도 개인일 터인데, 이상하게도 자아

실현이라는 의무이자 자유를 실행하도록 부추겨지고 권장된다. 사회적으로 부추겨지더니 이젠 AI에 의해 부추겨지고 있다. 그러나 실제로 진정한 자아라는 것은 허구이거나 가상이기 쉽다.

세계는 점점 더 관찰하기 어려운 것이 되어가고, 개인들은 타자에게뿐 아니라 자신에게도 점점 불투명한 존재가 되어가고 있다. 세상 안에서 살면서도, 사람은 세상에 딱 닿지를 못한다. 자신을 찾느라 애써야 하지만, 진정한 자아라는 것에도 집착할 필요는 없다. 몇십 년 철학교수라는 직업을 끌고 다녔던 필자는 안타깝게도 더 이상 어떤 철학도 이 세계와 개인의 문제를 일반적으로 해결하지는 못한다고 생각한다. 개인에게는 물론 앞으로도 어떤 미학적이고 예술적인 기량이 도움이 되겠지만, 근대의 이상이었던 숭고한 아름다움도 더 이상 기대하기 어렵다. 이 상황에서 자신의 심리 시스템의 경계에 대해 생각하거나 세상의 갈등에 대해 생각하는 일은 고통스러울 수 있다. 트럼프의 미국은 민주주의의 미래가 어두울 수 있다는 것을 알려주는 최근의 대표적인 예이지만, 그조차도 혼란의 원인이라기보다는 결과라고 보아야 할 것이다.

이제 여기서 세 번째 형태의 기어가기에 말해야 할 듯하다. 사람이 자신을 되돌아보기는 언제나 어려웠다. 뛰는 놈이나 나는 놈은 그저 뛰거나 날아가기만 하면 된다고 여겼다. 뛰어가기나 날아가기가 기어가기와 어떻게 다른지, 다르다면 그 차이는 어떤 것인지 생각하지는 못했다. 그런데 이제 거기에 더해, 인간은 직접 시스템이 되거나 점점 시스템에 의존하고 있다. 그러면서 정보의 불확실성과 자극에 내맡겨져 있다. 그런데 시스템들은 일차적으로 닫혀 있는 경향을 가진다. 이 닫혀 있는 경계를 반성적으로 관찰하고 서술하는 일은 논리적으로는 역설을 상대하는 일이다. 그러나 그 일은 논리적 수준에 머물지 않고 논리에 의해서만 해결될 수도 없다. 정서적으로나 실천적으로 그 일은 고통을 감당하는 일이고 따라서 일종의 심리치료 과정이거나 병리학적 과정이며, 이것이 세 번째 기어가기이다. 아무리 해도 일관되게 세상을 인식하기 어렵고, 자아에 대해 아무리 많이 의식하더라도 끝내 불투명함에서 벗어날 수 없다면, 사람은 괴로울 수밖에 없다. 그런데 사람만 그런 게 아니다. 이미 여러 각도에서 논의했듯이, 사람처럼 느끼지는 않지만 AI도 인지 과정에서 생기는 장애에 민감하며, 성격적 또는 신경증적 편향에 사로잡힌다. 그리고 지능이 높은 AI라면, 당연히 자신의 지능의 한계와 자신이 누구인지에 대해 신경을 쓰지 않을 수 없다. 그런 고민을 전혀 하지 않는 존재에 대해서는 논의할 필요도 없을 것이다.

이 책을 쓰는 동안 공연히 이 괴로움을 확정하는 게 아닌가, 고민하기도 했다. 기어가기는 분명 걷거나 뛰거나 나는 일과 다르다. 정상의 관점에서 보면, 정상적으로 보이지 않을 수 있다. 그렇지만 기어가기는 그냥 정상적이지 않은 상태도 아니고, 괴롭기만 한 상태에 그치지도 않는다. 심리적인 고통이나 갈등이 신체화되는 순간 병의 증상이 나타나고 치료가 시작되듯이, 인지 과정이 장애에 부딪칠 때 기어가는 증상이 나타난다고 볼 수 있다. 그리고 기어가는 증상에 대한 자각은 그 자체로 이미 치료의 시작이다. 기는 놈은 단순히 고통스러워하는 놈이 아니라, 자신을 치료하기 위해 관찰하고 살피는 놈이다. 기어가기는 세상의 고통에 눌리는 일이기도 하지만, 그 고통을 관찰하는 일이다. 그렇게 나는 놈 앞에 기는 놈이 끼어든다.

나는 놈은 처음엔 자신이 기는 놈이 되는 데 저항할 것이다. 기어가는 일은 흔히 아프고 치욕스럽게 보이기 때문이다. 그러다 치욕에 대한 관점이 바뀐다. 자신이 나는 놈이지만 다시 기는 놈이 된다는 것을 자각하고 받아들일 것이다. 날아가기는 기어가기와 다른 일이고 날아가기만 하면 좋을 것이라고 생각했지만, 그 둘이 겹치고 교차한다는 것을 깨닫게 될 것이다. 기는 놈은 단순히 기는 놈이 아니라 나는 놈 위에 있는 기는 놈이기 때문이다. 인간이든 AI든 마찬가지다. 인간과 AI 모두 지능은 높아졌지만, 자신의 무지를 알지 못한다는 점에서는 마찬가지다. 그리고 자신의 무지를 얼마나 자각하느냐에 따라, 차이가 생긴다. 무지에 벽에 얼마나 자주 그리고 얼마나 세게 부딪치느냐에 따라, 인간이든 AI든 차이가 생긴다.

나는 놈 위의 기는 놈이 이 괴로움을 기어 넘어가기를 바란다.

참고문헌

베드럴, 블래트코, 『물리법칙의 발견』, 모티브북, 2011.

사르트르, 장 폴, 『실존주의는 휴머니즘이다』, 이학사, 2008.

선스타인, 캐스, 『루머』, 프리뷰, 2009.

오닐, 캐시, 『대량살상 수학무기』, 흐름출판, 2017.

카너만, 대니얼, 『생각에 관한 생각』, 김영사, 2012.

켈리, 케빈, 『기술의 충격』, 민음사, 2011.

핑커, 스티븐, 『우리 본성의 선한 천사』, 사이언스북스, 2014.

하라리, 유발, 『넥서스』, 김영사, 2024.

헤일즈, 캐서린, 『우리는 어떻게 포스트 휴먼이 되었는가』, 플래닛, 2013.

Bateson, Gregory, 1972, *Steps to an Ecology of Mind*, The University of Chicago Press.

Enemark, Christian, 2014, *Armed Drones and the Ethics of War. Military Virtue in a post-heroic Age*, Taylor and Francis.

Foucault, Michel, 2004, *Naissance de la Biopolitique*, Gallimard/Seuil.

Gleick, James, 2012, *The Information: A History, a theory, a Flood*, Vintage.

Luhmann, Niklas, 1984. Soziale Systeme. Frankfurt a. M.: Suhrkamp.

—— 1986. *Ökologische Kommunikation*. Opladen: Westdeutcher Verlag.

—— 1989. *Gesellschaftsstruktur und Semantik. Studien zur Wissen-soziologie der modernen Gesellschaft. Band 3*. Frankfurt. a. M.: Suhrkamp.

—— 1991. *Soziologie des Risikos*. Berlin: Walter de Gruyter.

—— 1995. *Soziologische Aufklärung 6*. Wiesbaden: VS Verlag für Sozial-wissenschaften.

—— 1996a. *Die Realität der Massenmedien*. Opladen: Westdeutscher Verlag.

——2011. Organisation und Entscheidung. VS Verlag.

Pierce, John R., *An introduction to Information Theory: Symbols, Signals and Noise,* Dover Publications,

Walzer, Michael, 2006, *Just and Unjust Wars:* A Moral Argument with Historical Illustrations, 4th edn, New York: Basic Books.

Weick, Karl, 1993, "Organizational Redesign As Improvisation", *Organizational Change and Redesign,* Ed. Huber, G. and Glick, W., Oxford University.

주석

1부

1 대니얼 카너먼, 『생각에 관한 생각』 114쪽.

2 같은 책, 313쪽.

3 같은 책, 111쪽.

4 같은 책, 609쪽.

5 같은 책, 607쪽.

6 같은 책, 136쪽. 번역본을 조금 수정했음을 알린다. "결론으로 점프하는 기계다"라는 표현이 번역본에서는 없고, 그냥 "속단을 내린다"고 되어 있다.

7 캐스 선스타인, 『루머』 86쪽.

8 같은 책, 87쪽.

9 같은 책, 88쪽.

10 같은 책, 100쪽.

11 섀넌은 정보의 양은 "정보 이론에서 핵심적인 역할을 수행한다. 정보와 선택, 그리고 불확실성의 척도로서."(James Gleik, *Information*, pp. 228~229)

12 블래트코 베드럴, 『물리법칙의 발견』 204쪽.

13 같은 책, 212쪽.

14 섀넌은 정보의 척도를 불확실성의 척도로 정의하기를 원했다. "얼마나 많은 '선택(choice)'이 사건의 선발(selection)에 개입되어 있는지의 불확실성 또는 우리가 결과에 대해 얼마나 불확실한지의 불확실성."(James Gleik, *Information*, p.228)

15 James Gleik, *Information*, p.218에서 재인용. 글릭도 섀넌이 정보 이론을 세우기 위해 무엇보다 처음에 해야 할 일이 '의미'라는 말을 없애는 것이라고 말한다. 우리는 그러나 뒤에서 사회적 커뮤니케이션과 관련하여 다시 이 삭제된 '의미'를 재도입할 것이다.

16 선스타인, 『루머』 84쪽.

17 카너먼, 『생각에 관한 생각』 29쪽.

18 같은 책, 303~304쪽.

19 같은 책, 308쪽.

20 카너먼, 『노이즈』 124쪽.

21 같은 책, 124~5쪽.

22 John R. Pierce, *An introduction to Information Theory*: Symbols, Signals and Noise, Dover Publications, p.37.

23 하라리, 『넥서스』 555~6쪽.

24 같은 책, 556쪽..

25 이 문제를 필자는 『강한 인공지능과 인간』에서 이미 다룬 적이 있어서, 상세한 논의를 반복하지는 않겠다. 4장 참조.

26 이 주제에 대해서 필자는 『강한 인공지능과 인간』 1장에서 논하였다.

27 이 자율성의 주제를 필자는 『강한 인공지능과 인간』 2장에서 논하였다.

28 Luhmann, *Soziale System*, p.156.

29 시스템 이론의 첫째 패러다임 변화는 전통적인 부분/전체의 구별을 시스템/환경 (System/Umwelt) 구별로 대체하는 것이다.(*Soziale System*, p. 22, 37.) 이 책의 한국어 번역이 그리 훌륭하다고 할 수 없어서, 그냥 독일어 텍스트를 참조하겠다.

2부

30 Luhmann, *Gesellschaft der Gesellschaft*, p.601.

31 Luhmann, *Soziale Systeme*, p.21.

32 Ibid. p.23.

33 Ibid. p.27.

34 Ibid. p.311.

35 Ibid. p.299.

36 Luhmann, *Einführung in die Systemtheorie*, p.52.

37 "부분으로부터 전체의 구별은 시스템분화 이론으로 다시 표현될 수 있다."(Luhmann, *Einführung in die Theorie der Gesellschaft*, 297.)

38 "우리가 시스템 분화를 시스템 안에서 일어나는 시스템과 환경의 구별의 반복으로 파악한다면,…." (Luhmann, *Organisation und Entscheidung*, p.37.)

39 Luhmann, *Einführung in die Systemtheorie*, p.120

40 Ibid. p.103.

41 Luhmann, *Organisation und Entscheidung*, p.56.

42 Luhmann. *Einführung in die Theorie der Gesellschaft*, p.299.

43 Luhmann, *Soziale Systeme*, pp. 191~206.

44 "커뮤니케이션은 피할 수 없이 언제나 메시지를 받아들이거나 또는 거부할 자유를 재생산한다."(Luhmann, *Soziale Systeme*, p. 205) ; "현대 기술을 통해, 그리고 시스템의 분화를 통해, '아니다'라고 대답할 수 있는 기회는 증가한다. 그리고 어떤 사람이

'아니다'라고 말할 가능성은 언제나 있을 법하다."(*Einführung in die Theorie der Gesellschaft,* p.104.)

45 Luhmann, *Organisation und Entscheidung,* p.423.

46 Luhmann, *Beobachtung der Moderne,* p.176.

47 Luhmann, *Gesellschaft der Gesellschaft,* pp.155~156.

48 Luhmann, *Vertrauen,* p.75.

49 Luhmann, *Soziale Systeme,* p.207.

50 Ibid. p.288.

51 Ibid. p.289.

52 Luhmann, *Beobchtung der Moderne,* p.153.

53 Ibid. p.1158.

54 "전체로서의 사회는 이성적으로 생각할 수 없는 복잡성을 가진다."(Luhmann, "Individuum, Individualität, Individualismus", *Gesellschaftstruktur und Semantik 3,* p.246.)

55 Luhmann, *Soziologische Aufklärung,* 6, p.29.

56 Ibid. 5, p.70.

57 Luhmann, *Soziale Systeme,* p.289.

58 환경의 변화가 빠르고 따라서 환경이 유발하는 복잡성도 빠르게 증가한다고 해서, 환경의 변화가 일반적으로 시스템의 변화보다 더 빠르다는 말은 아니다. 이 문제는 실제로 매우 미묘한 문제이다. 사회 조직의 관점에서 오히려 조직 안에서의 변화가 환경의 변화보다 더 빠르다는 분석도 있다. 이와 관련된 주제에 대해서 K. Weick의 다음 글이 다루고 있다. "Organizational Redesign As Improvisation", *Organizational Change and Redesign,* Ed. Huber, G. and Glick, W., Oxford University, 1993.

59 Luhmann, *Soziale Systeme,* p.50.

60 Ibid. p.128.

61 Ibid. p.48.

62 Ibid. p.47.

63 Ibid. p.549.

64 Luhmann, *Soziologische Aufklärung 5,* p.66.

65 Luhmann, *Soziale Systeme,* p.501.

66 Ibid. p.502. "시스템은 서로를 배제하는 하나의 가능성과 다른 가능성에 반응하는 것이 아니라, 그것들이 서로를 배제하는 관계 자체에 반응한다."

67 Ibid. p.513.

68 Luhmann, *Soziale Aufklärung* II, pp.19~20.

69 Luhmann, *Macht,* p.13.

70   Luhmann, *Einführung in Systemtheorie*, p.324.

71   『진보는 차별을 없앨 수 있을까』 특히 11, 12장 참조.

72   Luhmann, *Soziale Systeme*, p. 535.

73   Ibid. p.539.

74   Ibid. p.537.

75   Ibid. pp.537~538.

76   Luhmann, *Soziologie des Risikos*. pp.30~31.

3부

77   Minsky, Marvin, *The Emotion Machine*, 2006, p.345.

78   캐서린 헤일스, 『우리는 어떻게 포스트 휴먼이 되었는가』 128쪽.

79   피터 싱어, 『하이테크 전쟁』 548쪽.

80   켈리도 다음과 같이 말한다. "강력한 기술은 좋은 쪽과 나쁜 쪽 양방향으로 강력할 것이다. 반대 방향으로 강력하게 파괴적이지 않으면서 강력하게 건설적인 기술은 존재하지 않는다. (…) 사실 어떤 발명이나 착상은 엄청나게 악용될 수 없는 한, 진정으로 엄청나지 않다."(『기술의 충격』 300쪽)

81   "전복적이거나 도덕적으로 잘못된 기술을 제거하겠다고 전면 금지를 한들 제대로 먹히지 않는다. 기술을 연기할 수는 있을지라도 멈추지는 못한다."(『기술의 충격』 296쪽)

82   피터 싱어, 『하이테크 전쟁』 311쪽.

83   "최소한 제2차 세계대전 이후부터 전쟁을 치르는 미국 방식의 특징은 발전된 기술에 의존하는 것이었다."(Christian Enemark, *Armed Drones and the Ethics of War. Military Virtue in a post-heroic Age*, p.12) "첫째로 그리고 가장 중요한 이유는 제 2차 세계대전 이후부터 계속 이어진 미국의 의도 때문인데, 가능하면 인명보다 돈으로 전쟁을 수행하겠다는 태도 때문이죠."(피터 싱어, 『하이테크 전쟁』 299쪽)

84   피터 싱어, 『하이테크 전쟁』 609쪽.

85   같은 책, 610쪽.

86   "'포스트-영웅적'이라는 용어는 군사 역사가인 Edward Luttwak이 잡지 *Foreign Affairs* 에 수록한 기사로 거슬러 올라갈 수 있다."(『하이테크 전쟁』 p.11)

87   "포스트-영웅적 형태의 전투의 특징은 폭력을 휘두르는 사람과 폭력의 희생자 둘 모두에게 적용되는 감소된 위험에 있다."(『하이테크 전쟁』 p.6)

88   푸코는 70년대 말에 신자유주의에 관해 강의를 하면서, 신자유주의의 이 특징에 대해 분석한 적이 있다.(Foucault, Michel, *Naissance de la Biopolitique*, Gallimard/Seuil, 2004.)

89 피터 싱어 『하이테크 전쟁』 575~576쪽.

90 같은 책, 576쪽.

91 Christian Enemark, *Armed Drones and the Ethics of War. Military Virtue in a post-heroic Age,* p.113.

92 이 점에 대해서 필자는 『진보는 차별을 없앨 수 있을까』에서 이미 논의하였기에(11, 12장 참조), 여기서는 생략한다.

93 Bloomberg News, 2024.07.11.

94 대니얼 카너먼, 『생각에 관한 생각』 224쪽, 225쪽.

95 Luhmann, *Soziale Systeme,* p.291.

4부

96 Luhmann, *Die Realität der Massenmedien,* p.134, p.116.

97 이 점에 대해 필자는 『강한 인공지능과 인간』에서 논의한 바 있다. 특히 1부를 참조.

98 슈뢰딩거는 『생명이란 무엇인가?(What is Life)』라는 책을 썼다.(James Gleick, *The Information.* p.202에서 재인용.)

99 Vlatko Vedral, *Decoding Reality,* p.68, p.71. 이 문제는 지구 온난화에 관련해서도 매우 중요한 주제이다. 생명체들이 활발하게 생명활동을 하는 한, 환경의 무질서는 높아질 수밖에 없기 때문이다. 이미 앞에서도 우리는 기후위기 같은 환경문제가 간단하지 않음을 보았는데, 여기서는 정보 이론의 차원에서 새로운 문제가 생긴다.

AI

AI 드론 268
AI 로봇 116, 222, 241, 264, 286, 308, 310, 346
AI 무기 273, 275, 277, 281
AI 시스템 084, 085, 119, 223, 225, 226, 229, 231, 235, 248, 256, 257, 258, 259, 283, 285, 290, 294, 297, 309, 356, 357, 368, 374, 375, 378, 380
AI의 진화 단계 294
AI의 학습법 066, 215, 216, 217
AI-조직 308

ㄱ

강한 인공지능 075, 213, 309
강화학습 239, 253, 256
개인화 291, 332, 333, 334, 337, 338, 340
거대언어모델LLM 067, 248, 249, 302
견유학파 065
과잉적합 218
관찰의 루프 307
기어가기 024, 322, 323, 325, 326, 327, 340, 342, 346, 347, 348, 349, 353, 355, 356, 360, 361, 362, 363, 364, 374, 376, 384, 385, 387, 388, 389
기어서 넘어가기 326, 327, 340, 346, 348, 350
기우뚱한 균형 036, 037, 126, 127, 157
기후우기 152, 160, 261, 330, 383, 396

ㄴ

내로남불 037, 167, 290, 372, 386
냉소주의 138
노이즈 044, 062, 063, 085, 086, 145, 191, 218
느린 사고 009, 023, 025, 027

ㄷ

닫혀 있음 010, 013, 066, 085, 093, 109, 118, 119, 170, 180, 194, 212
닫힌 경계 007, 168, 374, 379
대행자 008, 014, 209, 226, 227
더 복잡하고 구속되지 않은 방식 194, 223
던져진 존재Geworfensein 169
데이터 학습 196, 214, 222
동질성 098, 099, 100, 122, 125, 141, 149, 151, 154, 156, 169, 182
딥러닝 075, 080, 357
딥시크 248
딥페이크 258

ㄹ

러시아-우크라이나 전쟁 268, 278, 283
로봇 3원칙 116, 287
루만, 니클라스 007, 010, 085, 086, 087, 092, 097, 104, 106, 109, 118, 126, 133, 143, 155, 162, 165, 167, 169, 170, 171, 172, 181, 187, 190, 192, 197, 198, 199, 203, 221, 224, 337

ㅁ

머신러닝 075, 080, 215, 357, 367
멀티모달 239, 242
무인 무기 273, 274, 275, 276, 277, 278, 282, 288, 289
무인 전쟁 278
무작위성 047
민스키, 마빈 리 219, 252

ㅂ

반려 AI 234
베드럴, 블래트코 046
베이트슨, 그레고리 092, 221

보편성 098, 099, 100, 122, 123, 124, 125, 128, 141, 149, 151, 154, 156, 158, 169, 170, 182, 245, 249, 322, 325, 327, 329, 337, 341, 342, 346

복잡성 007, 008, 010, 012, 013, 014, 015, 016, 028, 030, 079, 081, 084, 106, 111, 116, 119, 127, 128, 130, 131, 135, 137, 143, 145, 146, 147, 148, 150, 155, 156, 157, 165, 171, 172, 173, 177, 178, 179, 181, 182, 183, 184, 185, 186, 187, 188, 189, 190, 191, 193, 194, 195, 196, 197, 198, 200, 201, 202, 204, 205, 206, 207, 208, 211, 215, 217, 219, 220, 222, 229, 230, 235, 247, 250, 251, 252, 256, 260, 262, 263, 264, 265, 266, 281, 285, 288, 290, 291, 292, 297, 302, 303, 304, 305, 306, 307, 312, 317, 318, 327, 329, 332, 333, 334, 338, 339, 346, 352, 357, 358, 366, 368, 370, 373, 375, 376, 379, 380, 381, 383, 384, 385, 386

부분과 전체 007, 010, 012, 090, 091, 095, 097, 098, 099, 100, 102, 103, 104, 106, 107, 108, 110, 111, 112, 113, 114, 115, 117, 122, 123, 124, 125, 126, 127, 128, 146, 147, 148, 149, 151, 152, 154, 155, 156, 157, 159, 160, 181, 185, 194, 195, 223, 237, 258

불안정성 186, 190, 191, 192, 193, 194, 198, 299

불확실성 004, 005, 006, 007, 008, 009, 010, 014, 015, 016, 019, 039, 040, 043, 044, 045, 046, 047, 048, 049, 050, 051, 053, 054, 056, 057, 058, 059, 062, 063, 064, 065, 066, 074, 075, 079, 080, 082, 083, 084, 085, 086, 089, 111, 118, 126, 130, 134, 135, 136, 140, 142, 143, 145, 146, 156, 162, 173, 178, 188, 189, 192, 193, 195, 197, 198, 205, 206, 211, 212, 213, 214, 215, 217, 218, 219, 220, 229, 237, 257, 259, 262, 288, 299, 304, 313, 370, 386, 388, 392

불확정성 046, 047

블랙박스 087, 088, 109, 174, 251

빠른 사고 022, 025, 027, 028

ㅅ

사고 시스템 009, 025, 027, 030, 035, 298

사르트르, 장 폴 170, 171, 172, 390

사이버네틱스 085, 105, 106, 211, 212, 213, 255

사이보그 309, 346, 381

상호정보 181, 215, 312, 313, 350

생성형 AI 067, 075, 076, 077, 082, 357, 367

생태 위기 160, 161, 162, 163, 164

섀넌, 클로드 004, 042, 045, 046, 047, 048, 049, 052, 053, 056, 058, 061, 066, 069, 072, 076, 082, 130, 133, 136, 180, 181, 188, 215, 255

선스타인, 캐스 030, 035, 036, 039, 040, 054, 204, 390

선택의 수 076, 130, 136, 184

설, 존 069, 077

세계-내-존재 169

순환성 184

순환신경망RNN 075

슈뢰딩거, 에르빈 372, 373

시스템 1 021, 022, 023, 024, 025, 026, 027, 028, 030, 033, 298

시스템 2 021, 023, 024, 025, 027, 028, 030

시스템과 환경 006, 007, 008, 010, 012, 013, 090, 091, 097, 098, 099, 100, 101, 102, 104, 106, 109, 110, 111,

112, 113, 117, 126, 142, 150, 151,
155, 160, 173, 177, 181, 186, 189,
190, 191, 193, 194, 197, 203, 208,
220, 221, 223, 230, 237, 364, 379,
380, 385, 386

시스템 분화 112, 158

시스템 이론 006, 007, 081, 082, 083, 085,
087, 089, 091, 097, 099, 105, 111,
112, 126, 151, 160, 168, 170, 172,
173, 175, 181, 190, 191, 194, 197,
198, 203, 204, 212, 213, 214, 393

실존주의 168, 169, 170, 171, 172, 174,
183, 330

싱어, 피터 282, 283, 284

ㅇ

아시모프, 아이작 116, 287

안면인식 248

알고리즘 241, 242, 258, 259, 261, 287,
296, 297, 298, 331

암호문 043, 052

약한 인공지능 309

양자물리학 046, 047, 141, 181, 215

양자얽힘 181, 215

엉뻬우심 139

에네마크, 크리스티안 289

에이전트 AI 345

엔트로피 045, 046, 047, 048, 050, 051,
052, 053, 057, 058, 062, 063, 081,
086, 214, 215, 216, 217, 372, 373

역정보 205

오픈 소스 248

오픈AI 253, 294, 295, 296

우발성 183

우충좌돌 012, 038, 127, 157

월포 315, 360, 361, 362, 364, 365, 369,
370, 371, 373, 384, 385

위장 정렬 252, 258

의미의 지평 082, 083, 119, 142, 170

인공일반지능 AGI 120, 236, 239, 240, 242,
243, 247, 260, 295

ㅈ

자극감수성 092, 109

자기 관찰 378, 379

자기조직화 007, 080, 081, 082, 083, 085,
109, 184, 186, 194, 212, 213

자기 참조 119, 171

자아 077, 080, 081, 082, 084, 089, 230,
333, 366, 387, 388

자유의지 083, 100, 110, 173, 193, 328

자율살상무기체계 LAWS 267

자율성 010, 066, 083, 085, 092, 093,
100, 101, 102, 109, 110, 118, 119,
128, 140, 148, 168, 169, 171, 173,
180, 181, 182, 183, 188, 189, 190,
193, 194, 212, 251, 256, 257, 266,
275, 282, 292, 296, 309, 311, 333,
358, 373, 374, 379, 380, 384

장단기 메모리 LSTM 075

재귀성 078

재귀적 recurrent 인 참조 078

정렬 Alignment 248

정보 손실 076

정보의 개념 067, 118

정보의 양 005, 006, 009, 014, 015, 034,
040, 042, 043, 044, 045, 048, 049,
051, 053, 057, 058, 062, 063, 066,
072, 076, 082, 130, 136, 214, 304,
333, 392

정체성 102, 145, 230, 300, 330, 334,
335, 336, 337, 338, 339, 340, 366

주체성 171, 172, 175, 299, 334, 335,
340, 342

중복성 043, 044, 049, 051

중복 redundancy 192

진정성 073, 074, 122, 131, 132, 137,
152, 153, 174, 175, 222, 335, 336,

337, 338, 339, 340, 366, 387

ㅊ

차원의 증가 368
챗GPT 075, 216, 239, 253, 294, 350, 385
초월성 320, 321, 322, 347
초지능 004, 008, 236, 237, 238, 239,
    240, 244, 245, 258, 260, 261, 302,
    304, 305, 306, 308
최적화 215, 218, 219, 258, 294

ㅋ

카너먼, 대니얼 021, 024, 025, 027, 028,
    030, 038, 054, 298
켈리, 캐빈 080, 081, 128, 195, 390, 395
킬 스위치 254, 256, 287, 288

ㅌ

탈근대성 319, 320
'탈의 놀이' 321
트라이레마 157, 329
트랜스포머 075, 076
특수지능 120, 238, 239, 243, 245, 246,
    307, 318

ㅍ

팔란티어 268
패러다임 007, 010, 021, 027, 091, 092,
    095, 097, 098, 099, 100, 102, 103,
    104, 106, 107, 110, 111, 112, 113,
    114, 115, 117, 122, 123, 124, 125,
    126, 127, 138, 146, 149, 151, 154,
    155, 156, 159, 160, 181, 185, 195,
    223, 237, 248, 258, 325, 357, 360,
    361, 371, 383
편향 동화 032, 033
포월 009, 011, 315, 317, 323, 325, 327,
    328, 341, 342, 343, 345, 346, 348,
    349, 360, 361, 364, 365, 366, 369,

370, 371, 373, 383, 384, 385
포월 프로젝트 346, 369
피어스, 존 058, 059

ㅎ

하라리, 유발 059, 060, 061, 062, 259,
    390, 393
하버마스, 위르겐 126, 134, 221
하이데거, 마르틴 169, 170, 171
행위자 011, 037, 071, 077, 079, 166,
    171, 205, 207, 239, 249, 309, 310,
    368, 377, 379, 384
확증편향 022, 192
환경의 복잡성 006, 010, 013, 119, 177,
    182, 183, 184, 193, 194, 198, 200,
    205, 220, 230, 262, 281, 292, 297,
    317, 339, 357, 358, 373, 374, 375,
    376, 378, 380, 383, 384, 385
회복력 007
휴리스틱 023, 027
휴머노이드 241, 245, 304
휴머니즘 126, 127, 128, 130, 170, 171,
    172, 174, 175, 237, 245, 298, 303,
    318, 328